Ines-Andrea Busch-Lauer / Julia Hartinger (Hg.)

Fachlich – Digital – Regional: Perspektiven auf das Sprachenlehren und -lernen

D1729267

Studien zu Fach, Sprache und Kultur, Band 8
Herausgegeben von Ines-Andrea Busch-Lauer

Ines-Andrea Busch-Lauer / Julia Hartinger (Hg.)

Fachlich – Digital – Regional: Perspektiven auf das Sprachenlehren und -lernen

Frank & Timme

Verlag für wissenschaftliche Literatur

Umschlagabbildung: Aufnahme im Rahmen einer Projektveranstaltung mit Genehmigung der Teilnehmenden, Foto: Julia Hartinger.

Diese Publikation wurde im Rahmen des Projekts *ProFit im Beruf – durch Sprach- und Fachsensibilisierung im Studium*, Reg. Nr.: 100315788, veröffentlicht.

Tato publikace byla vydána v rámci projektu „*ProFit v profesi – jazykovou a odbornou senzibilizací během studia*", reg. č. projektu: 100315788.

Das Projekt wird von der Europäischen Union aus Mitteln des Europäischen Fonds für regionale Entwicklung mit dem Kooperationsprogramm zur Förderung der grenzübergreifenden Zusammenarbeit zwischen dem Freistaat Sachsen und der Tschechischen Republik 2014–2020 gefördert.

Tento projekt byl podpořen Evropskou unií z prostředků Evropského fondu pro regionální rozvoj z Programu spolupráce na podporu přeshraniční spolupráce mezi Českou republikou a Svobodným státem Sasko 2014–2020.

 Europäische Union. Europäischer Fonds für regionale Entwicklung. Evropská unie. Evropský fond pro regionální rozvoj.

 SN CZ Ahoj sousede. Hallo Nachbar. Interreg V A / 2014–2020

 Westsächsische Hochschule Zwickau University of Applied Sciences HOCHSCHULE FÜR MOBILITÄT I UNIVERSITY FOR MOBILITY

 TECHNICKÁ UNIVERZITA V LIBERCI Ekonomická fakulta

ISBN 978-3-7329-0748-9
ISBN E-Book 978-3-7329-9219-5
ISSN 2190-7471

Herstellung durch Frank & Timme GmbH,
Wittelsbacherstraße 27a, 10707 Berlin.
Printed in Germany.
Gedruckt auf säurefreiem, alterungsbeständigem Papier.

www.frank-timme.de

Inhaltsverzeichnis

Inhaltsverzeichnis

DIGITAL

REGIONAL

Vorwort

Die Digitalisierung ist nicht nur im Hochschulbereich besonders unter den Pandemiebedingungen der letzten Monate zu einer großen Herausforderung, aber auch Chance gereift. Die Umstellung auf komplett digitale Lehre hat zu einem starken Umbruch in der Wissensvermittlung geführt. Digital gestützte Lehr- und Lernwerkzeuge sind für den Wissenserwerb und -austausch unverzichtbar geworden. Sie bieten auch für das fachbezogene Fremdsprachenlernen an Hochschulen völlig neue Optionen. Zugleich ist ein Wandel des Herangehens von Lehrenden an die praxisnahe Vermittlung von fremdsprachlicher und interkultureller Kompetenz für das Arbeiten in der sich stark verändernden globalen und regionalen Berufswelt sichtbar.

Der vorliegende Sammelband ist im Kontext dieser Herausforderungen entstanden. Die 17 Beiträge legen ihren Blickwinkel auf verschiedene Themen und Aspekte der Sprachvermittlung, sie lassen sich jedoch unter den Begriffen *Fachlich – Digital – Regional* fassen. Der Fokus liegt auf der Vermittlung von Fachsprache im Wirtschaftsbereich, auf der Nutzung von digitalen Lehr- und Lernszenarien und den dazu vorliegenden Erfahrungen sowie auf dem Sprachenlehren und -lernen mit landeskundlich-regionalem Fokus.

Der Band ist ein Ergebnis des durch Mittel des Europäischen Fonds für regionale Entwicklung (EFRE) geförderten dreijährigen Kooperationsprojektes *ProFit im Beruf durch Sprach- und Fachsensibilisierung im Studium* zwischen der Westsächsischen Hochschule Zwickau und der Technischen Universität Liberec. Durch die Erweiterung der fach- und berufsbezogenen Fremdsprachenausbildung um neue Komponenten an beiden Hochschulstandorten konnten die teilnehmenden Studierenden gezielt sprachliche, fachliche und interkulturelle Kompetenzen erwerben und so langfristig ihre Berufsperspektiven in einem regionalen, länderübergreifenden Arbeitsmarkt ausbauen. Nie hätten die Kooperationspartner zu Beginn der dreijährigen Zusammenarbeit angenommen, dass die Entwicklung ihrer digitalen Lehrmaterialien und deren praktische Umsetzung in Lehrveranstaltungen in einer Zeit stattfinden würden, in der die Grenze zwischen Tschechien und Sachsen kurzerhand geschlossen wurde. Auch ist zu Projektstart im Jahr 2017 kaum jemand von einer kompletten Umstellung der Lehre an Hochschulen von Präsenz auf digitale Formate ausgegangen. Vor diesem Hintergrund bekamen die Projektstichworte völlig neue Bedeutungsnuancen:

- *Fachlich* – Wie lässt sich ‚fachlich' unter den fortschreitend interdisziplinären Herausforderungen für Fremdsprachenkurse, besonders im Bereich Wirtschaft, definieren und abgrenzen?
- *Digital* – Wie digital kann unsere Fremdsprachenausbildung, insbesondere die sprachliche Vermittlung fach- bzw. berufsbezogener Inhalte, sein? Welche digitalen Komponenten sind für hybride Formate sinnvoll? Ist ausschließlich digital das Muster für die Zukunft?
- *Regional* – bezog sich im Kontext des Projektes auf interkulturelles Lernen und interkulturellen Austausch im tschechisch-sächsischen Kontext. Vor dem Hintergrund der weltweiten Reisebeschränkungen und Reduzierung des globalen Warenaustausches kam der Region, dem Nachbarland, d. h. der lokalen Gegebenheiten, ein ungeahnt neuer Stellenwert zu.

Die im Oktober 2020, im Rahmen des Projektes, veranstaltete digitale Fachtagung stellte nicht nur Ergebnisse des bilateralen Projektes vor, sondern entwickelte sich zu einem Erfahrungsaustausch, bei dem Lösungswege zur Pandemie-Resilienz aufgezeigt wurden. Die Diskussion richtete sich auf den fachlichen Austausch über die didaktisch-methodischen Herausforderungen der Digitalisierung und eröffnete Perspektiven des digitalen Fremdsprachenunterrichts im Erwachsenenbereich. Dabei konnte eine Plattform für einen über die Grenzen Tschechiens und Sachsens hinausgehenden Diskurs entstehen, u. a. zu folgenden Fragen: Welche Anforderungen ergeben sich an eine moderne fachbezogene Fremdsprachenvermittlung im globalen und regionalen Kontext? Welche Verbesserungsmöglichkeiten der Lehre und des Selbstlernens bieten digitale Angebote? Wie sieht die Zukunft des Fremdsprachenlehrens und -lernens aus?

Die Beiträge des Sammelbandes folgen der Gliederung in die drei Kernbereiche *Fachlich – Digital – Regional*, die sich in unterschiedlicher Ausprägung innerhalb der einzelnen Artikel widerspiegeln. Unter dem Stichwort *fachlich* diskutieren sechs Beiträge Herangehensweisen an die Vermittlung von Fachsprache. Dieser Teil reicht von der exemplarischen Entwicklung eines Moduls für Wirtschaftsdeutsch, eines Kurskonzeptes und eines neuen Lehrwerks zu

Analysen von Lehrmaterialien und Prüfungsformaten. Das Hauptaugenmerk liegt auf der Fachsprachenvermittlung im Wirtschaftskontext, doch auch Fachsprachen anderer Bereiche werden thematisiert.

Die sieben Beiträge im Themenschwerpunkt *Digital* reflektieren sowohl den Einsatz digitaler Medien im Präsenzunterricht als auch die rein digitale Lehre auf Deutsch und Englisch. Dabei steht nicht nur im Vordergrund, wie digitale Tools in Sprachkursen zum Einsatz kommen, sondern auch, wie diese gewinnbringend in der Ausbildung von Sprachlehrenden eingesetzt werden.

Im dritten Teil wird unter dem Schlüsselbegriff *Regional* im Kontext des Projektes, in dem dieser Sammelband entstanden ist, der Blick auf das Sprachenlehren und -lernen in der tschechisch-sächsischen Grenzregion gerichtet. Das thematische Spektrum der vier Beiträge reicht dabei von einer empirischen Untersuchung zu Einstellungen von Schüler*innen zur Mehrsprachigkeit über Sprachenpolitik bis hin zu konkreten Konzeptionen von Lehrmaterialien für eine auf die Region zugeschnittene Sprachvermittlung.

Die Herausgeberinnen danken an dieser Stelle allen Autorinnen und Autoren für ihre Beiträge und für die Zeit, Mühe und auch Geduld, die sie in diese Publikation investiert haben.

Unser Dank gilt dem Fonds für Europäische und regionale Entwicklung (EFRE) und der Sächsischen Aufbaubank (SAB) für die finanzielle Unterstützung zur Drucklegung des Sammelbandes und auch dem Verlag Frank & Timme für die drucktechnische Umsetzung.

Wir hoffen, mit dem vorliegenden Band zum fachlichen Diskurs und zur Vernetzung anzuregen. Damit soll an dieser Stelle noch ein weiteres und letztes Schlüsselwort aufgegriffen werden – *Grenzüberschreitend*. So wie im Laufe des Projektes die tschechisch-sächsische Grenze häufig überquert wurde und sich durch jede Begegnung die Nachbarn besser kennenlernten und die jeweilige Nachbarsprache nutzten, so sollten durch die Gemeinschaft der Fremdsprachenlehrenden im Sinne einer modernen Fachsprachenvermittlung vermeintliche Grenzen überwunden werden und eine bessere Vernetzung zwischen Sprache und Fach stattfinden.

Zwickau, im Januar 2021

Ines-A. Busch-Lauer
Julia Hartinger

FACHLICH

INES-A. BUSCH-LAUER

Fit für Studium und Beruf – Wirtschaftskommunikation international und regional vermitteln

1   Einführung

Wirtschaft ist in aller Munde, doch was bedeutet es, wenn man sagt, dass man „Wirtschaft", „Wirtschaftswissenschaften", „Wirtschaftskommunikation" oder „Sprache und Wirtschaft" studiert? Was lernt man in einem der beliebtesten Studienfächer für das Wirtschaften im globalen, lokalen und regionalen Bereich? Welche Rolle spielen Sprache und Kommunikation, wie bildet sich Projektmanagementkompetenz ab und wie lassen sich Projektideen für Unternehmungen initiieren und in der Praxis umsetzen?

Der vorliegende Beitrag wirft einen Blick auf Studiengänge, in denen es um Wirtschaft in Kombination mit (Fremd-)Sprachen, Kommunikation und Kulturen geht und skizziert in diesem Kontext einige inhaltliche Aspekte. Im zweiten Teil des Beitrags wird auf das Projekt *ProFit im Beruf – durch Sprach- und Fachsensibilisierung im Studium* reflektiert, das im Zeitraum zwischen 2017 und 2020 mit Unterstützung des Europäischen Fonds für Regionale Entwicklung (EFRE) zwischen der Westsächsischen Hochschule Zwickau (WHZ) und der Technischen Universität Liberec (TUL) durchgeführt wurde und wie es komplementär regionales Wirtschaftswissen aus der Praxis in der und über die Grenzregion Tschechien-Sachsen vermitteln konnte. Im dritten Teil des Beitrags wird schließlich auf die Notwendigkeit der Kombination von sprach- und wirtschaftswissenschaftlichen Studiengängen als Möglichkeit hingewiesen, Absolvent*innen dieser Studienrichtungen zu befähigen, globale wie regionale Wirtschaftsprozesse und Herausforderungen der Praxis durch Aneignung von Mehrsprachigkeit besser bewältigen zu können. In diesem Kontext wird der geplante Studienschwerpunkt *Wirtschaftskommunikation Deutsch* als wichtige Säule eines auf fachliche Mehrsprachigkeit ausgerichteten Studienprogrammes der Westsächsischen Hochschule Zwickau im Rahmen des Bachelor-Studienganges *Languages and Business Administration* vorgestellt, einem Studiengang, dessen Absolvent*innen durch fachliche, sprachliche und interkulturelle Fremdsprachenkompetenz, ausgerüstet mit Projektmanagement- und Digitalisierungskompetenz im Studium, für den Einsatz im globalen und regionalen Markt vorbereitet sind.

2   Wirtschaft und Sprache in Deutschland studieren

Während einige Fachgebiete, wie zum Beispiel die Mathematik, und die darin benutzte Sprache, unter fachlichen bzw. fachsprachlichen Gesichtspunkten relativ einfach ab- bzw. eingrenzbar sind, ist das bei den Wirtschaftswissenschaften und der Vielfalt ihrer praktischen Bezüge fast nicht möglich. Fachwissen und Fachsprache aus der Wirtschaft fließen in alle Bereiche der Gesellschaft ein, so dass von einer multidisziplinären Fachkommunikation auszugehen ist, die auf verschiedenen hierarchischen, interdisziplinären und lokalen Kommunikationsebenen (d. h. unternehmensintern, unternehmensextern, global oder regional), stattfindet und die unterschiedlichsten Akteure (Expert*innen, angehende Expert*innen und Laien) einschließt. Diese Komplexität kann sich nicht nur für die Konzipierung von wirtschaftsbezogenen Studiengängen und ihren Curricula, sondern auch für begleitende Fremdsprachkurse und die darin verwendeten Fachthemen sowie Felder der Fertigkeitsentwicklung als schwierig erweisen (vgl. Adams in diesem Band).

Im Wintersemester 2020/2021 waren nach Angaben des Statistischen Bundesamtes insgesamt 2.948.700 Studierende an deutschen Hochschulen immatrikuliert, das ist ein Zuwachs von 2% gegenüber dem Vorjahr und besonders auf einen Anstieg bei den Studierendenzahlen an Fachhochschulen zurückzuführen.

Wenn man versucht, die studierten Fächergruppen miteinander zu vergleichen, so nimmt die Zahl von Studierenden in der Fächergruppe Rechts-, Wirtschafts- und Sozialwissenschaften mit ca. 1,1 Mio. Studierenden einen beträchtlichen Anteil (ca. ein Drittel) ein. Nach Angaben von statista[1] waren im Studienjahr 2019/2020 (Wintersemester) insgesamt 86.918 Personen (48.276

....

1   Vgl. https://de.statista.com/statistik/daten/studie/732324/umfrage/studierende-im-fach-wirtschaftswissenschaften-in-deutschland-nach-geschlecht/ (Zugriff: 17.01.2021).

männlich; 38.642 weiblich) allein in den Wirtschaftswissenschaften immatrikuliert und die Nachfrage nach diesen Studienangeboten wächst.

Generell kann man die Wirtschaftswissenschaften in Betriebswirtschaftslehre und Volkswirtschaftslehre untergliedern, deren Anwendungsfelder in der Gesellschaft aber stets an konkrete Wissensgebiete gebunden sind. Dazu gehören zum Beispiel Wirtschaftsrecht, Wirtschaftspädagogik, Wirtschaftsinformatik, Wirtschaftssoziologie und -psychologie, genauso wie Wirtschaftsethik, Arbeitswissenschaften, Medienwirtschaft/Medienmanagement, Tourismuswirtschaft, Verkehrswirtschaft, Versicherungswesen, die wiederum eigene Studiengänge begründen.

Wenn man also wirtschaftswissenschaftliche Studiengänge sucht, dann offenbart sich eine verwirrend große Vielfalt an Angeboten. Es ist daher ratsam, dass sich besonders die internationalen Studierenden über die DAAD-Website einen ersten Eindruck und auch Überblick über die Studienmöglichkeiten verschaffen, die die Studiensprache(n) Deutsch oder Englisch bieten. Über die differenzierte Suche im Hochschulkompass des DAAD[2] kann man aktuell 586 Angebote im Bachelorbereich für *Betriebswirtschaftslehre* (auf Deutsch) an Fachhochschulen finden, 128 Angebote im Bachelorbereich in der Spezialisierung *Internationale Betriebswirtschaftslehre* (auf Deutsch). Betrachtet man die verzeichneten Studiengänge (deren Unterrichtssprache Englisch ist) im Bereich *Betriebswirtschaftslehre* an Fachhochschulen so reduziert sich das Angebot auf 52; bei *Internationaler Betriebswirtschaftslehre* auf 32, was angesichts der Internationalisierungstendenzen von deutschen Hochschulen doch überraschend erscheint. Das Studium der Wirtschaftswissenschaften in Deutschland scheint folglich eng an die gute Kenntnis der deutschen Sprache gekoppelt zu sein.

Betrachten wir im Folgenden, welche Studienoptionen sich ergeben, wenn man unter den Stichwörtern „Wirtschaft und Sprache", „Wirtschaftskommunikation" oder „Interkulturelle Wirtschaftskommunikation" über gängige Studienportale[3] recherchiert. Tabelle 1 erfasst überblicksartig einige Studienangebote aus dem Bachelorbereich, die sich aus der Recherche ergaben (nach Name der Einrichtung, Bezeichnung des Studiengangs, Dauer des Studiums und

....

2   Vgl. https://www2.daad.de/deutschland/studienangebote/studiengang/de/?a=result&q=&degree=24&subjects%5B380%5D=1&studyareas%5B380%5D=1&studyfields%5B380%5D=1&courselanguage=1&locations=&universities%5B2%5D=1&admissionsemester=&sort=name&page=1 (Zugriff: 17.01.2021).

3   https://studieren.de; https://www.studis-online.de (Zugriff: 17.01.2021).

Fokus auf die vermittelte(n) Fremdsprache(n) sortiert), wobei diese Liste keinerlei Anspruch auf Vollständigkeit erhebt, denn auch die Erarbeitung und Akkreditierung neuer Studienformate ist ein fortlaufender, dynamischer Prozess.

Tab. 1: Übersicht zu Studienangeboten unter den Stichwörtern „Wirtschaft und Sprachen" sowie „Wirtschaftskommunikation"

Name der Hochschuleinrichtung	Name des Studiengangs	Abschluss/ Dauer	Sprachfokus
accadis Hochschule Bad Homburg	Business Communication Management (dual), Business Communication Management (gebührenpflichtig)	B.A. 6 Semester	Deutsch, Englisch, Französisch, Spanisch, Chinesisch
Hochschule der Technik Berlin	Wirtschaftskommunikation	B.A. 6 Semester	Deutsch
Hochschule Bremen	Angewandte Wirtschaftssprachen und Internationale Unternehmensführung	B.A. 8 Semester, (einschließlich Ausland)	Wirtschaftsarabisch, Wirtschaftssinologie, Wirtschaftsjapanologie, Veranstaltungssprachen: Deutsch und Englisch Chinesisch
Friedrich-Schiller-Universität Jena	Wirtschaft und Sprachen	B.A. 6 Semester	Arabisch, Französisch, Italienisch, Rumänisch, Spanisch, Bulgarisch, Serbisch/Kroatisch, Russisch, Polnisch
Friedrich-Schiller-Universität Jena	Interkulturelle Wirtschaftskommunikation	Ergänzungsfach, 6 Semester	Siehe oben
Justus-Liebig-Universität Gießen	Moderne Fremdsprachen, Kulturen und Wirtschaft (ab 2020: Intercultural Communication and Business),	B.A. 6 Semester	Englisch Französisch Spanisch Russisch plus weitere Sprachen als Nebenfächer

Name der Hoch-schuleinrichtung	Name des Studiengangs	Abschluss/ Dauer	Sprachfokus
Hochschule Heilbronn Heilbronn UAS	International Business – Intercultural Studies	B.A. 7 Semester	Deutsch (30%), Englisch (60%), Arabisch, Französisch, Russisch, Spanisch (10%)
Universität Mannheim	Kultur und Wirtschaft: Anglistik/Amerikanistik	B.A. 6 Semester	Englisch
SDI München Internationale Hochschule	International Communication and Business (gebührenpflichtig)	B.A. 7 Semester, an 3 Tagen in der Woche	Deutsch, Englisch und weitere Fremdsprache
Hochschule Reutlingen	International Business	B.Sc. 7 Semester	Englisch
Universität Siegen	Europäische Wirtschafts-kommunikation	B.A. 6 Semester	Französisch
Hochschule Zittau/Görlitz (UAS)	Wirtschaft und Sprachen	B.A. 8 Semester	Polnisch und Tschechisch in Kombination mit Englisch
Westsächsische Hochschule Zwickau	Languages and Business Administration	B.A. 7 Semester	Spanisch/Portugiesisch, Französisch, Chinesisch, Englisch, Interkulturelle Kommunikation

Welche Inhalte werden in den Studiengängen vermittelt? Betrachten wir dazu einige Beispiele.

Angewandte Wirtschaftssprachen und Internationale Unternehmensführung an der Hochschule Bremen

Die Hochschule Bremen (vgl. https://www.hs-bremen.de/internet/de/studium/stg/aws/) bietet den Studiengang Angewandte Wirtschaftssprachen und Internationale Unternehmensführung (AWS) an.

In der Regelstudienzeit von 4 Jahren werden die Studierenden auf eine berufliche Tätigkeit in einem globalen Unternehmen in einer der Zielregionen Arabische Welt, China oder Japan vorbereitet. Im 1. bis 4. Semester werden betriebs- und volkswirtschaftliche Grundlagen und Spezialwissen aus dem

Bereichen Unternehmensrechnung, Marketing, Personalmanagement, Logistik und Produktion, Statistik, Wirtschaftsrecht sowie globales Management vermittelt. Die Studierenden erlernen die Fremdsprache ihrer Zielregion und erwerben eine umfassende Regionalkompetenz in Modulen zu Wirtschaft und Gesellschaft. Das Studium schließt ein Auslandssemester (5. Semester) und ein sechsmonatiges Praktikum in der Zielregion ein. Im Mittelpunkt des 7. und 8. Semesters vertiefen die Studierenden die Fremdsprachen- und Regionalkenntnisse und schließen das Studium mit der Bachelorarbeit ab.

Neben Abitur bzw. Fachhochschulreife sind zu Studienbeginn gute Englischkenntnisse auf dem Niveau B1.2 nach dem Gemeinsamen Europäischen Referenzrahmen für Sprachen (GER) erforderlich, Kenntnisse der arabischen, chinesischen und japanischen Sprache(n) sind zu Studienbeginn nicht erforderlich, aber natürlich von Vorteil.

Interkulturelle Wirtschaftskommunikation an der Friedrich-Schiller-Universität Jena

Das Fachgebiet Interkulturelle Wirtschaftskommunikation wurde im Jahr 1992 an der Uni Jena eingeführt und wurde mehrfach für nachhaltige interkulturelle Kompetenzausbildung ausgezeichnet. Der Studiengang Interkulturelle Wirtschaftskommunikation (vgl. https://www.uni-jena.de/studium/studienangebot/ba_ef_interkulturelle_wirtschaftskommunikation) ist stark auf die Vermittlung interkultureller Kompetenz mit Anwendung in der Wirtschaft bezogen. Im Mittelpunkt stehen kultur-, verhaltens- und kommunikationswissenschaftliche Theorien des interkulturellen und wirtschaftlichen Handelns in internationalen Teams und im mehrsprachigen Kontext.

Der Bachelorstudiengang Wirtschaft & Sprachen konzentriert die Ausbildung auf ein kombiniertes Studienfach. Die wirtschaftsbezogenen Fächer beziehen sich auf Internationales Management, Marketing, Produktion und Personalwirtschaft/Organisation. Nach zwei Semestern entscheiden sich die Studierenden für ein Studienprofil: entweder Sprache mit Fokus auf sprachliche, kulturelle und literaturwissenschaftliche Fähigkeiten oder Wirtschaft mit Fokus in Richtung Management oder als Vorbereitung auf ein Masterstudium in BWL oder VWL. Mit dieser Wahloption können sich die Studierenden je nach individueller Neigung stärker auf Sprache und Kultur oder Wirtschaft spezialisieren.

Intercultural Communication and Business (ICB)
an der Justus-Liebig-Universität Gießen
Der Studiengang ICB wurde im Wintersemester 2020/21 gestartet. Er löst den Vorgänger-Studiengang *Moderne Fremdsprachen, Kulturen und Wirtschaft* ab, wobei der Anteil der Wirtschaftswissenschaften im Studiengang durch einen arbeitsrechtlichen Schwerpunkt erweitert wurde. Es werden eine Fremdsprache, eine weitere Wirtschaftsfachsprache, Kenntnisse in den Wirtschaftswissenschaften und im Wirtschaftsrecht vermittelt. Der Studiengang besteht aus:

- einem fremdsprachlichen Hauptfach (80 ECTS + Bachelor-Thesis 10 CP)
- einer weiteren Wirtschaftsfachsprache (20 ECTS)
- dem Nebenfach Wirtschaftswissenschaften (48 ECTS) sowie
- Modulen im Wirtschaftsrecht (12 ECTS) sowie
- einem Praktikum und/oder Projekt (10 ECTS), ggf. im Auslandssemester.

Zu den Hauptfächern im Bereich Fremdsprache gehören: Anglophone Studies, Galloromanistik/Französisch, Hispanistik/Spanisch, Lusitanistik/Portugiesisch und Russistik/Russisch. Bei der zweiten Wirtschaftsfachsprache besteht die Wahl zwischen Englisch, Französisch, Kroatisch/Serbisch/Bosnisch, Polnisch, Portugiesisch, Russisch, Spanisch, Tschechisch und Ukrainisch. Mit diesem weitläufigen Fremdsprachenangebot besticht der Studiengang gegenüber den weiteren Angeboten. Ob Studierende das gesamte Angebot nutzen werden oder der Fokus wieder auf bestimmte Sprachgruppen gelegt wird, kann sich erst in den kommenden Jahren erweisen. Wichtig ist, dass die zweite Wirtschaftsfachsprache nicht mit dem gewählten Hauptfach identisch sein darf und die sprachpraktischen Module mit einer UNIcert®-Prüfung abschließen. Das Nebenfach Wirtschaftswissenschaften besteht aus Pflicht- und Wahlmodulen in den Bereichen BWL, VWL und Statistik. Hinzu kommen zwei Module Wirtschaftsrecht aus den Bereichen Öffentliches Recht, Privatrecht und Arbeitsrecht.

Nach dem Bachelorabschluss besteht die Möglichkeit, im Masterprogramm Intercultural Communication and Business weiter zu studieren. Diese Struktur des Studiengangs erlaubt es, den wachsenden Anforderungen nach Mehrsprachigkeit in der Wirtschaft gerecht zu werden. So bestehen Einsatzbereiche der

Absolvent*innen in der internationalen Wirtschaft, im Handel, aber auch in der öffentlichen Verwaltung.

International Business an der Hochschule Amberg-Weiden

Die Hochschule Amberg-Weiden bietet den siebensemestrigen englischsprachigen Studiengang *International Business* an (vgl. https://www.oth-aw.de/ studiengaenge-und-bildungsangebote/studienangebote/bachelor-studiengaenge/ international-business/studium-international-business/), der auch dual studierbar ist. Die reguläre Studienzeit schließt eine Praxisphase und die Bachelorarbeit ein, die im Ausland absolviert werden.

Das Studium beinhaltet Grundlagenmodule (*Introduction to Management, Principles of Economics, Business Mathematics, Business Statistics*)und betriebswirtschaftliche Basismodule (*Basic Marketing, Labor Law, Finance & Investment, Cost Accounting, Basic HR, Production & Logistics, Sales Mgmt. & E-Commerce*), die im 1. und 2. Semester vor den Vertiefungsmodulen studiert werden. Es ergibt sich folgende Studienablaufstruktur:

- Grundlagenmodule
- Betriebswirtschaftliche Basismodule
- Vertiefungsmodule
- Interkulturelle Handlungskompetenz
- Eine Fremdsprache für 4 Semester
- Soft skills
- Praxisphase
- Bachelorarbeit einschl. Kolloquium

Die Vertiefungsmodule umfassen folgende Module:

- International Business Law
- International Taxation
- International Marketing Communication
- International Trade & Logistics
- Corporate Governance & Ethics
- International HR
- Intercultural Communication
- Industrial Development

© Frank & Timme   Verlag für wissenschaftliche Literatur

- Diversity Management
- Organizational Behavior
- Empirical Research
- International Labor Markets

Die zu entwickelnden interkulturellen Handlungskompetenzen können (vordergründig) aus dem Bereich der mittel- und osteuropäischen Länder gewählt werden, u. a.: Balkanländer, Polen, Russland, Tschechien. Das Studium wird durch das Erlernen einer weiteren Fremdsprache in vier aufeinanderfolgenden Semestern komplettiert.

Eine ausreichende Kenntnis der englischen Sprache ist durch einen Sprachnachweis entsprechend der Niveaustufe B2 (GER) vor Studienbeginn nachzuweisen, ebenso Grundkenntnisse Deutsch für internationale Studierende, die innerhalb eines Jahres nach Studienbeginn auf A2-Niveau (GER) vorhanden sein müssen. An den Bachelorabschluss schließt sich konsekutiv einer der Masterstudiengänge *International Management & Sustainability* (M.A.), *Logistik & Digitalisierung* (M.Sc.), *Digital Entrepreneurship* oder *Digital Business* (M.Sc.) an.

**Languages and Business Administration
an der Westsächsischen Hochschule Zwickau**
Der siebensemestrige Bachelorstudiengang *Languages and Business Administration* (LBA), vgl. https://www.fh-zwickau.de/studium/studieninteressenten/studienangebot/languages-and-business-administration-bachelor/, kombiniert Sprachen (60%), Wirtschaft (30%) und Kultur (10%), wobei der Fokus auf den Wirtschaftsfremdsprachen und den interkulturellen Besonderheiten der Zielregionen (chinesischer, frankophoner und iberoromanischer Sprach- und Kulturraum) liegt.

Neben der Ausbildung in einer der Studienschwerpunktsprachen (Chinesisch, Französisch, Spanisch/Portugiesisch) sowie der Zweitsprache Englisch erwerben die Studierenden Kenntnisse der Wirtschaftswissenschaften (mit Fokus auf BWL in den Spezialisierungen Management, Personal, Logistik und IT) und Kompetenzen in der interkulturellen Kommunikation. Das Studium integriert ein Auslandsjahr im jeweils gewählten Sprach- und Kulturraum. Dieses gliedert sich in ein Studium an einer der Partnerhochschulen und ein Unternehmenspraktikum im Zielland.

Im Anschluss an den Bachelorabschluss besteht die Option, einen Master-abschluss *German-Chinese* oder ein Studium im trinationalen Master *Regionale und Europäische Projektentwicklung* aufzunehmen.

Sprachvoraussetzungen für das Bachelorstudium sind Deutsch (C1 für Nichtmuttersprachler), Englisch B1.2 (GER) und Französisch (bei Wahl dieses Schwerpunktes auf Sprachniveau B1.1 GER).

Tabelle 2 gibt eine Übersicht zum Studienablauf. Weitere Informationen zum Studienangebot sind abrufbar unter: https://www.fh-zwickau.de/spr/studium/kurskatalog/.

Tab. 2: Übersicht Studienablauf Languages and Business Administration (B.A.)

GRUNDLAGENSTUDIUM		
1. SEMESTER	2. SEMESTER	3. SEMESTER
Grundlagen Wirtschaftswissenschaften Allgemein- und Wirtschaftssprache des Ziellandes & Englisch Grundlagen & Methoden der Interkulturellen Kommunikation		

HAUPTSTUDIUM			
4. SEMESTER	5. SEMESTER	6. SEMESTER	7. SEMESTER
Wirtschaftliche Spezialisierung & Vorbereitung Auslandsjahr	Auslandsstudium an einer Partnerhochschule	Unternehmenspraktikum im Ausland	Studium in Zwickau & Bachelorarbeit

Wenn man die Studienangebote abschließend betrachtet, so ergeben sich für die Studierenden vielfältige Möglichkeiten, sich in Sprachen und Wirtschaft zu qualifizieren, wobei bei der Studiengangwahl auf den stärkeren Fokus auf Sprachen oder Wirtschaft zu achten ist.

Zur Erhöhung der Attraktivität und des oft geforderten Internationalisierungsgrades einer Hochschule ist es sicher sinnvoll, Studiengänge auf englischsprachig einzuführen bzw. umzustellen. Ein solches Angebot ist für alle internationalen Studierenden von Vorteil, die nicht oder noch nicht über ausreichende Deutschkenntnisse verfügen und diese sozusagen parallel durch das Leben in Deutschland erwerben, wobei auch hier, gerade für Praktika oder eine spätere Tätigkeit eine strukturierte Deutschausbildung mit Fokus auf Allgemein- und Fachsprache nötig ist, da immersiver Spracherwerb allein für die effektive Bewältigung von Kommunikationsanforderungen nicht ausreicht. Viele Studierende werden Praktika im Mittelstand durchführen und die dort genutzte Unternehmenssprache ist weitgehend Deutsch. Um Kommunikationshindernissen und damit verbundenen Vorbehalten vorzubeugen, sind daher ausreichende Deutschkenntnisse auch in englischsprachigen Studiengängen notwendig.

In Anbetracht der wirtschaftlichen Rolle Deutschlands in Europa und auch in der Welt ist jedoch der Fokus auf Deutsch als Studiensprache nicht zu unterschätzen. Um ein Studium auf Deutsch bewältigen zu können, bedarf es anwendungsbereiter Deutschkenntnisse auf mindestens B2+ (für Austauschstudierende) und C1 für Vollzeitstudierende. Da Spracherwerb ein dynamischer Prozess ist und ein hohes Sprachniveau erst über eine entsprechende Ausbildungsdauer erreicht werden kann, sollten Sprachanforderungen für Studiengänge realistisch angesetzt werden, da unzureichende Sprachkenntnisse u. a. oft ein Grund für den Studienabbruch oder für die Verlängerung von Studien insgesamt sind, vgl. die Studien von Heubler/Wank 2011; Heubler 2015; Heubler et al. 2017; Heubler/Schmelzer 2018. Das Projekt Sprache und Studienerfolg (SprachStu) der Universitäten Leipzig und Würzburg hat dazu interessante Ergebnisse vorgelegt (vgl. Wisniewski 2018; Wisniewski et al. 2020).

3 Neue Themen in den Wirtschaftswissenschaften

Die Dynamik wirtschaftlicher und gesellschaftlicher Prozesse macht auch vor den Inhalten der wirtschaftswissenschaftlichen Studiengänge nicht halt. Es geht um das Aufgreifen aktueller Problemfelder und von dringenden Aufgaben für die globale und regionale Wirtschaft, um die Auswirkung von Politik, Finanzwelt und gesellschaftlichen Veränderungen auf die Wirtschaftsprozesse zu verstehen und zum Nutzen der Gemeinschaft zu beeinflussen. Wie stark plötzlich auftretende Ereignisse auf das Wirtschaftsleben insgesamt, aber auch auf das Leben des Einzelnen haben, wird durch die seit März 2020 bestehende Pandemie und ihre vielfältigen Einflüsse sichtbar. Seitdem stehen nicht nur Fragen der unmittelbaren Bekämpfung der Pandemie und deren Effekte im Mittelpunkt, sondern auch Diskussionen zu mittelbaren Faktoren, die eine Resilienz gegenüber derartigen Ereignissen schaffen können und so die weitere Entwicklung der Weltwirtschaft beeinflussen. Dazu zählt im Hochschulbereich eine starke Forcierung der Digitalisierung von Ausbildungsinhalten und die Umstellung auf hybride Lernarrangements.

Globale Veränderungen lassen sich am besten über „Megatrends" verfolgen, d. h. über Prozesse, die sich in bestimmten Zeitintervallen entwickeln und vordergründig globale Auswirkungen haben. Zu den aktuellen Megatrends gehören: Globalisierung, Urbanisierung, Demographischer Wandel, Digitalisierung, Künstliche Intelligenz, Cybersicherheit, Mobilität, Klimawandel, Energie und Gesundheit. Auch andere Organisationen greifen Megatrends auf. Die Wirtschaftsprüfungsgesellschaft Ernst & Young hat 2020 insbesondere sechs Megatrends identifiziert, die die kommenden Jahre bestimmen werden (vgl. https://www.cio.de/a/die-6-megatrends-der-zukunft,3260700). Dazu gehören digitale Zukunft, Entrepreneurship, Globalisierung, Urbanisierung, Ressourcenmangel und Gesundheit.

Für Unternehmen werden in den 2020er Jahren nach Angaben des Zukunftsinstituts (vgl. https://www.zukunftsinstitut.de/artikel/mtglossar/ und https://www.zukunftsinstitut.de/artikel/die-5-wichtigsten-megatrends-fuer-unternehmern-in-den-2020ern/) fünf Trends besonders bestimmend sein:

- **Konnektivität** – darunter sind Umbrüche in der Vernetzung durch digitale Kommunikationstechnologien zwischen Menschen und Menschen und Maschinen zu verstehen.
- **Neo-Ökologie** – dabei geht es um die Neuausrichtung der Werte der globalen Gesellschaft, der Kultur und Politik mit Auswirkungen auf die Veränderung unternehmerischen Denkens und Handelns, vor allem in den Bereichen Energie, Klima und Umwelt.
- **Globalisierung** – beschreibt die weltweiten Herausforderungen, die die Dynamik der globalen Vernetzung von Unternehmen mit sich bringt und deren Effekte auf die lokalen Gegebenheiten.
- **Silver Society** – steht für die veränderte Altersstruktur in den meisten Gesellschaften, die weltweit zu beobachten ist und die neue Konzepte für die Betreuung und Gesunderhaltung der Menschen erfordern.
- **Wissenskultur** – steht für Vernetzen von Wissen, für ganzheitliches, systemisches Denken, um zügig auf Veränderungen reagieren zu können; hier spielen Kernkompetenzen des Kommunizierens und des adäquaten Umsetzens von Prozessen eine wichtige Rolle.

In diese „Megatrends" fließen die Entwicklungen von Industrie 4.0, die Automation und Robotik, technologische Innovationen wie Künstliche Intelligenz, Elektromobilität und viele weitere ein.

Diese Prozesse haben eine unmittelbare Auswirkung auf die Kommunikation der gesellschaftlichen ‚Stakeholder', der Prozessbeteiligten, d. h. die Fachkommunikation in der Wirtschaft wird sich grundlegend verändern. Derartige Prozesse sind natürlich Gegenstand linguistischer und mit der Linguistik interdisziplinär verbundener Disziplinen. Als Beispiel sei an dieser Stelle das internationale und interdisziplinäre Netzwerk „Europäische Kulturen in der Wirtschaftskommunikation" (EUKO) genannt, das bereits im Jahr 2000 gegründet wurde. Es besteht aus Sprach-, Kommunikations- und Wirtschaftswissenschaftler*innen aus fünf Ländern: Dänemark, Deutschland, Finnland, Österreich und der Schweiz, deren Forschung bislang vordergründig in den Bereichen Werbe- und Wirtschaftskommunikation lag, aber auch von den Megatrends stark beeinflusst wird. Die von den EUKO-Mitgliedern Nina Janich, Dagmar Neuendorff und Christopher M. Schmidt beim Verlag Springer herausgegebene Reihe „Europäische Kulturen in der Wirtschaftskommunikation" dokumentiert, welche aktuelle Themen aus sprach- und kommunikationslinguistischer Sicht in der Beobachtung von dynamischen Veränderungsprozessen thematisiert wurden und werden. Im Fokus aktueller Forschungsarbeiten stehen, wenn wir die zuletzt erschienenen bzw. geplanten Bände betrachten, folgende Themen: Stereotype in Marketing und Werbung (Janich, Hrsg. 2019); Kommunikation und Vertrauen in betrieblichen Krisensituationen (Ehmke 2019); Digitalisierung und Kommunikation und ihre Konsequenzen für die Wirtschaftskommunikation (Stumpf, Hrsg. 2019); Werbung für alle Sinne – Multimodale Kommunikationsstrategien (Wahl/Ronneberg-Siebold/Luttermann, Hrsg. 2020); Mobilität, Wirtschaft, Kommunikation (Matrisciano/Hoffmann/Peters, Hrsg. 2021). Gerade der für April 2021 avisierte Sammelband thematisiert wichtige Veränderungsprozesse in der Wirtschaft, die auch elementare Auswirkungen auf die Kommunikation in diesem Bereich haben werden, u. a.: Rollen und Aufgaben der Corporate Communications in der digitalen Transformation; Wandel der technischen Kommunikation unter Einfluss von Industrie 4.0; die zunehmende Rolle der sozialen Medien und digitaler Assistenzsysteme für die Kommunikation in interdisziplinären Entwicklungsprozessen und die sprachpolitischen Herausforderungen von Unternehmen im Handlungsfeld zwischen lokaler Realität und Internationalisierungsprozessen. Die stärkere Vernetzung und virtuelle Mobilität der Wirtschaftsakteure beeinflusst das kommunikative Interagieren von Unternehmen und Personen, und diese Veränderungen gilt es auch und insbesondere in den mit Wirtschaft gekoppelten Sprachstudiengängen abzubilden. Die Veränderung von Wirtschaftsprozessen zieht unmittelbare Auswirkungen auf die Art der Wirtschaftskommunikation nach sich und die Absolvent*innen von Wirtschafts- und Sprachstudiengängen sollten darauf strategisch vorbereitet sein.

Doch es gilt nicht nur einen Blick auf die globalen Prozesse zu werfen, sondern ihre Umsetzung auf der lokalen, der regionalen Ebene, zu verfolgen. Damit wird eine Konkretisierung und auch eine bessere Veranschaulichung von Studieninhalten möglich. Aus diesem Grund wurde das Projekt *ProFit im Beruf* konzipiert, um anhand der Zusammenarbeit in der Grenzregion Sachsen-Tschechien zu zeigen, wie Wirtschaftsakteure auf der regionalen Ebene zusammenarbeiten und kommunizieren und so praxisnah Fachwissen für das Studium und für den Beruf zu vermitteln.

4   *ProFit im Beruf* - Ziele und Ergebnisse des Projektes

Das von 2017 bis 2020 durchgeführte Projekt *ProFit im Beruf – durch Fach- und Sprachsensibilisierung im Studium* war zum einen ausgerichtet auf die fachliche Erweiterung von Studieninhalten auf Wirtschaftskenntnisse mit regionalem Bezug im deutsch-tschechischen Grenzraum, auf das Kennenlernen des regionalen Wirtschaftslebens in der Praxis durch Exkursionen zu Unternehmen und Wirtschaftsorganisationen und andererseits auf das gegenseitige Kennenlernen und Fortbilden von Studierenden und Lehrkräften der beteiligten Hochschulen, um weitere gemeinsame Forschungs- und Praxisprojekte initiieren zu können und die Vermittlung der deutschen Sprache an der TUL zu befördern bzw. auch der tschechischen Sprache an der WHZ.

Die Grenznähe der beiden Einrichtungen und die bereits vorhandenen Kontakte zwischen beiden Hochschulen ermöglichten eine rasche Entwicklung der Projektkonzeption, die folgende Ziele verfolgte, vgl. auch die Projekthomepage unter https://www.sn-cz2020.eu/de/projekte/gefoerderte_projekte/ProFIT.jsp und http://profit.tul.cz/de/:

- Verbesserung der Chancen der Hochschulabsolvent*innen für einen erfolgreichen Einstieg in den regionalen, länderübergreifenden Arbeitsmarkt durch intensive fach- und berufsbezogene Fremdsprachenausbildung und Ausbildung von interkultureller Projektmanagementkompetenz,
- Entwicklung von Maßnahmen zur Fachkräftebindung in der Grenzregion Sachsen-Tschechien und zur Stärkung der regionalen Wirtschaft und der Kommunen durch Projektaktivitäten und Stärkung der Kooperationsbeziehungen zwischen der WHZ und der TUL als Wissenschaftsstandorte und Praxispartner (Unternehmen), u. a. durch den Aufbau von Praxisnetzwerken, die bereits im Studium (z. B. durch Praktika im Nachbarland) wirken
- Förderung grenzübergreifender beruflicher Aus- und Weiterbildung sowie Qualifizierung,
- Auslotung und Bündelung von Synergien in der akademischen Ausbildung im Bereich Wirtschaftswissenschaften und Sprachvermittlung (Fokus Deutsch), u. a. durch Digitalisierung von Sprachlehr- und Lernmaterialien mit fachlichem und regionalem Bezug und Anpassung von Maßnahmen zur Etablierung des lebenslangen Lernens in der Grenzregion,
- Bildungstransfer zwischen den Sprachlehrkräften beider Institutionen,
- Stärkung der internationalen Ausrichtung beider Hochschulen durch Dissemination der Projektergebnisse national und international.

Diese Projektziele konnten innerhalb der Projektlaufzeit konsequent umgesetzt werden und haben nicht nur zur Verbesserung der akademischen Lehre geführt, sondern auch zur Sensibilisierung der Akteure für Fachkommunikation, Sprache und interkulturelle Kompetenz. Über gemeinsame Sommerschulen und Workshops konnten beide Partnerinstitutionen bei den Teilnehmer*innen ein Verständnis für die sprachlichen und kulturellen Besonderheiten des Partners entwickeln und auch das Interesse für gemeinsame Projekte, sei es in der Wirtschaft, in der Gesellschaft oder im Kulturbereich, wecken.

Ein weiteres Ziel des durch den EFRE geförderten Projektes bestand aber auch darin, aktuelle, authentische Lehrmaterialien auf verschiedenen Sprachniveaus (A2, B1 und B2+) zu entwickeln, die das Interesse für die grenzüberschreitende Zusammenarbeit befördern sollten, um auch weitere Kooperationsprojekte zwischen sächsischen und tschechischen akademischen Institutionen für die Zukunft zu ermöglichen. Dabei spielte der Prozess der Digitalisierung eine große Rolle, d. h. die Möglichkeit, sich Wissen über die Region des Projektpartners autonom und gleichermaßen auch kreativ durch Projektarbeit anzueignen.

Die durchgeführten Veranstaltungen und die Lehrmaterialentwicklung sowie Erprobung haben signifikant das Interesse am Partnerland befördert und das im Wirtschaftsstudium gelernte Theoriewissen durch Praxiserfahrungen erweitert und vertieft. Die Erfahrungen aus dem Projekt haben u. a. dazu beigetragen, den Aspekt Regionalität durch Konzentration auf die Wirtschaftskommunikation Deutsch und den Fokus auf das regionale Wirtschaftsgeschehen stärker in den Studienablauf des Bachelorprogramms *Languages and Business Administration* zu integrieren. Im Kontext und Ergebnis des Kooperationsprojektes entstand daher auch die Konzeption des Studienschwerpunktes Wirtschaftskommunikation Deutsch, die im folgenden Abschnitt erläutert wird.

5 Der Studienschwerpunkt Wirtschaftskommunikation Deutsch

Zur Erweiterung der Attraktivität des bereits mehrfach akkreditierten Studiengangs *Languages and Business Administration* (B.A) an der WHZ wurde im Jahr 2020 ein Studienschwerpunkt *Wirtschaftskommunikation Deutsch* entwickelt, der einerseits komplementär das Fremdsprachenangebot des gut etablierten Studienganges ergänzt und so das Mehrsprachigkeitskonzept komplettiert und andererseits auf die regionalen Wirtschaftsspezifika des Bundeslandes Sachsen Bezug nehmen kann. Es ist geplant, mit festen Kooperationseinrichtungen im europäischen und asiatischen Sprach- und Kulturraum zunächst die Machbarkeit des Studiengangs mit dem Studienschwerpunkt zu testen (ab Wintersemester 2021/22) und darauf aufbauend zu *Double Degree*-Abkommen zu kommen, die sowohl der WHZ als auch den Partnerinstitutionen dienen. Das entwickelte modulare Konzept sieht alternativ vor, die bestehenden Ausbildungseinheiten um einen Fokus auf die Besonderheiten der Wirtschaftskommunikation Deutsch zu erweitern und nach entsprechender Etablierung einen eigenständigen Bachelor- und/oder Masterstudiengang mit Erweiterungskomponenten in Richtung Medien oder Data Science zu entwickeln. Damit wird das sehr gut eingeführte Modul Wirtschaftsdeutsch erweitert, wobei sich der Studienschwerpunkt insbesondere an internationale Wirtschaftsstudierende mit sehr guten Deutschvorkenntnissen und Germanistikstudierende mit großem Interesse an Angewandter Linguistik, speziell Fachkommunikation in Wirtschaft richtet.

Tabelle 3 gibt eine Übersicht zu Studienablauf und Modulanordnung (pro Semester) in diesem Studienschwerpunkt. Es ist geplant, den Studienschwerpunkt mit zwei Partnerinstitutionen (Taiwan und China) im Wintersemester 2021/22 zu starten. Die dazu notwendigen Planungen werden aktuell durchgeführt und parallel weitere interessierte europäische und internationale Partnerinstitutionen akquiriert.

Für den Start im Herbst 2021 sind vorläufig 10–15 Studieninteressierte vorgesehen, mit einer Erweiterung der Kapazität auf bis zu 30 Personen pro Jahr.

Die konkreten Beschreibungen der Inhalte (über die Modulnummern bzw. die Studiengangnummer 761) können im Kurskatalog über den Studiengang *Languages and Business Administration* bzw. im Modulkatalog unter Modulux (über die Modulnummer, jeweils beginnend mit SPR04XX0) eingesehen werden, vgl. https://modulux.fh-zwickau.de/app-modulux/frontend/studiengaenge/.

Tab. 3: Übersicht zum Studienablauf/Studienmodulen pro Semester –
Wirtschaftskommunikation Deutsch

Sem.	Inhalte nach Modulnummern					
7/WS	Praktikum oder Katalog 1, 3 WPF		Forschungskolloquium (5 ECTS)		Bachelorprojekt (10 ECTS)	
6/SS	SPR04600	Fachprofil WIW			SPR04100-04140 u. SPR04610 Englisch/Business Major	WPF
5/WS	SPR04580	SPR04570 o. SPR04590	Vorb. FP SBE350 Marketing SBE550 Personal SBE500 Unternehmensführung SBE600 Prod.wirtschaft	SPR00570 IKK/ Method	SPR04090 Englisch	WPF
4/SS	SPR04550 B2 (GER)	SPR04560 B2+/C1 (GER)	Einführung VWL SBE106	SPR00530 IKK-Studien	SPR080 Wiss. Schreiben	WPF
3/WS	SPR04530 B1 (GER)	SPR04540 B1+ (GER)	Einführung BWL SBE105	SPR00920 Komm. im IK-Kontext	SPR00310 Academic/ Business English	SPR04620 WPF
2/SS	SPR04710	Deutsch		Deutsch, ggf. WIW		
1/WS	SPR04700	Deutsch		Deutsch, ggf. WIW		

Sem = Semester; WS= Wintersemester; SS= Sommersemester; WIW = Wirtschaftswissenschaften; WI-Deutsch = Wirtschaftsdeutsch; WPF = Wahlpflichtfach; FP = Fachprofil; IK = Interkulturelle; IKK = Interkulturelle Kommunikation

Die grau markierten Felder in Tabelle 3 markieren die Module aus dem Bereich Wirtschaftswissenschaften und die Wahloption aus den Wahlpflichtkatalogen der Bereiche Sprachen, Interkulturelle Kompetenz und Wirtschaft.

Für die Durchführung des Studienschwerpunktes ist geplant, dass die Studierenden an ihren jeweiligen Heimathochschulen in den ersten beiden Semestern die notwendigen Sprachkenntnisse bis auf Niveau B1 erwerben und dann im 3. Semester an der WHZ in das Studium in den Studienschwerpunkt

Wirtschaftskommunikation Deutsch einsteigen. Die Sprachkenntnisse werden über Eignungstests bzw. Einstufungstests durch den Bereich Deutsch als Fremdsprache der WHZ anhand der Skalen des Gemeinsamen Europäischen Referenzrahmens für Sprachen (GER) und mit gängigen Prüfungsformaten ermittelt. Sollte es im Rahmen eines *Double Degrees* oder Vollzeitstudiums nötig sein, können die Studierenden ohne oder mit nur geringen Deutschkenntnissen auch im Rahmen eines propädeutischen Aufenthaltes an der WHZ die notwendigen Sprachkenntnisse erwerben und dann das Studium beginnen. Da der Studienschwerpunkt derzeit vordergründig an internationale Germanistikstudierende gerichtet ist, gehen wir davon aus, dass nach dem 1. Studienjahr bereits ausreichende Sprachkenntnisse auf mindestens B1+ (GER) vorliegen, so dass die Ausbildung problemlos gestartet werden kann.

Die Module SPR04500 bis SPR04520 sind auf die Ausbildung von allgemeinsprachlichen Deutschkenntnissen aber auch bereits auf erste wirtschaftssprachliche Aspekte bezogen und führen bis zum Sprachniveau A2+ (GER).

Die Module SPR04530 bis SPR04550 legen den Fokus auf Wirtschaftsdeutsch (Sprachniveau B1 bis Sprachniveau B2). Während in diesen Modulen vordergründig auf die Wirtschaftsprozesse in einem Unternehmen, das Unternehmen selbst und die unternehmensinterne und teilweise externe Kommunikation fokussiert wird (u. a. über das Material „DaF im Unternehmen", vgl. die Ausführungen von Busch-Lauer in diesem Band), startet über das Modul SPR04560 die wirtschaftssprachliche Fachkomponente.

Im Folgenden werden auszugsweise die Qualifikationsziele und die Lehrinhalte/Gliederung der fachsprachlichen Module nach den jeweiligen Modulnummern aufgeführt. In Verbindung mit der Tabelle 3 ergeben sich dann die Bezüge, wann diese Module im Studienprogramm absolviert werden.

SPR04560 – Einführung in die Wirtschaftskommunikation (Wirtschaftstextorten unter kontrastivem Aspekt)

Qualifikationsziele

Die Studierenden beherrschen die spezifischen Textsorten der deutschen Wirtschaftskommunikation und sind in der Lage, diese im Kontrast zu anderen Sprachen zu analysieren und Besonderheiten herauszuarbeiten. Es wird eine wissenschaftlich-theoretische Basis für ein textbezogenes, handlungsorientiertes Problemlösen in der Textproduktion bzw. zur kontrastiven Textanalyse für den Beruf erworben. Die Studierenden erlernen den Umgang mit Dokumenten im Unternehmen durch pragmalinguistische und semantische Analyse der Textsorten. Sie können komplexe Inhalte wissenschaftlich evaluieren. Das Sprachniveau der Veranstaltung entspricht der Niveaustufe B2/C1 des GER. Lehrsprache: 50% Deutsch/50% Englisch

Lehrinhalte/Gliederung
Präsentation und Diskussion relevanter Textsorten im Kontext europäischer Wirtschaftskommunikation; formale und inhaltliche Besonderheiten, z.b. Geschäftskonversation, Geschäftsberichte, Jahresberichte, Leitbild; Kohärenz und Kohäsion in Wirtschaftstexten, Metaphern in den verschiedenen Textsorten im kontrastiven Vergleich; Erkennen relevanter Syntax; Stilmittel; das Bild als Text in Werbung und Marketing, lexikale Strukturen und lexikalische Merkmale. Zu diesem Modul wird eine Vorlesung mit integrierter Übung bzw. Tutorium angeboten, in der die vorlesungsrelevanten Textsorten vertiefend analysiert und diskutiert werden. Die Kombination der beiden Veranstaltungen erlaubt den Studierenden die nahtlose praktische Anwendung der dargestellten wissenschaftlich-theoretischen Zusammenhänge in Partnerarbeit und Gruppendiskussion.

SPR04570 – Marketing unter interlingualem Aspekt

Qualifikationsziele
Studierende erkennen verschiedene Marketingstrategien durch den Umgang mit Texten/Textsorten, u.a. zum Thema Werbung und Corporate Identity im interlingualen Vergleich. Der jeweilige Unternehmensstil wird für die Studierenden erkennbar und inhaltlich transparent. Die Studierenden können Produkte strategisch und unternehmensspezifisch verorten, Kampagnen interpretieren, analysieren, optimieren und dabei sprachübergreifend agieren. Niveauentsprechende, einschlägige lexikalische Wendungen und kulturraumspezifische idiomatische Ausdrücke sind nachvollziehbar und gut verständlich.
Das Sprachniveau der Veranstaltung entspricht der Niveaustufe B2/C1 des GER.
Lehrsprache: 50% Englisch/50% Deutsch

Lehrinhalte/Gliederung

Thematisieren von intralingualem Textgebrauch an Beispielen:

- Produktetablierung;
- Produktplatzierung;
- Struktur von Werbeanzeigen;
- interlinguale Strategien;
- Framing im Wirtschaftskontext und
- Zielgruppenanalyse
- Analyse globaler Marketingkampagnen
- Diskussion von Fallstudien und eigenständige Analyse verschiedener Texte sowie Printkampagnen

SPR04580 – Einführung in die Wirtschaftsterminologie und Wirtschaftsübersetzung

Qualifikationsziele

Die Studierenden kennen und beherrschen:

- die wissenschaftlichen Grundlagen der Terminologielehre und des ein- und mehrsprachigen Terminologiemanagements im Wirtschaftskontext und in Unternehmen
- die wissenschaftlichen Verfahren zur Terminologieerfassung und -verwaltung
- die wissenschaftlichen Grundlagen der Fachkommunikation und Fachübersetzung im Wirtschaftskontext, z.B. typische Textsorten der mündlichen und schriftlichen Fachkommunikation, sowie sprach- und interkulturell relevante Unterschiede zwischen Ausgangs- und Zielsprache
- die Grundlagen der wissenschaftlichen und kontrastiven Fachtextanalyse und -übersetzung für einen erfolgreichen Translationsprozess.

Lehrsprache: 50% Deutsch/50% Englisch

Lehrinhalte/Gliederung

Die Lehrinhalte umfassen u.a.:

- Terminologie, Terminologielehre und Terminologiearbeit
- Terminologiearbeit in Unternehmen, Terminologiewerkzeuge, Fallbeispiele, Terminologiedatenbanken

- Fachkommunikation und Translation
- Merkmale der Gemein- und Fachsprache in Bezug auf Wirtschaft
- Textsorten der Wirtschaftskommunikation und Besonderheiten ihrer Übersetzung
- Fachausdruck und Terminologisierungsverfahren
- Computergestützte Terminologiearbeit und Translation
- Evaluation von Übersetzungen und Übersetzungsqualität

SPR04590 – Unternehmensführung und Personal

Qualifikationsziele

Die Studierenden können bestimmte strategische Entscheidungen von Managern kommentieren und bewerten. Sie verstehen den Nutzen von sprachlich fixierten Leitbildern (Vision/Mission) und können kontrastiv marktspezifische Herausforderungen des Managements analysieren.
Sie können eigenständig Personalauswahl- bzw. -entwicklungsprozesse als Fallstudie mit dafür relevanten (fiktiven) Personaldaten planen.
Sie kennen sprachliche Werkzeuge, um Vorschläge/Kritik zu äußern.
Lehrsprache: 50% Deutsch/50% Englisch

Lehrinhalte/Gliederung

Die Vorlesung (mit Übung/Tutorium) behandelt u.a. folgende Themen:
- Aufgaben eines Managers
- Führungsstile von Managern
- Instrumente bei der Entscheidungsfindung
- Unternehmensinterne/unternehmensexterne Spielräume und Hindernisse im Management
- Personalauswahl
- Personalverwaltung (Personalakte)
- Mitbestimmung und Vorschlagswesen
- Erstellung eines ausführlichen Managerporträts als Portfolio-Leistung
- Kommunikation Geschäftsleitung – Belegschaft, Mitarbeiterzeitung u. a. Textsorten

SPR04600 – Deutsche Rechtssprache (Grundlagen)

Qualifikationsziele

Die Studierenden kennen den institutionellen Aufbau des deutschen Rechtssystems in seinen wesentlichen Zügen.

Sie kennen und verstehen die grundlegende Terminologie und die typischen Kollokationen der juristischen Fachsprache, vor allem im Hinblick auf die unternehmerische Tätigkeit und sind in der Lage, relevante juristische Textsorten wie einschlägige Verträge, Service Level Agreements und Urteile auf die wichtigsten Inhalte hin zu analysieren und zu kommentieren.

Sie kennen die Grundlagen des deutschen Gesellschafts- und Arbeitsrechts.

Die erworbene sprachliche Kompetenz entspricht der Niveaustufe C1.2+ des GER.

Lehrsprache: Deutsch

Lehrinhalte/Gliederung

Die Vorlesung (mit Übung/Tutorium) behandelt u.a. folgende Themen:

* Einführung in das deutsche Rechtssystem, Arbeitsrecht, Gesellschaftsrecht, Handelsrecht, Verträge und andere Rechtsgeschäfte,
* Grundlagen der deutschen Rechtsterminologie,
* Analyse verschiedener juristischer Dokumente, Bearbeitung von Fallbeispielen.

Es kommen Kleingruppenarbeit, kleine Vorträge der Studierenden, didaktisierte Filme zu juristischen Themen und typische juristische Texte (Strafbefehl, Urteil, Beschluss, etc.) zum Einsatz.

SPR04620 – Fachsprache Deutsch in der Betriebswirtschaftslehre

Qualifikationsziele

Die Studierenden beherrschen die deutsche Fachsprache der Betriebswirtschaftslehre und können diese in sprachlich-kulturellen Kommunikationskontexten sowohl rezeptiv als auch produktiv adäquat anwenden.

Die Studierenden sind mit den wissenschaftlichen Methoden des Faches vertraut und wenden diese zur Lösung von komplexen Aufgabenstellungen in sprach-, wirtschafts- und kommunikationsbezogenen Kontexten sowie im interlingualen Vergleich mit weiteren studierten Sprachen an. Sprachniveau: mind. C1 (GER)

Lehrsprache: Deutsch

Lehrinhalte/Gliederung

Die Lehrinhalte folgen dem im Bereich Wirtschaftswissenschaften vermittelten Stoff zur Betriebswirtschaftslehre, der in der Veranstaltung didaktisch aufbereitet durch komplexe Aufgabenstellungen aus dem sprachlich-kommunikativen Bereich eingeübt, vertieft und erweitert wird.

Die Modulinhalte beziehen sich sowohl auf die Fachterminologie der BWL als auch auf die in den verschiedenen Textsorten des Faches vermittelten Fachinhalte mit den jeweils spezifischen sprachlich-kommunikativen Merkmalen.

Die Studierenden sind in der Lage, komplexe Sachverhalte und Prozesse der BWL sprachlich-kommunikativ unter Anwendung von wissenschaftlichen Methoden der Sprachwissenschaft zu analysieren, auszuwerten und in weiteren Kommunikationskontexten adäquat anzuwenden.

Neben diesen auf die deutsche Wirtschaftskommunikation ausgelegten Modulen wurde auch ein englischsprachiges Modul eingerichtet, in dem es insbesondere um globales Projektmanagement geht (SPR04610).

SPR04620 – Global Project Communication in English

Qualifikationsziele

Die Studierenden kennen und beherrschen

- effiziente Kommunikationsstrategien in Englisch (Sprachniveau C1+) zur Planung, Durchführung und Evaluation von Projekten in wissenschaftlichen, berufs- und wirtschaftsbezogenen Tätigkeitsbereichen
- effektive Methoden des Informationsmanagements und der interdisziplinären Zusammenarbeit in multikulturellen Teams
- fachgebietsrelevante, wissenschaftliche, technische und wirtschaftsbezogene mündliche und schriftliche Textsorten für das Projektmanagement

Die Studierenden können

- Projekte verschiedener Zielstellung erfolgreich planen, durchführen und evaluieren

- Projekte in multikulturellen Umgebungen durch Einsatz von Englisch erfolgreich meistern

Lehrsprache: Englisch

Lehrinhalte/Gliederung

Die Lehrinhalte umfassen u.a.

- Working in a global business environment (case studies, chairing meetings and discussions)
- Development of the project- and product life-cycle
- Project management in international teams
- Cultural awareness in project communication and management
- Developing genre awareness (academic genres, business-related genres, technical genres and legal documents from an interlingual perspective)
- Working on negotiating and debating skills (science, business, profession)
- Applying writing and text revising strategies for scientific, project- and business-related genres
- Working on the translation of short scientific and project texts (e.g. for conferences, presentations)
- Working in an intercultural setting

Die für die einzelnen Fachmodule Deutsch in der Wirtschaft vorgesehenen Inhalte wurden unter Kriterien wie strikte Wissenschaftlichkeit und Aktualität, Authentizität und Validität, Erweiterbarkeit und Praxisbezug durch die Fachgruppe Deutsch als Fremdsprache erarbeitet und im Rahmen des wiederholten Re-Akkreditierungsprozesse des Studiengangs *Languages and Business Administration* einer Qualitätsprüfung unterzogen. Für die Evaluation der Kenntnisvermittlung wurden Prüfungsformate gewählt, die zu einem eine Progression im Schwierigkeitsgrad (z. B. von der Klausur zum Portfolio, von je 50% Sprachanteil Englisch und Deutsch zu 100% Sprachanteil Deutsch) nach sich ziehen und andererseits die Lernerautonomie der Studierenden stärken, u. a. durch Projektarbeit und digitale Selbststudieneinheiten.

Mit der Etablierung des Studienschwerpunktes Wirtschaftskommunikation Deutsch möchten wir das Prinzip Mehrsprachigkeit im Studiengang um Deutsch erweitern, den Studiengang für internationale Studierende durch den regionalen Bezug attraktiver gestalten und so dazu beitragen, dass internationale Fachkräfte sich für die Aufnahme einer Tätigkeit in Deutschland im Mittelstand bzw. in einem globalen Unternehmen stärker als bisher interessieren. Durch die Kombination von Wirtschaftsfach mit Wirtschaftskommunikation und Vermittlung von interkultureller und regionaler Kompetenz sind dazu gute Voraussetzungen geschaffen.

6 Fazit

Die wirtschaftswissenschaftlichen Studiengänge gehören in Deutschland nach wie vor zu den sehr beliebten Studienfächern nicht nur für deutsche, sondern auch für internationale Studierende. Inzwischen existieren zahlreiche Studiengänge, die das Fachwissen auf Deutsch oder Englisch vermitteln, so dass es für eine kleine Hochschule schwierig ist, ein Alleinstellungsmerkmal zu entwickeln, das auch in Zukunft attraktiv und modern ist.

Die Kombination von Wirtschaft, Sprache(n) und interkultureller Handlungskompetenz im Studium erweist sich als eine Möglichkeit, ein solches Alleinstellungsmerkmal zu entwickeln, wie die kurze Übersicht zu den Studiengängen im Bereich Wirtschaft und Sprache zeigt. Viel Studiengänge fokussieren sich auf das globale Wirtschaftsleben, die praxisnahe Vermittlung von regionalen, grenzüberschreitenden Wirtschaftsverflechtungen bleibt daher noch wenig beachtet. Eine Erweiterung um diese Regionalkompetenz kann aber zu einem Alleinstellungsmerkmal von Absolvent*innen für die Aufnahme einer Tätigkeit im Arbeitsmarkt führen, vor allem, wenn praxisnahe Inhalte nicht nur vermittelt, sondern auch durch Praktika und Projekte untermauert werden.

Mit der Entwicklung und dem Ausbau von digitalen Lehr- und Lerneinheiten wird zudem eine Krisenresilienz erreicht, da Studieninhalte für Lehrkräfte einfach zu didaktisieren und zu aktualisieren sind und für Studierende unabhängig vom Ort sowie von der zeitlichen Nutzung verfügbar sind.

Unter all diesen Maximen bleibt zu hoffen, dass der Studienschwerpunkt Wirtschaftskommunikation Deutsch mit dem Blick auf die globale und die regionale Wirtschaftswelt zu einer Bereicherung des wirtschaftswissenschaftlichen und des fachfremdsprachigen Studiums an der WHZ beitragen wird.

7 Literatur

EHMKE, EVA (2019): *Kommunikation und Vertrauen in betrieblichen Krisensituationen: eine linguistische Analyse am Beispiel der Bankenkrise.* (Europäische Kulturen in der Wirtschaftskommunikation 30). Wiesbaden: Springer.

HEUBLEIN, ULRICH (2015): „Von den Schwierigkeiten des Ankommens: Überlegungen zur Studiensituation ausländischer Studierender an den deutschen Hochschulen." *Die Neue Hochschule, 2015*(1), 14–17.

HEUBLEIN, U./EBERT, JULIA/HUTZSCH, CHRISTOPHER/ISLEIB, SÖREN/KÖNIG, RICHARD/RICHTER, JOHANNA/WOISCH, ANDREAS (2017): *Zwischen Studienerwartungen und Studienwirklichkeit: Ursachen des Studienabbruchs, beruflicher Verbleib der Studienabbrecherinnen und Studienabbrecher und Entwicklung der Studienabbruchquote an deutschen Hochschulen. Forum Hochschule: Vol. 2017/1.* Hannover: Deutsches Zentrum für Hochschul- und Wissenschaftsforschung.

HEUBLEIN, ULRICH/SCHMELZER, ROBERT (2018): *Die Entwicklung der Studienabbruchquoten an den deutschen Hochschulen. Statistische Berechnungen auf Basis des Absolventenjahrgangs 2016.* Hannover: DZHW.

HEUBLEIN, ULRICH/WANK, JOHANNA (2011): *Bildungsinländer 2011: Daten und Fakten zur Situation von ausländischen Studierenden mit deutscher Hochschulzugangsberechtigung.* Bonn: Deutscher Akademischer Austauschdienst.

JANICH, NINA (2019): *Stereotype in Marketing und Werbung.* (Europäische Kulturen in der Wirtschaftskommunikation 29). Wiesbaden: Springer.

MATRISCIANO, SARA/HOFFMANN, EDGAR/PETERS, ELISABETH (Hrsg.) (2021): *Mobilität – Wirtschaft – Kommunikation. Wie die Mobilität von Unternehmen, Personen, Kapital, Waren und Dienstleistungen die Kommunikation verändert.* (Europäische Kulturen in der Wirtschaftskommunikation). Wiesbaden: Springer.

STUMPF, MARCUS (Hrsg.) (2019): *Digitalisierung und Kommunikation. Konsequenzen der digitalen Transformation für die Wirtschaftskommunikation.* (Europäische Kulturen in der Wirtschaftskommunikation 31). Wiesbaden: Springer.

WAHL, SABINE/RONNEBERGER-SIEBOLD, ELKE/LUTTERMANN, KARIN (Hrsg.) (2020): *Werbung für alle Sinne. Multimodale Kommunikationsstrategien.* (Europäische Kulturen in der Wirtschaftskommunikation 21). Wiesbaden: Springer.

WISNIEWSKI, KATRIN (2018): „Sprache und Studienerfolg von Bildungsausländerinnen und -ausländern: Eine Längsschnittstudie an den Universitäten Leipzig und Würzburg." *Informationen Deutsch als Fremdsprache, 45*(4), 573–597.

WISNIEWSKI, KATRIN/MÖHRING, JUPP/LENHARD, WOLFGANG/SEEGER, JENNIFER (2020): „Sprachkompetenzen und Studienerfolg von BildungsausländerInnen zu Studienbeginn: Erste Erkenntnisse eines empirischen Längsschnittprojekts." DRACKERT, ANASTASIS/MAINZER-MURRENHOFF, MIRKA/SOLTYSKA, ANNA/TIMUKOVA, ANNA (Hrsg.). *Language Testing and Evaluation. Testen bildungssprachlicher Kompetenzen und akademischer Sprachkompetenzen – Synergien zwischen Schule und Hochschule erkennen und nutzen.* Frankfurt a. M.: Lang, 279–319.

Marina Adams

Wirtschaftsdeutsch an der Universität: Chancen und Herausforderungen einer modularen fachkommunikativen Studienbegleitung

1 Einführung

Der Beitrag stellt das Modell der fachkommunikativen studienbegleitenden Deutschausbildung für den Bachelorstudiengang Wirtschaftswissenschaften an der Universität Kassel vor, das seit 2015 im Rahmen des Projekts „Wachstum und Qualität. Professionalisierung für Studium und Lehre" des Bund-Länder-Programms für bessere Studienbedingungen und mehr Qualität in der Lehre (Qualitätspakt Lehre) am Internationalen Studienzentrum/Sprachenzentrum realisiert wird[1]. Vor dem Hintergrund der Internationalisierungstendenzen an den Hochschulen gehen die nachfolgenden Ausführungen zunächst auf Rahmenbedingungen und diagnostizierte Herausforderungen internationaler Studienanfänger der Wirtschaftswissenschaften ein und skizzieren die daraus resultierenden Schwerpunkte in ihrer Betreuung im Rahmen des o. g. Projekts. Exemplarische Darstellung der Grundpositionen bei der Einführung des Modells „Fachkommunikation in Wirtschaftswissenschaften" und seiner anschließenden modularen Weiterentwicklung problematisiert anschließend auch die Frage, welche Herausforderungen eine studienerfolgssichernde fachkommunikative Begleitung internationaler Studierender angesichts der heterogenen Voraussetzungen der Zielgruppe zu meistern hat.

....

1 Näheres zum Teilprojekt „Schreibberatung und interkulturelle Lernvoraussetzungen für internationale Studierende" unter http://www.uni-kassel.de/einrichtungen/internationales-studienzentrum-isz-sprachen zentrum/szdb/schreibkurse-und-schreibberatung/ueberblick.html; weitere Informationen zum QPL-Gesamtvorhaben *Wachstum und Qualität. Professionalisierung für Studium und Lehre* an der Universität Kassel unter https://www.uni-kassel.de/projekte/qualitaetspakt-lehre/startseite.html.

2 Studienerfolg internationaler Studierender der Wirtschaftswissenschaften in Deutschland als Herausforderung

Die Internationalisierung beeinflusst nachhaltig die deutsche Hochschullandschaft und wird besonders in den letzten Jahrzehnten als ein wesentliches Element der institutionellen Profilierung hervorgehoben. Die stärkere internationale Ausrichtung der deutschen Hochschulen kann zumindest im Bereich der *incoming students* als ein durchaus erfolgreicher Prozess bezeichnet werden: Die Zahl der eingeschriebenen Bildungsausländer*innen bzw. internationaler Studierender[2] an deutschen Hochschulen ist in den letzten Jahrzehnten kontinuierlich gestiegen, von 227.026 im Jahr 2003 auf rund 320.000 internationale Studierende im Wintersemester 2019/2020 (vgl. Heublein et al. 2014: 1f. sowie Statistisches Bundesamt 2020: 8). Das Studium der Rechts-, Wirtschafts- und Sozialwissenschaften scheint bei internationalen Studierenden besonders beliebt zu sein: ca. 24% strebten 2020 einen Abschluss in dieser Fächergruppe an (vgl. Heublein et al. 2020: 49). Diese positive Entwicklung wird gleichzeitig und zunehmend mit Bezug auf empirische Erhebungen und Projektergebnisse durch Forderungen nach besserer Integration und Erhöhung des Studienerfolgs internationaler Studierender geprägt (vgl. Kercher 2018, Heublein/ Schmelzer 2018, Pineda 2018). Denn nach wie vor belegen nachweislich höhere Studienabbruchquoten internationaler Studierender im Vergleich zu Bildungsinländern, dass der Studienerfolg von *incoming students* eine besondere Herausforderung für das deutsche Hochschulsystem darstellt. So beziffert Kercher (2018) die Abbruchquoten der *incoming students* im Bachelorstudium im Prüfungsjahr 2014 mit 41% gegenüber 29% der deutschen Studierenden; laut der Studie des Deutschen Zentrums für Hochschul- und Wissenschaftsforschung liegt diese Zahl 2016 sogar bei 45% (vgl. Heublein/Schmelzer 2018). Bei der Ursachenforschung wird dabei auf folgende fünf Kernbereiche von Studienproblemen fokussiert (vgl. Studie des Sachverständigenrats deutscher Stiftungen für Integration und Migration 2017: 26):

....

2 In diesem Beitrag werden unter den internationalen Studierenden die Bildungsausländer*innen verstanden, also diejenigen Studierenden, die ihre Hochschulzugangsberechtigung im Ausland erworben haben.

(1) Sprachliche Schwierigkeiten im Studium und Alltag,

(2) Anpassungsprobleme aufgrund von Unterschieden in der akademischen Lernkultur,

(3) Schwierigkeiten bei der Kontaktaufnahme zu einheimischen Studierenden,

(4) hohe Lebenshaltungskosten und ein hoher Zeitaufwand für die Finanzierung des Lebensunterhalts,

(5) Unsicherheit bzw. Ängste, die mit dem Aufenthaltsstatus sowie mit Behördengängen zusammenhängen.

Bezeichnenderweise bilden sprachliche Voraussetzungen internationaler Studierender sowie ihre kulturelle und soziale Integration die drei wesentlichen Hintergründe für den Misserfolg im Studium ab, deren wissenschaftliche Analyse in den letzten Jahren verstärkt in den Fokus empirischer DaF-Forschung rückt (vgl. bspw. Projekt SpaStu unter http://home.uni-leipzig.de/sprastu/, auch Adams 2019). Dass sowohl wissenschaftssprachliche und fachkommunikative[3] Voraussetzungen als auch interkulturelle Handlungsfähigkeit internationaler Studierender sehr heterogen sind und oft für ein erfolgreiches Studium nicht ausreichen, wird dabei zunehmend durch empirische Analysen untermauert. So stellt Pineda 2018 im Rahmen einer qualitativ ausgerichteten Studie fest, dass „[…] die Sprachkompetenz, die im Rahmen eines Deutsch als Fremdsprache-Kurses erworben wird, ungenügend als Vorbereitung auf eine Auseinandersetzung mit der Fachsprache eines spezifischen Fachbereichs oder einer wissenschaftlichen Disziplin ist." (ebd.: 22). Eine qualitativ angelegte Stichprobenuntersuchung der Studienschwierigkeiten internationaler Studierender der *Wirtschaftswissenschaften* an der Universität Kassel konnte jene wissenschafts- und fachsprachliche sowie studienkulturbezogene Faktoren bereits 2013 ausdifferenzieren, indem zunächst solche Herausforderungen des Studiums der Wirtschaftswissenschaften empirisch ermittelt wurden, wie

- Mündliches Kommunizieren (Diskutieren, Vortragen) in der Wissenschafts- und Fachsprache, vor allem unter Verwendung von Fachtermini,

....

3 Im Beitrag werden Bezeichnungen *fachkommunikativ* und *fachsprachlich* synonym verwendet.

- Lesen von Fachtexten, besonders in solchen Studienfächern, wie Wirtschaftsrecht, Steuerlehre, Rechnungswesen sowie Makro- und Mikroökonomie (vgl. Morozova 2013: 98).

Des Weiteren wurde ein signifikanter Zusammenhang zwischen dem sofortigen Einstieg jener Zielgruppe ins Fachstudium und ihren beobachteten sprachlichen Problemen im Studium bestätigt (vgl. ebd.: 97). Denn auch die *verkürzten Einstiegszeiten* in die für internationale Studierende neue Studienkultur, die zu Beginn des Studiums häufig mit zusätzlichem *Workload* durch Auflagen zur Angleichung der bereits erbrachten Studienleistungen im Ausland an die fachlichen Inhalte der Studiengänge in Deutschland verbunden sind, zählen offenbar zu spezifischen Ausgangsdispositionen internationaler Studierender (vgl. Oswald/Adams 2017, Schumann 2008: 23).

Somit bedarf eine nachhaltige Studienerfolgssicherung internationaler Studierender fachübergreifender und/oder fachspezifischer studienbegleitender Maßnahmen, die auf studienkulturbezogene, wissenschafts- und fachsprachliche Aspekte des Studiums fokussieren, was auch im Rahmen einer Vielzahl der Projekte im Hochschulbereich der letzten Jahre angestrebt wird (vgl. Adams 2019). Eines davon ist das Projekt *Schreibdidaktik und interkulturelle Voraussetzungen* am Internationalen Studienzentrum/Sprachenzentrum der Universität Kassel, dessen differenziertes Förderangebot für den Studienerfolg internationaler Studierender nachstehend kurz skizziert wird.

3 Von der Schreibberatung zur fachkommunikativen modularen Studienbegleitung

Mit 3.442 eingeschriebenen internationalen Studierenden im Wintersemester 2019/2020 stellt die Universität Kassel ein gelungenes Beispiel der akademischen Internationalisierung im Bereich der *incoming students* dar. Die 2012 geschaffene Stelle zur Schreibberatung internationaler Studierender sollte dabei bereits zu Beginn nicht nur die Lehre und Beratung zum akademischen Schreiben leisten, sondern auch – gemäß der oben erwähnten Dispositionen von *incoming students* – die Aufgaben in der Diagnostik der sprachlichen und interkulturellen Bedarfe internationaler Studierender und der anschließenden

Weiterentwicklung der studienbegleitenden Lernangebote übernehmen und somit als ein ‚Integrationslotse' für internationale Studierende fungieren.

Im Einzelnen umfasste dies solche Tätigkeitsbereiche, wie Konzeption und Durchführung der semesterbegleitenden Kurse zum akademischen Schreiben, Durchführung der individuellen Schreib- und Lernberatung sowie Weiterentwicklung der fachbezogenen Deutschangebote in Zusammenarbeit mit Fachbereichen der Universität Kassel. Nach mehr als acht Jahren der fachübergreifenden Schreib- und Lernförderung im Rahmen unterschiedlicher Veranstaltungsformate lässt sich bezüglich der Inanspruchnahme der konzipierten Angebote ein positives Fazit ziehen. Mehr als 110 Kurse und Workshops zum wissenschaftlichen Arbeiten und Schreiben mit 1.198 Studierenden sowie 3.280 Schreibberatungen für Doktor-, Master-, Bachelor- und Hausarbeiten sowie knapp 500 individuelle Beratungstermine zu weiteren Möglichkeiten der sozialen Integration (u. a. Buddy- und Patenfamilienprogramme, Sprach-Tandems) zeugen von einer beachtlichen Nachfrage und folglich hoher Relevanz solcher studienbegleitenden Formate.

Einen besonderen Schwerpunkt stellte die Entwicklung der *fachkommunikativen Studienbegleitung* in Form von Schlüsselkompetenzmodulen für fünf Fachbereiche der Universität Kassel dar. Das Ziel war, durch die Schaffung der fachbereichsspezifischen Voraussetzungen für die gezielte Wahrnehmung der Förderangebote für internationale Studierende, z. B. durch Anerkennung der Deutschkurse als Schlüsselqualifikationen, eine kontinuierliche Sprach- und Schreibförderung, auch im fachlichen Kontext, zu ermöglichen. In einer engen Zusammenarbeit mit Fachbereichen (= FB) wurden folgende Kursmodelle in den jeweiligen Modulhandbüchern der Studiengänge verankert und realisiert:

- „Fachkommunikation im Maschinenbau I und II" (FB 15 Maschinenbau),
- „Fachkommunikation in ASL: Grundlagen (I) und Vertiefung (II)" (FB 06 Architektur, Stadt- und Landschaftsplanung),
- „Fachkommunikation in Wirtschaftswissenschaften: Grundlagen (I) und Vertiefung (II)" (FB 07, Bachelorstudiengang Wirtschaftswissenschaften),
- „Fachkommunikation Deutsch in Kunst/Gestaltung/Design" (Kunsthochschule Kassel),

- „Fachkommunikation im Fach DaF: Lesen, Zusammenfassen, Argumentieren" (FB 02 Sprach- und Literaturwissenschaften, Fachgebiet DaF/Z).

Insgesamt wurden bis Ende 2020 77 fachkommunikative Deutschkurse mit 752 Studierenden durchgeführt.

Die Module „Fachkommunikation in Wirtschaftswissenschaften: Grundlagen (I) und Vertiefung (II)" sind semesterbegleitende Deutschkurse im Umfang von je 2 Unterrichtsstunden wöchentlich. Sie wurden ausschließlich für BA-Studierende im Studiengang Wirtschaftswissenschaften des FB 07 entwickelt, der zu den Fachbereichen mit dem höchsten Anteil an internationalen Studierenden zählt und nach einer Selbsteinschätzung „eine führende Position in der Internationalisierung" der Universität Kassel einnimmt (Homepage des FB 07, unter https://www.uni-kassel.de/fb07/fachbereich/leitbild.html). Als Leitfragen der linguistischen und methodisch-didaktischen Schritte zur Konzeption der o.g. Module sind folgende zu nennen, die nachstehend erörtert werden:

- Welche *Kompetenzen* sollen angesichts der heterogenen Voraussetzungen der Studierenden im Mittelpunkt des Angebots stehen?
- Anhand welcher wissenschafts- bzw. fachsprachlichen *Lerninhalte* (Themen/Szenarien) und welcher handlungsorientierter *Aufgaben- und Übungsformate* müssen jene Kompetenzen in der Studienbegleitung entwickelt werden, vor allem vor dem Hintergrund der vielfältigen Kommunikationsformen und -spezifika der deutschen Wissenschafts- bzw. Fachkommunikation und folglich der Anforderungen an internationale Studierende?

4 „Fachkommunikation in Wirtschaftswissenschaften (I): Grundlagen": Linguistische Vorüberlegungen

Welche linguistischen und methodisch-didaktischen Grundannahmen sind für die Konzeption einer fachspezifischen Studienbegleitung von Relevanz? Linguistische Grundlagen eines solchen wissenschafts- und fachsprachlich orientierten Lernangebots sind ausgesprochen vielfältig: Zum einen bescheini-

© Frank & Timme   Verlag für wissenschaftliche Literatur

gen die Studien zur Hochschulkommunikation dem wissenschaftlichen Sprachgebrauch im Hochschulkontext und der Wissenschaftssprache „jene allgemeinen wissenschaftssprachlichen Kennzeichen, die für die Institution Universität als ganze charakteristisch sind" (Ehlich/Steets 2003: 152). Neben diesen fachübergreifenden Charakteristika der Wissenschaftssprache belegen Untersuchungen aus der Fachtextpragmatik weiterhin fach*spezifische* Anforderungen in unterschiedlichen Kommunikationsbereichen des Studiums, die sich in disziplintypischen Formulierungs- und Textmustern niederschlagen. Die Förderung des Studienerfolgs internationaler Studierender sollte hiermit neben wissenschaftssprachlichen Merkmalen der Hochschulkommunikation auch ihre Disziplinspezifik zum Gegenstand der Reflexion und Vermittlung in der fachkommunikativen Studienbegleitung machen. Während zu der Wissenschaftssprache Deutsch inzwischen ein solider Stand an linguistischen Studien und anwendungsbezogenen Publikationen vorliegt, so bspw. Graefen/Moll (2011), Richter/Fügert (2016), Schäfer/Heinrich (2010), ist der Forschungsstand zu sprachlichen Spezifika der *Fachkommunikation* im *Hochschulkontext*, auch für den Bereich der Wirtschaftswissenschaften, nach wie vor durch große Forschungsdesiderate gekennzeichnet.

Gleichzeitig gehört die Kommunikation in der Wirtschaft zu einem der Bereiche in der Fachkommunikationsforschung, die von einem nachhaltigen Forschungsinteresse begleitet werden und somit auch umfassende grundlagen- und anwendungsbezogene Studien vorweisen können. Eine hohe Anzahl an Publikationen sowohl zu linguistischen Besonderheiten in einzelnen Kommunikationsbereichen der Wirtschaft (Unternehmenskommunikation, Handel, Börse usw.) als auch zu einzelnen Domänen in der Anwendung der Fach- und Berufssprachen (Verkaufsgespräche, Bürokommunikation, Kommunikation am Arbeitsplatz usw.) sowie zu deren Vermittlung in Form von Lehrmaterialien und Prüfungsangeboten belegt dieses seit Jahrzehnten anhaltende Interesse (vgl. zu Lehrmaterialien die Übersicht des Goethe-Instituts unter https://www.goethe.de/de/spr/unt/kum/ber/ler.html; eine Web-Bibliographie bietet auch das Portal wirtschaftsdeutsch.de: https://www.wirtschaftsdeutsch.de/webliographie/). Diese Vielfalt an Themen, Fachtextsorten und Fachterminologien lässt die Frage nach Möglichkeiten der Selektion der Inhalte für das Studium besonders wichtig erscheinen. Vor allem angesichts der begrenzten Möglichkeiten einer studienbegleitenden Fachdeutschvermittlung im Rahmen der Module mit recht geringer Stundenzahl stellt sich die Frage, nach welchen Kriterien, in welchem Umfang und aus welchen wirtschaftswissenschaftlichen Einzeldisziplinen des BA-Studiums der Wirtschaftswissenschaften die Lerninhalte entnommen werden müssen. Eine begründete Auswahl der fachkommunikativen Textsorten- und Kommunikationsphänomene erscheint umso wichtiger, führt man sich vor Augen, wie komplex das Feld der *theoretischen Fachsprachen der Wirtschaftswissenschaften* im Hinblick auf die Anzahl der Einzeldisziplinen dieses Feldes und der relevanten Nachbardisziplinen ist (vgl. Abb. 1):

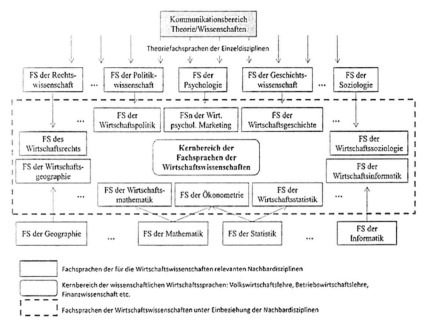

Abb. 1: Typologisierung wissenschaftlicher Wirtschaftsfachsprachen (nach Hundt 1998: 1303)

Trotz der verdeutlichten Komplexität der Verflechtungen der Theoriefachsprachen der Wirtschaft deckt diese schematische Darstellung nur einen *Ausschnitt* aus ihren möglichen Fachkommunikationsbereichen ab; weitere Einzelfachsprachen wären vor allem vor dem Hintergrund der zunehmenden Digitalisierung der Wirtschaftsprozesse im XXI. Jahrhundert durchaus denkbar. Welche jener Einzeldisziplinen für die konkreten Rahmenbedingungen des BA-Studiums der Wirtschaftswissenschaften von besonderer Relevanz sind und welche Besonderheiten jene Fachsprachen aufweisen, musste somit im nächsten Schritt zur Selektion der fachkommunikativen Vermittlungsinhalte empirisch ermittelt werden.

Eine Grundlage für die Selektion jener Inhalte für den ersten Teil des fachkommunikativen Moduls „Fachkommunikation in Wirtschaftswissenschaften (I): Grundlagen", das zu Beginn des Studiums absolviert wird, bildete die nachstehende Übersicht der 15 Grundlagenmodule des BA-Studiums der Wirtschaftswissenschaften der Universität Kassel. Diese Module vermitteln die grundlegenden Fachkompetenzen in den wichtigsten Wirtschaftsrichtungen und bilden die Basis für das anschließende Schwerpunktstudium (vgl. Abb. 2):

Betriebswirtschaftslehre	BWL I: Grundlagen, Konstitutive Entscheidungen
	BWL II: Investition, Finanzierung, Einführung in die betriebswirtschaftliche Steuerlehre
	BWL III: Unternehmensführung, Marketing
Volkswirtschaftslehre	VWL I: Mikroökonomie
	VWL II: Makroökonomie
	VWL III: Wirtschaftspolitik
Wirtschaftsrecht	Recht I: Wirtschaftsrelevante Grundrechte, Grundlagen des BGB
	Recht II: Schuldrecht und Sachenrecht mit Bezügen zum Handelsrecht
Rechnungswesen	Rewe I: Buchführung und Jahresabschluss
	Rewe II: Kosten- und Erlösrechnung
Wirtschaftsmathematik	Mathe I: Grundlagen und Differentiation
	Mathe II: Integration, lineare Algebra, Dynamische Systeme
Statistik	Statistik I: Deskriptive Statistik
	Statistik II: Induktive Statistik
Wirtschaftsinformatik	Info I: Grundlagen der Wirtschaftsinformatik

Abb. 2: Übersicht über die Grundlagenmodule des Bachelorstudiums der Wirtschaftswissenschaften der Universität Kassel (vgl. Morozova 2013: 60, Darstellung nach Internetseite des FB 07, unter https://www.uni-kassel.de/uni/studium/wirtschaftswissenschaften-bachelor/studienaufbau)

In der Vielfalt der Einzelfachsprachen, die bereits zu Beginn des Studiums praktisch alle ‚Kernbereiche der wissenschaftlichen Wirtschaftssprachen' aus der Übersicht von Hundt (1998) einschließen, wurden im Rahmen der empirischen Erhebung zunächst vier Schwerpunkte für das zu erstellende Vermittlungskonzept herausgearbeitet: *Rechnungswesen, Wirtschaftsrecht, Fachsprache der Mathematik und Volkswirtschaftslehre* (=VWL).

Fachtexte aus den Vorlesungen und Tutorien zu diesen Fachgebieten bilden eine Grundlage für eine exemplarische Sensibilisierung für fachkommunikative Besonderheiten jener Fachgebiete im Rahmen des Deutschunterrichts. Dass jene fachsprachlichen Besonderheiten kaum isoliert auf ein Fachgebiet betrachtet werden können, zeigt das nachfolgende Beispiel aus einer VWL-Vorlesung zum Thema natürliches Monopol Abb. 3). Erkennbar ist, dass neben der VWL-Terminologie auch Kenntnisse der Fachsprache der Mathematik (auf der Zeichenebene und auch auf der Ebene der Verbalisierung dieser Zeichen im Rahmen der Vorlesung) vorausgesetzt werden:

Gewinnmaximierung im Monopol

- **Welche Menge möchte der Monopolist produzieren?**
  - o Erhöhung der Outputmenge: zusätzlicher Erlös möglich, aber um zusätzliche Menge abzusetzen, muss der Preis für gesamten Output gesenkt werden
  - o Zusätzlicher Erlös bei Output ↑ um 1 Einheit: $P + \Delta P/\Delta Q \, Q$ (mit $\Delta P/\Delta Q < 0$)

- **Bedingung für optimalen Output des Monopolisten: MR = MC**
  - Ergibt sich aus: $Max \, \Pi = P(Q)Q - C(Q)$ mit $C(Q)$ = Prod.kosten für Menge Q
    - Q

      [...]

(„Amoroso-Robinson-Bedingung" → Je niedriger die Preiselastizität der Nachfrage, umso höher der Aufschlag des Monopolisten auf die Grenzkosten)

Abb. 3: Folie aus der Vorlesung zur Wirtschaftspolitik aus dem Bereich VWL III von Prof. Dr. Guido Bünstorf (Wintersemester 2014/2015), verkürzte Darstellung

Dieses Beispiel veranschaulicht die notwendige Schwerpunktsetzung der Beschäftigung mit der Fach- und Wissenschaftssprache auf Basis der *Arbeitstechniken und Strategien zum effizienten und selbständigen Erwerb* der Wissenschafts- und Fachsprache sowie zur Weiterentwicklung der fachbezogener Sprachkompetenzen, zum Beispiel des Hörverstehens von Fachvorlesungen. Welche weiteren methodisch-didaktischen Schlussfolgerungen daraus abzuleiten sind, wird nachstehend am Beispiel des ersten Teils des Moduls „Fachkommunikation in Wirtschaftswissenschaften (I): Grundlagen" erläutert.

5 „Fachkommunikation in Wirtschaftswissenschaften (I)": Methodisch-didaktische Vorüberlegungen

Welche methodisch-didaktischen Grundannahmen über die Gestaltung des fachkommunikativen Deutschunterrichts sind bei einer Kurskonzeption zu beachten? Zwar kann an dieser Stelle keine erschöpfende Bestandsaufnahme methodisch-didaktischer Ansätze der fachbezogenen Fremdsprachenvermittlung erfolgen; von zentraler Bedeutung dafür erscheint jedoch der Begriff der fachkommunikativen Kompetenz, die als eine umfassende kommunikative Handlungsfähigkeit im Fach verstanden und im Rahmen einer solchen Vermittlung angestrebt wird (vgl. Baumann 2003: 121). Ein auf die Entwicklung fachbezogener Handlungsfähigkeit fokussiertes Unterrichtskonzept impliziert folglich eine konsequente Orientierung auf Kommunikationsbedürfnisse der Lernenden im Fach sowie auf eine handlungsorientierte und möglichst realitätsnahe, *fachlich relevante Aufgabengestaltung*. Angesichts der oben angedeuteten Vielfalt der fachkommunikativen Textsorten und Kommunikationskontexte mit ihren schier endlos ausdifferenzierten Terminologiebeständen kommt einer präzisen Erfassung jener fachlichen und fachsprachlichen Kommunikationsbedürfnisse der Lernenden und der sprachlichen Merkmale jener Kommunikation eine entscheidende Rolle bei der Auswahl der Unterrichtsziele, -inhalte und -methoden zu. Solche Fragen und Planungsaspekte sind:

(1) In welchen Kommunikationskontexten müssen die Studierenden im Fachalltag kommunizieren? Welche kommunikativen Aufgaben müssen sie dabei bewältigen? → Erfassung des kommunikativen Bedingungsgefüges im BA-Studium der Wirtschaftswissenschaften im Hinblick auf *zu produzierende Textsorten und (Prüfungs)-leistungen*

(2) Welche wissenschaftssprachlichen Strukturen und fachspezifischen Elemente kommen in den für die Studierenden relevanten Textsorten und Kommunikationsaufgaben besonders häufig vor? → Konkretisierung von *sprachlichen Anforderungen an Studierende* an *Fachtexten* des BA-Studiums

(3) Anhand welcher Lernszenarien lassen sich jene studienbezogenen Kommunikationsaufgaben am besten trainieren? → Auswahl an methodischen Arbeitsformen im Unterricht, die die studienbezogene Kompetenzentwicklung handlungsorientiert fördern

Eine weitere Determinante für die Kurskonzeption stellen *das fachliche Vorwissen der Studierenden* als eine wichtige Ressource im Unterricht sowie die bereits erwähnte Vermittlung von *Lerntechniken und -strategien im Umgang mit fachkommunikativen Inhalten im Studium* (z. B. Lese- und Entschlüsselungsstrategien von Fachtexten, selbständiger Umgang mit der Fachterminologie, Lerntechniken zur Vor- und Nachbereitung der Vorlesungen) dar, vor allem angesichts der begrenzten Möglichkeiten, die Teilnehmenden in einem studienbegleitenden Deutschkurs umfassend auf alle fachkommunikativen Herausforderungen vorzubereiten (vgl. dazu Mehlhorn 2009).

Die Lernziele, -inhalte und -methoden des Moduls „Fachkommunikation in Wirtschaftswissenschaften" wurden zusammenfassend in folgenden Planungsschritten festgelegt:

(1) Analyse der kommunikativen Anforderungen des BA-Studiums und empirische Aufarbeitung der Studienschwierigkeiten im Rahmen einer Masterarbeit

(2) Validierung der ermittelten kommunikativen Schwerpunkte mit Fachexperten aus dem Fachbereich Wirtschaftswissenschaften

(3) Erstellung des Rahmencurriculums für beide Module: Festlegung der jeweiligen Lernziele, Themenbereiche und Lernszenarien

(4) Evaluation der ersten Kurse und weitere Materialentwicklung
(5) Weiterführende Ausdifferenzierung der Modulbestandteile: Sprach-standsermittlung, Workshops zur Fachsprache der Mathematik, Workshops zum wissenschaftlichen Schreiben und anschließende Lernberatung

Für das erste Modul „Fachkommunikation in Wirtschaftswissenschaften (I): Grundlagen", das zu Beginn des BA-Studiums absolviert wird, bilden folgende Analyseergebnisse die Grundlagen der methodisch-didaktischen Feinplanung:

(1) Verstehen und Mitschreiben von *Vorlesungen* und *Schreiben von Klausuren* stellen besonders relevante Arbeitsformen und Prü-fungsformate in allen Grundlagenmodulen des BA-Studiums der Wirtschaftswissenschaften dar.

Alle Grundlagenmodule werden in der Regel in Form einer wöchentlichen vierstündigen Vorlesung mit ergänzenden Tutorien angeboten, so dass es sich um mehr als 800 Stunden reiner Vorlesungen handelt. Daher wurden die Be-handlung von Lerntechniken und -strategien zur *Vor- und Nachbereitung von fachlichen Vorlesungen* sowie *Verstehen und Mitschreiben* von Vorlesungen als curriculare Schwerpunkte im Kurskonzept verankert. Dass *Klausuren* die überwiegende Prüfungsleistung am Ende der Module darstellen, wurde an-hand der Modulhandbücher ermittelt und in der empirischen Studie als eine besondere Herausforderung zu Beginn des Studiums erfasst. Somit stellt die Klausurvorbereitung einen weiteren und mehrteiligen Schwerpunkt im ersten fachkommunikativen Deutschvermittlungsmodul dar und schließt *sprachliche Sensibilisierungsübungen,* Einführung in die *Lernstrategien zur Prüfungsvorbe-reitung* und *Mnemotechniken* sowie eine *Klausursimulation* und *-reflexion* ein.

(2) In Gesprächen mit Fachexperten wurde eine wichtige Rolle des *Lernens in der Gruppe* für den Studienerfolg der BA-Studierenden der Wirtschaftswissenschaften betont.

Diese Form des gemeinsamen Lernens wird auch im Rahmen der Tutorien zu Grundlagenmodulen für alle Studierenden vor dem Hintergrund einer sehr umfassenden fachlichen Informationsvermittlung (allein die Vorlesungsfolien zu einer Vorlesungssitzung umfassen oft über 80 Seiten) empfohlen. Im Rahmen der empirischen Erhebung wurden Schwierigkeiten der internationalen Studierenden bei der Kontaktaufnahme mit einheimischen Kommilitonen und folglich fehlendes soziales Lernen festgestellt. Daher sollte der Unterricht im fachkommunikativen Deutschvermittlungsmodul die Teilnehmenden dazu ermutigen und befähigen, Lerngruppen zu bilden und somit selbständig und miteinander vernetzt fachliche Inhalte zu erschließen.

(3) Das selbständige *Erschließen von Fachtexten und angemessene Anwenden von Fachterminologien* wurde im Rahmen der empirischen Analyse der Studienschwierigkeiten von Studierenden hervorgehoben.

Das Training entsprechender Lese- und Lernstrategien zum selbständigen Arbeiten an Fachtexten und Fachterminologien erfolgte als erster Schwerpunkt im Unterrichtskonzept aus dem Studium anhand der Fachtexte vor allem aus den Bereichen *Rechnungswesen, VWL* und *Wirtschaftsrecht.*

6   „Fachkommunikation in Wirtschaftswissenschaften (I)“: Umsetzung und weitere Modularisierung

Das Rahmencurriculum des o. g. Moduls sieht ein folgendes Szenario vor, das je nach Interessen der Studierenden des jeweiligen Kurses auch auf ein anderes fachliches Thema aus dem Grundlagenbereich des Fachstudiums (z. B. aus dem VWL-Bereich) bezogen werden kann:

Zu Beginn des Kurses wird angenommen, dass in einigen Wochen eine Klausur aus dem Grundmodul „*Rechnungswesen I*“ des BA-Studiengangs geschrieben werden muss. Zur Vorbereitung darauf werden studienrelevante Fachtexte aus diesem Grundmodul zu unterschiedlichen Aspekten des Themas „Kostenrechnung“ durch Teilnehmende ausgesucht und allen zur Verfügung gestellt. An ausgewählten Fachtexten werden im Unterricht exemplarisch Strategien zur Erschließung der fachlichen Inhalte im Hinblick auf mögliche *Klausurfragen* erprobt und unterschiedliche *Lerntechniken zum Fachwortschatz* trainiert. Darüber hinaus bereiten die Teilnehmenden die Informationen aus ihren Texten so vor, dass diese Informationen an ihre Kommilitonen im Rahmen der Gruppenarbeit, also einer simulierten Lerngruppe, vermittelt werden können. Die Vorteile des kooperativen Lernens und seine Organisation in einer Lerngruppe werden dabei *kultursensibilisierend* in Bezug auf die mitgebrachten Lernerfahrungen der Teilnehmenden aus unterschiedlichen Studienkulturen reflektiert. Eine anschließende *Simulation des Lernens* in der Gruppe soll Studierende motivieren, auch außerhalb des Unterrichts eigenständig Lerngruppen für die Vorbereitung der anstehenden Klausuren im Studium zu bilden.

Im nächsten Schritt wird anhand authentischer Klausuren einzelner Fachdisziplinen die *Textsorte Klausur* hinsichtlich der häufigen *Fragestellungen der Klausur* und dahinterstehender *kommunikativer Handlungen* (Erörtern, Vergleichen, Begründen usw.) sowie sprachlicher Antwortoptionen mit entsprechenden Redemitteln analysiert.

Nicht nur die Textsorte Fachklausur und ihre sprachlichen Besonderheiten, sondern auch die Techniken des Klausurschreibens (z. B. die Auswahl der Reihenfolge beim Lösen der Aufgaben) sowie die Fragen des effizienten *Lernens für die Klausur* (Zeitmanagement usw.) werden dabei behandelt.

Eine anschließende Klausursimulation zu Themen der zuvor besprochenen Fachtexte aus dem Grundlagenmodul „Kostenrechnung" wird in Echtzeit geschrieben, in Partnerarbeit bewertet und anschließend reflektiert. Sowohl die Inhalte der Klausursimulation als auch die Form ist möglichst nah an Beispielen aus dem Studium angelehnt (vgl. Abb. 4):

Dr. Marina Adams   Platznr. _____

Fachkommunikation Wirtschaftswissenschaften I   Matrikelnr. _____

                                           Name: _____

KLAUSUR

im Fach

Rechnungswesen I

18.05.2018

Die Klausur umfasst zwei Seiten. Bitte prüfen Sie die Klausur auf Vollständigkeit.

Bitte schreiben Sie nichts auf den Korrekturrand.

Nicht-programmierte Taschenrechner sind als Hilfsmittel zugelassen.

Verwenden sie keinen Rotstift. Bleistifte dürfen nur für Zeichnungen verwendet werden.

Viel Erfolg!

Korrekturrand

1. Die Firma YX hat einen externen Dienstleister mit unterschiedlichen Gebäudediensten (Reinigung, Wartung, Wachdienst) beauftragt. Als welche Kostenart – primäre oder sekundäre Kosten – sind dann die Zahlungen an den Dienstleister zu werten? (2 Punkte)

Abb. 4: Ausschnitte aus einer Klausursimulation zum Thema „Kostenarten"

Einen weiteren Schwerpunkt des Unterrichts bildet das Verstehen und Mitschreiben einer Fachvorlesung, was bspw. anhand eines Vorlesungsvideos aus dem Bereich der VWL III des FB 07 der Universität Kassel trainiert wird. Die Folien zur Vorlesung stellen die Grundlage zur Vorbereitung auf die Vorlesungssimulation im Unterricht dar und werden in Lerngruppen besprochen. Zu weiteren Aspekten der Vorbereitung auf das Verstehen der Vorlesung zählen die Hörverstehensstrategien sowie Techniken des Mitschreibens, welche im Unterricht trainiert, außerhalb des Deutschkurses, im Fachstudium, ausprobiert und im Rahmen semesterbegleitender Beobachtungsaufgaben zur eigenen Kompetenzentwicklung reflektiert werden. Während einer Vorlesungssimulation im Unterricht fertigen Studierende anschließend Mitschriften an, die ausgetauscht und mithilfe eines Transkripts zum Video verglichen werden. Der Kurs wird mit einer Reflexion des eigenen Lernprozesses durch Teilnehmende und einer individuellen Lernberatung zur Weiterentwicklung erworbener Kompetenzen in der deutschen Wissenschafts- und Fachsprache abgeschlossen.

Die Evaluation des Moduls 1 „Fachkommunikation in Wirtschaftswissenschaften (I): Grundlagen", das seit 2015 kontinuierlich angeboten und durch das zweite Teilmodul „Fachkommunikation in Wirtschaftswissenschaften (Vertiefung): Schreiben einer Bachelorarbeit" ergänzt wurde, ergab zum einen eine positive Resonanz der Teilnehmenden des Moduls im Hinblick auf ihre Studienleistungen im Fachstudium. Ein positiver ‚Nebeneffekt' dieses Teilmoduls bestand weiterhin darin, dass die Teilnehmenden aus diesem Deutschkurs auf weitere Möglichkeiten der sprachlichen und kulturellen Studienbegleitung sensibilisiert wurden und diese verstärkt wahrnahmen, vor allem in Form der individuellen Lern- und Schreibberatung. Folgende *Herausforderungen* wurden jedoch auch sichtbar:

(1) *Sehr heterogene sprachliche Voraussetzungen* der internationalen Studienanfänger der Wirtschaftswissenschaften, die trotz bestandener DSH-/TestDaF-Prüfungen lückenhafte Deutschkenntnisse, zum Teil auf dem B1-Niveau aufweisen.

(2) Starke Nachfrage nach zusätzlichen kompakten Formaten zu einzelnen Fachsprachen der Wirtschaft, zum Beispiel der *Fachsprache der Mathematik*.

(3) Besondere *Desiderate in der Schreibkompetenz* der Teilnehmenden in der Wissenschafts- und Fachsprache.

Zwar fokussiert das zweite Teilmodul „Fachkommunikation in Wirtschaftswissenschaften (II) Vertiefung: Schreiben einer Bachelorarbeit", das bereits 2015 eingeführt wurde, auf das wissenschaftliche Schreiben und soll gezielt am Ende des BA-Studiums kurz vor der Anmeldung zur Bachelorarbeit absolviert werden. Dennoch wurde die Notwendigkeit *flexiblerer Trainingsformate* noch vor dem zweiten Teilmodul deutlich.

Die vorgezeigten Herausforderungen führten zu einer *weiteren Modularisierung des Angebots* und Implementierung folgender Bestandteile des Moduls:

(1) *Lernberatung und Sprachstandsmessung* vor Beginn des Unterrichts im ersten Teilmodul „Fachkommunikation in Wirtschaftswissenschaften (I): Grundlagen"; dadurch sollen heterogene sprachliche Kompetenzen der Studierenden sichtbar gemacht werden. Die Ergebnisse bilden dabei einen Referenzrahmen für die Sprachstandsmessung und Lernberatung am Ende dieses Teilmoduls.

(2) *Workshops zur Fachsprache der Mathematik*: Da die mathematische Fachsprache in vielen Grundlagenmodulen des BA-Studiums vorausgesetzt wird, sollen ein- bis zweitägige Workshops in der vorlesungsfreien Zeit und noch vor Semesterbeginn dazu absolviert werden.

(3) *Individuelle Schreibberatungstermine* zu kleineren studienrelevanten Textsorten in der vorlesungsfreien Zeit nach dem Abschluss des Teilmoduls „Fachkommunikation in Wirtschaftswissenschaften (I): Grundlagen"; dadurch soll eine kontinuierliche Förderung des fachbezogenen Schreibens in einer Einstiegsphase des BA-Studiums, in der viele Klausuren und nur wenige wissenschaftliche Arbeiten geschrieben werden, ermöglicht werden.

Somit besteht das Modul „Fachkommunikation in Wirtschaftswissenschaften" aus zwei semesterbegleitenden Deutschkursen „Grundlagen (I)" und „Vertiefung (II)", einer verpflichtenden Sprachstandsmessung zu Beginn des Moduls, Workshops sowie einer kontinuierlichen Lern- und Schreibberatung über die Grenzen dieses Deutschunterrichts hinaus. Eine solche Erweiterung ermöglicht eine längerfristige Betreuung der Studierenden in den ersten Semestern des Fachstudiums, schlägt einen Bogen zum Ende des BA-Studiums mit dem Ziel einer BA-Arbeit und ist – angesichts des geringen Umfangs des studienbegleitenden Deutschunterrichts – eine pragmatische Lösung zur individuellen Sicherung des Studienerfolgs internationaler Studierender.

© Frank & Timme   Verlag für wissenschaftliche Literatur

7 „Fachkommunikation in Wirtschaftswissenschaften (I) Grundlagen und (II) Vertiefung": Chancen und Herausforderungen

Die bisherigen Erfahrungen in der Ausbildung, Beratung und Betreuung internationaler Studierender im Rahmen der vorgestellten fachkommunikativen Studienbegleitung lassen eine überragende Notwendigkeit der Maßnahme und ihrer nachhaltigen Verankerung im Betreuungsangebot der Universität erkennen. Dafür sprechen steigende Teilnehmerzahlen in diesen studienbegleitenden Deutschkursen, eine hohe Zahl der individuellen Lernberatungen sowie positive Rückmeldungen der Studierenden über die erfolgreichen Abschlüsse ihrer Lern- und Schreibprojekte im Studium. Zwar wurde dieses Modell ausschließlich für BA-Studierende der Wirtschaftswissenschaften konzipiert, eine stetige Nachfrage nach Inhalten der beiden Module durch internationale Studierende der *Master-Studiengänge* des FB 07 Wirtschaftswissenschaften, die anscheinend ähnliche Probleme beim Einstieg ins MA-Studium zu bewältigen haben, zeugt jedoch von hohem Transferpotenzial dieses Konzepts für weitere Zielgruppen. Somit lassen sich bei der Implementierung einer solchen modularisierten, auf die ermittelten Anforderungen des Fachstudiums angepassten, durch einzelne Bestandteile flexibel einsetzbaren Studienbegleitung sowie die Wandelbarkeit ihrer konzeptuellen Grundlagen für weitere Zielgruppen nachhaltige *Chancen* für die Sicherung des Studienerfolgs internationaler Studierenden erkennen.

Zu *Herausforderungen* eines solchen Konzepts zählen jedoch zum einen die Rahmenbedingungen der Studienbegleitung im Hochschulkontext, die mit einer geringen Stundenkapazität nicht nur studienkulturbezogene, wissenschafts- und fachsprachliche Inhalte vermitteln, sondern nicht selten erhebliche allgemeinsprachliche Defizite der Zielgruppe ausgleichen muss. Zum anderen muss eine wirksame Implementierung eines solchen studienerfolgssichernden Angebots als eine *mittel- bis längerfristige Pflichtaufgabe im Bereich der Hochschullehre* aufgefasst werden, indem die sprach- und kulturbezogenen Ausgangsdispositionen internationaler Studierender zum Teil der Internationalisierungsstrategien der Hochschulen werden. Nur dann kann eine weitere Internationalisierung der Hochschulen im Bereich der *incoming students* nachhaltig gelingen.

8   Literatur

ADAMS, MARINA (2019): „Fachkommunikative Studienbegleitung im Hochschulbereich: Rahmenbedingungen und Umsetzungsmöglichkeiten am Beispiel der Studiengänge Maschinenbau, Architektur und Wirtschaftswissenschaften". BUSCH-LAUER, INES (Hg.): *DaFF-Impulse – Deutsch als Fremd- und Fachsprache an Hochschulen*. Berlin: Frank & Timme, 61–84.

ADAMS, MARINA/OSWALT, PHILIPP: „Ohne Worte." *Zeit* 13/2017, 23.03.2017, unter: https://www.zeit.de/2017/13/internationale-studenten-deutschkenntnisse-universitaet (Zugriff: 07.01.2021)

BAUMANN, KLAUS-DIETER (2003): „Die Vermittlung einer fachkommunikativen Kompetenz als berufsrelevante Perspektive der universitären Fremdsprachenausbildung". JUNG, UDO O. H./KOLESNIKOVA, ANGELINA (Hg.): *Fachsprachen und Hochschule. Forschung – Didaktik – Methodik*. Reihe Bayreuther Beiträge zur Glottodidaktik, Bd. 9, Frankfurt/Main u. a.: Peter Lang, 119–134.

EHLICH, KONRAD/STEETS, ANGELIKA (2003): „Wissenschaftliche Schreibanforderungen in den Disziplinen. Eine Umfrage unter Professoren der LMU." EHLICH, KONRAD/STEETS, ANGELIKA (Hg.): *Wissenschaftlich schreiben – lehren und lernen*. Berlin/New York: de Gruyter, 129–154.

GRAEFEN, GABRIELE/MOLL, MELANIE (2011): *Wissenschaftssprache Deutsch: lesen – verstehen – schreiben. Ein Lehr- und Arbeitsbuch*. Frankfurt/Main u. a.: Peter Lang.

KERCHER, JAN (2018): *Studienerfolg und Studienabbruch bei Bildungsausländerinnen und Bildungsausländern in Deutschland und anderen wichtigen Gastländern. DAAD-Blickpunkt Juli 2018*, unter: https://www2.daad.de/medien/der-daad/analysen-studien/blickpunkt-studienerfolg_und_studienabbruch_bei_bildungausländern.pdf (Zugriff: 07.01.2021).

HEUBLEIN, ULRICH/RICHTER, JOHANNA/SCHMELZER, ROBERT/SOMMER, DIETER (2014): Die Entwicklung der Studienabbruchquoten an den deutschen Hochschulen. Statistische Berechnungen auf der Basis des Absolventenjahrgangs 2012 (Forum Hochschule 4|2014). Hannover, unter: http://www.dzhw.eu/pdf/pub_fh/fh-201404.pdf (Zugriff: 07.01.2021).

HEUBLEIN, ULRICH/SCHMELZER, ROBERT (2018). Die Entwicklung der Studienabbruchquoten an den deutschen Hochschulen: Berechnungen auf Basis des Absolventenjahrgangs 2016, unter: https://idw-online.de/en/attachmentdata66127.pdf (Zugriff am 07.01.2021).

HUNDT, MARKUS (1998): „Neuere institutionelle und wissenschaftliche Wirtschaftsfachsprachen". HOFFMANN, LOTHAR/KALVERKÄMPER, HARTWIG/ERNST, WIEGAND, HERBERT (Hg.): *Fachsprachen. Ein internationales Handbuch zur Fachsprachenforschung und Terminologiewissenschaft*. 1. Halbband. Berlin/New York: de Gruyter, 1296–1304.

MEHLHORN, GRIT (2009): *Studienbegleitung für ausländische Studierende an deutschen Hochschulen*. München: iudicium.

MOROZOVA, ANNA (2013): *Sprachliche und interkulturelle Schwierigkeiten von Studierenden der Wirtschaftswissenschaften an der Universität Kassel mit Russisch als Muttersprache: Bestandsaufnahme und Verbesserungsvorschläge.* Masterarbeit am Fachbereich Sprach- und Literaturwissenschaften/Fachgebiet DaF/DaZ: Sprachlehr- und -lernforschung, Universität Kassel: Oktober 2013.

PINEDA, JESUS (2018): *Problemlagen und Herausforderungen internationaler Studierender in Deutschland. Ergebnisse einer qualitativen Vorstudie im Rahmen des SESABA-Projekts.* DAAD Studien: Bonn, unter: https://static.daad.de/media/daad_de/pdfs_nicht_barrierefrei/der-daad/analysen-studien/veroeffentlichungen_vorstudie_pineda_2018.pdf (Zugriff: 07.01.2021).

RICHTER, ULRIKE A./FÜGERT, NADJA (2016): *Wissenschaftlich arbeiten und schreiben.* Stuttgart: Klett Sprachen.

Sachverständigenrat deutscher Stiftungen für Integration und Migration (2017): *Allein durch den Hochschuldschungel. Hürden zum Studienerfolg für internationale Studierende und Studierende mit Migrationshintergrund.* Berlin, unter: https://www.svr-migration.de/wp-content/uploads/2017/05/SVR_FB_Hochschuldschungel.pdf (Zugriff: 07.01.2021).

SCHÄFER, SUSANNE/HEINRICH, DIETMAR (2010): *Wissenschaftliches Arbeiten an deutschen Universitäten. Eine Arbeitshilfe für ausländische Studierende im geistes- und gesellschaftswissenschaftlichen Bereich – mit Übungsaufgaben.* München: Iudicium.

SCHUMANN, ADELHEID (2008): „Die Internationalisierung der deutschen Hochschulen: Entwicklungen und Probleme." KNAPP, ANNELIE/SCHUMANN, ADELHEID (Hg.): *Mehrsprachigkeit und Multikulturalität im Studium.* Frankfurt/Main: Peter Lang, 15–26.

Statistisches Bundesamt (Destatis) (2020): *Bildung und Kultur. Studierende an Hochschulen. Fachserie 11, Reihe 4.1, Wintersemester 2019/2020*, unter: https://www.destatis.de/DE/Themen/Gesellschaft-Umwelt/Bildung-Forschung-Kultur/Hochschulen/Publikationen/Downloads-Hochschulen/studierende-hochschulen-endg-2110410207004.pdf?__blob=publicationFile (Zugriff: 07.01.21).

Statistik zu Studierenden an der Uni Kassel: https://www.uni-kassel.de/uni/universitaet/profil/zahlen-und-fakten#c3366 (Zugriff: 07.01.21).

MIKAELA PETKOVA-KESSANLIS

Zum Einsatz von Wirtschaftskommentaren im hochschulischen DaF-Unterricht: Mehrwert und Grenzen

Hartmut E. H. Lenk zum 65. Geburtstag gewidmet

1 Einleitung

Im vorliegenden Beitrag wird ein Vorschlag zum Einsatz von Pressekommentaren im Allgemeinen und Wirtschaftskommentaren im Besonderen im hochschulischen DaF-Unterricht unterbreitet. Der Vorschlag richtet sich in erster Linie an Dozent*innen der Germanistik an Universitäten im Ausland, lässt sich jedoch m. E. genauso gut realisieren mit Germanistik- und Wirtschaftsstudierenden an deutschsprachigen Universitäten und Fachhochschulen sowie an Universitäten außerhalb des deutschsprachigen Raumes, die deutschsprachige Studiengänge anbieten. Die Motivation für diesen Vorschlag ergibt sich aus der Notwendigkeit, erneut[1] dafür zu plädieren, den Fokus der Sprachwissensvermittlung an (Germanistik-)Studierende im Ausland von der Vermittlung grammatischer und lexikalischer Kenntnisse auf die Vermittlung von Textmusterkompetenz in der Fremdsprache Deutsch zu verlagern.

Die Entscheidung für Texte der Textsorte Pressekommentar ist keine willkürlich getroffene. Sie erwächst einerseits aus der Ansicht, dass „schwierige" Textsorten der Zielsprache den Lernenden nicht erspart werden dürfen (den Lernenden entgehen dabei Ausschnitte der kommunikativen Realität) nur, weil sie intensive Textarbeit erfordern, und aus der Erfahrung andererseits, dass die Bearbeitung anspruchsvoller Texte im DaF-Unterricht gewinnbrin-

---

[1] Das Plädoyer für einen textsortenbezogenen DaF-Unterricht nicht nur im Rahmen des Studiums, sondern generell, ist keinesfalls neu, vgl. z. B. Thurmair (2018: 414) und die dort aufgeführte Fachliteratur und Petkova-Kessanlis (2015) zu wissenschaftlichen Textsorten. Auf einem anderen Blatt steht jedoch die Unterrichtsrealität bzw. die Umsetzung theoretisch-didaktischer Forderungen in die Unterrichtspraxis.

gender sein kann als die Beschäftigung mit einfacheren, weniger umfangreichen Texten. Weitere Gründe, die für die Beschäftigung mit Pressekommentaren bzw. Wirtschaftskommentaren sprechen, werden in Abschnitt 2 genannt, der dem Umgang von Studierenden mit dieser Textsorte gewidmet ist. Diesem Abschnitt schließt sich der Vorschlag zur Textarbeit an, der Rehbein (1983) entlehnt wurde und der die Anwendung der Technik der paraphrasierenden Beschreibung vorsieht, die Zusammenhänge zwischen Textmustermerkmalen und Realisierungsmitteln innerhalb eines Textes sichtbar macht und damit ein besseres Textverständnis ermöglicht (vgl. Abschn. 3). Der Beitrag schließt mit Ausführungen zum Mehrwert und zu den Grenzen der Beschäftigung mit Wirtschaftskommentaren im universitären DaF-Unterricht.

2 Der Pressekommentar – eine für Studierende problematische Textsorte?

Der Pressekommentar gehört zu der Gruppe der publizistischen (vgl. Hundsnurscher 1984) meinungsbetonten Textsorten (vgl. Lüger 1995). Diese Meinungsbetontheit äußert sich darin, dass „mit Kommentaren also eine nicht nur meinungsäußernde, sondern vielmehr auch eine meinungsbildende Absicht verfolgt wird" (Lenk 1999: 79). D. h. wir haben es mit einer Textsorte der persuasiven Kommunikation zu tun.

Untersuchungen aus dem Bereich der universitären Ausbildung zeigen, dass der Umgang der Studierenden mit Textsorten der persuasiven Kommunikation nicht unproblematisch ist. So stuft beispielsweise Demarmels (2012: 210) journalistische Kommentare als „eine schwierige Textsorte" ein. Sie berichtet von ihren Unterrichtserfahrungen mit Wirtschaftsstudierenden an der Hochschule Luzern, die im Rahmen des Studiums u. a. mit der Aufgabe konfrontiert werden, die Textsortenzugehörigkeit vorgegebener Texte zu bestimmen, Textsortenmerkmale zu ermitteln und anhand der letzteren einen Text selbst zu produzieren, der zu der behandelten Textsorte gehören soll, und stellt dabei u.a. fest: „Der journalistische Kommentar ist keine einfache Textsorte, grundsätzlich nicht und erst recht nicht für Wirtschaftsstudierende." (Demarmels 2012: 191). Die Schwierigkeiten mit der Textsorte bleiben bei den Studierenden offensichtlich auch dann bestehen, wenn man im Unterricht charakteristische Merkmale von Kommentaren thematisiert: „Viele Wirtschaftsstudierende können journalistische Kommentare durch deskriptive Ableitung der Textsorte und zusätzlichen Theorie-Input nicht korrekt reproduzieren" (Demarmels 2012: 202). Die Probleme werden auf verschiedenen Ebenen evident. Demarmels (2012: 191) berichtet: „Studierende liefern entweder Zusammenfassungen von Zeitungsberichten ohne jegliche Meinungen, oder sie packen emotionale Behauptungen ohne sachliche Argumentationen in ihre Kommentare." Und weiter:

> „Kommentare von Studierenden sind oft nicht auf ein Thema fokussiert und ungenau in ihrer Bewertung. Die Argumentation ist oft nicht stringent und führt nicht auf ein Ziel hin. Dies äussert sich vor allem in emotionalen Äusserungen, aber auch umgangssprachlichen Wendungen. Letztere können ausserdem als Indiz dafür gelesen werden, dass viele Studierende Mühe haben, vom sachlichen, objektiven Stil in eine Meinungstextsorte zu wechseln. Es scheint ihnen an sprachlichen Mitteln zu fehlen, etwas Subjektives auszudrücken." (Demarmels 2012: 201)

Diesen Untersuchungsergebnissen lässt sich zweierlei entnehmen: Einerseits scheint es, dass Studierende mit bestimmten sprachlichen Handlungsmustern, wie z. B. ARGUMENTIEREN, BEWERTEN, FOKUSSIEREN, nicht umgehen können, andererseits ist zu konstatieren, dass sie über kein (vgl. Demarmels 2012: 204) oder nur ein unzureichendes Textmusterwissen in Bezug auf Pressekommentare verfügen. Diese fehlende Textsortenkompetenz scheint aber auch nicht so leicht zu vermitteln sein. Demarmels (2012: 193) berichtet von einem „zusätzlichen Input zu wichtigen Merkmalen der Textsorte"; dies versetzt jedoch die Studierenden nicht automatisch in die Lage, Texte nach dem vorgegebenen Muster zu produzieren, d. h. das erworbene Textmusterwissen anzuwenden. Das wiederum spricht dafür, dass den Studierenden nicht nur aktives und passives Textmusterwissen in Bezug auf Kommentare fehlt, sondern generell in Bezug auf Zeitungstextsorten. Ein Grund dafür ist die Tatsache, dass Studierende heute kaum mehr Qualitätszeitungen lesen (vgl. z. B. Demarmels 2012: 202) und wenn, dann eben seltener Kommentare als andere Artikel, die in Zeitungen erscheinen, vgl.:

> „Die Probleme sind nicht ausschliesslich auf der Ebene von fehlenden sprachlichen Kompetenzen angesiedelt. Zu erklären sind die Schwierig-

keiten auch damit, dass heute weniger Zeitung gelesen wird als früher und dass die Textsorte Kommentar im Vergleich zu anderen Zeitungstextsorten wahrscheinlich sogar nur unterdurchschnittliche Beachtung findet." (Demarmels 2012: 210)

Die von Demarmels (2012) erzielten Ergebnisse sind sicherlich nicht zu verallgemeinern[2], sind aber dennoch ein nicht zu vernachlässigender Hinweis darauf, dass der Pressekommentar als eine potenziell schwierige Textsorte anzusehen ist.

Der Grad der Potenzialität erhöht sich erwartungsgemäß bei Studierenden mit nicht-deutscher Muttersprache. Neben den bereits thematisierten Schwierigkeiten kommen weitere hinzu. Hinweise auf die Gründe liefern die Untersuchungen von Lenk (1999, 2014), die sich mit der Rezeption von Pressekommentaren durch Studierende mit deutscher und nicht-deutscher Muttersprache auseinandersetzen. Lenk (1999: 80) geht zu Recht davon aus, dass sich Journalisten mit ihren Medientexten an Muttersprachler*innen wenden und dass journalistische Texte generell „für ein zwar disperses, aber doch im Wesentlichen auf die eigene Kommunikationsgemeinschaft eingrenzbares Publikum geschrieben werden". Aus diesem Grund befinden sich Fremdsprachenlernende „als außenstehende Beobachter" beim Rezipieren dieser Texte in einer „sekundären Kommunikationssituation" (Lenk 1999: 80). Diese für Fremdsprachenlernende „unnatürliche" Kommunikationssituation ruft m. E. eine Distanz hervor, die die Lernenden zu überwinden haben. Diese Distanz manifestiert sich auf verschiedenen sprachlichen Ebenen: auf der Ebene der verwendeten lexikalischen Mittel, auf der Ebene ihrer Verknüpfung, auf der Textebene. In Lenk (2014) werden Untersuchungsergebnisse vorgestellt, die auf der Auswertung zweier Befragungen basieren, die in den Jahren 1999 und 2008 mit Studierenden philologischer Fächer an Universitäten in Finnland und in den deutschsprachigen Ländern durchgeführt wurden. Im Rahmen dieser Befragungen wurden Pressekommentare eingesetzt und mit der Aufgabe versehen, die Hauptbotschaft des Kommentars zu identifizieren und (mit eigenen

---

2 Vgl. Ramge (1994: 118), der zum Schluss kommt, dass auch Studierende problemlos Kommentare schreiben können: „Beobachtungen im Vergleich zwischen professionellen und amateurhaften Kommentarschreibern legen die Vermutung nahe, daß die prototypischen Strukturen kognitiv-mental so verankert sind, daß auch Amateure in der Regel funktionsgerechte Kommentare zu schreiben vermögen." Offenbar verfügt die Studierendengruppe, die Ramge im Blick hat, über ausreichendes Textmusterwissen.

Worten oder unter Verwendung von Zitaten) aufzuschreiben. Mit anderen Worten: Die Testpersonen sollten die Textillokution des Kommentars eruieren. Das übergeordnete Ziel bestand in der „Erfassung des individuellen globalen Textverständnisses" (Lenk 2014: 298) von mutter- und fremdsprachigen Testpersonen. Bei der ersten Befragung wurde den Testpersonen ein Kommentar zum Thema Steuerpolitik in Deutschland vorgelegt: Der Text ist dem Solidaritätszuschlag gewidmet und diskutiert seine Beibehaltung über einen längeren Zeitraum. Die Aufgabenlösungen der Studierenden offenbaren Probleme, die das Textverstehen betrafen, vgl.:

> „Die Auswertung der Umfrageergebnisse von 1999 ließ den Schluss zu, dass die nicht in Deutschland lebenden und Deutsch als Fremdsprache sprechenden Testpersonen mit einem derart speziellen innenpolitischen, sie kaum betreffenden steuerrechtlichen Thema nur wenig vertraut sind, was die Probleme des Textverstehens zusätzlich verschärft." (Lenk 2014: 300)

In der zweiten Phase der Untersuchung (bei einer 2008 durchgeführten Befragung) entscheidet sich Lenk für einen Text, „dessen Thema für viele der Testpersonen von ähnlicher Relevanz sein könnte" (Lenk 2014: 300). Es handelt sich um einen Kommentar, der die Zusammensetzung des Kabinetts des damals (Ende 2008) neu gewählten US-Präsidenten Barack Obama zum Gegenstand hat. Nach der Auswertung der von den Testpersonen verfassten Zusammenfassungen der Hauptbotschaft des jeweiligen Kommentars konstatiert Lenk (2014: 318) „deutliche Unterschiede im Hinblick auf die Perspektive […], mit der die Hauptaussage wiedergegeben wurde": Während deutsche Muttersprachler*innen die Hauptaussage des Kommentars stärker verfasser- und text-/themenorientiert wiedergeben, fassen DaF-Sprechende die Inhalte aus einer textinternen Perspektive.[3] Zudem finden sich bei der Befragung im Jahre 2008 textanalytische Zusammenfassungen fast nur bei den deutschen Muttersprachler*innen. Das Vorgehen der DaF-sprechenden Studierenden führt

....

3   Vgl. Lenk (2014: 308f.): Wiedergabeperspektive textintern: „Zusammenfassung der wesentlichen Aussage des Textes, wie sie dessen Autor(in) selbst (aus seiner/ihrer Sicht) geben könnte" […]; Wiedergabeperspektive berichtend/verfasserorientiert: „Zusammenfassender Bericht darüber, was der/die Kommentator(in) meint (bei dessen/deren expliziter Erwähnung in der 3. Person Singular) […]"; Wiedergabeperspektive berichtend/text- und themaorientiert: „Angaben zum Thema und zum Hauptinhalt des Textes, der in der Wiedergabe als solcher explizit erwähnt wird."

Lenk (2014: 318) auf zwei Einflussfaktoren zurück: auf „kulturelle Hintergründe (vor allem Gewohnheiten im Umgang mit Texten in der Schule)" einerseits und auf den „Grad der Sprachbeherrschung [...], der bei vielen DaF-Sprechenden einen (sprach-)kritischen Umgang mit diesen für sie schwierigen Texten unmöglich machte." Den „kulturellen Hintergründen" zuzurechnen sind sicherlich auch fehlendes bzw. rudimentäres Textmusterwissen oder ein vermeintliches Textmusterwissen. Letzteres liegt dann vor, wenn man glaubt, über Wissen über ein gegebenes Textmuster in der Zielsprache zu verfügen. Dies ist in der Regel dann der Fall, wenn man aufgrund (teilweise) identischer Textmusterbenennungen in der Ziel- und Muttersprache annimmt, dass das Textmuster ähnlich realisiert wird, vgl. Hufeisen (2008: 50), die darauf hinweist, „dass wir beim Rezipieren und Produzieren in der Fremdsprache vielleicht dazu neigen, die meist automatisierten Textsortenmuster aus der Erstsprache in die Fremdsprache zu übertragen – zu dem Preis, dass wir nicht verstanden werden oder selbst nichts verstehen".

Diese Befunde bezüglich der Wahl der textinternen Perspektive lassen aber m. E. eine von Fremdsprachenlernenden häufig eingesetzte Strategie erkennen, die auf die Überwindung der oben angesprochenen Distanz, die sich infolge der Rezeption des Textes in dieser sekundären Kommunikationssituation einstellt, zielt: Fremdsprachenlernende vertiefen sich häufig in den Text, sie klammern sich an ihn, rezipieren ihn allzu detailliert. Ebenfalls häufig manifestieren sich dabei Schwierigkeiten im Bereich des globalen Textverständnisses, mehr noch: Es kann gar kein globales Textverständnis entwickelt werden.

Die Fragen, die sich stellen, sind folgende: Wie kann man dieser Lerner-Strategie, die die Entwicklung eines globalen Textverständnisses verhindert, entgegenwirken? Wie soll man als Lehrende/r sicherstellen, dass ein Text adäquat von den Studierenden verstanden wird?

Denn gerade im Hinblick auf Pressekommentare ist es besonders wichtig, persuasive Versuche des Textproduzenten zu erkennen. Zur Vermittlung dieser rezeptiven Fähigkeit im DaF-Unterricht ist nach Lenk (1999: 80) „Arbeit an den Fähigkeiten zum Verstehen solcher Texte, an der Entschlüsselung ihrer potentiellen kommunikativen Funktionen, an der Konstruktion von Wirkungsabsichten, an der Aufdeckung von möglichen Strategien (sowohl der Textgestaltung als auch der Wirkungsabsicht)" vonnöten. Der im Folgenden präsentierte Vorschlag einer intensiven Textarbeit kann dies m. E. leisten. Diese intensive Arbeit an Texten steht im Einklang mit Lenks Plädoyer (Lenk

1999), authentische Medientexte im (hochschulischen) Fremdsprachenunterricht zu bearbeiten. Den erwartbaren Mehrwert beschreibt er folgendermaßen:

> „Die Einbeziehung von Medientexten in den FSU ermöglicht es, neben den sprachdidaktischen Zielsetzungen i. e. S. zugleich auch für die Lerner interessante und somit motivationsfördernde Themen in den Unterricht einzuführen, aktuelle landeskundliche Informationen zu vermitteln und nicht zuletzt auch Fähigkeiten im kritischen Umgang mit Medientexten zu vermitteln." (Lenk 1999: 77)

Ein mögliches motivationsförderndes Thema für Germanistikstudierende an Universitäten und Fachhochschulen außerhalb des deutschsprachigen Raums ist das aktuelle Wirtschaftsgeschehen. Studierende philologischer Fächer im Ausland bringen ein größeres Interesse an wirtschaftlichen Themen und Zusammenhängen mit als an politischen. Dies ist nicht nur das Ergebnis eines abnehmenden politischen Interesses bzw. einer größeren Distanz zur Politik, sondern vor allem der Tatsache geschuldet, „dass die Motivation zum Deutschlernen und Deutschstudium im Ausland nicht mehr primär philologisch begründet ist; vielmehr sind die Sprachlernmotive im instrumentellen Bereich zu suchen, etwa in der Perspektive des beruflichen und z. T. auch akademischen Vorankommens" (Rocco 2011: 441f.). Bei Studierenden in Bachelor-Studiengängen der Germanistik mit einem Modul „Fachübersetzen" andererseits ist das Interesse an Textsorten der Wirtschaftskommunikation sachlich begründet und dementsprechend erwartbar; für diese Studierenden ist zudem die Beschäftigung mit diesen Textsorten von besonderer Relevanz, da sie beim Übersetzen kulturgebundene Unterschiede (und Gemeinsamkeiten) zwischen Textsorten der eigenen und der fremden Kultur zu berücksichtigen haben.[4] Bei Wirtschaftsstudierenden wiederum kann das Interesse an Wirtschaftsgeschehnissen vorausgesetzt werden, so dass beim Vorhandensein

---

4   Zu kulturgebundenen Unterschieden und Gemeinsamkeiten bei Pressekommentaren in verschiedenen europäischen Sprachen vgl. z.B. Giessen/Lenk (2020); auf Unterschiede zwischen deutschen und polnischen Wirtschaftskommentaren macht Szwed (2012) aufmerksam.

entsprechender Deutschkenntnisse eine Beschäftigung mit Wirtschaftskommentaren durchaus sinnvoll sein kann.[5]

Last but not least: Der Wirtschaftskommentar eignet sich sehr gut zur Textarbeit, weil er zwar zur Vermittlung von Fachwissen eingesetzt werden kann, aber kein genuiner Fachtext ist, der Studierende überfordert. Er lässt sich zwar in den Kommunikationsbereich Wirtschaft einordnen, ist aber keine Textsorte, die zur Gruppe der prototypischen wirtschaftssprachlichen Textsorten gehört. Zu den letzteren gehören Textsorten der institutionellen und der theoretisch-wissenschaftlichen Wirtschaftskommunikation (vgl. Hundt 2000: 642). Außerhalb dieser Kernbereiche der Wirtschaftskommunikation dagegen liegen die sog. vermittlungssprachlichen Textsorten (Hundt 2000: 654). Mit Texten dieser Textsorten erfolgt „die Vermittlung zwischen den Bezugswelten", genauer: „die Vermittlung aus der ‚Wissenschaft' und den ‚Institutionen' in den ‚Alltag'" (ebd.). Diese Vermittlungsaufgabe erfüllt die sog. Wirtschaftspresse, der Hundt (2000: 655) eine besondere Relevanz innerhalb der Wirtschaftskommunikation[6] einräumt, vgl. „Die Textsorten der Wirtschaftspresse sind die frequentesten und wichtigsten Vertreter im Bereich institutioneller Vermittlung."

Wirtschaftskommentare erscheinen im Wirtschaftsteil von Tageszeitungen oder Wochenzeitungen sowie in – auf wirtschaftliche Themen spezialisierten – Tageszeitungen (z. B. „Handelsblatt"), Wochen- („WirtschaftsWoche") und Monatszeitschriften („Capital", „Manager Magazin" u. a.).

Textsorten der Wirtschaftspresse: informierende Textsorten (vs. direktive Textsorten (Werbetexte))

3 Vorschlag zur Textarbeit

In einem theoretisch (nicht didaktisch!) orientierten Beitrag zur pragmatischen Rolle des Stils macht Rehbein (1983) auf Stilentscheidungen bei der Herstellung eines Textes nach einem bestimmten Muster aufmerksam: Im Zuge dieses Entscheidungsprozesses unterstellt der Textproduzent dem antizi-

---

5   Vgl. Demarmels (2012: 192) mit Bezug auf Wirtschaftsstudierende: „Kenntnisse und Kompetenzen im Bereich der journalistischen Textsorten helfen den Studierenden […] im späteren beruflichen Alltag, wenn sie Medienmitteilungen schreiben müssen."

6   Zur Fachsprache der Wirtschaft vgl. auch Reuter (2010).

         © Frank & Timme   Verlag für wissenschaftliche Literatur

pierten Adressaten ein gemeinsames Wissen. Von dieser gemeinsamen Wissensgrundlage ausgehend, trifft er Entscheidungen über den Explizitheitsgrad der zu vollziehenden sprachlichen Handlungen, über die Art der Handlungsdurchführung (direkt vs. indirekt), die Art der Sachverhaltsdarstellung u. a., kurz: Entscheidungen über Stil. Die Unterstellung dieses Wissens erfolgt allerdings nicht willkürlich; vielmehr ist sie durch das Textmuster vorgegeben, denn der außersprachliche Handlungstyp des Textmusters sieht eine bestimmte Adressatengruppe vor. Den Wissensvoraussetzungen dieser Gruppe entsprechend werden die sprachlichen Mittel gewählt, denn „die Realisierungsmittel sind gebunden an eine spezifische Sprecher-Hörer-Gemeinschaft (größeren oder kleineren Umfangs), in der sie zum Musterwissen über jeweilige sprachliche Muster gehören" (Rehbein 1983: 23). Einen Text zu verstehen, bedeutet demzufolge, die Stilentscheidungen des Textproduzenten zu verstehen bzw. nachvollziehen zu können.

Der Nachvollzug dieser Stilentscheidungen ist bei rudimentärem, nicht vorhandenem oder vermeintlichem Textmusterwissen generell (d. h. auch für Sprecher*innen des Deutschen) erschwert. Aus diesem Grund ist eine intensive Textarbeit vonnöten. Eine solche intensive Textlektüre kann meiner Ansicht nach sehr gut mithilfe der Technik der paraphrasierenden Ablaufbeschreibung erfolgen, die Rehbein (1983: 24ff.) an einem Leitartikel demonstriert. Mit ihrer Hilfe lassen sich die für eine gegebene Textsorte charakteristischen Realisierungsmittel in konkreten Textsortenexemplaren ermitteln. Diese Technik kann aber auch genutzt werden, z. B. um herauszufinden, „welche Realisierungsmittel welchem sprachlichen Muster zugeschrieben werden können" (Rehbein 1983: 24) bzw. „welches Verhältnis zwischen einem sprachlichen Muster und den sprachlichen Mitteln seiner Realisierung besteht" (ebd.). Sie ist auch dann besonders hilfreich, wenn es darum geht, „die Argumentation zu verstehen" (Rehbein 1983: 27).

Diese Technik möchte ich hier an einem – zufällig ausgewählten, kurzen – Wirtschaftskommentar anwenden und aufzeigen, welche Wissenselemente der Text voraussetzt und in welchen Wissensdomänen diese zu lokalisieren sind. Dabei gehe ich folgendermaßen vor: Die Äußerungen des Originaltextes (auch formelhafte Äußerungen bzw. Phraseme und Formen des nicht-wörtlichen Sprachgebrauchs) werden paraphrasiert; begriffliche Bedeutungen, die im Text nicht verbalisiert werden, werden erläutert; die Hintergründe wirtschaftshistorischer Entwicklungen bzw. wirtschaftspolitischer Ereignisse werden beleuchtet; Verknüpfungen bzw. Zusammenhänge zwischen Äußerungen werden verbalisiert bzw. expliziert. Abweichend von Rehbein (1983) paraphrasiere ich auch beim wörtlichen Gebrauch, denn das Verweilen an bestimmten Textstellen ermöglicht eine bessere, intensive Reflexion des eben Rezipierten.

Der folgende Wirtschaftskommentar ist online am 18.09.2020 auf der Internetseite der schweizerischen Wirtschaftszeitung *Finanz und Wirtschaft* (FuW) in der Rubrik „Meinungen" erschienen.

Überschrift: Nicht abheben
Vorspann: Wer langfristig anlegt, muss fundamentale Eckpfeiler berücksichtigen.
Autorenzeile (mit Textsortenangabe): Ein Kommentar von FuW-Chefredaktor Jan Schwalbe
[1] Wie man es auch dreht und wendet: [2] Die Aktienmärkte sind hoch bewertet. [3] Als Rechtfertigung ziehen die Aktien-«Bullen» stets zwei Argumente aus der Schublade: [4] Die Notenbanken sind mit ihrer Politik Garanten für anhaltend hohe Aktienkurse, und wegen niedriger Renditen im Obligationenmarkt gibt es einfach keine Alternative zu Aktien.
[5] Genau davon werden die Märkte derzeit getrieben. [6] Daran ändern auch die etwas volatileren Märkte der vergangenen Tage und Wochen nicht viel. [7] Es ist deshalb durchaus denkbar, dass die Psychologie den Markt noch zwölf Monate oder länger anschiebt.
[8] Doch eines sollte jedem Anleger klar sein: [9] Langfristig haben nur Unternehmen Erfolg, die Gewinn und Cashflow erwirtschaften, deren Geschäftsmodell ausgereift ist und die auch auf lange Sicht wachsen.
[10] Das Zauberwort lautet: langfristig. [11] Wer die Psychologie der Märkte spielen will, der soll das tun. [12] Wer aber langfristig anlegt, muss fundamentale Eckpfeiler wie die Bewertung eines Unternehmens berücksichtigen. [13] Das Shiller-KGV, eine über zehn Jahre geglättete und inflationsbereinigte Variante des Kurs-Gewinn-Verhältnisses, zeigt für den US-Markt mit 31 einen beunruhigend hohen Wert. [14] Nur 1929, vor der großen Depression, und 1997, während der Tech-Bubble, war der Wert höher.
[15] Während es 1929 nicht lange dauerte, bis der Markt einbrach, hielt der Boom nach 1997 noch einige Jahre an. [16] Doch eines hatten beide

Phasen gemeinsam: [17] Die Bewertungen pendelten sich über kurz oder lang wieder zwischen 15 und 20 ein. [18] Das wird auch dieses Mal passieren. [19] Deshalb sollten Anleger, die langfristig denken, nur auf Titel von Unternehmen setzen, mit denen man sich auch in «normalen Zeiten» wohlfühlt.

Paraphrasierende Ablaufbeschreibung

[1] Es ist einerlei (= *Es spielt keine Rolle,*), unter welchem Gesichtspunkt man die Sache (= *den Sachverhalt*) betrachtet: *Tatsache ist:* [2] Die Aktienmärkte sind hoch bewertet, (*d. h. die Aktienkurse (d. h. die Preise, zu denen Aktien an der Börse gehandelt werden) sind hoch und die Gewinnerwartungen der Anleger ebenfalls*). [3] Die Aktien-Bullen (*d. h. die Optimisten an der Börse, die Aktien kaufen und auf den Aufschwung setzen oder die andere zum Kauf von Aktien animieren*) rechtfertigen diese Überbewertung des Aktienmarktes (*d. h. diese überbetriebene positive Bewertung des Aktienmarktes*) stets mithilfe zweier vorgefertigter Argumente (= *stellen diese Überbewertung des Aktienmarktes immer mithilfe von zwei vorgefertigten Argumenten als berechtigt hin; bringen für diese Überbewertung des Aktienmarktes immer zwei vorgefertigte Argumente*): [4] *Das erste Argument lautet*: Mit ihrer *lockeren Liquiditäts*politik (*Zwecks Belebung der Wirtschaft ergreifen Notenbanken wie Zinssenkungen, Ankauf von Anleihen u. a.; in der Corona-Krise betreibt die EZB beispielsweise eine lockere Geldpolitik, mit dem Ziel, die Konjunktur zu stützen, z. B. die Auflegung des Pandemie-Notfallankaufprogramms PEPP (Pandemic Emergency Purchase Programme) sowie die Gewährung günstiger Langfristkredite (TLTRO III) an die Geschäftsbanken im März 2020*) sorgen die Notenbanken (*d. h. die Banken, die alleine zur Ausgabe von Banknoten berechtigt sind und die zur Wahrung der Geldwert-, Preisstabilität etc. sorgen*) dafür, dass die Aktienkurse dauerhaft hoch bleiben, und die Anleger verlassen sich darauf bei ihren Aktienkauf-Entscheidungen. *Das zweite Argument ergibt sich aus* dem niedrigen Niveau der Renditen (*d. h. der Kapitalerträge*) am Obligationenmarkt (*d. h. am Markt der festverzinslichen Wertpapiere, z. B. der Staatsanleihen*). Infolgedessen sind Aktien als Anlageform schlechthin alternativlos (= *Als Ergebnis davon sind Aktien eben die einzige mögliche Anlageform, die hohe Renditen erzielen kann.*)

[5] *Diese zwei Faktoren – die lockere Liquiditätspolitik der Notenbanken sowie die niedrigen Renditen für Obligationen –* beeinflussen maßgeblich die derzeitige Entwicklung des Aktienmarktes. [6] Die in den letzten Tagen und Wochen ein wenig schwankenden Aktienmärkte haben auf diese Faktoren kaum eine (*nennenswerte*) Wirkung. [7] Deswegen ist es gut vorstellbar, dass die psychologische Interpretation dieser beiden Faktoren den Aufwärtstrend am Aktienmarkt noch ein Jahr oder darüber hinaus begünstigen wird.

[8] Doch sollte jeder Anleger Folgendes einsehen (= *Doch sollte sich jeder Anleger darüber im Klaren sein, dass …*): [9] Auf lange Sicht werden nur diejenigen Unternehmen erfolgreich sein (d. h. in diesem Kontext: *Auf lange Sicht werden die Aktienwerte nur derjenigen Unternehmen ansteigen*), die Gewinn und Cashflow (*d. h. einen Überschuss an finanziellen Mitteln nach Abzug der Ausgaben von den Einnahmen*) erbringen, deren Geschäftsmodell (*d. h. das Geschäftskonzept, das Angebot, Zielgruppe und damit zu erwirtschaftenden Gewinn umfasst*) gut ausgearbeitet ist und die auch ein langfristiges Wachstum erreichen (Hintergrund: *Unternehmenswachstum kann quantitativ erfolgen mittels hoher Umsatz- und Mitarbeiterzahlen und/oder qualitativ mittels Investitionen in Innovation und Service, Optimierung von Kostenstrukturen, Erschließung neuer Märkte usw.; als nachhaltig wird das Wachstum eines Unternehmens dann angesehen, wenn quantitatives Wachstum mit qualitativem kombiniert wird. Das Unternehmenswachstum steigert den Unternehmenswert.*)

[10] Die Erfolgsformel für Anleger heißt: (d. h. *für den Fall, dass man sich unsicher ist und sich nicht entscheiden kann, auf welche Aktien man setzt bzw. die Aktien welcher Unternehmen man kauft*) *Man sollte nur Aktien von Unternehmen zu erwerben, die eine Aussicht auf* langfristiges Wachstum *haben*. [11] Diejenigen Anleger, die sich nach der Stimmung am Aktienmarkt richten wollen, sollen dies auch machen. [12] Diejenigen Anleger, die aber auf lange Sicht von Aktien profitieren wollen (d. h. *Aktiengewinne erzielen wollen*), müssen auf grundlegende Indikatoren wie Bewertung eines Unternehmens (Hintergrund: *Bei der Bewertung eines Unternehmens handelt es sich um einen äußerst komplexen Vorgang: Das Bewerten eines Unternehmens kann das Bewerten des Substanzwertes umfassen, d. h. Bewerten von Materiellem (z.B. Grundstücke, Gebäude,*

Maschinen etc.), und Immateriellem (Markenwert, Kundenstamm, Knowhow der Mitarbeiter etc.). Der Kommentator meint offensichtlich aber das Bewerten des Erfolgswertes und somit die Wachstumsperspektiven) achten. [13] Das Shiller-KGV, eine über zehn Jahre geglättete und inflationsbereinigte Variante des Kurs-Gewinn-Verhältnisses, („*Das Kurs-Gewinn-Verhältnis gibt an, in welchem Verhältnis der Gewinn einer AG zur aktuellen Börsenbewertung steht. Üblicherweise wird zur Ermittlung des Kurs durch den Gewinn je Aktie dividiert. Bei einem niedrigen KGV gilt eine Aktie als günstig bewertet.*"[7] Das Shiller-KGV „*wurde nach dem amerikanischen Ökonomen und Nobelpreisträger Robert J. Shiller benannt* [...]. *Das Shiller-KGV wird auch Zehn-Jahres-KGV oder Cape (Cyclical adjusted price Earnings) genannt. Der Grund: Robert Shiller nutzt als Berechnungsbasis nicht den für das laufende Jahr erwarteten oder im vergangenen Jahr erreichten Gewinn, sondern den inflationsbereinigten mittleren Gewinn der vergangenen zehn Jahre. Kurzfristige Gewinnausreißer oder konjunkturelle Schwankungen werden durch diese langfristige Betrachtung ausgeschaltet. Mithilfe des Shiller-KGV können deshalb Überbewertungen einzelner Aktien oder gesamter Märkte besonders gut erkannt werden.*"[8]) beträgt für den USA-Markt 31 und ist somit besorgniserregend hoch (Hintergrund: „*Es lässt sich keine pauschale Aussage dazu treffen, bei welchem KGV ein Wertpapier als niedrig bewertet angesehen werden kann. Häufig gilt zwar ein KGV unter 12 als niedrig und ein KGV von über 20 als hoch. Es ist jedoch darauf zu achten, den gesamten Markt und vor allem die jeweilige Branche in die Betrachtung miteinzubeziehen.*")[9]. [14] Nur 1929 (*als am 24. Oktober in New York die Börse zusammenbricht und viele Menschen ihre Ersparnisse verlieren*), vor der Großen Depression (*d. h. vor der Weltwirtschaftskrise, die im Oktober 1929 beginnt und bis 1939 andauert*), und 1997, während der Tech-Bubble (*eher bekannt als Internetblase, auch Dotcom-Blase*; Hintergrund: *1997 beginnt die Euphorie um die Aktien von Technologieunternehmen. Aufgrund der hohen Umsatz- und Gewinnerwartungen stürzen sich Anleger auf die Aktien der neu gegründeten Technologieunternehmen,*

....

7   https://boersenlexikon.faz.net/definition/kgv/, 09.01.2021.

8   https://magazin.comdirect.de/finanzwissen/glossar/shiller-kgv, 09.01.2021.

9   https://www.gevestor.de/details/kgv-bei-aktien-und-was-es-bedeutet-945.html#das-kurs-gewinn-verhaeltnis-richtig-interpretieren, 09.01.2021.

die Aktienkurse steigen immens. Diese Euphorie findet ihren Höhepunkt im Jahre 2000, als es an der Börse zu starken Kurseinbrüchen kommt; 2002 befindet sich der Index des Neuen Marktes (Nemax) auf seinem Tiefststand; 2003 wird der Handel am Neuen-Markt-Segment der Börse geschlossen.), war der Wert des Shiller-KGV höher.

[15] Während es 1929 innerhalb von wenigen Tagen (Hintergrund: *In den 1920er Jahren erleben die USA einen wirtschaftlichen Boom, besonders im Sommer 1929 expandiert das Börsengeschehen auf Kreditbasis immens. Dies dauert an bis zum Börsencrash im Oktober: Mitte Oktober 1929 zeichnet sich die Gefahr ab, am 24. Oktober bricht der Handel an der New Yorker Börse mehrfach zusammen, der endgültige Zusammenbruch erfolgt am 29. Oktober 1929*) zu einem Marktabsturz kommt, dauert die Börsen-Euphorie, die 1997 beginnt, bis in das Jahr 2002. [16] Beide Wirtschaftsgeschehen hatten etwas gemeinsam: [17] Die Bewertungen des Shiller-KGV haben sich in relativ kurzer Zeit bei einem Wert von 15 bis 20 (*Diese Werte gelten nicht als beunruhigend.*) stabilisiert. [18] Das wird auch dieses Mal geschehen. [19] Aus diesem Grund sollten Anleger, die auf lange Sicht mit Aktien Gewinne erzielen wollen, in Aktien von Unternehmen investieren, um die man sich auch in „normalen Zeiten" keine Sorgen machen muss (d. h. *die auch außerhalb von Krisenzeiten Gewinne erzielen*).

Wie unmittelbar ersichtlich, ist infolge der paraphrasierenden Ablaufbeschreibung ein umfangreicherer, expliziter, umständlich zu rezipierender Text entstanden, der eine Reihe von Informationen bzw. Inhalten aufweist, die für die vom Verfasser des Kommentars antizipierten Lesergruppe, zu der keinesfalls alle Sprecher*innen des Deutschen gehören, als redundant einzustufen sind. Der Vergleich zwischen beiden Texten (dem Originaltext und der paraphrasierenden Beschreibung) hinsichtlich des Umfangs, Inhalts und der Lesbarkeit führt den Studierenden somit vor Augen, welche Wissensvoraussetzungen sich in Texten niederschlagen (können). Die paraphrasierende Ablaufbeschreibung wiederum zeigt, dass die Leser*innen viel Vorwissen aktivieren müssen bzw. sich Zusatzwissen aneignen müssen, um dem Text zu folgen bzw. umgekehrt, dass ohne diese zusätzlichen, im Text nicht verbalisierten Wissenselemente, der Text kaum verständlich ist.

Das gemeinsame Erarbeiten einer solchen paraphrasierenden Beschreibung in einer Unterrichtssituation (in Gruppenarbeit oder im Plenum) kann für Fremdsprachenlernende besonders gewinnbringend sein. Durch das Erschließen bzw. Identifizieren von Wissenselementen und ihr anschließendes Verbalisieren können Wissenslücken geschlossen werden. Dies stellt wiederum sicher, dass der Text korrekt verstanden wird. Durch das Paraphrasieren wiederum kann Wortschatz geübt, erschlossen und/oder erweitert werden. Das „Verweilen" an bestimmten Textstellen trägt nicht nur zum besseren Verständnis bei, sondern macht den Text für die Lernenden (immer) weniger fremd.

In einem zweiten Schritt bzw. in einer zweiten Unterrichtsphase können die diversen Wissensdomänen, denen die einzelnen Wissenselemente entstammen, benannt bzw. ermittelt und ihnen die entsprechenden Wissenselemente zugeordnet werden. Diese Wissenselemente „sind spezifisch an der Lexik festzustellen" (Rehbein 1983: 28). Die Studierenden sollen also einzelne Lexeme und Lexemkombinationen einzelner Wissensdomänen zuordnen. Diese Wissensdomänen können unter Anleitung von den Studierenden selbst ermittelt oder aber auch von der Lehrkraft vorgegeben werden. Im Beispieltext hier wird auf diverse Wissensdomänen zurückgegriffen: auf die Domäne ‚Wirtschaft' (mit der Subdomäne Börse), auf die Domäne ‚Metaphorik', (wobei einzelne Metaphern auf verschiedene Wissensdomänen verweisen) und auf die Wissensdomäne ‚Alltag'.

Die Wissensdomäne ‚Wirtschaft' hat zwei Subdomänen: eine fachliche und eine nicht-fachliche bzw. allgemeine Wissensdomäne. Zur fachlichen Subdomäne gehören z. B. Fachwörter bzw. Termini wie *Renditen, Obligationenmarkt, Cashflow, Shiller-KGV*, der fachliche Jargonausdruck *Aktien-Bullen*, d. h. Ausdrücke, die in der Regel fast nur Fachleuten vertraut sind. Der zweiten Subdomäne zuzuordnen sind Ausdrücke, wie z. B. (*Geld*) *anlegen, Anleger, Aktienmärkte, Aktienkurse, Notenbanken, Anleger, Gewinn, Geschäftsmodell, erwirtschaften*, d. h. fachliche Ausdrücke, die auch außerhalb der Wirtschaftssprache verwendet werden (z. B. in journalistischen Texten) und aus diesem Grund einer größeren Gruppe von Rezipienten bekannt bzw. verständlich sind.

Der Domäne ‚Metaphorik' entstammen folgende Ausdrücke: die Verb-Metapher *abheben*, verbunden mit der Domäne Fliegen; die sog. Bratenwender-Metapher *man kann es drehen und wenden, wie man will*, verbunden mit der Domäne Kochen; die Containermetapher *Schublade*, verbunden mit der

Domäne „Schreiben im/als Beruf"; mit Verb-Metaphern wie *treiben* (Märkte werden getrieben) und *anschieben* (die Psychologie schiebt den Markt an) wird die Einwirkung auf die Aktienmärkte durch physische Kraft suggeriert; andere Beispiele sind: *ausgereiftes Geschäftsmodell, der Markt bricht ein*. Wichtig ist hier, dass die verwendeten Metaphern unterschiedlichen Wissensdomänen entstammen und somit eine stilistische Wirkung hervorrufen, vgl.: Rehbein (1983: 29): „Die Heranziehung anderer Wissensdomänen als jene, um deren Thema es geht […] ist ein stilistisches Element."

Die Domäne des Alltagswissens: Hierher gehören Ausdrücke der Gemeinsprache, die von einem größeren Rezipientenkreis verstanden werden. Dieser Domäne sind alle Äußerungen zuzurechnen, die nicht der Domäne ‚Wirtschaft' und der Domäne ‚Metaphorik' (eine Ausnahme stellen hier aber formelhafte metaphorische Ausdrücke dar, vgl. weiter unten) zuzuordnen sind. Bestandteil der Alltagsdomäne sind auch formelhafte Ausdrücke der Alltags- bzw. Gemeinsprache *wie man es auch dreht und wendet, etwas aus der Schublade ziehen, über kurz oder lang, Erfolg haben, etwas gemeinsam haben, langfristig denken* sowie auch allgemein bekannte Namen bzw. Benennungen wie *Tech-Bubble, die große Depression, die USA, der US-Markt*.

In einem dritten Schritt bzw. in einer dritten Unterrichtsphase sollen die Ausdrücke der drei Wissensdomänen Teilzwecken des Textmusters Pressekommentar zugeordnet werden. Denn: „Die Realisierungsmittel haben einen systematischen Bezug auf das zugrundeliegende Muster" (Rehbein 1983: 24). „D. h. an dem Gebrauch der Mittel in einer Situation kann man **bei entsprechendem Wissen** das zugrunde liegende Muster erkennen" (Sandig 2006: 58; Hervorhebung M. P.-K.). Rehbein (1983: 25) meint, dass die spezifischen Realisierungsmittel eines Textmusters auf der Folie der allgemeinen Charakteristika des Textmusters erarbeitet werden können. Dies ist durchaus machbar bei vorhandenem Textmusterwissen, vgl. Sandig (2006: 58): „Ein Muster besteht in dem Zusammenhang von Sachverhalts- und/oder Handlungswissen und den dafür in einer Gemeinschaft gewussten kommunikativen Mitteln." Dieser Zusammenhang ist allerdings für Fremdsprachenlernende nicht unmittelbar plausibel, denn „Kombinationen von Muster-Elementen im Text" können nur „anhand des Musterwissens interpretiert werden" (Sandig 2006: 58). Aus diesem Grund bietet sich hier an, die allgemeinen Charakteristika des Textmusters erst in dieser dritten Phase zu thematisieren. Nach Rehbein (1983: 25) sind für das Textmuster Kommentar folgende Prozeduren charakteristisch:

(1) „Der Sachverhalt (d. h. Handlungen aus dem Bereich von Wirtschaft und Politik) wird vom Autor in verschiedene Teilhandlungen ‚zerlegt' und in dieser zerlegten Form in eine Abfolge gebracht. Die einzelnen Teilhandlungen erscheinen als propositionale Gehalte der einzelnen Äußerungen im Text, das heißt, die zerlegten Teilhandlungen erscheinen im Text der Erörterung ‚reformuliert'.

(2) Die reformulierten Teilhandlungen werden einem Vorgang des ‚Deutens' unterworfen, den der Autor für den Leser vollzieht.

(3) Eine insgesamt wichtige Teilprozedur ist das ‚Thematisieren', das bestimmte Wissenselemente in den Vordergrund rückt, bestimmte Wissenselemente in den Hintergrund und andere wiederum gar nicht verbalisiert." (Rehbein 1983: 25)

Die kommunikative Funktion (d. h. der Zweck) des Textmusters kann mit Rehbein (1983: 25) sehr allgemein als Einschätzen bestimmt werden. „Die Form, die dazu verwendet wird, ist die ‚Erörterung' von Sachverhalten, hier: die ‚journalistische Erörterung'". Diese Charakterisierung des Musters ist sehr pauschal. Sie reicht allerdings aus, um die Zwecke zu bestimmen, zu denen die Ausdrücke aus den obengenannten drei Domänen verwendet werden. Dies könnte etwa derart geschehen:

1) Mithilfe der Ausdrücke der Domäne ‚Wirtschaft' erfolgt die Sachverhaltsdarstellung. An diesen Lexemen und Lexemkombinationen erkennen die Leser*innen das Thema des Kommentars. 2) Die Ausdrücke aus der metaphorischen Wissensdomäne dienen dem „wertenden Aufbereiten des Themas innerhalb eines Zeitungskommentars" (Sandig 2006: 58). 3) Mithilfe der alltagssprachlichen Ausdrücke bzw. durch „die Einbringung der Alltagswissensdomäne" (Rehbein 1983: 30) wird der Sachverhalt vom Autor für den Leser gedeutet, d.h. der Sachverhalt wird dem Leser nähergebracht und verständlich für die anvisierte Lesergruppe aufbereitet.

Diese Wissensdomänen und die jeweils dazugehörigen Wissenselemente sind aber im Text nicht separiert aufzufinden, sondern sie sind gemischt, ineinander integriert. Die Wissenselemente, die unterschiedlichen Wissensdomänen angehören, werden bzw. müssen im Rezeptionsprozess vom Lesenden miteinander verknüpft werden. Als Verknüpfungsmittel (bei Rehbein: Konnektoren) dienen explizite Konnektoren, Schlussprozeduren, Wiederaufnahmen sowie Metaphern (vgl. Rehbein 1983: 31). Es handelt sich dabei um „Elemente, die die Rezeption der Argumentation durch den Leser bewirken" und die Funktion haben, „Wissensblöcke zu verbinden" (Rehbein 1983: 30). Mit der Verwendung dieser Verknüpfungsmittel wird nach Rehbein das Einschätzen durch den Kommentator vollzogen. D. h. sie machen das Bewerten sichtbar. Dem Verbalisieren dieser Verknüpfungsmittel bei der paraphrasierenden Ablaufbeschreibung ist eine besondere Relevanz beizumessen, denn: „Manche Konnektoren kann der Leser nur nachvollziehen, wenn er den Wissensblock nachvollziehen kann" (Rehbein 1983: 31). Deswegen sollte man im Rahmen der dritten Phase der Textarbeit nochmals ihre spezifische Funktion im Text thematisieren.

Bei der Analyse bzw. Bearbeitung des Ausgangstextes sollen – bei Bedarf – Nachschlagewerke verschiedener Art (allgemeinsprachliche und Fachwörterbücher, Fachlexika, Enzyklopädien in gedruckter und digitaler Form) konsultiert werden. Dieser Bedarf ist – je nach Zielgruppe und entsprechendem Wissensstand – in unterschiedlichen Wissensdomänen zu verorten. DaF-Lernende werden viel häufiger allgemeinsprachliche Wörterbücher benötigen als Muttersprachler*innen des Deutschen. Studierende einer wirtschaftswissenschaftlichen Fachrichtung werden Fachlexika weniger häufig zur Hilfe nehmen.

Wirtschaftliche Ereignisse und Entwicklungen können mehr oder weniger ausführlich thematisiert bzw. behandelt werden. Die Auseinandersetzung mit einem Thema und die Art und Weise ihrer Abhandlung in Unterrichtssituationen und/oder im Rahmen von Aktivitäten des gesteuerten autonomen Lernens soll entsprechend den spezifischen Unterrichtszielen und der zur Verfügung stehenden Zeit erfolgen. So kann beispielsweise die im obigen Text thematisierten Geldpolitik der Notenbanken zum Diskussionsgegenstand gemacht werden. Man kann mithilfe von Artikeln, erschienen im Wirtschaftsteil überregionaler Zeitungen, in Wirtschaftszeitungen und -zeitschriften diese Liquiditätspolitik verfolgen und diskutieren.

4 Mehrwert und Grenzen des Vorschlags zur Textarbeit

Der didaktische Mehrwert dieser intensiven Textarbeit liegt in erster Linie darin, dass sie ein „gutes" Verständnis eines gegebenen „schwierigen" Textes ermöglichen kann, auch bei der Arbeit mit Studierenden, die nicht über linguistisches Fachwissen verfügen. Bei schwierigen, anspruchsvollen Texten lässt sich auf diese Art und Weise sicherstellen, dass die Studierenden die einzelnen Wissensblöcke und ihre Funktion im konkreten Text adäquat verstehen.

Im Einzelnen werden im Laufe der Textarbeit folgende Ergebnisse erzielt bzw. eröffnen sich folgende Möglichkeiten:

1) Wissenslücken können identifiziert und geschlossen werden. Dies kann in einer Unterrichtssituation in Gruppenarbeit oder im Plenum geschehen.

2) Anhand der identifizierten Wissensdomänen und der dazu gehörigen – im Text vorgefundenen – Wissenselemente kann das Wissen in einer bestimmten Domäne erweitert werden. Dazu eignet sich z. B. die fachliche Wissensdomäne sehr gut.

3) Die Zuweisung der verwendeten sprachlichen Mittel einer bzw. diverser Wissensdomänen ermöglicht eine Systematisierung des erworbenen Wissens und sein Beibehalten.

4) Die Zuordnung der Realisierungsmittel kommunikativen Teilzwecken des Textmusters ermöglicht das Aneignen von Textmusterwissen.

5) Das Verbalisieren der im Text nicht verbalisierten Verknüpfungsmittel führt zu einem verbesserten Textverständnis und vermittelt wichtige Strategien für den Umgang mit Texten generell.

Da mit dieser Art von Textarbeit einem Nicht-Verstehen oder einem unsicheren, inadäquaten Verstehen im Vorfeld entgegengewirkt werden kann, bildet ihr Ergebnis eine sehr gute Basis für eine weitergehende Beschäftigung mit Pressekommentaren. So kann man beispielsweise mit Studierenden die argumentative Struktur von Kommentaren untersuchen (vgl. Buffagni 2011) oder mithilfe der von Lenk (2012) ermittelten – für deutschsprachige Pressekommentare charakteristischen – Illokutionstypen die Illokution der im Text verwendeten Äußerungen und Äußerungskomplexen bestimmen.

Die Grenzen dieser Textarbeit liegen in dem damit verbundenen Zeitaufwand, in der Fachkompetenz der/des Lehrenden und in den Deutschkenntnissen der Studierenden; eventuell auch im mangelnden Interesse an aktuellen wirtschaftspolitischen Themen.

Mikaela Petkova-Kessanlis

5 Literatur

BUFFAGNI, CLAUDIA (2011): „Überlegungen zum Lesen von argumentativen Texten im universitären DaF-Unterricht. Am Beispiel von Leitartikeln." In: *Bollettino dell'Associazione Italiana di Germanistica*, 139–151.

DEMARMELS, SASCHA (2012): „„Meiner Meinung nach kann man das so oder anders sehen.' Der journalistische Kommentar als Lernziel an einer Wirtschaftshochschule." LENK, HARTMUT E. H./VESALAINEN, MARJO (Hrsg.): *Persuasionsstile in Europa. Methodologie und Empirie kontrastiver Untersuchungen zur Textsorte Kommentar.* (Germanistische Linguistik; 218–219/2012) Hildesheim, Zürich, New York: Olms, 191–213.

GIESSEN, HANS W./LENK, HARTMUT E. H. (Hrsg.): *Persuasionsstile in Europa IV.: Typen und Textmuster von Kommentaren in Tageszeitungen* (= Germanistische Linguistik; 246-247/2019). Hildesheim, Zürich, New York: Olms.

HUFEISEN, BRITTA (2008): „Textsortenwissen – Textmusterwissen – Kulturspezifik von Textsorten." *Fremdsprache Deutsch* 39, 50–53.

HUNDSNURSCHER, FRANZ (1984): „Theorie und Praxis der Textklassifikation." ROSEN-GREN, INGER (Hrsg.): *Sprache und Pragmatik. Lunder Symposium 1984.* Malmö: Almqvist & Wiksell International, 75–97.

HUNDT, MARKUS (2000): „Textsorten des Bereichs Wirtschaft und Handel." KLAUS BRINKER/GERD ANTOS/WOLFGANG HEINEMANN/SVEN F. SAGER (Hrsg.): *Text- und Gesprächslinguistik. Ein internationales Handbuch zeitgenössischer Forschung.* Berlin, New York: de Gruyter, 642–658.

LENK, HARTMUT E. H. (1999): „Der Explizitätsgrad von Bewertungshandlungen in Pressekommentaren. Überlegungen aus der Perspektive des DaF-Unterrichts für Fortgeschrittene." *Beiträge zur Fremdsprachenvermittlung* 35, 76–115.

LENK, HARTMUT E. H. (2003): „Das Verstehen von Bewertungsausdrücken durch Fremd- und MuttersprachlerInnen. Ergebnisse einer empirischen Erhebung." SKOG-SÖDERSVED, MARIANN/ENELL, MONA/FABER, BENEDIKT (Hrsg.): *Lexikon und Verstehen. Beiträge auf der 3. Tagung zur kontrastiven Lexikologie, Vaasa 4.–6.10.2002.* Vaasa: Universität Vaasa, 59–74.

LENK, HARTMUT E. H. (2012): „Von der Illokutionsstruktur zum Handlungsweg. Methodologische Überlegungen zur Analyse der Handlungsstruktur von Zeitungskommentaren." LENK, HARTMUT E. H./VESALAINEN, MARJO (Hrsg.): *Persuasionsstile in Europa. Methodologie und Empirie kontrastiver Untersuchungen zur Textsorte Kommentar. Germanistische Linguistik 218–219.* Hildesheim/Zürich/New York: Olms, 115–158.

LENK, HARTMUT (2014): „Ermittlung von Textillokutionen beim Zeitungskommentar durch Mutter- und Fremdsprachler(innen)." In: BASSOLA, PETER/DREWNOWSKA-VARGÁNÉ, EWA/KISPÁL, TAMÁS/NÉMETH, JÁNOS/SCHEIBL, GYÖRGY (Hrsg.): *Zugänge zum Text.* (Szegediner Schriften zur germanistischen Linguistik; 3). Frankfurt a. M. u. a.: Lang, 295–320.

LÜGER, HEINZ-HELMUT (1995): *Pressesprache*. 2. Aufl. Tübingen: de Gruyter.

PETKOVA-KESSANLIS, MIKAELA (2015): „Formulierungsmuster des Bulgarischen in deutschsprachigen studentischen Textproduktionen. Problemstellung und Lösungsvorschläge." In: GROZEVA-MINKOVA, MARIA/BURNEVA, NIKOLINA/KILEVA-STAMENOVA, RENETA/STEFANOVA, PAVLINA (Hrsg.): *Germanistik in Bulgarien*; Bd.1. Sofia: Neue Bulgarische Universität, 444–453.

RAMGE, HANS (1994): „Auf der Suche nach der Evaluation in Zeitungskommentaren." MOILANEN, MARKKU/TIITTULA, LIISA (Hrsg.): *Überredung in der Presse. Texte – Strategien – Analysen*. Berlin/New York: de Gruyter, 101–120.

REHBEIN, JOCHEN (1983): „Zur pragmatischen Rolle des Stils." In: SANDIG, BARBARA (Hrsg.): *Probleme der Stilistik*. Hildesheim: Olms, 21–48.

REUTER, EWALD (2010): „Fachsprache der Wirtschaft und des Tourismus." In: KRUMM, HANS-JÜRGEN/FANDRYCH, CHRISTIAN/HUFEISEN, BRITTA/RIEMER, CLAUDIA (Hrsg.) *Deutsch als Fremd- und Zweitsprache. Ein internationales Handbuch*. Berlin, New York: de Gruyter, 458–467.

ROCCO, GORANKA (2011): „Textsorten und Textarbeit in Lehrwerken für Wirtschaftsdeutsch." *Informationen Deutsch als Fremdsprache* 4/2011, 441–464.

SANDIG, BARBARA (2006): *Textstilistik des Deutschen*. Berlin, New York: de Gruyter.

SZWED, IWONA (2012): „Persuasive Kommunikation im polnischen und deutschen Wirtschaftskommentar der Online-Presse." In: LENK, HARTMUT E. H./VESA-LAINEN, MARJO (Hrsg.): *Persuasionsstile in Europa. Methodologie und Empirie kontrastiver Untersuchungen zur Textsorte Kommentar. Germanistische Linguistik 218-219*. Hildesheim/Zürich/New York: Olms, 293–321.

THURMAIR, MARIA (2018): „An der Schnittstelle von DaF und Germanistischer Sprachwissenschaft. Bestandsaufnahme und Perspektiven." In: WÖLLSTEIN, ANGE-LIKA/GALLMANN, PETER/HABERMANN, MECHTHILD/KRIFKA, MANFRED (Hrsg.): *Grammatiktheorie und Empirie in der Germanistischen Linguistik*. Berlin/Boston: de Gruyter, 409–432.

EVA DAMMERS

Deutsch als Fremdsprache für Wirtschaftswissenschaftler. Konzeption, Entwicklung und Einsatz eines Lehrwerkes

1 Ausgangslage

In Zeiten der Globalisierung ist die Nachfrage nach Fachsprachenkursen mit dem Schwerpunkt ‚Wirtschaftsdeutsch' in den letzten Jahren gestiegen (vgl. Buhlmann/Fearns 2018: 133). Neben dem Angebot von Berufssprachkursen des Bundesamtes für Migrationsförderung (BAMF), die auf den deutschen Arbeitsmarkt vorbereiten sollen, gibt es auch Fachsprachenkurse an universitären Einrichtungen, Studienkollegs und privaten Sprachschulen, die die Fachsprache Wirtschaft in den Fokus nehmen. Die inhaltliche Ausrichtung dieser Fachsprachenkurse ist dabei äußerst heterogen, da diese Kurse einen sehr unterschiedlichen Grad an fachlicher Komplexität aufweisen. Das liegt einerseits darin begründet, dass mit dem Begriff ‚Wirtschaftsdeutsch' ein Konglomerat von unterschiedlichen Fachsprachen zusammengefasst wird, die im beruflichen, ausbildungsbedingten oder universitären Umfeld in irgendeiner Weise mit dem Bereich Wirtschaft in Verbindung stehen (vgl. ebd.). Ein weiterer Grund lässt sich in der Nähe zur Allgemeinsprache und dem generellen Interesse an wirtschaftlichen Themen auch von Nicht-Fachleuten finden, was dazu führt, dass anders als bei technischen, medizinischen oder naturwissenschaftlichen Fächern die Fachsprachkurse im Bereich Wirtschaftsdeutsch auch von fachfremden Lernenden besucht werden.

Angesichts der großen Nachfrage nach Sprachkursen im Bereich Wirtschaftsdeutsch ist es erstaunlich, dass das Angebot an Lehrmaterialien noch immer sehr spärlich ausfällt (vgl. ebd.). Während die gängigen Lehrbuchverlage die vom BAMF geförderten Berufssprachkurse mit auf das Kursformat zugeschnittenen Lehrwerken bedienen, zeigt sich hinsichtlich der Fachsprachenkurse an universitären Einrichtungen und Studienkollegs für den Schwerpunkt Wirtschaft ein deutliches Desiderat an entsprechenden Lehrmaterialien. Die Lehrkräfte sind daher oftmals dazu gezwungen, auf die Lehrwerke der

Berufssprachkurse zurückzugreifen oder eigene Lehrmaterialien zu erstellen. Die Hochschulpraxis zeigt jedoch, dass berufsbezogene Lehrmaterialien für Deutsch als Fremdsprache mit Fokus Wirtschaft den Anforderungen eines Fachsprachunterrichts für Studierende der Wirtschaftswissenschaften häufig nicht gerecht werden. Die in den Lehrwerken behandelten Inhalte beziehen sich vor allem auf die Kommunikation am Arbeitsplatz und auf allgemeine wirtschaftliche Sachverhalte, greifen aber nicht wirtschaftswissenschaftliche Themen auf, so dass die Fachsprache der Wirtschaftswissenschaften auf diesem Wege nicht vermittelt werden kann.

In diesem Beitrag wird ein Lehrwerk vorgestellt, das diese Lücke zu schließen versucht, indem es mit der Fachsprache Wirtschaft insbesondere das theoretische Wirtschaftswissen sowie die Grundlagen der Betriebswirtschaftslehre, Volkswirtschaftslehre und der Wirtschaftspolitik in den Fokus nimmt. Das Lehrwerk ist 2020 unter dem Titel ‚Deutsch als Fremdsprache für Wirtschaftswissenschaftler. Lehr- und Lernmaterialien ab Niveau B2' in der Reihe ‚DaF an der Hochschule'[1] im Waxmann Verlag erschienen.[2] Dabei verfolgt das Lehrwerk ein besonderes didaktisches Konzept, bei dem die Perspektive der Fachdidaktik Ökonomie mit der Perspektive der Sprachdidaktik verknüpft wurde. Dieses didaktische Konzept sowie der Aufbau, die Lernziele und Methoden des Lehrwerkes sollen nachfolgend vorgestellt werden. Ferner wird ein Einblick in die bisherigen Erfahrungen beim Einsatz dieses Lehrwerkes in der Praxis gegeben. Dem voran steht ein kurzer Abriss über die Besonderheiten der Fachsprache Wirtschaft.

2 Die Fachsprache Wirtschaft

Grundsätzlich lässt sich sagen, dass in der Fachsprachenforschung nicht von einer Fachsprache Wirtschaft ausgegangen wird, sondern vielmehr verschiedene text- und gesprächsbezogene Charakteristika der Wirtschaftskommunikation untersucht werden (vgl. Reuter 2010: 458). Neben der horizontalen Gliederung von Fachsprachen entsprechend der verschiedenen Fächergruppen

----

1 In derselben Reihe ist 2019 von Lothar Bunn und Gabriel Kacik ebenfalls das Lehrwerk ‚Deutsch als Fremdsprache für Juristen. Lehr- und Lernmaterialien zum Zivilrecht' erschienen.

2 Eine Leseprobe ist unter https://www.waxmann.com/?eID=texte&pdf=4092.pdf&typ=leseprobe verfügbar.

(Medizin, Wirtschaft, Technik, etc.) unterscheidet die Fachsprachenforschung auch verschiedene Abstraktionsebenen des fachlichen Wissens in der fachsprachlichen Kommunikation, was als „vertikale Schichtung" bezeichnet wird (vgl. ebd.). Das bedeutet, dass bei der fachinternen Kommunikation ein hoher Grad an fachlichem Wissen bei einem Mindestmaß an sprachlicher Darstellung angestrebt wird. Buhlmann/Fearns (2018: 133f.) unterscheiden vier verschiedene Sprachverwendungsbereiche der Wirtschaftskommunikation:

1 den universitären Bereich bei einem Studium der Betriebswirtschaftslehre, Volkswirtschaftslehre, Wirtschaftsinformatik etc.,
2 den Bereich der dualen Ausbildung in einem kaufmännischen Beruf wie Bankkaufmann, Einzelhandelskaufmann etc.,
3 die Kommunikation innerhalb von Unternehmen, zwischen verschiedenen Unternehmen und zwischen Unternehmen und Verbänden bzw. Institutionen,
4 den Bereich der Wirtschaftsberichterstattung durch die Medien.

Diese vier Sprachverwendungsbereiche sind relativ unabhängig voneinander, so dass sowohl fachliche als auch fachsprachliche Kompetenzen in dem einen Bereich nicht mit den Kompetenzen in einem anderen Bereich gleichzusetzen sind (vgl. Buhlmann/Fearns 2018: 134). Zum Beispiel verfügt eine Bürokauffrau über die Kompetenz, eine adressatengerechte E-Mail an einen Kunden zu verfassen, was nicht unbedingt bedeutet, dass sie einen wissenschaftlichen Text aus dem Bereich der Wirtschaftsinformatik verstehen kann.

Für das Lehrwerk, das in diesem Beitrag vorgestellt werden soll, ist insbesondere der Sprachverwendungsbereich der universitären Lehre von Interesse, da die Zielgruppe (angehende) ausländische Studierende der Wirtschaftswissenschaften sind. In Bezug auf die horizontale Gliederung von Fachsprachen ist es fraglich, ob bei dem Sprachverwendungsbereich der universitären Lehre überhaupt von einer Fachsprache der Wirtschaftswissenschaften gesprochen werden kann, oder ob nicht vielmehr zwischen den klassischen wissenschaftlichen Disziplinen, der Betriebswirtschaftslehre und der Volkswirtschaftslehre, und den interdisziplinären Fächern wie z.B. der Wirtschaftsinformatik, Wirtschaftschemie, dem Wirtschaftsrecht oder Wirtschaftsingenieurwesen differenziert werden müsste. Die Disziplinen unterscheiden sich in ihrem Untersuchungsgegenstand und in der Betrachtungsweise wirtschaftlicher Zusammenhänge, was auch bei der Fachsprachvermittlung eine Rolle spielen kann.

Ein weiterer wichtiger Faktor für die Didaktik ist, dass es sich bei der Fachsprache der akademischen Ausbildung um eine asymmetrische Kommunikation handelt, das heißt, dass das Fachwissen bei den Kommunikationspartnern ungleich ausgeprägt ist (Professor – Studierende) und das Ziel der Kommunikation ist, dieses Ungleichgewicht an vorliegendem Fachwissen durch die Ausbildungssituation schrittweise auszugleichen (vgl. ebd.: 134f.). Für die Anwendung der Fachsprache bedeutet das, dass das Fachwissen explizit versprachlicht werden muss, also Fachtermini exakt definiert und Sachverhalte genau beschrieben, analysiert sowie bewertet werden müssen.

Je weiter das Studium fortgeschritten ist, desto mehr gleicht sich der Wissensspeicher der Kommunikationspartner an und umso symmetrischer wird auch die Kommunikation. Bei der Didaktik der Fachsprache der Wirtschaftswissenschaften ist demnach zu beachten, in welcher Studienphase die Studierenden sich befinden, da entsprechend mit anderen Text- und Kommunikationsformen gearbeitet werden muss.

Zum Beispiel bietet es sich an, bei Studienanfängern oder angehenden Studierenden Lehrbuchtexte aus Einführungspublikationen der BWL oder VWL im Fachsprachunterricht einzusetzen, da in diesen Texten die wichtigsten Fachbegriffe, Konzepte und Theorien erläutert werden, während beispielsweise Aufsätze oder Artikel aus wissenschaftlichen Fachzeitschriften nur mit dem nötigen Vorwissen aus dem Studium verstanden werden können und daher erst bei Studierenden höherer Semester zum Einsatz kommen sollten.

Insgesamt lässt sich für die Fachsprache Wirtschaft feststellen, dass selbst wenn der Sprachverwendungsbereich der akademischen Lehre relativ klar benannt werden kann, man kaum von einer Fachsprache der Wirtschaftswissenschaften sprechen kann, sondern man verschiedene Faktoren wie den Abstraktionsgrad des fachlichen Wissens, den Grad der Symmetrie der Kommunikation und die Spezifika der jeweiligen Disziplinen berücksichtigen muss.

3   Didaktisches Konzept des Lehrwerkes

Für (angehende) ausländische Studierende hat der Erwerb der Fachkenntnisse in einem wirtschaftswissenschaftlichen Studium eine ebenso große Priorität wie die Entwicklung der Fachsprachkompetenzen. Auch, wenn die fachlichen Schwerpunkte im weiteren Verlauf des Studiums sehr unterschiedlich gelegen sein können, z. B. im Bereich Marketing, Personalwesen oder Vertrieb, so müssen doch alle Studierenden zu Beginn des wirtschaftswissenschaftlichen Studiums die grundlegenden Konzepte, Theorien und Methoden der Betriebswirtschaftslehre und der Volkswirtschaftslehre kennenlernen. An den meisten deutschen Universitäten und Hochschulen ist in den Studienverlaufsplänen für die ersten Semester festgelegt, dass einführende Vorlesungen wie ‚Einführung in die BWL' oder ‚Einführung in die VWL' besucht werden müssen. Entsprechend gibt es eine Reihe von Publikationen, die als einführende Lehrwerke die wichtigsten Grundlagen der BWL bzw. der VWL vermitteln.[3] Die Lehrwerke sind gemäß der oben bereits erwähnten asymmetrischen Kommunikationssituation nicht nur fachlich, sondern auch fachsprachlich darauf ausgelegt, den Wissensspeicher der Studierenden mit den wichtigsten Fachbegriffen, den grundlegenden theoretischen Ansätzen und Modellen sowie wissenschaftlichen Methoden der Betriebswirtschaftslehre und Volkswirtschaftslehre anzureichern. Jedoch können diese Lehrwerke nicht auf die Bedürfnisse ausländischer Studierender eingehen, die sprachlichen Besonderheiten der wirtschaftswissenschaftlichen Fachsprache oder generell der deutschen Wissenschaftssprache herausarbeiten und durch gezielte Übungen zu vermitteln. Das führt im Studium dann nicht nur dazu, dass die Fachsprache in typischen Textsorten wie z.B. Lehrbuchtexten, Fachaufsätzen, Vorlesungen, Seminaren nicht richtig verstanden wird, es fehlen auch die nötigen sprachlichen Strukturen, um die Fachsprache z.B. in Referaten, Diskussionsrunden, Klausuren oder Hausarbeiten angemessen zu reproduzieren.

Das Lehrwerk ‚Deutsch als Fremdsprache für Wirtschaftswissenschaftler' stellt eine Brücke dar zwischen den einführenden Lehrwerken der Wirtschaftswissenschaften und den Sprachlehrwerken, die auf das Deutsche als Wissenschaftssprache eingehen, denen jedoch meistens der fachliche Bezug zu den Wirtschaftswissenschaften fehlt.[4]

....

3   Hier lassen sich zum Beispiel das 2018 erschienene Lehrwerk von Gregory Mankiw und Mark Taylor *Grundzüge der Volkswirtschaftslehre*, 7. Auflage. Stuttgart: Schäffer-Poeschel nennen oder auch von Ingo Balderjahn und Günter Specht *Einführung in die Betriebswirtschaftslehre*, 8. Auflage. Stuttgart: Schäffer-Poeschel, erschienen 2020, die aufgrund der klaren Strukturierung und einer gut verständlichen Sprache für ausländische Studierende zu empfehlen sind.

4   Vgl. die Reihe ‚Deutsch für das Studium' von Nadja Fügert und Ulrike Richter im Klett Verlag oder ‚Campus Deutsch' herausgegeben von Oliver Bayerlein im Hueber Verlag.

Die Konzeption des Lehrwerkes ist so angelegt, dass sowohl die Perspektive der Fachdidaktik der ökonomischen Bildung als auch der Fachsprachendidaktik miteinander verknüpft werden. Die sprachlichen und fachlichen Lernziele stehen nicht unabhängig für sich, sondern sind dialektisch aufeinander bezogen. Das heißt, dass die sprachlichen Lernziele aus den fachlichen abgeleitet und die fachlichen Lernziele so ausgewählt wurden, dass sie exemplarisch für die Besonderheiten der Fachsprache der Wirtschaftswissenschaften stehen. Nachfolgend soll nun beschrieben werden, wie sich die Konzeption des Lehrwerkes einerseits aus der Perspektive der Fachdidaktik und andererseits aus der Perspektive der Sprachdidaktik ergibt und wie beide Perspektiven ineinandergreifen.

3.1   Perspektive der Fachdidaktik

Für die Auswahl der fachlichen Inhalte war es sinnvoll, die Perspektive der Fachdidaktik anzusetzen, da hier mit der Ökonomik als Methodik zur Analyse von wirtschaftswissenschaftlichen Zusammenhängen ein Referenzsystem vorliegt, von dem die grundlegenden Fragestellungen, wissenschaftlichen Ansätze und basalen theoretischen Modelle in den Fächern Betriebswirtschaftslehre, Volkswirtschaftslehre und Wirtschaftspolitik ausgehen (vgl. Kaminski 2017: 98). Als Ausgangspunkt wurden die didaktischen Ordnungsversuche des Wirtschaftsdidaktikers Hans Kaminski herangezogen, von denen sich zwei für die Konzeption des Lehrwerkes als besonders fruchtbar erwiesen: Erstens die Entwicklung eines ökonomischen Verhaltensmodells und zweitens die Ausarbeitung von Kategorien, „die allen wirtschaftlichen Handlungen immanent sind" (vgl. ebd.: 131).

Das ökonomische Verhaltensmodell stellt die Interaktion zwischen Individuen ins Zentrum des Interesses und untersucht, wie sich ökonomische Handlungen im Hinblick auf bestimmte Handlungsbedingungen vollziehen.

Diese Handlungsbedingungen werden einerseits durch verschiedene Anreize, andererseits durch Restriktionen bestimmt. Daraus ergeben sich dann die Folgen der ökonomischen Handlungen (vgl. Abbildung 1).

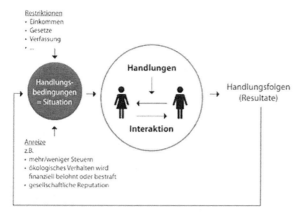

Abb. 1: Ökonomisches Verhaltensmodell (Kaminski 2017: 130)

Die Annahme eines ökonomischen Verhaltensmodells bot den Vorteil, dass die Interaktion zwischen Individuen in den Fokus rückte und damit die Verbindung zwischen ökonomischen Handlungen und sprachlichen Handlungen: Wie werden ökonomische Entscheidungen getroffen? Wie werden wirtschaftliche Interessen von verschiedenen Akteuren gegeneinander abgewogen? Wie wird verhandelt? An diese ökonomischen Handlungen sind sprachliche Kompetenzen geknüpft, die im Sprachunterricht vermittelt werden müssen.

Ein weiterer Vorteil des ökonomischen Verhaltensmodells war, dass in dem Modell von einer Handlungssituation ausgegangen wird, die im Zentrum der Betrachtung steht. Deshalb wurde für das Lehrwerk ebenfalls eine Handlungssituation geschaffen, die sich als eine narrative Struktur wie ein roter Faden durch das Lehrbuch zieht: Die Ausgangssituation der einsamen Insel, auf der man unfreiwillig gestrandet ist. „Stellen Sie sich vor, Sie sind auf einer einsamen Insel gestrandet. Alles, was Sie auf der Insel haben, sind Kokosnuss-Palmen und das weite Meer um Sie herum. Um auf dieser Insel zu überleben, müssen Sie sich selbst versorgen" (Dammers/Wedi 2020: 14). Alle im Lehrwerk behandelten Fachinhalte wurden auf das Szenario der ‚einsamen Insel' übertragen. Dieses Szenario bot sich an, weil es sich einerseits durch eine starke Komplexitätsreduktion der realen Welt auszeichnet und andererseits durch zahlreiche Restriktionen und Anreize geprägt ist. Daher stellte es ein geeignetes Ausgangsszenario für ökonomische Theorien dar. Zudem ließ sich auch sprachlich auf einem recht einfachen Niveau anknüpfen.

Neben dem ökonomischen Verhaltensmodell wurden als ein weiterer fachdidaktischer Ordnungsversuch die von Kaminski formulierten Kategorien herangezogen, die „allen wirtschaftlichen Handlungen immanent sind" (Kaminski 2017: 131). Kaminski formuliert den Vorteil dieser Vorgehensweise folgendermaßen:

> „Wollen wir die ‚Grammatik der Wirtschaft' tiefer untersuchen, dann bietet es sich an, nach Kategorien zu fahnden, die die vielfältigen wirtschaftlichen Sachverhalte nicht nur erfassen, sondern die Komplexität der wirtschaftlichen Realität auf ein überschaubares Gerüst von allgemeinen, typischen Einsichten zu konzentrieren versuchen, ohne sich damit in ein überzeitlich gültiges Begriffsgerüst zu begeben." (Kaminski 2017: 131)

Für die Entwicklung eines einführenden Lehrwerkes in die Fachsprache der Wirtschaftswissenschaften erwies sich dieser Ansatz Kaminskis als zielführend, da die vielfältigen wirtschaftlichen Inhalte auf wenige Kategorien heruntergebrochen werden konnten. Insgesamt konnten 12 Kategorien identifiziert werden, die in dem Lehrwerk in 12 Lerneinheiten gegliedert wurden. Jedes Kapitel des Buches repräsentiert eine Kategorie (vgl. Dammers/Wedi 2020 und Kaminski 2017: 132 f.):

(1) Bedürfnisse als Grundlage wirtschaftlichen Handelns,
(2) Warum wirtschaftet der Mensch? Knappheit als Motor,
(3) Wirtschaftliches Handeln ist entscheidungsorientiert,
(4) Wirtschaftliches Handeln erfolgt arbeitsteilig,
(5) Wirtschaftliches Handeln ist gewinnorientiert,
(6) Wirtschaftliches Handeln ist risikogeprägt,
(7) Wirtschaftliches Handeln bedarf der Koordination,
(8) Wirtschaftliches Handeln führt zu Ungleichheit,
(9) Wirtschaftliches Handeln ist systemabhängig,
(10) Wirtschaftliches Handeln vollzieht sich in Kreislaufprozessen,
(11) Wirtschaftliches Handeln ist konfliktgeprägt und
(12) Wirtschaftliches Handeln schafft Interdependenz.

Diese fachdidaktischen Kategorien wurden dann auf das Szenario der ‚einsamen Insel‘ angewandt und in eine Lernsituation übertragen. Damit veranschaulicht jedes Kapitel eine der didaktischen Kategorien durch eine konkrete Problemsituation auf der Insel. Zum Beispiel überträgt Kapitel 3 im Lehrwerk die Kategorie ‚wirtschaftliches Handeln ist entscheidungsorientiert‘ auf wirtschaftliche Entscheidungsprozesse auf der Insel, also z.B. die Frage: ‚Wie teile ich mir meine (knappe) Zeit am besten ein?‘ oder ‚Soll ich lieber Kokosnüsse pflücken oder Fische fangen?‘ (vgl. Abbildung 2).

Abb. 2: Kapitel 3 ‚Wirtschaftliches Handeln ist entscheidungsorientiert‘ (Dammers/Wedi 2020: 3)

In den Wirtschaftswissenschaften spricht man in so einer Situation von einer Budgetrestriktion. Die Zeit ist in diesem Fall das vorhandene Budget und dieses muss möglichst optimal auf die zwei Güter ‚Kokosnüsse‘ und ‚Fische‘ verteilt werden. Der Entscheidungsprozess, wie viele Arbeitsstunden für das Pflücken von Kokosnüssen oder das Fangen von Fischen aufgewendet werden soll, kann damit durch die Haushaltstheorie der Mikroökonomie analysiert und erklärt werden.

Auch wenn für die Lernsituationen das Szenario der ‚einsamen Insel‘ gewählt wurde, so ist dies keinesfalls ein in sich geschlossener Ansatz, sondern soll durchaus dazu anregen, aktuelle Phänomene in die Betrachtungen miteinzubeziehen. Die fachlichen und methodischen Bezüge in diesem Buch bieten dabei eine Grundlage, wie aktuelle ökonomische Fragestellungen oder Probleme aus der Perspektive der Wirtschaftswissenschaften analysiert und erklärt werden können. Da das Fach Wirtschaft als Sozialwissenschaft jedoch den täglichen Veränderungen des politischen und gesellschaftlichen Geschehens unterliegt, ist es letztlich auch eine Aufgabe der Lehrkraft, die tagesaktuellen wirtschaftlichen Themen in den Medien zu verfolgen und diese in den Unterricht einzubinden.

3.2 Perspektive der Sprachdidaktik

Die Rezeption und Produktion von mündlichen und schriftlichen Texten in einem wirtschaftswissenschaftlichen Studium setzen das Verstehen und Verwenden bestimmter, in der Ökonomie häufig verwendeter, grammatischer Strukturen und ein breites Repertoire an passivem und aktivem (Fach-)Wortschatz voraus. In dem in diesem Beitrag vorgestellten Lehrwerk werden daher unter Berücksichtigung der fachlichen und sprachlichen Lernvoraussetzungen der Lernenden entsprechend dem Scaffolding-Prinzip gestufte Aufgaben zum langfristigen Aufbau des Fachwortschatzes und typischer grammatischer Strukturen der Fachsprache Wirtschaft angeboten.

Der Scaffolding-Ansatz stammt eigentlich aus dem sprachsensiblen Fachunterricht, wobei mit Scaffolds (aus dem Englischen für ‚Gerüst') vorübergehende Hilfestellungen zur Erreichung von sprachlichen und fachlichen Lernzielen gemeint sind, die knapp über dem bisherigen Lernstand liegen (vgl. Kniffka 2010). Beim Scaffolding handelt es sich um ein didaktisches Prinzip, bei dem Arbeitsaufträge strategisch so eingesetzt werden, dass die Lernenden sich in (Teil-)Arbeitsschritten der Fachsprache und damit auch der Aneignung der Fachinhalte annähern (vgl. Gibbons 2002). Das Makro-Scaffolding bildet dabei den Rahmen für das Mikro-Scaffolding (vgl. Beese et.al. 2014). Ersteres dient der Formulierung eines Lernziels und der Unterrichtsplanung bzw. Materialerstellung, die auf Grundlage einer Bedarfsanalyse der fachlichen und fachsprachlichen Unterrichtsinhalte sowie einer Lernstandsanalyse erfolgt. Die Erreichung des Lernziels, das etwas über dem bestehenden Kompetenzniveau der Lernenden liegen sollte, kann mit sprachlichen und fachlichen Hilfestellungen unterstützt werden. Das sogenannte Mikro-Scaffolding umfasst flexible Hilfen seitens der Lehrkraft wie das Anbieten von Fachwörtern und adäquaten Formulierungen innerhalb der Interaktion zwischen Lehrenden und Lernenden. Sowohl das Mikro- als auch das Makro-Scaffolding sollten wieder abgebaut werden, sobald die Lernenden in der Lage sind, die fachsprachlichen Handlungen selbstständig auszuführen (vgl. Kniffka 2010).

Für die Konzeption des Lehrwerkes waren insbesondere die Prinzipien des Makro-Scaffoldings wichtig, da diese didaktische Empfehlungen geben, wie Lernmaterialien gestaltet sein sollten, die sowohl fachsprachliche als auch fachliche Lernziele verfolgen. Folgende Prinzipien fanden bei der Konzeption des Lehrwerkes besondere Beachtung (vgl. ebd.):

- Sequenzierung der Lernaufgaben (von der konkreten zur abstrakten Ebene, von der Alltags- zur Fachsprache),
- Festlegung von Lern- und Arbeitsformen, die die Interaktion zwischen den Lernenden fördern, und dazu führen, dass diese sprachlich handeln, Informationen untereinander austauschen oder Inhalte verhandeln,
- Bereitstellung einer Auswahl von verschiedenen Darstellungsformen, also z.B. Fachtexte, Audiomaterialien, grafische Darstellungen, etc., um die fachlichen Inhalte zu präsentieren,
- Einsatz von vermittelnden Texten, sogenannten Brückentexten, die die Lernenden an die Komplexität der Fachtexte schrittweise heranführen.

Nachfolgend soll anhand eines Kapitels aus dem Lehrwerk die Vorgehensweise nach dem Scaffolding-Prinzip beispielhaft vorgestellt werden. Es handelt sich hierbei um Kapitel 1, welches die Kategorie von Kaminski ‚Bedürfnisse als Grundlage für wirtschaftliches Handeln' aufgreift. Als fachliches Lernziel wird angestrebt, dass die Lernenden die Bedeutung von Bedürfnissen erkennen, verschiedene Arten von Bedürfnissen unterscheiden können und wissenschaftliche Modelle kennenlernen, mit deren Hilfe sich Bedürfnisse analysieren und einordnen lassen. Für die fachsprachlichen Lernziele bedeutet das, dass die Lernenden Kompetenzen erwerben sollen, um verschiedene Arten von Bedürfnissen mündlich und schriftlich unterscheiden zu können. Daraus ergeben sich als Teillernziele nicht nur, dass die Lernenden die Fachbegriffe zum Themenkomplex ‚Bedürfnisse' rezeptiv und produktiv beherrschen können, sondern auch, dass sie wissenschaftssprachliche Strukturen erwerben müssen, mit deren Hilfe sie die Fachbegriffe definieren, erklären und voneinander abgrenzen können.

Das schrittweise Vorgehen nach dem Scaffolding-Prinzip wird exemplarisch für Kapitel 1 anhand der Abbildung 3 veranschaulicht. Dargestellt wird auf der einen Seite die fachliche Ebene, bei der sich der Lernprozess in einem Kontinuum von der konkreten Anschauung der fachlichen Inhalte hin zu einer abstrakt-distanzierten Betrachtungsweise bewegt. Auf der anderen Seite verläuft parallel dazu auf der sprachlichen Ebene der Lernprozess in einem Kontinuum von der alltagssprachlich-mündlichen hin zu einer fachsprachlich-schriftlichen Sprachverwendung (vgl. Abbildung 3).

In Kapitel 1 sollen sich die Lernenden zunächst einmal in die Lernsituation einfinden. In Aufgabe 1 wird daher zuerst das oben bereits geschilderte Szenario der einsamen Insel eingeführt und die Lernenden sollen sich vorstellen, sie wären auf dieser Insel gestrandet. Als Hinführung zum Thema ‚Bedürfnisse' diskutieren die Lernenden in Partnerarbeit folgende Fragen:

„(1) Was würden Sie am ersten Tag/in der ersten Woche/nach einigen Monaten machen, um auf dieser Insel zu überleben?

(2) Was würden Sie unbedingt brauchen, um auf dieser Insel zu überleben?

(3) Was würden Sie auf der Insel vermissen?" (Dammers/Wedi 2020: 14).

Im Sinne des Scaffolding-Prinzips setzt die erste Aufgabe auf der fachlichen Ebene bei einer konkreten Betrachtungsweise von Bedürfnissen an. Die Lernenden sollen anhand der Fragestellungen für sich selbst erkennen, dass es verschiedene Formen von Bedürfnissen gibt, die sich zum Beispiel in ihrer Dringlichkeit, aber auch in ihrer materiellen Ausprägung unterscheiden können (siehe Abbildung 3, Schritt 1). Auf der sprachlichen Ebene ist die Aufgabe so konzipiert, dass die Lernenden noch die mündliche Alltagssprache verwenden können, um sich mit ihrem Partner auszutauschen. Für diese Aufgabe stehen ihnen Redemittel in Form von Sprechblasen zur Verfügung. Zudem bietet ein Grammatik-Kasten zum Konjunktiv II eine sprachliche Hilfestellung, um über irreale Situationen sprechen zu können.

Beispiel Scaffolding Kapitel 1

Abb. 3: Vorgehensweise Scaffolding, eigene Darstellung in Anlehnung an Kniffka/Neuer 2008.

Im zweiten Schritt geht es dann darum, die zuvor mündlich herausgearbeiteten Arten von Bedürfnissen in fachsprachlich konkret festgelegte Kategorien zu übertragen. Hierzu wird den Lernenden ein Fachtext zu dem Begriff ‚Bedürfnisse' in den Wirtschaftswissenschaften mit folgender Aufgabenstellung angeboten: „Lesen Sie den Text zum Thema Bedürfnisse. Unterstreichen Sie dabei die Bezeichnungen für die verschiedenen Kategorien von Bedürfnissen" (ebd.: 15). Bei dieser Aufgabe nimmt einerseits auf der fachlichen Ebene der Abstraktionsgrad zu, indem die Studierenden eine Kategorisierung der Begriffe aus einer wirtschaftswissenschaftlichen Perspektive kennenlernen (siehe Abbildung 3, Schritt 2). Auf der sprachlichen Ebene erhöht sich andererseits der Grad der Fachsprachlichkeit, dadurch dass die Lernenden nun mit den wirtschaftswissenschaftlichen Fachbegriffen operieren müssen. Dabei beschränken sich die Anforderungen jedoch noch auf die rezeptiven Kompetenzen. Es genügt also an dieser Stelle, wenn die Lernenden in der Lage sind, die Fachbegriffe in ihren passiven Wortschatz aufzunehmen.

Schließlich erfolgt in Schritt 3 die Anwendung des bisher gelernten Fachwissens und der produktiven Sprachkompetenzen auf schriftlicher Ebene. Die zuvor aus dem Fachtext herausgearbeiteten Redemittel zur Definition, Ein- und Abgrenzung von Begriffen und zum Formulieren von Beispielen sollen nun dazu eingesetzt werden, die wichtigsten Fachbegriffe im Text schriftlich zu erläutern. Die Redemittel dienen als sprachliches Gerüst, um die Begriffe wissenschaftlich korrekt definieren zu können. Von der anfänglich konkreten und subjektiven Betrachtungsweise von Bedürfnissen sind die Lernenden nun fachlich auf einer abstrakten Ebene angelangt, während auf sprachlicher Ebene ein fachsprachlich-schriftliches Niveau erreicht wird.

Das hier vorgestellte Kapitel verdeutlicht, dass sich die Prinzipien des Scaffoldings für einen sprachsensiblen Fachunterricht auch gut auf die didaktische Konzeption eines fachwissenschaftlich orientierten Sprachunterrichts übertragen lassen. Die Sequenzierung der Aufgaben bewirkt eine schrittweise Annäherung an die Fachsprache sowie die fachlichen Inhalte, so dass auch sprachlich schwächere Lernende oder Studienanfänger*innen mit geringen fachlichen Vorkenntnissen einen Lernerfolg erzielen können. Das Ansetzen auf der Ebene der konkreten, mündlich-alltagssprachlichen Kommunikation fördert daneben die Interaktion zwischen den Lernenden und führt auf fachlicher Ebene dazu, dass Inhalte untereinander ausgehandelt und unter verschiedenen Blickwinkeln diskutiert werden. Bei dem eingesetzten Fachtext handelt es sich zudem um einen Brückentext, der sich inhaltlich zwar an die ‚echten' Fachtexte aus den wirtschaftswissenschaftlichen Lehrbüchern anlehnt, sprachlich jedoch so aufbereitet wurde, dass er die Lernenden einerseits nicht unnötig überfordert, andererseits gehäuft bestimmte sprachliche Strukturen aufweist, die für die Rezeption und Produktion von ökonomischen Fachtexten erworben werden müssen. Unterstützt wird der Lernprozess durch die zusätzlich zum Fachtext bereitgestellten Audiomaterialien und grafischen Darstellungen, so dass alle vier Fertigkeiten geübt und unterschiedliche Lerntypen angesprochen werden.

4 Vorstellung des Lehrwerkes

Nachdem das didaktische Konzept des Lehrwerkes aus fachdidaktischer und sprachdidaktischer Perspektive beleuchtet wurde, soll nun das Lehrwerk selbst genauer vorgestellt werden. Zunächst werden der Aufbau des Bandes sowie die Struktur der einzelnen Kapitel beschrieben. Jedes Kapitel verfolgt sowohl sprachliche als auch fachliche Lernziele sowie Lernziele, die den Erwerb wissenschaftlicher Methoden und Lernstrategien betreffen. Auf diese wird in Kapitel 4.2 näher eingegangen. Schließlich wird eine begründete Auswahl der im Lehrwerk eingesetzten Methoden präsentiert, die aus der Fachdidaktik der ökonomischen Bildung und aus der Sprachdidaktik stammen.

4.1 Aufbau

Die Struktur des Lehrwerks orientiert sich an den fachlichen Inhalten. Ausgehend von den bereits beschriebenen Kategorien von Kaminski wurde das Lehrwerk in 12 Kapitel eingeteilt. Jedes Kapitel eröffnet einen Blickwinkel auf eine fachdidaktische Kategorie der Ökonomik wie z.B. ‚wirtschaftliches Handeln ist entscheidungsorientiert'. Einen kohärenten Zusammenhang zwischen den einzelnen Kapiteln wurde durch das Ausgangsszenario der einsamen Insel hergestellt. Anhand dieses Szenarios wird jede Kategorie durch konkrete Problemsituationen veranschaulicht und durch Aufgaben zum Lesen, Hören, Sprechen und Schreiben sowohl fachlich als auch sprachlich vertieft. Eine Übersicht über alle fachlichen, sprachlichen und methodischen Inhalte wird in einer Tabelle am Ende des Lehrwerkes gegeben (vgl. Dammers/Wedi 2020: 129–131). Hier finden sich auch Literaturempfehlungen zur weiteren Vertiefung von sprachlichen und fachlichen Inhalten (vgl. ebd.: 127–128). Darüber hinaus werden alle Audio-Dateien zu den Hörübungen, deren Transkripte, ein Lösungsschlüssel, zusätzliche Arbeitsblätter sowie didaktische Hinweise für Lehrende online über die Homepage des Verlages kostenlos angeboten.[5] Da sich der Aufbau des Lehrwerks nach den Fachinhalten richtet, erfahren die sprachlichen Inhalte keine systematische Progression. Die Behandlung der sprachlichen Phänomene ergibt sich funktional aus den fachlichen Inhalten.

Ausgehend von dem Szenario der einsamen Insel ist das Lehrbuch an einer narrativen Erzählstruktur ausgerichtet. Die Erzählung ist im Buch als orange hinterlegter Text kenntlich gemacht. Sie leitet durch das Lehrbuch und soll die Lesenden dabei unterstützen, die Geschehnisse auf der Insel in einem größeren wirtschaftlichen Zusammenhang zu sehen. Hinweise zur Grammatik finden sich in grau hinterlegten Info-Kästen. Sie dienen der Wiederholung von

....

5   Kann abgerufen werden unter: https://www.waxmann.com/waxmann-buecher/?no_cache=1&tx_p2wax mann_pi2%5Bbuch%5D=BUC126515&tx_p2waxmann_pi2%5Baction%5D=show&tx_p2waxmann_pi2%5 Bcontroller%5D=Buch&cHash=6eb5b67bc0cb5e9a853345072ba3796f.

grammatischen Regeln bei der Bearbeitung von sprachvertiefenden Aufgaben. Redemittel als Hilfestellung für mündliche Aufgaben werden in Sprechblasen angeboten.

Aufgrund der durchgängigen Erzählstruktur ist es durchaus sinnvoll, sich mit dem Buch chronologisch zu befassen, da einige theoretische Ansätze und Begrifflichkeiten aufeinander aufbauen. Je nach Vorwissen der Lernenden ist es jedoch auch möglich, die Kapitel einzeln einzusetzen.

Die ersten drei Kapitel nehmen die Ökonomie aus der Perspektive der Aktions- und Handlungstheorie in den Blick, d.h. sie befassen sich mit der Frage, wie Individuen unter restriktiven Bedingungen wirtschaftlich handeln, um ihren Nutzen zu maximieren (vgl. Kaminski 2017: 99). Diese drei Kapitel können deshalb als ein Komplex betrachtet werden und sollten zusammen bearbeitet werden. Die Kapitel 4 bis 6 nehmen eine interaktionstheoretische Perspektive ein und fragen nicht nur danach, wie ein Individuum wirtschaftet, sondern wie mehrere Akteure zum gegenseitigen Vorteil miteinander leben und arbeiten (vgl. ebd.: 99–100). In den Kapitel 7 bis 12 wird schließlich der Blickwinkel der Institutionentheorie angesetzt, der den Beitrag von Institutionen und Regelsystemen für das wirtschaftliche Handeln analysiert und untersucht, wie Institutionen gestaltet sein sollten, damit die Interaktionen zwischen den Akteuren überhaupt zu Stande kommen und zu einem möglichst großen kooperativen Gewinn für alle Beteiligten führen (vgl. ebd.: 100).

Die Kapitel sind jeweils so aufgebaut, dass die erste Seite mit einem Bildimpuls in die Thematik einführt. Jedes Bild stellt eine Szene auf der Insel dar (siehe Abbildung 2). Im Unterricht kann es als Gesprächseinstieg genutzt werden, um z.B. das Vorwissen der Lernenden zu generieren oder auch, um eine Verbindung zu dem Inselszenario und den wirtschaftswissenschaftlichen Zusammenhängen herzustellen. Zudem befindet sich auf der ersten Seite eine Übersicht zu den jeweiligen Lernzielen jedes Kapitels.

Zu Beginn leitet ein erzählender Text in die Problemsituation des neuen Kapitels ein. Das Szenario auf der Insel wird fortgesetzt und durch weitere ökonomische Aspekte ergänzt. Fachliche Inhalte werden über diese erzählenden Textabschnitte explizit oder durch die in den praktischen Aufgaben gewonnenen Erkenntnisse implizit vermittelt. Die erzählenden Textabschnitte leiten wiederum am Ende jedes Kapitels fachlich zum nächsten Kapitel über bzw. fassen die wichtigsten fachlichen Inhalte des Kapitels zusammen. Auf der letzten Seite jedes Kapitels werden schließlich die wichtigsten sprachlichen

Lerninhalte durch eine kurze Übersicht zu den behandelten grammatischen Strukturen und dem Fachwortschatz wiederholt.

4.2   Lernziele

Übergreifendes Lernziel des vorgestellten Lehrbuches ist es, die Grundstrukturen des wirtschaftlichen Geschehens zu vermitteln und somit einen Einblick in die basalen Theoriekomplexe der Ökonomie zu geben sowie die typischen Denkweisen dieses Faches aufzuzeigen. Neben den fachlichen und sprachlichen Lernzielen verfolgt jedes Kapitel auch das Ziel der Vermittlung von methodischen Kompetenzen und Lernstrategien, die für das wirtschaftswissenschaftliche Studium von Bedeutung sind. Um die Lernziele jedes Kapitels den Lehrenden und Lernenden transparent zu machen, sind sie jeweils auf der ersten Seite eines Kapitels aufgeführt.

Im Vordergrund steht immer das fachliche Lernziel, wobei, wie schon bereits oben beschrieben, das fachliche und das sprachliche Lernziel eng miteinander verknüpft sind. Die sprachlichen Lernziele ergeben sich dabei aus den fachlichen. So ist zum Beispiel in Kapitel 5 das fachliche Lernziel, verschiedene Kostenarten wie fixe Kosten, variable Kosten und Gesamtkosten voneinander unterscheiden zu können und anhand ihres grafischen Verlaufs das Gesetz der Massenproduktion abzuleiten (vgl. Dammers/Wedi 2020: 51f.). Um dieses fachliche Lernziel zu erreichen, müssen bestimmte sprachliche Strukturen erworben werden, wie Haupt- und Nebensatzkonstruktionen mit *je… desto* sowie die Komparation der Adjektive, damit ein proportionales bzw. ein antiproportionales Verhältnis sprachlich ausgedrückt werden kann. Diese sprachlichen Strukturen werden durch Übungen, grammatische Info-Boxen und Satzgerüste in Form von Sprechblasen als Hilfestellung angeboten und können so direkt anhand der fachlichen Inhalte trainiert werden. Somit kommt sowohl die Funktion der Sprache als Lernmedium als auch als Lerngegenstand zum Tragen.

Neben den fachlichen und sprachlichen Lernzielen spielt auch die Vermittlung von methodischen, wissenschaftlichen Kompetenzen und von Lernstrategien eine besondere Rolle. In einem wirtschaftswissenschaftlichen Studium müssen die Studierenden z.B. in der Lage sein, längeren mündlichen Vorträgen folgen zu können, Mitschriften anzufertigen, kontinuierliche und diskontinuierliche Texte zu verstehen, mündlich und schriftlich wiederzugeben und mit anderen Texten in Beziehung zu setzen, eine mündliche Präsentation vorzubereiten und vorzutragen oder theoretische Ansätze mit DozentInnen und KommilitonInnen kritisch zu diskutieren. Durch gezielte Übungen werden die Lernenden in jedem Kapitel dazu angehalten, sich schrittweise mit den wichtigsten wissenschaftlichen Methoden und Arbeitsweisen vertraut zu machen und diese auf die fachlichen Inhalte anzuwenden.

Zur Unterstützung des Textverständnisses werden insbesondere Lesestrategien vermittelt, die zusätzlich zu der sprachlichen Arbeit an Texten wichtige mentale Werkzeuge darstellen, um den Prozess des Textverstehens zu planen und zu steuern (vgl. Rosebrock/Nix 2011: 59). Das ist gerade für DaF-Lernende von Bedeutung, um den Fokus weg von sprachlichen Defiziten hin zu Strategien zu lenken, die einen Zugang zum Text – und damit zu den fachlichen Inhalten – auch dann ermöglichen, wenn nicht jedes Wort verstanden wird. Die Aufgaben zum Leseverstehen sind so konzipiert, dass Lesestrategien vermittelt und eingesetzt werden. Hier wären beispielhaft das Generieren von Vorwissen zum Textinhalt, das Erstellen von Mind Maps und Concept Maps, das Markieren von relevanten Textstellen, das parallele Lesen von Textabschnitten und zugehörigen Abbildungen und das Visualisieren von Texten zu nennen.

Des Weiteren dienen zahlreiche Aufgaben auch der Entwicklung von sozialen Kompetenzen wie Kooperationsfähigkeit, Konfliktfähigkeit, ein respektvoller und toleranter Umgang mit anderen Meinungen, z.B. bei der Durchführung einer Talkshow, sowie Einfühlungsvermögen durch das Hineinversetzen in die Perspektive verschiedener wirtschaftlicher Akteure z.B. durch Rollenspiele.

4.3   Methoden

Bei dem Lehrwerk ‚Deutsch als Fremdsprache für Wirtschaftswissenschaftler. Lehr- und Lernmaterialien ab Niveau B2' handelt es sich um ein kurstragendes Kurs- und Arbeitsbuch, das handlungsorientierte und kommunikative Lernimpulse zur Erweiterung aller vier Fertigkeiten Leseverstehen, Hörverstehen, mündlicher und schriftlicher Ausdruck setzt. Dabei wurden Lern- und Arbeitsformen sowohl der Fach- als auch der Sprachdidaktik gewählt, wie z.B. das Planspiel oder das Rollenspiel, die die Interaktion zwischen den Lernenden fördern und einen handlungsorientierten Unterricht unterstützen. Zahlreiche Methoden aus der Fachdidaktik der ökonomischen Bildung ließen sich sehr gut auch auf den Sprachunterricht übertragen, da sie handlungsorientiert, interaktiv und kooperativ angelegt sind und damit gut dazu geeignet sind, die sprachlichen Kompetenzen der Lernenden zu entwickeln. Beispielhaft seien hier die Methoden Planspiele/Simulationen, Fallstudien, Projekte, Mind Mapping, Concept Mapping, die Analyse von Statistiken und Grafiken sowie die Gründung von Schülerfirmen genannt (vgl. Retzmann 2011). Aus dem Bereich der Sprachdidaktik wurden zudem Methoden wie kooperatives, angeleitetes und kreatives Schreiben, die Arbeit mit Satzgerüsten, Lückentexten und Wortfeld-Clustern oder das Schreiben und Sprechen von Dialogen in Form von Rollenspielen hinzugezogen.

An dieser Stelle soll auf eine Methode aus dem Lehrwerk näher eingegangen werden, um zu verdeutlichen, wie sprachliches und fachliches Lernen miteinander verknüpft wurden. Es handelt sich um das Planspiel, das in Kapitel 5 zum Thema ‚wirtschaftliches Handeln ist gewinnorientiert' durchgeführt wird (vgl. Dammers/Wedi 2020: 54–56). Die Studierenden haben bis zu diesem Zeitpunkt in Kapitel 5 bereits die verschiedenen Arten von betrieblichen Kosten kennengelernt und deren Bedeutung für die Kalkulation der Preise für die Produkte oder Dienstleistungen, die ein Unternehmen anbieten möchte, erfahren. In dem Planspiel sollen die Lernenden nun selbst in die Rolle eines Unternehmers schlüpfen, indem sie als Produzent von Kokos-Smoothies auftreten und ihr Produkt am Markt anbieten. Das Planspiel wurde nach einer Vorlage von Gerd Ewig für die Situation auf der Insel adaptiert (vgl. Ewig 1991). Es hat einen wettbewerblichen Charakter, da die Lernenden in Gruppen gegeneinander antreten. Jede Gruppe stellt einen eigenen Produzenten bzw. Anbieter von Kokos-Smoothies dar. Ziel des Spiels ist es, am Ende den höchsten Gewinn erzielt zu haben und damit das erfolgreichste Unternehmen am Markt zu sein. Dafür ist es erforderlich, die fixen und variablen Kosten zu berechnen und einen Verkaufspreis zu ermitteln, der zwar kostendeckend ist, aber dennoch so günstig, dass die Nachfrager auf dem Markt das eigene Produkt der Konkurrenz vorziehen. Entsprechend dem ökonomischen Verhaltensmodell treten die Lernenden miteinander in Interaktion, indem sie sich einerseits untereinander innerhalb ihres Unternehmens auf einen Verkaufspreis einigen müssen, sowie andererseits auch auf die Nachfrager und ihre Konkurrenz auf dem Markt reagieren müssen. Sie können auf spielerische Weise selbst erleben, welche Restriktionen durch die Kostenabhängigkeit des

Preises, den Druck der Fixkosten und das unternehmerische Risiko gegeben sind. Gleichzeitig stellen die Rückläufigkeit der Stückkosten und das Ziel, möglichst hohe Gewinne einzufahren, die Anreize bei dem Spiel dar (vgl. ebd.: 146).

Für die sprachlichen Handlungen bedeutet das, dass die Lernenden gemeinsam in ihrer Gruppe Entscheidungen treffen müssen. Sie müssen ihren Gruppenmitgliedern Vorschläge unterbreiten, in der Lage sein, Gegenvorschläge zu diskutieren und abzuwägen und sich schließlich auf eine bestimmte Produktionsmenge und einen Verkaufspreis zu einigen. Hierzu werden im Lehrwerk Redemittel in Form von Sprechblasen und Hinweise auf grammatische Strukturen gegeben, um die Lernenden dabei zu unterstützen, die ökonomischen Handlungen auch sprachlich realisieren zu können.

Das Planspiel zeigt auf besondere Weise, wie fachliches und sprachliches Lernen ineinandergreifen und sich gegenseitig fördern können. Durch den Wettbewerbscharakter des Spiels ist die Motivation der Lernenden hoch, die neu gelernten fachlichen Inhalte direkt anzuwenden, wodurch sich die Notwendigkeit ergibt, auch sprachlich die entsprechenden Strukturen einzusetzen.

5   Der Einsatz des Lehrwerkes in der Praxis

Da das Lehrwerk erst kürzlich erschienen ist, gibt es bisher noch wenig Erfahrungswerte zu dessen Einsatz in der Praxis. Einzelne Kapitel oder Teile des Bandes wurden jedoch während der Entwicklungsphase in verschiedenen Kursen erprobt. Dazu gehörte erstens der Hochschulsommerkurs an der Westfälischen Wilhelms-Universität Münster, der jedes Jahr im August stattfindet. Im Rahmen der Hochschulsommerkurse wird auch immer ein Fachsprachkurs Ökonomie angeboten, der vom DAAD unterstützt wird und 90 Unterrichtseinheiten umfasst. Im Sommer 2019 konnte eine erste Version des Lehrwerkes testweise in einem Fachsprachkurs Ökonomie mit ca. 17 Teilnehmenden eingesetzt werden. Unter den Kursteilnehmenden befanden sich größtenteils angehende Studierende der Wirtschaftswissenschaften, die sich durch den Kurs auf ein Studium in Deutschland vorbereiten wollten. Für diese Zielgruppe erwies sich das Lehrwerk als gut geeignet, weil die Fachkenntnisse auf einem sehr niedrigen Niveau lagen oder noch gar keine Fachkenntnisse vorlagen. Das Szenario der ,einsamen Insel' wurde sehr positiv wahrgenommen, die

Kursteilnehmenden arbeiteten motiviert an den Aufgaben mit und zeigten großes Interesse an den fachlichen Inhalten.

Des Weiteren wurde mit einzelnen Aufgaben des Lehrwerkes in einer Berufsschulklasse im Fach Wirtschaft gearbeitet, u.a. mit den Planspielen, um ihren Ablauf und ihre Funktionsweise zu testen. Hier erwiesen sich das bereits vorgestellte Planspiel zu den Kokos-Smoothies und das Planspiel zur Gründung eines eigenen Unternehmens auf der Insel in Kapitel 4 (vgl. Dammers/Wedi 2020: 47–49) als handlungsorientierte und sehr motivierende Methoden, bei denen die Lernenden nicht nur ihre wirtschaftswissenschaftlichen Kenntnisse geschickt anzuwenden wussten, sondern auch ein hohes Maß an Kreativität zeigten. Das Lehrwerk lässt sich damit neben den universitären Fachsprachkursen auch in einem sprachsensiblen Fachunterricht im Fach Wirtschaft einsetzen.

Im Sprachunterricht mit ausländischen Studierenden höherer Semester liegen bisher allerdings keine Erfahrungswerte zum Einsatz des Lehrwerkes vor. Da die Themen im Buch eher die fachlichen Inhalte der ersten Studiensemester abdecken, könnten sie von Studierenden höherer Semester als zu einfach wahrgenommen werden. In diesem Fall wäre es zu empfehlen, weitere Materialien aus dem Studienalltag der Teilnehmenden wie zum Beispiel thematisch passende Fachaufsätze und -artikel hinzuzuziehen, um die Lernenden nicht zu unterfordern. Zusammenfassend lässt sich aus den bisherigen Erfahrungen schließen, dass das Lehrwerk eher zur Studienpropädeutik und zum Einstieg in ein wirtschaftswissenschaftliches Studium als für eine weiter fortgeschrittene Studienphase zu empfehlen ist.

6   Literatur

Beese, Melanie/Benholz, Claudia et. al. (2014): *Sprachbildung in allen Fächern*. München: Klett-Langenscheidt.

Buhlmann; Rosemarie/Fearns, Anneliese (2018): *Handbuch des fach- und berufsbezogenen Deutschunterrichts DaF, DaZ, CLIL*. Berlin: Frank & Timme.

Dammers, Eva/Wedi, Kristina (2020): „Deutsch als Fremdsprache für Wirtschaftswissenschaftler. Lehr- und Lernmaterialien ab Niveau B2". In: Bunn, Lothar (Hg.): *DaF an der Hochschule*, Band 2. Münster: Waxmann.

Ewig, Gerd (1991): „Schülerzentriertes Lernen im Wirtschaftsunterricht: Simulationen (Fallstudie, Rollenspiel, Lern- und Planspiel)". In: *Erziehungswissenschaft und Beruf*. Ausgabe 2, 130–147.

GIBBONS, PAULINE (2002): *Scaffolding Language. Scaffolding Learning. Teaching Second Language Learners in the Mainstream Classroom*. Portsmouth, NH: Heinemann.

KAMINSKI, HANS (2017): *Fachdidaktik der ökonomischen Bildung*. Paderborn: UTB.

KNIFFKA, GABRIELE (2010): „Scaffolding". Stiftung Mercator. ProDaZ. In: https://www.unidue.de/imperia/md/content/prodaz/scaffolding.pdf (letzter Zugriff 29.11.2020).

KNIFFKA, GABRIELE, NEUER, BIRGIT (2008): „Wo geht's hier nach ALDI? – Fachsprachen lernen im kulturell heterogenen Klassenzimmer". In: BUDKE, ALEXANDRA (Hg.): *Interkulturelles Lernen im Geographie-Unterricht*. Potsdam: Universitätsverlag. 121–135.

RETZMANN, THOMAS (Hg.) (2011): *Methodentraining für den Ökonomieunterricht I: Mikromethoden – Makromethoden*. Wochenschau Ökonomie.

REUTER, EWALD (2010): „Art. 45. Fachsprache der Wirtschaft und des Tourismus". In: KRUMM, HANS-DIETER/FANDRYCH, CHRISTIAN/HUFEISEN, BRITTA et al. (Hg.): *Handbuch Deutsch als Fremd- und Zweitsprache*. 2 Bände. Berlin: de Gruyter, 458–467.

ROSEBROCK, CORNELIA/NIX, DANIEL (2011): *Grundlagen der Lesedidaktik und der systematischen schulischen Leseförderung*. Baltmannsweiler: Schneider Hohengehren.

Gabriela Rykalová/Jana Nálepová

Vermittlung von berufsbezogenen Sprachkompetenzen in Lehrwerken für DaF

1 Einleitung

Als Folge wachsender internationaler Kontakte, der Kooperation im wissenschaftlichen, kulturellen und vor allem wirtschaftlichen Bereich und natürlich dank einer günstigen Lage Tschechiens im Zentrum Europas und an der Grenze zu Deutschland und Österreich haben viele deutschsprachige Firmen ihre Tochtergesellschaften gegründet und ihre Filialen gerade in Tschechien eröffnet.

Der deutschsprachige Raum ist reich an Studienangeboten für ausländische Schüler*innen und Studierende. Damit wächst auch die Zahl an Schul- und Universitätspartnerschaften und die Schüler*innen und Studenten haben die Möglichkeit, ihr Praktikum in einem deutschsprachigen Land zu absolvieren oder sich um einen Ferienjob zu bewerben. Fremdsprachenkenntnisse gehören hier zur Schlüsselqualifikation. „Mit der fortschreitenden Internationalisierung der Wirtschaftssphäre entwickeln sich, sprachlich gesehen, auch andere Besitz- bzw. Leitungs- und Organisationsstrukturen des Unternehmens, welche die institutionelle Kommunikation im Wesentlichen mitbestimmen." (Kratochvílová 2015: 67). Damit hängt ein steigender Bedarf an Bewerbern nicht nur mit fremdsprachlichen, sondern auch mit fachsprachlichen Kompetenzen zusammen.

Auch das Interesse seitens der Deutschlerner und Studierenden an berufssprachlich ausgerichteten Sprachlernangeboten und Studienprogrammen steigt, da das Ziel im beruflichen bzw. fachlichen Kontext kommunizieren zu können, eine immer größere Bedeutung gewinnt. Dank der praktischen Fremdsprachenkenntnisse erhöhen sich die Wettbewerbschancen der deutschsprechenden Absolvent*innen auf dem internationalen Arbeitsmarkt.

2   Sprache im Beruf

Im Zusammenhang mit dem Ziel, sich sprachlich und fachlich auf einen Beruf vorzubereiten, werden unterschiedliche Bezeichnungen für das kommunikative Instrument verwendet. Sei es ‚Sprache im Beruf‘, ‚Berufsbezogenes Deutsch‘, Berufssprache‘, ‚Wirtschaftssprache‘ u. a., die jedoch unterschiedlich definiert werden. Das Metzler Lexikon Sprache definiert die ‚Berufsprache‘ als „Spr. einer bestimmten Berufsgruppe, vor allem ihre Fachsprache. Den Kern einer B. bildet ihre Terminologie; sie kann jedoch auch in informellen Gruppenprozessen entstandene Besonderheiten (Phraseologismen des speziellen Jargons) sowie besondere Textsorten" (Glück 2005: 98) umfassen.

Unter ‚Fachsprache‘ verstehen wir dann nach Hoffmann „die Gesamtheit aller sprachlicher Mittel, die in einem fachlich begrenzbaren Kommunikationsbereich verwendet werden, um die Verständigung zwischen den in diesem Bereich tätigen Menschen zu gewährleisten" (Hoffmann 1985: 53). Einen besonderen Status hat dann die ‚Wirtschaftssprache‘, die als „die Gesamtheit aller Fachsprachen, d. h. aller sprachlichen Mittel, die in einem fachlich begrenzten Kommunikationsbereich, nämlich dem der Wirtschaft, verwendet werden, um die Verständigung der in diesem Bereich tätigen Menschen zu gewährleisten" (Buhlmann/Fearns 2000: 306) charakterisiert wird.

Der gemeinsame Nenner aller dieser Bezeichnungen im fremdsprachlich didaktischen Kontext ist die Entwicklung beruflicher Handlungskompetenz. Aus diesem Grund präferieren wir in diesem Beitrag für die Sprache, die in Lehrwerken für Deutsch als Fremdsprache (DaF) übermittelt wird, um die sprachlich-kommunikativen Kompetenzen am Arbeitsplatz zu stärken, die Bezeichnung ‚Sprache im Beruf‘, für den Fremdsprachenunterricht, der primär auf die Sprache im Beruf orientiert ist, dann die Bezeichnung ‚berufsbezogener Fremdsprachenunterricht‘.

3   Ziele eines berufsbezogenen Fremdsprachenunterrichts

Für den berufsbezogenen Fremdsprachenunterricht lassen sich fünf elementare Ziele ableiten.

1) Vermittlung von Informationen über die zu lernende Sprache und ihre kulturellen Hintergründe, um Motivation zum Lernen zu steigern. Für das Verstehen der kulturellen Hintergründe und somit auch eines konkreten Kontextes sind Informationen über die Sprache, über die Sprachfamilie, der die jeweilige Sprache angehört, wichtig.

2) Vermittlung von Informationen über das Sprachsystem und seine Besonderheiten.

   Für ein erfolgreiches Kommunizieren ist der Erwerb von allgemeinen fachübergreifenden sprachlichen Mitteln sowie Kenntnissen grammatischer Regeln wichtig, die die sprachliche Realisierung von Gedanken ermöglichen. Dazu gehört die Behandlung der sprachlichen Fertigkeiten, Lese- und Hörverstehen, Sprechen, Schreiben und Mediation.

3) Vermittlung von Kenntnissen über kommunikative Regeln am Arbeitsplatz.

   Arbeitsrealität und arbeitsplatzbezogene Kommunikation zu verstehen und in einer kommunikativen Situation angemessen zu reagieren, gehören zu den sehr wichtigen Kompetenzen. Die Fertigkeit, situationsadäquat zu handeln, setzt die Fähigkeit voraus, die Kommunikationssituation richtig einzuschätzen (z. B. ein offizielles Gespräch zwischen einem Praktikanten und einem Firmenvorsitzenden) und dementsprechend adäquate sprachliche Mittel zu wählen (z. B. Verwendung von standardsprachlichen Ausdrücken und einer höflichen Anredeform).

4) Vertiefung von unterschiedlichen Themen aus dem Arbeitsbereich und Erweiterung des Fachwortschatzes.

   Für eine erfolgreiche Kommunikation sind Kenntnisse über Arbeits- und Betriebsabläufe wichtig, genauso wie der Erwerb von Fachwissen. Beide bilden die Grundlage für fachliche Kommunikation.

5) Erwerb von Strategien zur Textrezeption und eigener Textproduktion.

   Nicht zuletzt gehören zum Ziel eines berufsbezogenen Fremdsprachenunterrichts auch der Erwerb von Strategien zur Textrezeption (gemeint sind sowohl betriebsinterne Dokumente als auch andere Fachtexte) und der Erwerb von Strategien zur eigenen Textproduktion (Korrespondenz, Bewerbungsdokumente, Protokolle usw.)

Zusammenfassend könnte gesagt werden, dass als das oberste Ziel des berufsbezogenen Fremdsprachenunterrichts (z.B. in Deutsch als Fremdsprache) die Vermittlung von berufsbezogenen Sprachkompetenzen (für die deutsche Sprache) angesehen werden könnte.

4 Berufsbezogene Sprachkompetenzen

Nach Arras (2009: 207) umfassen Kompetenzen sowohl die Wissens- und Handlungsbasis als auch die Handlungsfähigkeit, wobei nicht nur die kommunikative, sondern auch die interkulturelle Handlungsfähigkeit gemeint wird. Das Wissen über orthographische und grammatische Regeln, über die Lexik der Sprache sowie über globale Textstrukturen bilden eine gewisse Basis für die kommunikative Kompetenz, wobei neben den erworbenen Sprachkenntnissen auch die Fähigkeiten, die sprachlichen Mittel situationsadäquat zu verwenden, aber auch zuhören zu können, eine wichtige Rolle spielen.

Efing (2012: 7) spricht in diesem Zusammenhang über ‚sprachliche Fähigkeiten‘, ‚kommunikative Fähigkeiten‘, ‚soziolinguistische Kompetenzen‘ und ‚pragmatische Kompetenzen‘. Unter sprachlichen Fähigkeiten versteht er die Sprachsystemkompetenz, d. h. die Kenntnis der formalen Seite der Sprache, des Sprachsystems und der Sprachnorm. Die kommunikative Fähigkeit ist als Sprachgebrauchskompetenz mit dem sprachlichen Handeln in Bezug auf die Kommunikationssituation und die/den Kommunikationspartner verbunden. Die soziolinguistische Kompetenz versteht er als die Kenntnis über Höflichkeitskonventionen und situationsadäquaten Gebrauch von unterschiedlichen Varietäten der Sprache. Pragmatische Kompetenzen ermöglichen dann die effektive Verwendung der sprachlichen Mittel im Zusammenhang mit der Funktion der Kommunikationssituation.

In Bezug auf die berufsbezogenen Sprachkompetenzen sprechen wir dann über die Kompetenz, sich in beruflichen Kontexten verständigen und somit erfolgreich kommunizieren zu können. Buhlmann/Fearns definieren sprachliche Handlungsfähigkeit als „die Fähigkeit des Lerners, in seinem Fachbereich seiner Berufs- oder Ausbildungssituation entsprechend angemessen zu kommunizieren" (2000: 87). Eine wichtige Voraussetzung für einen erfolgreichen Verlauf einer Kommunikation im Beruf sind somit neben den oben erwähnten Kompetenzen auch die erworbenen fachbezogenen Sprachkenntnisse und das nötige Fachwissen. Im Zusammenhang mit dem Erwerb des Deutschen als Fremdsprache spielt auch die interkulturelle Kompetenz eine wichtige Rolle, das heißt, die Fähigkeit die Gemeinsamkeiten und Unterschiede (dank Kenntnissen der deutschen Kultur, Geschichte und Politik) zweier Kulturen zu erkennen und in verschiedenen Situationen adäquat (sprachlich) zu reagieren.

> „Man wird Expertin oder Experte in einem Fach dadurch, dass man die fachspezifischen Gegenstände und Sachverhalte mit fachspezifischem Erkenntnisziel mit fachspezifischen Methoden in den Blick nimmt – und dies tut man ganz wesentlich mithilfe von Sprache. Das heißt, man lernt im Lauf der Ausbildung die fachspezifische Terminologie, aber auch fachspezifische Textsorten und Diskursregeln rezeptiv kennen und selbst produktiv anzuwenden. Davon zeugen nicht nur die zahlreichen Fachwörterbücher, sondern auch diverse Anleitungen zum Abfassen fachlicher Texte, z. B. Geschäftsbriefe" (Janich 2012: 10).

Für die fachsprachliche Handlung ist auch die Fähigkeit, adäquate Informationen verschiedenen fachsprachlichen Texten zu entnehmen von großer Bedeutung (vgl. auch z.B. Buhlmann/Fearns 2000: 87). Die Konsequenzen für einen berufsbezogenen Fremdsprachenunterricht liegen auf der Hand. Das Lehrwerk sollte:

1. Informationen über die Sprache und ihre kulturellen Hintergründe vermitteln, auf interkulturelle Gemeinsamkeiten und Unterschiede aufmerksam machen,
2. motivierend gestaltet sein,
3. Kenntnisse über die deutsche Allgemeinsprache im Zusammenhang mit alltäglichen Lebenssituationen übermitteln,
4. nicht nur allgemeine gesellschaftlichen Themen, sondern auch fachspezifische Themen behandeln und Fachwortschatz erweitern,
5. Kenntnisse über allgemeine gesellschaftliche kommunikative Regeln im deutschsprachigen Raum und anschließend am Arbeitsplatz vermitteln,
6. die sprachlichen Fertigkeiten, Lese- und Hörverstehen, Sprechen und Schreiben und Mediation behandeln und fordern,

7. Training zur Textrezeption und zu eigener Textproduktion sowohl gesprochener als auch geschriebener Ergebnisse einer Kommunikation sowohl im alltäglichen Leben als auch in der beruflichen Welt bieten.

5   Ziele der Untersuchung

Auf die Nachfrage der Lerner nach einem praktisch orientierten Deutschunterricht reagierten auch die Lehrbuchautoren und -innen bzw. die Lehrbuch-Verlage auf unterschiedliche Art und Weise.

a) Auf der einen Seite wurden neue Lehrwerke herausgegeben, die sich direkt an der Vorbereitung der Lerner auf den Beruf orientieren, wie z.B.:
Deutsch im Krankenhaus Neu A2–B2 (Klett-Langenscheidt)
Kommunikation im Krankenhaus B1/B2 (Klett-Langenscheidt)
Pluspunkte Beruf. Erfolgreich in der Pflege B1 (Cornelsen)
Pluspunkte Beruf. Erfolgreich in Gastronomie und Hotellerie A2/B1 (Cornelsen)
Deutsch im Handel und Verkauf (Hueber Verlag)
Deutsch in der Kita (Hueber Verlag)
Geschäftliche Begegnungen A2+, B1+ (Schubert Verlag)
Exportwege neu A1–B2 (Schubert Verlag)

Diese Lehrwerke berücksichtigen die Anforderungen unterschiedlicher Berufe, wenden sich an Lernende, die die deutsche Sprache am Arbeitsplatz und im Berufsleben benötigen und bieten die Möglichkeit, berufsbezogenen Wortschatz, sprachliche Strukturen und Redemittel für typische Berufssituationen einzuüben. Sie richten sich z. B. an Auszubildende, Bewerber oder Beschäftigte im Handel und Verkauf, im Gaststätten- und Hotelgewerbe, an Ärztinnen, Ärzte und Pflegekräfte, Beschäftigte in der Kita u.a.

b) Auf der anderen Seite gibt es ein Angebot an allgemeinbildenden Lehrwerken für eine breitere Zielgruppe, die um berufsorientierte Teile, die im Unterricht fakultativ behandelt werden können, erweitert wurden.

Diese Lehrwerke wenden sich an Deutschlernende mit sowohl allgemeinsprachlichen als auch beruflichen Interessen, Lernende, die beruflich mit deutschen Geschäftspartnern zu tun haben, oder sich auf einen längeren beruflichen Aufenthalt (Praktikum, Schulung, freiwilliges Jahr) in Deutschland vorbereiten wollen. Sie zielen jedoch auf keinen konkreten Beruf ab. Im Vordergrund stehen sowohl die Fertigkeiten und Strategien, die im Alltag relevant sind, als auch die für den Berufsalltag wichtigen kommunikativen Strategien (siehe auch oben).

Angesichts der oben beschriebenen Situation stehen die folgenden Forschungsfragen im Mittelpunkt unserer Analyse:

1. Wie werden berufsbezogene Sprachkompetenzen in allgemeinsprachlichen Lehrwerken für DaF, die sich an eine breite und heterogene Zielgruppe wenden, vermittelt?
2. Ist für einen berufsbezogenen Fremdsprachenunterricht ein bestimmtes Minimal-Sprachniveau erforderlich?
3. Welche berufsbezogenen Themen werden in dem untersuchten Lehrwerk für DaF präsentiert?

6   Das Untersuchungskorpus

Das Untersuchungskorpus bilden sechs Bände des Lehrwerks *Schritte international Neu*. Es handelt sich um ein Lehrwerk für Deutsch als Fremdsprache (Niveau A1–B1), das in den Jahren 2016–2018 im Hueber Verlag (Deutschland) erschienen ist.

Die Wahl erfolgte nach diesen Kriterien:
1. Es handelt sich um ein Lehrwerk für Deutsch als Fremdsprache.
2. Es dient zum Spracherwerb auf dem Niveau A1 bis B1.
3. Es ist nicht primär auf einen berufsbezogenen Deutschunterricht fokussiert, sondern beinhaltet fakultative berufsorientierte Seiten als Zusatzmaterial.

Schritte international Neu vermittelt wichtige sprachliche Kompetenzen für den Alltag und gleichzeitig stellt es auch viele nützliche und zeitgemäße Berufsaspekte in den Vordergrund, dank denen sich die Lerner besser auf den Berufsalltag in einem deutschsprachigen Kontext vorbereiten können. Die Zielgruppe bilden Erwachsene und Jugendliche ab 16 Jahren in Grundstufenkursen weltweit, es eignet sich folglich auch für den Unterricht mit heterogenen Lerngruppen (vgl. https://www.hueber.de/schritte-international-neu/info).

7 Analyseergebnisse

Die durchgeführte Analyse hatte zum Ziel, drei Forschungsfragen in Bezug auf die Vermittlung von berufsbezogenen Sprachkenntnissen zu beantworten.

7.1 Wie werden berufsbezogene Sprachkompetenzen in allgemeinsprachlichen Lehrwerken für DaF, die sich an eine breite und heterogene Zielgruppe wenden, vermittelt?

Die erste Forschungsfrage, die sich im Zusammenhang mit einem berufsorientierten Fremdsprachenunterricht anbietet, wäre, auf welche Art und Weise berufsbezogene Sprachkompetenzen in allgemeinsprachlichen Lehrwerken für DaF, die sich an eine heterogene Zielgruppe wenden, vermittelt werden. In diesem Zusammenhang werden erstens kommunikative Kompetenzen (im Zusammenhang mit der Kommunikation, Wortschatzvermittlung und Grammatikvermittlung), pragmatische Kompetenzen und interkulturelle Kompetenzen fokussiert.

7.1.1 Kommunikative Kompetenzen

Unter dem Begriff ‚kommunikative Kompetenz' verstehen wir die Fähigkeit zum Sprachgebrauch in konkreten Situationen, die ein wichtiger Bestandteil einer erfolgreichen Kommunikation ist.

Im Rahmen der Kommunikation – gemeint sind sowohl die Textproduktion (mündlich/schriftlich) als auch die Rezeption (mündlich/schriftlich) – wurden folgende Konzepte beobachtet:

a) Berufssprachliche Aspekte werden auf der Grundlage der Allgemeinsprache behandelt

Die Kursteilnehmer*innen lernen in dieser Lektion u.a. zu sagen, wohin sie gerne reisen, wo sie sich im Urlaub wohl fühlen (am Meer, in den Bergen, in verschiedenen Ländern), sie lernen Anzeigen zu verstehen, in denen eine Unterkunft (familienfreundliches Hotel, Pension, Campingplatz) angeboten wird, ein Zimmer zu reservieren, sie lernen eine Reise zu buchen und eine Reise zu planen, ein Anmeldeformular im Hotel auszufüllen. Diese Sprachkompetenzen sind sowohl für das private (für Freunde, eigene Familie eine Unterkunft bestellen), als auch für das berufliche Leben (für Kollegen/Chef/Geschäftspartner eine Unterkunft bestellen) wichtig. (z.B.: Lektion 12: *„Reisen"* – *Schritte international Neu 4*, Kursbuch: S. 143, Arbeitsbuch: S. 135).

b) Im Lehrwerk sind berufsbezogene Themen direkt eingebaut

Die Kursteilnehmer*innen lernen in dieser Lektion u.a. Telefongespräche zu führen, Prioritäten für die richtige Berufswahl zu formulieren, Situationen am Arbeitsplatz zu beschreiben, einen Sachtext über deutsche Arbeitnehmer (*„Arbeitszeit, Urlaubs- und Feiertage"*) und Angebote von Weiterbildungskursen zu verstehen, einen tabellarischen Lebenslauf zu schreiben, über Traumberufe zu sprechen. (z.B.: Lektion 4: *„Arbeitswelt"* – *Schritte international Neu 3*, Kursbuch: S. 46, Arbeitsbuch: S. 44 und Lektion 6: *„Ausbildung und Karriere"* – *Schritte international Neu 3*, Kursbuch: S. 70, Arbeitsbuch: S. 67).

Direkt eingebaut sind die berufsbezogenen Themen auch in der Rubrik *„Fokus Beruf"*, die Themen aus der Berufswelt behandelt. Diese Seiten können, je nach Interesse der Lerner, im Unterricht fakultativ behandelt werden. Die Themen, denen sie sich bevorzugt widmen, sind *„Arbeitssuche"*, *„Einen Praktikumsplatz finden"*, *„Kundenwünsche"*, *„Sich auf einer Jobmesse präsentieren"*, *„Rechte und Pflichten am Arbeitsplatz"*, *„Bewerbungsschreiben"*, *„Statistiken präsentieren"* und viele andere mehr. Auf den berufsorientierten Fokusseiten werden die gleichen Fertigkeiten wie in 7.1 a) in Bezug auf die Berufswelt trainiert: für die Firma eine Unterkunft buchen, eine Firmen-E-Mail an ein Hotel schreiben, auf eine fehlerhafte Buchungsbestätigung reagieren usw.

Im Rahmen der Wortschatzvermittlung wird in dem analysierten Lehrwerk mittels teilweise fachspezifischer Themen aus einem spezifischen Arbeitsbereich, häufiger aber ein Fachwortschatz erworben und erweitert, der in vielen

Berufen anwendbar ist und als „universal" bezeichnet werden könnte. Es handelt sich um Wortschatz, der für viele Berufe erforderlich ist, der jedoch auch im Alltag eine wichtige Rolle spielt, vgl. Tabelle 1.

Tab. 1: Berufsbezogener Wortschatz, der auch im Alltag genutzt wird

virtuell	*der Ordner, -*
der Computer, -	*die Tastatur, -en*
die Festplatte, -	*der Akku, -s*
die Datei, -en	*der Rechner, -*
das/der Virus, Viren	*installieren*
der Monitor, -e	*erstellen*
(he)runter*laden	*das Passwort, -¨er*
an*schließen	*das Symbol, -e*
löschen	

bestellen	*die Beratung*	*die Bedingung, -en*
die Lieferung, -en	*der Fachmann, -¨er*	*der Umtausch, -¨e*
der Verbraucher, -	*die Fachfrau, -en*	*der Beleg, -e*
die Verbraucherin, -nen	*die Fachleute*	*der Mangel, -¨*

(Schritte international Neu 6, Lernwortschatz: S. 35 und 39)

Zur Festigung von grammatischen Strukturen werden, je nach Thema der Lektion, auch berufsbezogene Kommunikationsgelegenheiten angeboten, wobei gleichzeitig berufsbezogener Wortschatz gefestigt wird.

7.1.2 Pragmatische Kompetenzen

Unter dem Begriff ‚pragmatische Kompetenz' verstehen wir die Fähigkeit, Äußerungen im soziokulturellen Kontext angemessen zu verwenden, d. h. Kommunikationsstrategien (wie z. B. Argumentieren, Höflichkeit ausdrücken, Missverständnisse klären u. a.) effektiv zu gebrauchen. Diese Kompetenz, die sowohl bei der Produktion als auch bei der Rezeption und Interpretation sprachlicher Äußerungen wichtig ist, ermöglicht erfolgreich zu kommunizieren, d. h. unter anderem Ziele der Kommunikation zu erreichen. Die pragmatische Kompetenz wird z. B. auf folgenden Fokusseiten trainiert: *„Alternativvorschläge machen"* (*Schritte international Neu 6*, Arbeitsbuch: S. 109), *„Ein Missverständnis klären"* (*Schritte international Neu 6*, Arbeitsbuch: S. 131), *„(Un-)Zufriedenheit äußern"* (*Schritte international Neu 6*, Arbeitsbuch: S. 164).

7.1.3 Interkulturelle Kompetenzen

Betrachten wir interkulturelle Kompetenz als ein Zusammenspiel von vielen verschiedenen Fähigkeiten und Fertigkeiten, die zum erfolgreichen kommunikativen Handeln in Kommunikationssituationen, in denen sich Kommunikationspartner aus mehr oder weniger unterschiedlichen Kulturen begegnen, führen, liegt es auf der Hand, dass diese Kompetenzen in der heutigen privaten und beruflichen Welt eine wichtige Rolle spielen. Nach Bolten (vgl. 2010: 63) sprechen wir über interkulturelle Kompetenz im Zusammenhang mit drei Ebenen: Wissen (kognitiv), Fähigkeiten (affektiv) und Fertigkeiten (behavioral).

1) Kulturspezifisches Wissen

In dem untersuchten Lehrwerk werden interkulturelle und landeskundliche Informationen gezielt erarbeitet. Präsentiert werden z. B.: Informationen zum Arbeitsalltag in unterschiedlichen Ländern *„Andere Länder, andere Sitten"* (*Schritte international Neu 6*, Kursbuch: S. 136), *„Arbeiten in Deutschland"* (*Schritte international Neu 3*, Kursbuch: S. 52), *„Rechte und Pflichten am Arbeitsplatz"* (*Schritte international Neu 6*, Arbeitsbuch: S. 119), Informationen zur Landeskunde *„Informationen aus der deutschen Geschichte"* (*Schritte international Neu 6*, Kursbuch: S. 161) und *„Leckere Vielfalt!"* (*Schritte international Neu 6*, Kursbuch: S. 169), *„Bilder aus den deutschsprachigen Ländern"* (*Schritte international Neu 6*, Kursbuch: S. 176) u. a. Wichtig ist auch die eigene Selbstwahrnehmung: *„Was verbinden Sie persönlich mit ‚Heimat'?"* (*Schritte international Neu 6*, Kursbuch: S. 170), *„In der Fremde"* (*Schritte international Neu 6*, Arbeitsbuch: S. 127).

2) Kulturspezifische Fähigkeiten und Fertigkeiten

Es handelt sich um die Fähigkeit, sich in interkulturellen Situationen angemessen verhalten zu können, also um interkulturelle pragmatische Kompetenzen, die bereits in 7.1.2 beschrieben wurden: *„Alternativvorschläge machen"* (*Schritte international Neu 6*, Arbeitsbuch: S. 109), *„Ein Missverständnis klären"* (*Schritte international Neu 6*, Arbeitsbuch: S. 131), *„(Un-)Zufriedenheit äußern"* (*Schritte international Neu 6*, Arbeitsbuch: S. 164). Wichtig beim Fremdsprachenlernen sind z.B. Empathiefähigkeit, Wahrnehmung fremder Kulturen, Toleranz gegenüber anderen Kulturen, Konfliktbewältigung, Kommunikationsstrategien u.a. im interkulturellen Kontext.

7.2 Ist für einen berufsbezogenen Fremdsprachenunterricht ein bestimmtes Minimal-Sprachniveau erforderlich?

Bei der Lehrwerkanalyse wurde auch der Frage nachgegangen, ob für einen berufsbezogenen Fremdsprachenunterricht ein bestimmtes Minimal-Sprachniveau erforderlich ist. Zu diesem Zweck wurde der erste Band des Lehrwerks *Schritte International Neu* untersucht, das für Lernende ohne Vorkenntnisse bestimmt ist und zum Sprachniveau A1.1 führt.

Bereits in der Lektion 2 wurde die Rubrik „*Fokus Beruf*" eingebaut, wo die Lernenden „an ihrem ersten Arbeitstag" lernen, sich vorzustellen, sich zu begrüßen, zu duzen und zu siezen. In der dritten Lektion bereits wird auf eine einfache Art und Weise über Online-Formular, Zahlen, Preise und Zahlungsbedingungen gesprochen (*Schritte international Neu 1*, Arbeitsbuch: S. 40), in der Lektion 4 werden z. B. „*Goldene Büro-Regeln*" vorgestellt, (vgl. Tab. 2):

Tab. 2: Auszug aus Schritte international Neu 1 (Goldene Büro-Regeln)

Goldene Büro-Regeln			
Lärm	*Essen und Rauchen*	*Telefonieren*	*Haustiere*
Sprechen Sie leise. Bitte: keine Musik und keine Handys!	*Essen und Rauchen am Schreibtisch ist verboten. Aber wir haben eine Küche und einen Balkon.*	*Das Telefon ist nur für die Arbeit. Bitte telefonieren Sie nicht privat.*	*Hunde sind im Büro nicht erlaubt.*

(Schritte international Neu 1, Arbeitsbuch: S. 51)

Sprachliche Mittel der Alltagskommunikation werden auf berufliche Handlungssituationen angepasst und das Sprachlernen mit beruflicher Praxis verbunden, wie z.B. in der Lektion 7: *Fokus Beruf: Small Talk im Büro* (*Schritte international Neu 1*, Arbeitsbuch: S. 85).

Daraus ergibt sich, dass für einen berufsbezogenen Fremdsprachenunterricht kein bestimmtes Minimal-Sprachniveau erforderlich ist, dass berufsbezogene Themen und Handlungssituationen auch in den Anfängerunterricht eingebaut werden können, wenn auch nur mit einem begrenzten Wortschatz und einfachen grammatischen Konstruktionen.

7.3 Welche berufsbezogenen Themen werden in dem untersuchten Lehrwerk für DaF präsentiert?

Die Themenbereiche, die arbeitsplatzbezogene Themen auf unterschiedliche Art und Weise behandeln, können in mehrere Gruppen geteilt werden:

1) Vermittlung von Kenntnissen über kommunikative Regeln am Arbeitsplatz
Es handelt sich um die Vermittlung von pragmatischen Kompetenzen im Zusammenhang mit der Berufswelt. Behandelt werden z. B. Themen wie:

Alternativvorschläge machen
Das Du anbieten
Duzen oder Siezen?
Ein Missverständnis klären
Etwas verhandeln
Rechte und Pflichten am Arbeitsplatz
Sich beschweren und auf Beschwerden reagieren
Telefongespräche am Arbeitsplatz
Telefonisch reklamieren
Wie lehne ich Aufgaben im Job ab?

2) Vermittlung von Kenntnissen über die Arbeitsrealität
Im Rahmen dieser Themen werden Informationen über die Berufswelt präsentiert. Wichtig sind diese Informationen nicht nur für Lerner ohne Berufserfahrung, sondern auch für Lernende, die mit der deutschen Arbeitsrealität nicht vertraut sind und sie besser kennen lernen wollen, bzw. aus unterschiedlichen Gründen kennen lernen sollten. Behandelt werden z. B. Themen wie:

Arbeitsrecht: Arbeitszeit, Krankheit und Urlaub
Arbeitszeit, Urlaubs- und Feiertage
Aus- und Weiterbildung
Computer und Internet
Jobmesse
Mitarbeiter im Callcenter
Rechte und Pflichten am Arbeitsplatz
Sicherheitsvorschriften
Teambildende Maßnahmen am Arbeitsplatz

3) Vermittlung von Kenntnissen über spezifische Textsorten

Kenntnisse über verschiedene Textsorten sind sowohl für notwendige Verstehensprozesse, als auch für eigene Textproduktion unentbehrlich. Behandelt werden z.b. folgende Textsorten:

Bedienungsanleitung	*Praktikumsangebote*
Bestellformular	*Produktwerbung*
Betriebsvereinbarung	*Reklamation*
Bewerbungsgespräch	*schriftliche Beschwerde*
Bewerbungsschreiben	*schriftlicher Arbeitsauftrag*
E-Mails	*Statistik*
Finanzierungsnachweis	*Stellenanzeige/Stellenangebote*
Kündigung	*tabellarischer Lebenslauf*
Kursangebote	*Verkaufsgespräche*

4) Übertragung allgemeinsprachlicher Themen in eine Berufswelt

Allgemeinsprache, die in Alltagssituationen verwendet wird, kann man von der Sprache im Beruf nicht trennen. Allgemeine und berufliche Sprachkompetenzen werden im Unterricht anhand von alltäglichen Handlungssituationen gefördert, auch im Beruf erlebt man seinen „Alltag". Behandelt werden z. B. Themen wie:

Autovermietung	*gesunde Ernährung am Arbeitsplatz*
Bitte an Kollegen	*in der Kantine*
Buchungsbestätigung	*über Vorlieben im Beruf sprechen*
ein Termin bei einer Firma	*Unternehmensfitness*
Geschenke im Arbeitsleben	

Mit Hilfe der oben erwähnten Themen werden nicht nur die Fertigkeiten Hören, Sprechen, Lesen, Schreiben intensiv gefördert, sondern auch um spezielle Fähigkeiten erweitert, wie: präsentieren/sich präsentieren, diskutieren, argumentieren, Informationen recherchieren, einen Praktikumsplatz/Arbeit finden, Statistiken präsentieren, Zimmer für ein Praktikum suchen, etw. buchen, telefonisch reklamieren.

8   Fazit

Da sich das untersuchte Lehrwerk an Deutschlernende richtet, die die deutsche Sprache sowohl im Alltag als auch im beruflichen Umfeld brauchen, ist eine starke Kompetenzorientierung zu beobachten. Dies erklärt auch Arras, die sich mit der Kompetenzorientierung im Fremdsprachenunterricht ausführlich beschäftigt: „Vielmehr geht es heute darum, individuelle, auch Teilkompetenzen auszubilden und die Lernbedürfnisse der Lernenden stärker zu berücksichtigen, also eine stärkere Individualisierung und individuelle Profilierung fremdsprachlicher Kompetenzen zu ermöglichen." (Arras 2009: 210).

Berufsbezogenes Deutsch wird in dem analysierten Lehrwerk im Zusammenhang mit alltäglichen Lebenssituationen übermittelt, neben allgemeinen gesellschaftlichen Themen werden auch berufsbezogene und berufsvorbereitende Themen behandelt. Die Lerner haben die Möglichkeit, berufliche Handlungssituationen kennen zu lernen, mit dem Ziel die Sprache im beruflichen Kontext situationsadäquat anzuwenden. Im Einklang mit Arras kann gesagt werden: „Übergeordnetes didaktisches Ziel der Kompetenzorientierung ist die Überführung von Wissen in Können und damit Anwenden in konkreten Handlungsfeldern und Situationen" (Arras 2009: 214).

Was die Wortschatzvermittlung betrifft, handelt es sich im Grunde aber nicht um den Wortschatz konkreter spezifischer Berufe (wie z. B. Krankenschwester, Bäcker oder Friseur), das Lehrwerk vermittelt allgemein gültige kommunikative Regeln und sprachliche Muster am Arbeitsplatz und einen nicht eng spezialisierten Wortschatz, der für die Kommunikation in der Firmenwelt nützlich ist. Textrezeption sowie eigene Textproduktion sowohl gesprochener als auch geschriebener Texte wird anhand von Texten des alltäglichen Lebens und auch der beruflichen Welt trainiert. Es handelt sich auch in diesem Falle um Kommunikate, die nicht an einen konkreten Beruf gebunden, sondern auch im Alltagsleben anwendbar sind.

Die Analyse hat auch gezeigt, dass bereits auf dem Anfängerniveau Sprachlernen mit beruflicher Praxis verbunden sein kann, wenn auch „nur" auf der Ebene der beruflichen Alltagssprache. Bereits auf dem Anfängerniveau wird an der Förderung der Kommunikationsfähigkeit intensiv gearbeitet, um sich erfolgreich verständigen zu können. Anhand der durchgeführten Lehrwerkanalyse konnte gezeigt werden, wie moderne Lehrwerke auf den stets steigenden Bedarf an fachsprachlichen und berufsbezogenen Kursen reagieren und wie sie mit der Anforderung umgehen, eine Fremdsprache, vor allem aus praktischen Gründen zu erlernen.

9 Literatur

9.1 Primärliteratur

BÖCK, MELANIE/ROHRER, HANS-HEINRICH (2017): *Kommunikation im Krankenhaus. 1000 nützliche Redewendungen für Ärzte und Pflegekräfte*. München: Klett-Langenscheidt.

BORN, KATHLEEN u.a. (2011): *Pluspunkte Beruf. Erfolgreich in Gastronomie und Hotellerie A2/B1*. Berlin: Cornelsen.

FIRNHABER-SENSEN/RODI, M./GROSSER, R. (2015): *Deutsch im Krankenhaus Neu. Berufssprache für Ärzte und Pflegekräfte*. München: Klett-Langenscheidt.

GRIGULL, INGRID (2019): *Geschäftliche Begegnungen A2+*. Leipzig: Schubert.

HILPERT, SILKE/KERNER, MARION et al. (2018): *Schritte international Neu 5. Deutsch als Fremdsprache. Kurs- und Arbeitsbuch*. München: Hueber.

HILPERT, SILKE/KERNER, MARION et al. (2018): *Schritte international Neu 6. Deutsch als Fremdsprache. Kurs- und Arbeitsbuch*. München: Hueber.

HILPERT, SILKE/NIEBISCH, DANIELA et al. (2017): *Schritte international Neu 3. Deutsch als Fremdsprache. Kurs- und Arbeitsbuch*. München: Hueber.

HILPERT, SILKE/NIEBISCH, DANIELA et al. (2017): *Schritte international Neu 4. Deutsch als Fremdsprache. Kurs- und Arbeitsbuch*. München: Hueber.

JUN, LI u. a. (2017): *Pluspunkte Beruf B1. Erfolgreich in der Pflege*. Berlin: Cornelsen.

KLIPPERT, CAROLA/LAKE, JUDITH (2016): *Deutsch in der Kita. Berufssprachführer*. München: Hueber.

KUNERL, INGE/FINGER, LEILA (2017): *Deutsch im Handel und Verkauf. Berufssprachführer*. München: Hueber.

NIEBISCH, DANIELA/PENNING-HIEMSTRA, SYLVETTE et al. (2016): *Schritte international Neu 1. Deutsch als Fremdsprache. Kurs- und Arbeitsbuch*. München: Hueber Verlag.

NIEBISCH, DANIELA/PENNING-HIEMSTRA, SYLVETTE et al. (2016): *Schritte international Neu 2. Deutsch als Fremdsprache. Kurs- und Arbeitsbuch*. München: Hueber Verlag.

VOLGNANDT, GABRIELE/VOLGNANDT, DIETER (2011): *Exportwege neu A1–B2*. Leipzig: Schubert Verlag.

9.2 Sekundärliteratur

ARRAS, ULRIKE (2009): „Kompetenzorientierung im Fremdsprachenunterricht – was heißt das eigentlich?" In: *Pandaemonium germanicum* 14/2009.2, 206–217.

BOLTEN, JÜRGEN ([1]1999] 2010): „Interkultureller Trainingsbedarf aus der Perspektive der Problemerfahrungen entsandter Führungskräfte". In: GÖTZ, KLAUS (Hg.): *Inter-*

kulturelles Lernen/Interkulturelles Training. München/Mering: Rainer Hampp Verlag, 57–76.

BUHLMANN, ROSEMARIE/FEARNS, ANNELIESE (2000): *Handbuch des Fachsprachenunterrichts*. Tübingen: Gunter Narr.

EFING, CHRISTIAN (2012): „Sprachliche oder kommunikative Fähigkeiten – was ist der Unterschied und was wird in der Ausbildung verlangt?". In: *10 Berufsbildung in Wissenschaft und Praxis 2/2012 – Sprache und Beruf*, 6–9.

GLÜCK, HELMUT ([¹1993] 2005): *Metzler Lexikon Sprache*. Stuttgart/Weimar: Metzler.

HOFFMANN, LOTHAR ([¹1976] 1985): *Kommunikationsmittel Fachsprache. Eine Einführung*. Tübingen: Gunter Narr.

JANICH, NINA (2012): „Fachsprache, Fachidentität und Verständigungskompetenz – zu einem spannungsreichen Verhältnis". In: *Berufsbildung in Wissenschaft und Praxis 2/2012 – Sprache und Beruf*, 10–13.

KRATOCHVÍLOVÁ, IVA (2015): „Formulierungsroutinen und Konfigurationen der fachinternen Wirtschaftskommunikation als Spezialgebiet der fachsprachlichen Textlinguistik und Phraseologie". In: SATZGER, AXEL/VAŇKOVÁ, LENKA/WOLF, NORBERT RICHARD (Hg.): *Fachkommunikation im Wandel*. Ostrava: Ostravská univerzita v Ostravě. Filozofická fakulta, 65–78.

NÁLEPOVÁ, JANA/RYKALOVÁ, GABRIELA (2015): „Aufgabestellungen in tschechischen DaF-Lehr-Lernmitteln aus textlinguistischer Perspektive". In: KIESENDAHL, JANA/OTT, CHRISTINE: *Linguistik und Schulbuchforschung. Gegenstände – Methoden – Perspektiven*. Göttingen: Vandenhoeck & Ruprecht, 157–176.

RYKALOVÁ, GABRIELA (2008): „Börsenberichte in der deutschsprachigen Tagespresse. Sprachliche Besonderheiten dieser Textsortenvariante und Folgerungen für die Fachsprachendidaktik an tschechischen Hochschulen". In: BLAHAK, BORIS/PIBER, CLEMENS (Hg.): *Deutsch als Fachbezogene Fremdsprache in Grenzregionen*. Bratislava: Ekonóm, 87–93.

Internetquelle

SANTOSO, IMAN: „Pragmatik und der Unterricht Deutsch als Fremdsprache". In: https://silo.tips/download/pragmatik-und-der-unterricht-deutsch-als-fremdsprache (letzter Zugriff: 17.11.2020)

Dieser Beitrag entstand mit Unterstützung des Projektes der Schlesischen Universität in Opava SGS/1/2020 ,*Perspektivy textové analýzy ve 21. století*'.

Thomas Edeling

Fachliche Sprachprüfungsformate –
Das Beispiel von *telc Deutsch B1/B2 Pflege*

Das Stichwort „fachlich" erfordert im Kontext von Sprachunterricht nicht nur spezifische Unterrichts- sondern auch Prüfungsformate. Als Beispiel soll in den folgenden Ausführungen das Prüfungsformat *telc Deutsch B1/B2 Pflege* dienen, da es sehr anschaulich zeigt, wie stark fachsprachliche Untersuchungen und Erkenntnisse für berufspraktische Zwecke von Nutzen sein können. Doch zunächst soll auf den arbeitsmarktpolitischen Kontext von Pflegeeinrichtungen eingegangen werden, der dieses Prüfungsformat so wichtig erscheinen lässt. Anschließend soll mit Hilfe der folgenden Unterpunkte die These erläutert werden, dass in einem Konzept wie *telc Deutsch B1/B2 Pflege* Sprachhandlungen stets nur dann erfolgreich ausgeführt werden können, wenn der zu Grunde liegende Inhalt der (fachlichen) Handlungen von den Kursteilnehmer*innen beherrscht wird und die Fachsprache Teil des Qualitätsmanagements wird. Dies steht im Gegensatz zu nicht-fachsprachlichen Prüfungen, in denen der Inhalt eher als Vehikel der Sprache fungiert und kein Fachwissen vorausgesetzt werden kann. Das zu diskutierende Prüfungsformat soll dies anschaulich machen.

1   Pflegeeinrichtungen im arbeitsmarktpolitischen Kontext

Pflegeeinrichtungen sind grundsätzlich auch Wirtschaftsbetriebe. Der relativ weit verbreitete Studiengang „Gesundheitsökonomie" zeigt, dass überall dort, wo Patienten behandelt werden, immer auch gewirtschaftet werden muss. Die zur Zeit der Coronavirus-Krise vor allem in der deutschen Politik vorgetragene These, wirtschaftliche Interessen müssten zugunsten der Gesundheit in der Bevölkerung zurückstehen, verkennt die Tatsache, dass jede einzelne Behandlung auf Grund einer (Vor-)Kalkulation abgerechnet wird und Kapazitäten von Normal- oder Intensivbetten auch Wirtschaftsfaktoren darstellen. Der erst ab dem Anfang der Pandemie im 1. Quartal 2020 stärker gebrauchte Begriff ‚Gesundheitskrise' zeigt, wie bestimmte Gesundheits- und damit auch Wirtschaftsbereiche untrennbar miteinander verbunden sind: Denn je mehr Behandlungskapazitäten verfügbar sind, desto krisenfester ist ein Land bzw. eine Region. Der Ursprung der Krise ist jedoch nicht auf wirtschaftliche Zahlen zurückzuführen, sondern auf den Umstand, dass präventiv konjunkturhemmende Maßnahmen vorgenommen werden, um zu vermeiden, dass das Gesundheitssystem in einem bestimmten, nicht vorhersehbaren Zeitraum aufgrund einer zu hohen, nicht mehr zeitgleich zu behandelnden Anzahl von Patienten überlastet ist. Es geht hier vornehmlich um quantitative Aspekte (Anzahl der Patienten pro Zeitraum).

Ein entscheidender Eckstein des Gesundheitswesens, die Pflegekräfte, werden unabhängig von Krisenzeiten mehr denn je benötigt: Nicht nur in Deutschland ist der „Mangel an Pflegekräften" ein allgegenwärtiges Argument der Politik, aus diesem Grund neue Gesetze zu erlassen, die eine stärkere Anwerbung von Pflegepersonal aus dem Ausland erreichen sollen. Und auch hier muss klar zwischen unqualifizierten Pflegekräften und Fachkräften unterschieden werden, denn die zu verrichtenden Tätigkeiten hängen mitunter stark von der medizinischen Qualifikation ab.[1] Ein äußerst umfangreiches Maßnahmenpaket bildet die Ausbildungsoffensive Pflege (vgl. https://www.bmfsfj.de/bmfsfj/service/publikationen/ausbildungsoffensive-pflege--2019-2023-/135566), die von mehreren Bundesministerien finanziell getragen wird und im Zeitraum 2019–2023 läuft. Wichtige Aufgaben der unter Leitung des Bundesministeriums für Familie, Senioren, Frauen und Jugend (BMFSFJ) stehenden Offensive von Bund, Ländern und Verbänden sind die neuen Pflegeausbildungen nach dem Pflegeberufegesetz. In der Vereinbarung sind drei Kernhandlungsfelder vorgesehen:

Während das erste Handlungsfeld dieser Offensive unter anderem vorsieht, „Pflegefachpersonen hochschulisch" auszubilden, fasst das dritte und letzte Handlungsfeld neue „Bildungskarrieren" (BMFSF 2019: 21) ins Auge, das vor allem durch Weiterbildungen und „Umschulungen" (ebd.) geprägt ist. Explizit wird dabei auch das Ende 2018 verabschiedete Qualifizierungschancengesetz erwähnt, dass Unterstützung staatlicher Arbeitsagenturen bei der Finanzierung von arbeitsplatzrelevanten Weiterbildungsmaßnahmen vorsieht. Das

---

1   Ab dem 01.April 2012 gilt das Berufsanerkennungsgesetz, das vor allem auf im Ausland erworbene Berufsabschlüsse abzielt und diese bei bestimmten Voraussetzungen den deutschen Abschlüssen gleichsetzt.

kurz zuvor (2017) beschlossene Pflegeberufsgesetz führt in den nächsten Jahren den Terminus Pflegefachmann bzw. Pflegefachmann ein und sieht bei diesen Fachkräften einen akademischen Ausbildungsteil und auch eine Vereinheitlichung der Pflegeausbildung in verschiedenen Bereichen vor.

Was ausländische Pflegefachkräfte anbelangt, so ist das am 01. März 2020 in Kraft getretene Fachkräfteeinwanderungsgesetz für Nicht-EU-Bürger dafür bestimmt, sich nach der Feststellung eines vorhandenen und adäquaten Berufsabschlusses langfristig in Deutschland niederzulassen. Sollten noch Ausbildungsmaßnahmen für die Anerkennung der Gleichwertigkeit des Abschlusses im Vergleich zum deutschen Pendant vonnöten sein, wird der Aufenthalt auch zu diesem Zweck gestattet (vgl. BMFSF 2019).

Diese Überlegungen kommen nicht ohne das Schlagwort ‚Fachkräftemangel‘ und damit auch nicht ohne Fachsprache bzw. Fachlichkeit aus. Wenn man bedenkt, dass laut Arbeitsmarktstatistik eine anspruchsvolle Altenpflegestelle 205 Tage und damit 65% über der durchschnittlichen Vakanz sämtlicher Stellen unbesetzt sind, kann man erkennen, wie schwerwiegend dieser Fachkräftemangel ist. Nur 10 Prozent der arbeitslosen Altenpflegekräfte sind Fachkräfte (bei Krankenpflegern sind es 44%). Gering(er) qualifiziertes Personal wird hingegen kaum oder nur sehr begrenzt gesucht. Hier gibt es sogar deutlich mehr Arbeitslose als Stellen zu verzeichnen (vgl. Agentur für Arbeit 2020: 14ff.).

2   Sprachprüfungen als Teil von Qualitätsmanagement

In diesem Lichte erhalten Sprachprüfungen Deutsch im Bereich Fachsprache gerade im Gesundheitsbereich ein kaum zu überschätzendes Gewicht, dem inzwischen bereits Rechnung getragen wird. Es steht jedoch die Vermutung im Raum, dass die Diskussion von Unterrichtskonzepten allein oft keine Erörterung von Prüfungskonzepten als Erfolgskontrolle der Ausbildung vorsieht. Jedoch sind gut konzipierte Prüfungen nicht nur für einen Ausbildungs- bzw. Studienerfolg entscheidend, sondern gewähren im Idealfall auch eine Abbildung der Inhalte, die in dem für die Prüfung relevanten Zeitraum durchgenommen wurden und die sich für die unmittelbare Praxis als zwingend erforderlich erweisen.

Die telc gGmbH mit Sitz in Frankfurt am Main hat ein breites Prüfungs-portfolio zu bieten. telc steht für The European Language Certificates – für einen Bildungsanbieter, der inzwischen insgesamt 90 Prüfungen für 10 Spra-chen entwickelt hat und sehr gut im deutschen und auch internationalen Markt eingeführt ist. Besonders ist, dass sich die lizensierten Prüfungszentren im Inland und im Ausland nicht nur mit deutschsprachigen, sondern im wachsenden Maße auch mit weiteren Sprachen beschäftigen, u. a. neben Eng-lisch, Französisch, Italienisch, Portugiesisch, Spanisch auch Russisch, Polnisch und Türkisch. Das Unternehmen ist folglich auch darauf ausgerichtet, dass Deutsche über zertifizierte Fremdsprachenkenntnisse für einen Auslandsauf-enthalt verfügen, sei es für ein Studium oder die Berufsausübung. In der inter-nationalen Zusammenarbeit ist diese mehrseitige Ausrichtung eines Sprach-testanbieters bislang eher selten anzutreffen.

Die von den Volkshochschulen in Deutschland gemeinnützig geführte telc gGmbH[2] hat bereits frühzeitig auf die aktuellen Arbeitsmarktanforderungen reagiert und für das Sprachniveau Deutsch B1/B2 eine Prüfung entwickelt, die prägnant *telc Deutsch B1/B2 Pflege* genannt wird. Es lohnt sich, diese seit 2014 angebotene Prüfung im Einzelnen anzuschauen, da sie laut telc-Homepage eine Vorreiterrolle bei fachlichen, berufsbezogenen Deutschprüfungen besitzt.[3]

Fachbezogene Sprachprüfungen unterscheiden sich grundlegend sowohl inhaltlich als auch konzeptionell von allgemeinsprachlichen Prüfungen. Das liegt daran, dass es hier um zwei verschiedene Sprachregister geht: Selbst wenn eine Person in einer bestimmten Sprache muttersprachliches Niveau aufweist, wird sie mit hoher Wahrscheinlichkeit noch Anfänger(in) in einer bestimmten Fachsprache sein. Was den Pflegebereich betrifft, so muss eine qualifizierte Pflegekraft situationsangemessen handeln und kommunizieren können. Der Begriff Patientenschutz genießt höchste Priorität. Je besser eine Pflegeperson die Fachsprache beherrscht, desto eher ist ein solcher Patientenschutz gegeben. Gerade, wenn von Seiten der Patient*innen Kommunikationsdefizite wahrge-nommen werden, wird sich ein Gefühl des Unbehagens oder der Unsicherheit breitmachen. Vertrauen ist gestört und die Compliance der Patient*innen verloren gegangen. Das heißt, insgesamt geht es auch im sprachlichen Bereich

....

2 Telc ist ein Akronym und bedeutet: *The European Language Certificates.*

3 Näheres zur Geschichte von telc findet sich unter https://www.telc.net/ueber-telc/wer-wir-sind/geschichte. html.

um die Einhaltung von Qualitätsstandards, die hier mit dem Begriff Verfahrungssicherheit in Verbindung stehen, vgl. dazu die Ausführungen von Visel (2007: 645f.): Im Standardsprachlichen verweist sie auf den Begriff „Bratkartoffeln", dessen Unkenntnis dazu führen kann, dass das falsche Gericht serviert wird. Wenn aber der fachsprachliche Begriff der „Prophylaxe" unbekannt ist, dann wird das Patientengespräch nicht zweckgerichtet geführt werden können und gegebenenfalls zu erheblichen Störungen im medizinischen Beratungsgespräch führen.

Medizinische Beratungsgespräche werden in sprachlicher Hinsicht in einer Dissertation von Damaris Borowski (2018) untersucht. Ohne das jeweilige Sprachniveau zu evaluieren, werden bestimmte Fehlertypen und deren mögliche Ursachen analysiert. Dazu wurden auch schriftliche Dokumente wie medizinische Protokolle ausgewertet. Anhand der Reaktionen von Patient*innen kann man recht gut die Folgen von Fehlkommunikation analysieren, die sich meist als Irrtum oder Missverständnis offenbaren. Anders als in der Alltagskommunikation leidet unter diesen Auswirkungen nicht nur das Verhältnis der Pflegefachkräfte zu den Patient*innen, sondern auch die Versorgungsqualität und damit auch die Zufriedenheit der Behandelten.

Somit ist die Anerkennung einer bestimmten beruflichen Qualifikation im medizinischen Bereich an eine adäquate fachsprachlich ausgerichtete (Sprach-) Prüfung gebunden. Eine fachliche Kompetenz inkludiert fachsprachliche Kompetenz, um sich klar, sachlich und angemessen im sozialen Umfeld und im Hinblick auf Fremdsprachenkenntnisse auch interkulturell gewandt ausdrücken zu können (vgl. Buhlmann/Fearns 2018: 19). Sonst ist von vornherein die Ausübung der Tätigkeiten nur eingeschränkt möglich. Dieng-Weiß (2019: 25f.) hat zu dieser Herausforderung exemplarisch die Sprachproblematik bei spanischen Pflegefachkräften wie folgt umrissen: „Faktoren, die sich als besonders problematisch herausstellen, sind zum einen die mangelnde Vorbereitung ausländischer Arbeitnehmer auf das Leben in Deutschland und die damit verbundenen unzureichenden Kenntnisse der deutschen Sprache." Es geht dabei nicht nur um lexikalische Kenntnisse, sondern auch um andere interdisziplinäre Kompetenzen. Linguist*innen allein können hier wenig ausrichten, weswegen es nicht überrascht, dass bei der Konzeption von *telc Deutsch B1/B2 Pflege* auch Mediziner*innen und Gesundheitswissenschaftler*innen mitgewirkt haben.

Besonders interessant wird die Betrachtung der Prüfung, wenn man bedenkt, dass es hier nicht um eine Nische auf dem Arbeitsmarkt geht, die in der Öffentlichkeit weitgehend unbeachtet bliebe. Pflegekräfte stehen mitten in der Gesellschaft; jede(r) Einwohner*in eines Staates muss damit rechnen, in seinem Leben von Pflegekräften versorgt werden zu müssen.

3   Allgemeine Bemerkungen zu *telc Deutsch B1/B2 Pflege*

Das Konzept von *telc Deutsch B1/B2 Pflege* soll in diesem Abschnitt näher erläutert werden. Seine Ausrichtung ist schon deswegen anders als gewöhnlich, da das tradierte Bewertungsmuster für das getestete Sprachniveau („bestanden/nicht bestanden") hier nicht zum Tragen kommt: Es sind vier mögliche Ergebnisvarianten möglich, die entweder B2, B1, A2 oder ein Niveau unter A2 ausweisen. Das bedeutet, dass ein Scheitern bei dieser Prüfung nur dann vorliegt, wenn ein Niveau unter A2 ermittelt wird. Natürlich bestehen viele Pflegeeinrichtungen auf einem Niveau von B1 oder B2, doch werden in den wenigsten Fällen die Chancen auf eine Ausübung des angestrebten Berufs verbaut (sein), was einen klaren Unterschied zu vielen sonstigen Aufnahmeprüfungen darstellt. Überdies wird eher sprachliches Handlungswissen abgeprüft, das im Gegensatz zu theoretischem Wissen nicht lange erlernt werden muss. Die bereits vertrauten Arbeitsplätze sind sicher besser als der Kursraum dazu geeignet, das Wissen zu erlangen, das nicht nur für die Prüfung, sondern auch für den Beruf relevant ist.

Die Ausdifferenzierung von Berufswelten erfordert möglichst differenzierte Sprachprüfungen; dazu kommt, dass auch fachsprachlich differente Erfordernisse je nach Berufszweig zu beachten sind. Zusammen mit dem Arbeitskräftemangel und der zunehmenden Rekrutierung aus dem Ausland ist ein weiterer Nachfragegrund nach Sprachprüfungen erkennbar. Dieser Zustand ist erst seit Beginn der 2010er Jahre zu beobachten, als die zuvor teils hohe Arbeitslosigkeit, nicht zuletzt durch den erstmals deutlich am Arbeitsmarkt spürbaren demografischen Wandel, deutlich zurückging und der Bedarf an Fachkräften langfristig kontinuierlich zunahm. Das Zeitalter der ‚Gastarbeiter' in den 1960er und teilweise noch 1970er Jahren zielte weniger auf sprachliche und kulturelle Integration, weil jene Arbeitskräfte aus dem Ausland nur zu „Gast" sein und wieder nach Hause geschickt werden würden, sobald die verlangte Arbeitsleistung, die als Aufbauleistung zu verstehen war, abgeschlossen war.

In der heutigen Zeit der Ausdifferenzierung und der Spezialisierung von Arbeitsbereichen sind die sprachlichen Anforderungen gewachsen. Wer jedoch meint, dass Fachsprache ein Phänomen des 21. Jahrhunderts ist, erliegt einer Illusion, denn wo es Fächer sind, gibt es Fachlichkeit und demnach auch Fachsprachen, die stets mit Standardsprache einhergehen. Dies lässt sich gut mit *telc Deutsch B1/B2 Pflege* belegen, weil die Prüfung „mit examinierten Pflegekräften" als „Testautor*innen" (telc: 4)[4] konzipiert wurde und somit der Aspekt der Fachlichkeit zusammen mit wissenschaftlichen (Test)-Erkenntnissen garantiert ist.[5] Zusätzlich besteht der Anspruch, mit der Prüfung dazu beizutragen, „Zuwanderern neue Wege in Pflegeberufe zu eröffnen, kompetentes (Sprach-)Handeln in Pflegeberufen zu sichern und damit auch sicherzustellen, dass der Fachkräftebedarf in diesem Bereich gedeckt werden kann" (ebd.). Dieser Anspruch kann also nur bedeuten, dass kein bloßes Ab- und Austesten erfolgt, sondern, dass die Vorbereitung auf die Prüfung bereits als ein Weg hin zu einem stabilen Karriereweg angesehen werden kann. Denn es geht auch darum, „Fachsprachlichkeit" als aufgeführten Oberbegriff nicht nur einzufordern, sondern auch das Prüfungsdesign so zu gestalten, dass die „pflegerische Fachlexik im Kontext der kommunikativen Situationen der Pflegeberufe verstanden und angewendet werden kann" (telc: 5). Mit anderen Worten: Eine gelungene Prüfungsvorbereitung schärft den Blick für die fachsprachliche Dimension erfolgreichen beruflichen Handels, ohne dass man von der Vermittlung von reinem Expertenwissen sprechen könnte.

....

4   Mit „telc" ist der im Literaturteil angegebene Link gemeint, der über die telc-Homepage erreichbar ist.

5   Auf wichtige Fragen hinsichtlich fachsprachlicher Prüfungsdesigns, an denen sich Expert*innen aus mehreren Bereichen einbringen, kann hier nicht näher eingegangen werden. Diese werden gerade in Bezug auf den Pflegebereich intensiv in der Zeitschrift *Language Testing* 33 (2), 2016 diskutiert. Im Abschnitt Literatur sind drei relevante Artikel angegeben, die zeigen, welche Forschungsperspektiven sich eröffnen, wenn ein Sprachtest auf eine Wirklichkeit trifft, wo das Thema Sprache kaum explizit gemacht wird, sondern einfach wie in anderen Berufen auch dazugehört. Im Editorial stellt Elder (2016) Fragen bezüglich unterschiedlicher Bewertungsgrundsätze von Fachleuten und Sprachexperten. McNamara/Pill (2016: 219) stellen methodische Fragen, die die Bewertung und Bepunktung der Mindestanforderungen im OET (Occupational English Text) in Australien betreffen. Elder/McNamara (2016) erörtern, inwieweit fachliche Beurteilungskriterien der Kommunikation mit Patienten in unterschiedlichen Feedback-Settings von Fachleuten mit und ohne pädagogischen Hintergrund zu erfassen sind.

4 Detaillierte Betrachtung der Prüfungsinhalte von *telc Deutsch B1/B2 Pflege*

Das Ziel dieses Beitrags ist nicht, das Prüfungsformat kritisch zu beleuchten, sondern aufzuzeigen, wie relevant auch vergleichbare fachsprachlich ausgeprägte Prüfungen sind, um mehreren Anforderungen zu genügen:

- Berücksichtigung der Vielfalt der verwendeten fachsprachlichen Konventionen (v.a. im Hinblick auf Textsorten) für eine konkrete Berufsgruppe,
- Berücksichtigung des Sprachrepertoires für eine konkrete Berufsgruppe,
- Berücksichtigung der sprachlich zu erfassenden Themen für eine konkrete Berufsgruppe.

Wenn wir uns das Testformat anschauen (ebd.), dann sehen wir, dass im Vergleich zu herkömmlichen Standard-Prüfungen die Prüfungsteile Hören, Lesen, Schreiben und Sprechen ausdifferenziert sind. Hier werden besonders die im ersten Punkt erwähnten unterschiedlichen Ausdrucksformate berücksichtigt:

Eine Telefonansage hat ein anderes Format als ein alltägliches Gespräch mit Patienten, deren Angehörigen oder Ärzten.

Eine Teambesprechung wiederum hat mit Meinungen zu tun, auf die es mitunter zu reagieren gilt. Auch innerhalb der Kategorie „Mündlichkeit", die im Teil Hören abgedeckt werden, lässt sich erkennen, dass fachsprachliche Ausdrücke in begrenztem Umfang verwendet werden, wie ersichtlich werden wird.

Für die Kategorie Schriftlichkeit ist das Verständnis von unterschiedlichen Schriftstücken vorgesehen (vgl. ebd.). Eine E-Mail ist von ihrer Struktur her vollkommen anders als ein Dokument, das die Pflegeplanung vorsieht. Ein Beipackzettel hat ein anderes Format als eine Rechtsvorschrift oder ein (Besuchs-)Bericht. Diese Dokumente können laut Übungstest (telc: 5) im Bereich „Lesen" und dem Unterbereich „Sprachbausteine" eingesetzt werden, der sich auf sprachliche Aspekte von Lesetexten, also auch auf „Fachlexik" (ebd.) konzentriert.

Für die Teilprüfung „Schreiben" ist die Formulierung eines Aufnahmeberichts oder Biografieberichts vorgesehen, für die Teilprüfung „Sprechen" ein

Gespräch über Erfahrungen und Meinungen sowie ein Kurzvortrag mit Diskussion.

Während die schriftliche Prüfung mit knapp zwei Stunden (von ihrer Länge betrachtet) mit einer herkömmlichen Klausur vergleichbar ist, ist der mündliche Teil mit 16 Minuten (und 20 Minuten Vorbereitungszeit) ebenfalls kompakt gehalten, wenn man bedenkt, dass drei zu bewertende Teile darin enthalten sind. Dies unterscheidet sich von anderen telc-Prüfungen, in denen nach einer unbewerteten Selbstvorstellung als „Warm-Up" lediglich ein Gespräch mit Anschlussfragen folgt, wobei die Fragen von den Prüfungsteilnehmer*innen selbst gestellt werden. In der telc-Pflege-Prüfung muss auf Prüferfragen sowie auf drei Aufgabenblätter eingegangen werden, wobei im ersten Teil lediglich eine Abbildung als Grundlage dient. Im zweiten Teil sind neben einer Abbildung „Stichworte" angegeben, im dritten Teil sind es „Musteraussagen zu einem kontroversen Thema" (ebd.). So gibt es hier eine tendenziell anspruchsvolle Vielfalt von Bild-Text-Relationen, die in anderen Prüfungsformaten nicht üblich ist.

Gehen wir nun näher auf die lexikalischen Herausforderungen dieser Prüfung ein: Beim Verstehenden Hören sind vorrangig feste Ausdrücke zu beherrschen, die ohne Praxiserfahrung kaum vorausgesetzt werden können: Bei der Telefonansage kommen typische Ausdrücke wie „zur Blutabnahme", „zum EKG und Röntgen" vor, die allein mit dem Modalverb „sollen" auskommen (telc: 6)[6], bei den kurzen Gesprächen geht es u.a. um „blutdrucksenkende Mittel (nehmen müssen)", sowie um den festen Ausdruck „das Gerät anlegen" (telc: 7), bei der Teambesprechung um den „Kontakt zu einem Seelsorger", „mit dem ambulanten Pflegedienst", sowie um „tiergestützte Therapie" (telc: 8), schließlich um ein längeres Gespräch zum Thema „Arbeit in der Langzeit- oder in der Akutpflege" (telc: 9). Der Begriff „Akutpflege" ist ein gutes Beispiel für einen Fachbegriff, da seine Anwendung außerhalb des Berufsfeldes „Pflege(fach)kraft" kaum Verwendung finden dürfte, er jedoch im Zusammenhang

---

6   Als Beispiel eines Hörtextes sei hier diese Ansage komplett wiedergegeben: „Ja, hier Dr. Lassi. Sie bekommen gleich eine Neuaufnahme aus der Ambulanz, Herr Schreiber. Er ist 85 und leicht verwirrt. Er hat schon drei Tage fast nichts mehr zu sich genommen und hat einen Flüssigkeitsmangel. Wir benötigen ein Einzelzimmer. Herr Schreiber braucht Ruhe. Bitte bereiten Sie die Blutabnahme für kleines Blutbild vor und eine Infusion NaCl, 0,9-prozentig. Wir machen nur noch schnell ein EKG und ein Röntgen, bevor wir auf Station kommen. In einer halben Stunde sind wir da. Danke!" Als Antwortmöglichkeiten sind auf das zu ergänzende Satzsegment („Auf der Station soll Herr Schreiber") gegeben: a): „Essen bekommen", b): „zum EKG und Röntgen", c):" zunächst zur Blutabnahme und dann eine Infusion bekommen". Die Antwort ‚c' ist hier korrekt.

mit dem Begriff „Langzeitpflege" aufgrund bestimmter Arbeitsanforderungen unersetzlich ist.

Diese wenigen Beispiele zeigen die Relevanz fachsprachlicher Prüfungsformate deutlich. Auch kann kaum in Frage gestellt werden, dass allein die Kenntnis der Ausdrücke nicht ausreicht, da es sich um in der Pflegepraxis essentielle Begriffe handelt, die allesamt mit Prozessen, Verfahren bzw. Anwendungen in Verbindung stehen. Es sind also vorrangig prozedurale Begriffe, die Handlungswissen erfordern. Dies ist ein Unterschied zu vielen klassischen Prüfungen, in denen Handlungswissen oft überhaupt keine Relevanz hat: Wenn eine Prüfung beispielsweise das korrekte Hörverständnis von Zahlen in Erfahrung bringen möchte, kann es sein, dass der Prüfling mit dem Textinhalt nicht vertraut ist. Es geht lediglich um das Herausfiltern von Informationen.

Im Teil Verstehendes Lesen wird der Bereich des abgefragten Wissens deutlich ausgeweitet: Bei den zuzuweisenden Betreffzeilen von Briefen werden teilweise politische Kontexte mitberücksichtigt, die für die Pflegepraxis relevant sind: Es geht im Übungstest um die neue „EU-Verordnung" zu „Nadelstich-Verletzungen" (telc: 11). Als Betreff ist die richtige Auswahloption „Neue Vorschrift der Europäischen Union". Ohne den Inhalt jener Verordnung zu kennen, spielen ausschließlich sprachliche Kompetenzen eine Rolle: Die Abkürzung „EU" sollte genauso bekannt sein wie die synonym aufgeführten Begriffe „Verordnung" und „Vorschrift", die auch in standardsprachlichen Prüfungen kaum Gebrauch finden dürften.

Selbst wenn man behaupten könnte, dass man auch ohne Vokabelkenntnis der Begrifflichkeiten mit Hilfe des Ausschlussverfahrens auf die richtige Lösung kommen könnte, so impliziert Fachlichkeit auch, sich mit Vorschriften, Gesetzen und Regelungen vertraut zu machen. In den vier E-Mails werden neben der erwähnten EU-„Verordnung" jeweils Themen angesprochen, die die Stichworte „Wartung der Analysegeräte", „Fortbildungen" zum Pflegebericht, „Transporte von Untersuchungsmaterial" (ebd.) berücksichtigen. Hier wird deutlich, welchen Umfang ein Fach erhalten kann und wie unscharf Fächergrenzen verlaufen. Anders als bei spezifischen Fachwörtern geht es hier um Termini, die eben nicht täglich gebraucht werden (müssen), so dass man hier von erweiterter Fachkompetenz sprechen kann. Auch im vierten Teil der Teilprüfung Lesen lässt sich diese Erweiterung des fachlichen Umfangs beobachten. Im dem vorgelegten Prüfungsdokument, einem Brief an „Mitarbeiter und Mitarbeiterinnen in der Pflege" ist das Thema „gesetzliche Änderungen im

Bereich der vorgeschriebenen Pflegedokumentationen", wofür „Formulierungshilfen" einer Arbeitsgruppe zur Verfügung stehen (telc: 17). Hier wird also (Fach-)Sprache in den Fokus gerückt, so dass die kommunikative Ebene in doppelter Hinsicht vorliegt: zum einen in der Aufforderung, die „neuen Arbeitsinstrumente" zu nutzen, zum anderen, „Verbesserungsvorschläge" der Arbeitsgruppe mitzuteilen. Die Aufgabe, richtige von falschen Aussagen zu diesem Dokument zu unterscheiden, bedeutet, dass man als Kandidat*in in der Lage sein sollte, den appellativen Gedanken des Texts genau zu verstehen. Dies entspricht einer berufsübergreifenden Kompetenz, fachliche Handlungen nicht nur selbstständig ausführen zu können, sondern auch Änderungen im täglichen Ablauf ohne weitere Fortbildung zu übernehmen. Mit anderen Worten: Bisherige korrekte Handlungen (hier: schriftliche Dokumentation) können infolge eines neuen Gesetzes als falsch gelten, so dass Handlungswissen auch sehr schnell als veraltet angesehen werden kann.

Fachkompetenz im engeren Sinne wird im zweiten und dritten Teil der Teilprüfung Lesen abgefragt. Im zweiten Teil sind Probleme, Ressourcen, Ziele und Maßnahmen in einer Pflegeplanung tabellarisch dargestellt. Hier ist medizinische Fachsprache sehr konkret vorhanden: „Hüft-OP" und „Gelenkserkrankung", „postoperative Schwäche", „rheumatische Grunderkrankung" sowie „Bradenskala" und „Dekubitusprophylaxe" (telc: 13) zeigen, dass hier die Fachgrenzen nicht gezogen werden können: Während die ersten beiden Begriffe auch im Standarddeutschen Verwendung finden, sind die beiden folgenden Begriffe zwar allgemein verständlich, werden jedoch kaum außerhalb der Fächergrenzen verwendet. Schließlich sind die beiden letzten Begriffe für die meisten Menschen, die mit dem medizinischen (Pflege)-Bereich nicht vertraut sind, vollkommen unverständlich. Die Aufgabenanweisung, Sätze verschiedenen Ausschnitten der Pflegeplanung (jedes Problem des Patienten bedingt andere Ressourcen, Ziele und Maßnahmen) zuzuordnen, verlangt ein sehr detailliertes Verständnis dieser textintensiven Tabelle, deren Anordnung selbst für Muttersprachler*innen nicht üblich ist: In einem anderen fachsprachlichen DaF-Unterricht, wie z.B. in Wirtschaftsdeutsch, wären solche Tabellen für die Diskussion von Planungen des Managements denkbar.

Die Texte, denen im Teil 3 der Unterprüfung Lesen passende Aussagen im Multiple-Choice Verfahren zuzuordnen sind, enthalten ebenfalls viele fachsprachliche Ausdrücke aus unterschiedlichen Kontexten.

Der Beipackzettel enthält Komposita wie „Nahrungsmittelunverträglichkeit", „Durchfallerkrankungen" und „Verdauungsstörungen" (telc: 14), die allein von der Länge und der korrekten Aussprache problematisch sein könnten (siehe Anhang; Abbildung 1).

Das Rundschreiben zum Thema „Reanimationsfortbildung" (telc: 15) ist leicht zu verstehen, ist jedoch mit vielen Teilnahmebedingungen und -voraussetzungen versehen, so dass auch hier eine hohe Lesekompetenz eingefordert wird. Schließlich behandelt der dritte Text die Problematik der Rechtmäßigkeit rund um „freiheitsentziehende Maßnahmen" (telc: 16), die bei dementen oder psychisch kranken Menschen zu berücksichtigen sind. Hier wird sogar das Grundgesetz zitiert (Art. 1 GG). Begriffe wie „Bevormundung" und „Zwangsanwendung" sind streng genommen juristische Fachtermini, die nicht der medizinischen Fachsprache zu eigen sind. Es lässt sich sogar behaupten, dass hier Rechtssprache als Fachsprache die Fachgrenzen überschreitet und definitiv nicht als genuine (Pflege-)Fachsprache zu bezeichnen ist. Wenn es um Freiheitsrechte geht, die ja allgemein für alle Staatsbürger*innen gelten, werden zwangsläufig fachfremde Kontexte, d. h. ethisch-moralische Grundüberlegungen und rechtliche Auslegungen auch für Pflegekräfte relevant, da nicht ausgeschlossen werden kann, Patient*innen fixieren zu müssen und damit ihre Freiheit einzuschränken. Da jedoch hier eine strafrechtlich relevante Handlung vollzogen würde, müssen sich auch Pflegekräfte darüber im Klaren sein, dass nur Amtsgerichte die Genehmigung zu freiheitsentziehenden Maßnahmen erteilen können. Hierauf wird im letzten Satz des Textdokumentes hingewiesen. Es zeigt sich also, dass Fachsprache nicht isoliert in einem Fach vorherrscht, auch wenn sie ohne Schwierigkeiten einem Fach zugeordnet werden kann.

Die zwei Teile in der Unterprüfung „Sprachbausteine" haben verständlicherweise weniger fachsprachliche Relevanz, da gerade in einem Biographiebericht (Teil 1) vorzugsweise Konnektoren und Konjunktionen als wichtige sprachliche Elemente beherrscht werden müssen. Insofern ist hier ein Lückentext mit jeweils drei Multiple-Choice-Optionen gut geeignet. Für den Nachtdienstbericht (Teil 2) sind vorrangig Verben (insbesondere Partizipien) einzusetzen. Doch auch Komposita wie „Gewebeprobe", „Harnprobe", „Stuhlprobe" (telc: 19) sind Einsetz-Optionen und müssen als fachliche Termini bekannt sein, wobei sich die richtige Antwort nur aus dem inhaltlichen, nicht aus dem sprachlichen Kontext erschließen lässt (siehe Anhang, Abbildung 2).

Als schriftliche Leistung ist ein „Biographiebericht" (telc: 18) bzw. ein „Aufnahmebericht" (telc: 20) in einer Länge von 120–170 Wörtern zu verfassen. Dabei dienen jeweils ausgefüllte Formulare als Grundlage. Auch hier wird ersichtlich, dass die Kompetenz, Inhalte aus einem Formular (Anamnesebogen bzw. Fragebogen) in einen Fließtext umzuwandeln, alles andere als standardsprachliche Aufgabenstellungen berücksichtigt, dies jedoch für den Berufsalltag repräsentativ ist (siehe Anhang; Abbildung 3).

Für die mündliche Prüfung steht in Teil A lediglich ein Bild zur Verfügung, das (zumindest im Übungstest) eine typische berufliche Aufgabe in der Pflege zeigt. Hier geht es ausschließlich um eine Bildbeschreibung, auf die Prüferfragen zum Thema „Zusammenarbeit mit Kollegen" folgen, zum Beispiel: „Wie kann man im Team mit unterschiedlichen Meinungen zu besonderen Pflegeproblemen umgehen?" (telc: 24). Zur Beantwortung dieser Frage(n) sind keine weiteren Stichpunkte und keine Vorbereitungszeit vorgesehen, was bedeutet, dass hier ein direkter Abgleich mit der „Arbeitsrealität" vorgenommen werden muss. Fachlichkeit als eine Art „Trockenübung" aus bloß gelerntem Stoff beherrschen zu können, ist hier zum Scheitern verurteilt. Dies belegt wiederum, dass (Fach-)Sprache nur in Verbindung mit einem erlebten Kontext sinnvoll erlernt werden kann.

Der Kurzvortrag im zweiten Teil, für den, neben der Diskussion im dritten Teil die Vorbereitungszeit vorgesehen ist, umfasst nur 3 Minuten, doch die im Übungstest zur Auswahl stehenden Themen („Verantwortung bei Tätigkeit aus dem Bereich der Behandlungspflege" sowie „Nähe und Distanz in der Grundpflege" (telc: 27f.) implizieren differenzierte berufliche Erfahrungswerte. Begriffe wie Verantwortung, die eine ethische Komponente besitzen, sowie Nähe und Distanz, die ohne emotionspsychologische Grundkenntnisse kaum als Kategorien zur Geltung kommen würden, bedürfen einer überdurchschnittlichen Reflexionsfähigkeit, die das Fach unmittelbar mit einbezieht. Die zur Verfügung gestellten Abbildungen sind eher als illustrativ zu verstehen, so dass Redeinhalte nicht daraus abgeleitet werden können. Für beide Themen werden mögliche Prüferfragen zur Verfügung gestellt, zum Beispiel folgende: „Was kann man tun, um Risiken zu vermeiden"? (telc: 26) bzw. „Wie denken Sie darüber, dass manche Menschen sich nur von Angehörigen pflegen lassen möchten?" (telc: 27). Diese Fragen sind bereits Teil einer Diskussion, die nach einem (Kurz-)Vortrag nicht nur in deutschsprachigen Ländern üblich ist.

Schließlich geht es im Übungstest in der vierminütigen Diskussion um die Frage: „Sind Sie damit einverstanden, die Fortbildung in Ihrer Freizeit zu machen?" (telc: 28). Als Hilfestellungen dienen drei Äußerungen von Personen, die in der Kombination von Sprechblasen in Verbindung mit Porträtbildern dargestellt werden. So kann eine Diskussion ohne besondere Anmoderation einfacher gestartet werden. Alle drei Äußerungen berücksichtigen drei typische Haltungen zur Ausgangsfrage: Ein ablehnende, eine zustimmende und eine unentschiedene Äußerung fordern implizit dazu auf, selbst Stellung zu beziehen (siehe Anhang; Abbildung 4).

5 Anmerkungen zur Bewertung von *telc Deutsch B1/B2 Pflege*

Es folgen nun noch einige Beobachtungen zur Bewertung der Prüfung. Wie bei telc-Prüfungen üblich wird die sprachliche Angemessenheit mit Hilfe der Kriterien „Aussprache/Intonation", „Flüssigkeit", „Korrektheit" und „Wortschatz" bewertet. Um im schriftlichen Ausdruck das Niveau B2 zu erreichen, muss die „Genauigkeit in der Verwendung des Grund-, allgemein-berufsbezogenen und fachbezogenen Wortschatzes" groß sein, während für das Niveau B1 nur eine „gute Beherrschung" (telc: 36) dieses Wortschatzes verlangt wird. Natürlich ist dieser Unterschied Auslegungssache und lässt sich mit Sicherheit nur von Fachkräften optimal bewerten.

Für das Sprechen ist der Bewertungsmaßstab etwas anders formuliert: Für das Niveau B2 müssen die „Formulierungen variieren" und „einige komplexe Satzstrukturen" verwendet werden (ebd.), was bedeutet, dass Lücken in den unterschiedlichen Wortschatzregistern keinen Malus nach sich ziehen. Für das Niveau B1 muss immer noch eine „gute Beherrschung" der unterschiedlichen Register vorliegen.

Insgesamt ist bei der Bepunktung wichtig zu erwähnen, dass beim Sprechen bei einer Gesamtpunktzahl von 100 Punkten noch 35 Punkte (also etwas mehr als ein Drittel der Gesamtpunktzahl) für das Niveau B1 ausreichen (beim Teilergebnis „Schreiben" reichen 35% für das Niveau B1 aus); beim Teilergebnis Hören, Lesen und Sprachbausteine sind knapp die Hälfte der Punktzahl erforderlich. Auch damit wird der Tatsache Rechnung getragen, dass zwischen einem knappen B1-Niveau und einem soliden B2-Niveau große Unterschiede liegen können. Bei der Bewertung lassen sich jeweils „gut erfüllt" und „erfüllt" angeben, was bis zu 4 Punkte Unterschied bedeuten kann (Teil 3 der mündlichen Prüfung/Diskussion). Bei 20 Gesamtpunkten pro Kriterium sind das umgerechnet 20%. Dies entspricht einem Unterschied von einem Punkt, wenn, wie in der Teilprüfung „Schreiben", fünf Gesamtpunkte zu vergeben sind. Ein zuerkanntes Sprachniveau je Kriterium umfasst jeweils 20% der Gesamtpunktzahl. Die Entscheidungsfindung ist somit nicht auf eine binäre Struktur (erfüllt/nicht erfüllt) bezogen, was auch im Sinne der Kandidat*innen sein sollte.

Da für die drei Teilprüfungen Hören/Lesen/Sprachbausteine, Schreiben, Sprechen jeweils ein Ergebnis ermittelt wird, gibt es 13 Ergebnisvarianten, in denen das Niveau B1 verliehen wird. In drei Fällen ist das Niveau B2 erreicht, d. h. dann, wenn entweder im Bereich Schreiben oder im Bereich Hören/Lesen/Sprachbausteine „nur" das Niveau B1 erreicht wird. Das bedeutet, dass dem Sprechen eine sehr hohe Bedeutung eingeräumt wird, denn diese Teilprüfung muss auch mit B2 bewertet werden, während eine der beiden anderen Teilprüfungen auch mit dem Niveau B1 bewertet werden kann.

6   Schlussbemerkungen

Halten wir abschließend Folgendes fest: Der Einsatz von *telc Deutsch B1/B2 Pflege* ist ein Instrumentarium, das stets dem Qualitäts- und dem Sicherheitsmanagement von Pflegeeinrichtungen dient. Diese Erkenntnis unterscheidet sich beträchtlich von herkömmlichen Sprachprüfungen, die außerhalb von (hoch-)schulischen Kontexten meist bei der Entscheidungsfindung in Zusammenhang mit der Frage eingesetzt werden, wer einen Studien-, Stipendien- oder Ausbildungsplatz, eine weitere Staatsangehörigkeit oder einen besonderen Aufenthaltstitel erhalten darf und wer nicht. Diese Art von Barriere hat eine politische bzw. hochschulpolitische Dimension, die im Pflegekontext nur von untergeordneter Bedeutung ist. Zwar steuert die Politik maßgeblich legale Zuwanderung und Arbeitsgenehmigungen, jedoch kann sie nicht festlegen, wer als Pflegefachkraft und wer lediglich als Pflegehilfskraft arbeiten darf. Zu dieser Entscheidung bedarf es fachkundiger Entscheidungsträger, die den Beruf mit ihren stetig wiederkehrenden Routinearbeiten über- und durchschauen. Mit „durchschauen" ist gemeint, dass sie abstrakt Aufgabenstellungen sprachlicher Art für ein Prüfungsszenario beurteilen können, das die Realität nicht vollkommen abbilden kann, aber relativ authentisch Anforderungen und

Problemstellungen erkennen kann. Für beide Seiten – also für das Gastland wie für die zugewanderte Person – bedeutet dies die Gewissheit, dass eine Fachkraft unabhängig von ihrer Herkunft verantwortlich handeln kann.

Kritisch kann man einwenden, dass auch einige Muttersprachler*innen Schwierigkeiten haben dürften, diese Prüfung erfolgreich zu absolvieren. Deswegen ist es wichtig, auch im Lichte des seit einigen Jahren erweiterten Gemeinsamen Europäischen Referenzrahmens (GER) darauf hinzuweisen, dass ein muttersprachliches Niveau nicht mehr als Norm angesehen wird, sondern dass vor allem fachsprachliche Fähigkeiten von Muttersprachler*innen keinesfalls eher vorausgesetzt werden können als von Nicht-Muttersprachler*innen. Es wird von weiteren Forschungen abhängen, wie sehr ein Prüfungsformat wie *telc Deutsch B1/B2 Pflege* auch in anderen Bereichen sinnvoll eingesetzt werden kann. Auf jeden Fall darf angenommen werden, dass die Anzahl der fachbezogenen Prüfungsformate in den nächsten Jahren weiter ausdifferenziert werden wird, um spezifischen beruflichen Anforderungen und politischen Interessen gleichermaßen gerecht zu werden.

7   Literatur

BOROWSKI, DAMARIS (2018): *Sprachliche Herausforderungen ausländischer Anästhesist-(inn)en bei Aufklärungsgesprächen: Eine gesprächsanalytische Studie zu Deutsch als Zweitsprache im Beruf.* (FFF 145). Berlin: Frank & Timme.

BUHLMANN, ROSEMARIE/FEARNS, ANNELIESE (2018): *Handbuch des fach- und berufsbezogenen Deutschunterrichts DaF, DaZ, CLiL.* (FFF 141). Berlin: Frank & Timme.

ELDER, CATHERINE (2016): „Exploring the limits of authenticity in language testing: the case of a specific purpose language test for health professionals". *Language Testing* 33 (2), 147–152.

ELDER, CATHERINE/MCNAMARA, TIM (2016): „The hunt for ‚indigenous criteria' in assessing communication in the physiotherapy workplace". *Language Testing* 33 (2), 153–174.

PILL, JOHN/MCNAMARA, TIM (2016): „How much is enough? Involving occupational experts in setting standards on a specific-purpose language test for health professionals". *Language Testing* 33 (2), 217–234.

VISEL, STEFANIE (2017): „Berufsanerkennung und ‚sichere Pflege' – Die Bedeutung von Sprachkenntnissen in Anerkennungsverfahren für Pflege- und Gesundheitsberufe". *Sozialer Fortschritt* 66, 635–650.

Internetquellen

Bundesagentur für Arbeit (Hrsg.) (2020): „Arbeitsmarktsituation im Pflegebereich". <https://statistik.arbeitsagentur.de/DE/Statischer-Content/Statistiken/Themen-im-Fokus/Berufe/Generische-Publikationen/Altenpflege.pdf?__blob=publicationFile&v=7> (letzter Zugriff: 24.07.2020).

Bundesministerium des Innern, für Bau und Heimat (Hrsg.) (2018): Das Fachkräfteeinwanderungsgesetz. <https://www.bmi.bund.de/SharedDocs/gesetzgebungsverfahren/DE/fachkraefteeinwanderungsgesetz.html> (letzter Zugriff: 29.07.2020).

Bundesministerium für Familie, Senioren, Frauen und Jugend (Hrsg.) (2019): „Ausbildungsoffensive Pflege 2019–2023". <https://www.bmfsfj.de/blob/135564/63509cfe1ba9a83a10e1cc456320c001/ausbildungsoffensive-pflege-2019-2023-data.pdf> (letzter Zugriff: 29.07.2020).

Bundesministerium für Arbeit und Soziales (Hrsg.) (2020): „Fachkräfteeinwanderungsgesetz in Kraft". <https://www.bmas.de/DE/Presse/Meldungen/2020/neue-gesetze-fachkraefteeinwanderungsgesetz.html> (letzter Zugriff: 29.07.2020).

Dieng-Weiß, Sabine (2019): „Spanische Fachkräfte in Deutschland: Erfahrungen und Erwartungen spanischer Krankenschwestern." (ZwIKSprache; 1). <http://www.fh-zwickau.de/zwiksprache> (letzter Zugriff: 22.07.2020).

telc gGmbH (Hg.) (2014), „Übungstest Deutsch Pflege B1 B2. Prüfungsvorbereitung". <https://www.telc.net/pruefungsteilnehmende/sprachpruefungen/pruefungen/detail/telc-deutsch-b1b2-pflege.html> (letzter Zugriff: 24.07.2020).

8 Anhang

60 Minuten **Lesen und Sprachbausteine**

Lesen, Teil 3

Lesen Sie die Texte 1–3 und die Aufgaben 33–38. Entscheiden Sie, welche Antwort (a, b oder c) am besten passt.

Markieren Sie Ihre Lösungen für die Aufgaben 33–38 auf dem Antwortbogen.

Text 1

Lesen

Elektrolytlösung zum Ausgleich von Salz- und Wasserverlusten bei Durchfallerkrankungen.

– Für Säuglinge, Kinder und für Erwachsene geeignet
– Gleicht Wasser- und Salzverluste im Körper aus
– Versorgt den Körper mit Salzen, Mineralstoffen und Glukose

Durchfall (Diarrhoe) kann durch Nahrungsmittelunverträglichkeit hervorgerufen werden, durch verdorbene Speisen oder häufiger noch durch Viren oder Bakterien, z. B. auf Reisen. Manchmal kann Durchfall auch bei Stress, Angst oder Aufregung auftreten. Durchfall ist eine Verdauungsstörung, bei der die Anzahl der Darmentleerungen ansteigt. Auch das Stuhlvolumen ist durch Flüssigkeit vermehrt. Dabei entsteht ein Verlust von Wasser und Mineralstoffen im Körper und der Erkrankte fühlt sich geschwächt. Bei Kindern ist der Flüssigkeitsbedarf drei- bis viermal höher als bei Erwachsenen. Wasserverlust durch Erbrechen und Durchfall muss schnell und richtig ausgeglichen werden. Das geschieht am besten mit einer wohl schmeckenden Flüssigkeit. Die enthaltene Glukose schmeckt nicht nur gut, sie versorgt den Erkrankten auch mit Energie und unterstützt die Aufnahme der Salze und Mineralstoffe im Darm.
Anwendung:
Beutelinhalt (Pulver) in 200 ml frisch abgekochtem Wasser auflösen. Flüssigkeit erst nach dem Abkühlen auf Zimmertemperatur oder darunter in kleinen Schlucken trinken.
Dosierung:
Kleinkinder erhalten etwa 3–5 Beutel pro Tag. Ältere Kinder trinken 1 Beutel nach jedem Durchfall. Erwachsene benötigen etwa 1–2 Beutel nach jedem Stuhlgang.

Eine Information aus Ihrer Apotheke
Gute Besserung!

33 Das Medikament

a ist bereits eine fertige Lösung.
b muss erst noch in Wasser aufgelöst werden.
c muss noch mit Glukose gemischt werden.

34 Die Patienten sollen die Elektrolytlösung

a langsam trinken, wenn sie abgekühlt ist.
b mit Salz gemischt zu sich nehmen.
c möglichst schnell nach der Zubereitung trinken.

telc Deutsch B1-B2 Pflege, Übungstest 1

Abb. 1: Telc Deutsch B1-B2-Pflege: Aufgabenbeispiel für den Subteil Lesen (telc: 14)

Sprachbausteine, Teil 2

Lesen Sie den folgenden Text und entscheiden Sie, welcher Ausdruck (a, b oder c) am besten in die Lücken 50–59 passt.

Markieren Sie Ihre Lösungen für die Aufgaben 50–59 auf dem Antwortbogen.

Nachtdienstbericht

Frau Möllenkamp war abends sehr aufgeregt. Sie hat gestern Nachmittag von ihren Kindern erfahren, dass sie vollstationär in unserem Haus bleiben soll. Frau M. hatte auf baldige Beendigung der Kurzzeitpflege und Rückkehr _____ **50** _____ gehofft. Sie wollte gegen 20.30 h noch mit ihren Kindern telefonieren, hat sie aber nicht erreicht. Sie fühlt sich _____ **51** _____, weil zu wenig Besuch kommt. Außerdem klagt sie darüber, dass die Medikamente _____ **52** _____ den Bluthochdruck zu stark sind und dass sie sich ständig müde fühlt. Seit gestern hat sie auch noch Diarrhoe. Die _____ **53** _____ für die Laborkontrolle ist abgenommen und muss noch zum Arzt gebracht werden. Aus der Bedarfsmedikation wurde eine Tablette Tannacomp _____ **54** _____. Das Medikament wird von Frau M. gut _____ **55** _____. Ich habe mit Frau M. noch längere Zeit gesprochen. Prinzipiell sieht sie ein, dass sie allein zu Hause nicht mehr _____ **56** _____ und ein Umzug zu uns sicherer ist. Ab Mitternacht hat sie durchgeschlafen.

Hausarzt Dr. Berger kommt heute Vormittag; bitte auf die _____ **57** _____ der Bewohnerin bezüglich Müdigkeit und Verdauungsprobleme hinweisen; vielleicht kann die Medikation _____ **58** _____ werden.

Ich habe für heute früh eine Mitteilung an _____ **59** _____ geschrieben; vielleicht kann sie in eine unserer Beschäftigungsgruppen aufgenommen werden. Die Musikgruppe wäre bestimmt schön für sie. Da bekommt sie auf jeden Fall Kontakt.

50 a in die Behandlungspflege	**54 a** verabreicht	**58 a** angepasst
b in die vollstationäre Pflege	**b** verausgabt	**b** aufgepasst
c ins häusliche Umfeld	**c** verwertet	**c** eingepasst
51 a gut versorgt	**55 a** betragen	**59 a** den Sozialdienst
b situativ verwirrt	**b** getragen	**b** die Krankengymnastik
c sozial isoliert	**c** vertragen	**c** die Physiotherapie
52 a durch	**56 a** auskommt	
b gegen	**b** mitkommt	
c über	**c** zurechtkommt	
53 a Gewebeprobe	**57 a** Ausdrücke	
b Harnprobe	**b** Äußerungen	
c Stuhlprobe	**c** Eindrücke	

telc Deutsch B1-B2 Pflege, Übungstest 1

Abb. 2: Telc Deutsch B1-B2-Pflege: Aufgabenbeispiel (Nachtdienstbericht) für den Subteil ‚Sprachbausteine' telc: 19)

Thomas Edeling

Schreiben

*Wählen Sie Aufgabe A **oder** Aufgabe B.*

Aufgabe A

*Schreiben Sie einen ausführlichen **Aufnahmebericht** als zusammenhängenden Text.*
*Benutzen Sie **alle** Informationen aus dem Anamnesebogen. Ergänzen Sie bei Bedarf weitere Details.*
Schreiben Sie ca. 120–170 Wörter.
Schreiben Sie Ihren Text auf den Antwortbogen.

Schreiben

Städtisches Krankenhaus

Patient	Berta Müller (weiblich)	Datum	...
geboren am	22.12.1940	Einschätzung erfolgte durch	...
Diagnose	entgleister Diabetes mellitus Typ 2		

Gewohnheiten · Wünsche · Ressourcen

			Hilfebedarf			
	Ja	Nein	Beaufsichtigung	Anleitung	Teilübernahme	vollständige Übernahme
1. Kommunizieren						
Benötigen Sie eine Brille?	x			x		
Benötigen Sie ein Hörgerät?	x					x
Können Sie sich mitteilen und Ihre Wünsche äußern?	x					
Orientierung:						
ist zeitlich	x					
örtlich	x					
situativ	x					
zur Person orientiert.	x					
2. Sich bewegen **Können Sie selbständig ...**						
aufstehen/zu Bett gehen?		x				x
gehen?	x		x			
stehen?	x		x			
Benutzen Sie hierzu Hilfsmittel?	x					
sitzen?	x					
sich hinsetzen?	x					
Ihre Lage im Bett verändern?	x					

telc Deutsch B1-B2 Pflege, Übungstest 1

Abb. 3: telc Deutsch B1-B2-Pflege: Aufgabenbeispiel (Aufnahmebericht) für den Teil
‚Schreiben' (telc:20)

Teilnehmer bzw. Teilnehmerin A und Teilnehmer bzw. Teilnehmerin B

Teil 3
Diskussion (Pausengespräch)

Situation
Sie sollen eine **Pflicht-Fortbildung** zum Thema „Kommunikation mit Angehörigen" besuchen. Die Kosten der Fortbildung werden vom Arbeitgeber übernommen. Die Zeit dafür wird aber nicht als Arbeitszeit anerkannt.

Aufgabe
Lesen Sie die folgende Frage und diskutieren Sie mit Ihrem Partner bzw. Ihrer Partnerin darüber. Begründen Sie Ihre Meinung und nennen Sie Beispiele. Die drei Aussagen können Ihnen dabei helfen.

Abb. 4: Aufgabenbeispiel für den Teil ‚Sprechen' (telc: 28)

DIGITAL

Julia Hartinger

Wirtschaftsdeutsch regional und digital vermitteln – Ansätze im Rahmen des Projekts
ProFit im Beruf – ProFit v profesi

1   Einleitung – Das Projekt *ProFit im Beruf – ProFit v profesi*

Im Laufe der letzten drei Jahrzehnte hat sich die tschechisch-sächsische Grenzregion auf politischer, wirtschaftlicher und sozialer Ebene umfassend verändert. Maßgeblich hat die Europäische Union die grenzüberschreitende Kooperation vorangetrieben und wurde dabei „schrittweise zum wichtigsten, die Entwicklung der Grenzgebiete unterstützenden Akteur" (Garsztecki 2014: 11). Doch unterliegt die Region nicht nur tiefgreifenden Veränderungen, sondern auch die regionsspezifischen Herausforderungen haben sich gewandelt. Während vor einigen Jahren noch eine hohe Arbeitslosigkeit ein zentrales Problem darstellte, werden nun der demographische Wandel, der damit einhergehende Fachkräftemangel und die Sprachbarriere als Hauptherausforderungen gesehen (vgl. SMUL 2020: 86). Somit besteht ein zunehmender Bedarf an Hochschulabsolvent*innen, die sich für eine berufliche Zukunft in der Region entscheiden und neben Fachwissen auch über fachsprachliche Kompetenzen verfügen. Diese Tatsache muss sich auch im fachsprachlichen Unterricht an Hochschulen sowie weiterführenden Schulen widerspiegeln. Genau daran setzt das im Rahmen des vom Europäischen Fonds für regionale Entwicklung geförderte Projekt *ProFit im Beruf – durch Sprach- und Fachsensibilisierung im Studium (ProFit v profesi – jazykovou a odbornou senzibilizací během studia)* an. Das Kooperationsprojekt zwischen der Technischen Universität Liberec (TUL), Lead-Partner im Projekt, und der Westsächsischen Hochschule Zwickau (WHZ) hat das übergreifende Ziel, Studierende mit flexibel einsetzbaren Fachkenntnissen aber auch (fach-)sprachlichen und interkulturellen Kompetenzen auszurüsten. Damit soll die Verbesserung ihrer Chancen für einen erfolgreichen Einstieg in den regionalen, grenznahen Arbeitsmarkt einhergehen. Die dazu entwickelten und durchgeführten Projektaktivitäten waren vielfältig. Anknüpfend an den Artikel von Helena Neumannová und Irena Vlčková (in diesem Band), der die Perspektive der TUL darstellt, soll in diesem Beitrag die Sicht der sächsischen Projektpartner auf die Erfordernisse und Potenziale einer fachbezogenen und für die Region zugeschnittene Sprachvermittlung beleuchtet werden.

Gleich eingangs sei auf ein zentrales Zitat von Albert Raasch (2004: 8) aus seinen Reflexionen zu Nachbarsprachen in Grenzregionen verwiesen: „Unterricht braucht Lehrmaterial, das die grenzüberschreitenden Beziehungen, die Kultur der Region jenseits der Grenze, die identitätsstiftende Kooperation thematisiert." An dieser Forderung und dem damit gleichzeitig verbundenen Ziel, den Fokus hierbei auf die Wirtschaft bzw. die wirtschaftliche Zusammenarbeit zu legen, setzt der erste Teil des Beitrags an. Dabei steht die Frage im Mittelpunkt, inwiefern die explizite Thematisierung des tschechisch-sächsischen Wirtschaftsraums in Fremdsprachenkursen, wie z. B. dem Wirtschaftsdeutschunterricht an Hochschulen in den Nachbarregionen, von Relevanz ist und wie ein solches Programm inhaltlich exemplarisch umgesetzt werden kann. Die Frage, wie diese Inhalte nachhaltig in die Kurse integriert werden können, steht im Fokus des zweiten Teils – digital. Wie sich die Arbeit mit dem Material aus Lehrenden- und Studierendenperspektive gestaltete, wird im anschließenden Teil aufgezeigt. Zum Abschluss werden die im Projekt in Form von Sommerschulen und Workshops angebotenen Möglichkeiten, Lernorte außerhalb des Kursraumes, d. h. in der Praxis zu erleben, in den Blick genommen.

2   Wirtschaftsdeutsch vermitteln? Regional!

Um den eingangs erwähnten sprachlichen Barrieren entgegenzuwirken, wurden im tschechisch-sächsischen Grenzraum seit Jahrzehnten verschiedene erfolgreiche Initiativen und Programme zum nachbarschaftlichen Lernen vom Kindergarten bis zum Hochschulbereich ins Leben gerufen (vgl. Spaniel-Weise 2018: 110ff.), wobei hier nichtsdestotrotz noch großes Ausbaupotenzial besteht. An dieser Stelle soll hervorgehoben werden, dass „das Erlernen der Nachbarsprache einen besonderen Akzent auf die kulturellen Aspekte und auf Interkulturalität legt, einschließlich der Fähigkeit, schon sehr früh (und authentisch) mit dem Anderen und dem Fremden umgehen zu können" (Raasch

2004: 6). Abgesehen von den sich daraus im Umkehrschluss ergebenden negativen Auswirkungen mangelnder Kenntnisse der Nachbarsprachen auf das gesellschaftliche Zusammenleben ist auch die wirtschaftliche Zusammenarbeit davon betroffen. Nicht nur anhand der 2006 von der Europäischen Kommission veröffentlichten und oftmals zitierten ELAN-Studie wurde verdeutlicht, dass sich fehlende Fremdsprachenkenntnisse auf die Wettbewerbsfähigkeit kleiner und mittelständischer Unternehmen in Europa negativ auswirken. Eine zentrale Erkenntnis der genannten Studie, dass Englisch im Handel zwar eine wichtige, aber nicht die einzig notwendige Fremdsprache darstellt, trifft auch insbesondere auf den tschechisch-deutschen Geschäftskontext zu. Häufig sind in tschechischen Unternehmen deutsche Sprachkenntnisse vor allem für sog. *white collar worker* von großem Vorteil (vgl. Šichová 2011: 51), was mit Blick auf die nachfolgend beschriebene(n) Zielgruppe(n) des Projekts von Bedeutung ist. Auch eine im Rahmen des Projekts durchgeführte Umfrage durch die TUL gibt einen tendenziellen Aufschluss über die Bedeutung von Fremdsprachenkompetenzen, die Unternehmen im tschechischen Teil der Grenzregion beimessen (vgl. dazu Neumannová/Vlčková in diesem Band).

Für Sachsen ist die Tschechische Republik einer der wichtigsten Handelspartner, was durch eine ähnliche Branchenstruktur begünstigt wird (vgl. Wirtschaftsförderung Sachsen 2020). Angesichts der Reisebeschränkungen im Zuge der Covid-19-Pandemie nahm im Jahr 2020 das Interesse von sächsischen Unternehmen an der Zusammenarbeit mit dem Nachbarland deutlich zu. Erwartet wird eine über die Krisenzeiten hinausgehende verstärkte Suche von Wirtschaftspartnern im nahegelegenen Ausland. Dass jedoch „geographische Nähe zweier Länder nicht zwangsläufig zu wahrgenommener Vertrautheit des jeweiligen Nachbarlandes führen muss" (Hodicová 2007: 242) wurde im Rahmen einer Untersuchung zu Kooperationen von kleinen und mittleren Unternehmen im tschechisch-sächsischen Grenzraum festgestellt. Hodicovás Befragung tschechischer und sächsischer Unternehmer*innen ergab u. a., dass die Sprachbarriere sowie fehlendes Wissen über bzw. Interesse für das Heimatland des potentiellen Kooperationspartners als Hemmnisse für grenzüberschreitende Kooperationen wahrgenommen werden. Mit Blick auf diese Feststellungen überrascht es wenig, dass auch die Unterrichtserfahrungen der am Projekt beteiligten Lehrkräfte an beiden Hochschulen zeigen, dass sich die Studierenden trotz der geographischen Nähe nur wenig mit der Wirtschaft des angrenzenden Nachbarn und der zugleich wichtigen Handelspartner und den damit einhergehenden Potenzialen für die eigene berufliche Zukunft beschäftigen (vgl. Vlčková 2017: 256).

Aus den dargelegten Punkten ergibt sich somit das Projektziel der Eingliederung neuer Komponenten in die fach- und berufsbezogene Fremdsprachenausbildung an beiden Institutionen. Dazu sollten authentische, aktuelle und lehrwerksunabhängige Materialien für die Nutzung zum Selbststudium entwickelt werden. Zudem sollten für die Studierenden Möglichkeiten geschaffen werden, im Rahmen mehrtägiger Veranstaltungen in gemischten Gruppen das wirtschaftliche und kulturell-gesellschaftliche Umfeld der Region jenseits der Grenze kennenzulernen. Durch diesen Ausbau der fach- und berufsbezogenen Fremdsprachenausbildung sollten die Chancen von Hochschulabsolvent*innen für den Einstieg in den regionalen und länderübergreifenden Arbeitsmarkt verbessert werden. Darüber hinaus sollten durch den damit verbundenen Abbau sprachlicher Barrieren und die Sensibilisierung für traditionelle Branchen und neue Bedarfe der Abgang hochqualifizierter junger Menschen aus der Region vermindert werden. Bevor im Folgenden dargelegt wird, wie die beiden Nachbarregionen und die grenzüberschreitende Zusammenarbeit aus einer wirtschaftlichen und gleichzeitig vielfältigen Perspektive in dem Material thematisiert werden, soll zunächst ein Blick auf die Zielgruppen des Projekts und damit verbunden auch auf den Wirtschaftsdeutschunterricht an der WHZ geworfen werden.

Derzeit studieren an der WHZ etwa 3800 Studierende an einer der acht Fakultäten. Das primär regionale Einzugsgebiet von Studierenden ist einer von vielen Anknüpfungspunkten zwischen den beiden Partnerhochschulen. Anders jedoch als an der TUL, an der das Projekt eindeutig für Studierende wirtschaftswissenschaftlicher Fächer bestimmt ist, die Deutsch als zweite Fremdsprache nach Englisch gewählt haben (vgl. dazu Neumannová/Vlčková in diesem Band), kann an der WHZ von zwei Hauptzielgruppen gesprochen werden. So werden an der Fakultät für Angewandte Sprachen und Interkulturelle Kommunikation, an der das Projekt *ProFit* angesiedelt ist, der Bachelorstudiengang *Languages and Business Administration* angeboten. Dieser zeichnet sich durch eine Kombination von Sprachen, Wirtschaftswissenschaften und interkultureller Kommunikation aus und die Studierenden können sich dabei auf den chinesischen, frankophonen oder iberoromanischen Sprach- und Kulturraum spezialisieren. Im Sinne der Internationalisierungsstrategie der Hochschule ist zudem ab dem Studienjahr 2021/22 für internationale Studierende die Spezialisierungsrichtung *Wirtschaftskommunikation* Deutsch geplant (siehe dazu den Beitrag von Busch-Lauer in diesem Band). Insbesondere erwähnt sei an dieser Stelle auch der trinationale Masterstudiengang *Regionale und Europäische Projektentwicklung*, der von der WHZ, der Südböhmischen Universität Ceské Budejovice sowie der Universität der Südbretagne gemeinsam angeboten wird und somit auf eine beispiellose Weise Brücken zu den Nachbarländern Tschechien und Frankreich baut.

Wie an der TUL sind auch an der WHZ die Studierendenzahlen rückläufig. Umso wichtiger für die Attraktivitätssteigerung der Hochschule erscheinen somit zusätzliche Aktivitäten, wie die im Rahmen des Programms durchgeführten Workshops und Sommerschulen. Diese Veranstaltungen, die im letzten Teil des Beitrags noch genauer thematisiert werden, richteten sich in erster Linie an die Studierenden der genannten Fachrichtungen, aber auch an Studierende mit anderen Studienfächern, wie beispielsweise Informatik, profitierten von dieser Möglichkeit. Während die Gesamtstudierendenzahlen sinken, nimmt der Anteil internationaler Studierender an der WHZ, die andere zentrale Zielgruppe des Projekts, stetig zu. Zu Projektbeginn in den Jahren 2017/2018 kamen etwa 15 % der immatrikulierten Studierenden aus dem Ausland, wobei die Zahl als Folge eingeschränkter Mobilität im Zuge der Covid-19-Pandemie vorläufig etwas zurückging. Dass ein nicht unerheblicher Teil dieser Gruppe zum Studium an die WHZ auch mit dem Ziel einer späteren beruflichen Zukunft in Deutschland kommt, liegt auf der Hand. Wie viele von Beginn an in der Region attraktive Bleibeperspektiven sehen, ist unklar. Ganz eindeutig ist hingegen der damit stets steigende Bedarf an allgemein- und fachsprachlichen DaF-Kursen. An der Fakultät werden studienbegleitende, modularisierte DaF-Kurse für internationale Vollzeit- und Austauschstudierende in allen Fachrichtungen angeboten. Diese Kurse umfassen in der Regel wöchentlich vier Unterrichtseinheiten.

Abgeschlossen wird das Fach Wirtschaftsdeutsch mit einem schriftlichen Test, der 70 % der Gesamtnote bestimmt, und einer mündlichen Prüfung. Letztere kann beispielsweise in Form einer Präsentation über ein von den Studierenden selbst gewähltes Unternehmen erfolgen. Die in der Modulbeschreibung festgelegten Ziele des Kurses umfassen die Vermittlung von grundlegenden sprachlichen Kenntnissen im Themenbereich „Wirtschaft", die Erweiterung der lexikalischen und grammatischen Kenntnisse anhand der wirtschaftlich spezifischen Fachsprache, das Kennenlernen/Erlernen von Grundlagen beruflicher Kommunikation, sowie berufssprachlicher und interkultureller Kompetenz. Eine besondere Herausforderung für fachbezogene DaF-Kurse wie Technisches Deutsch oder Wirtschaftsdeutsch ergibt sich neben den heterogenen Sprachniveaus der Studierenden aus den stark variierenden themenbezogenen Kenntnissen. So ist es beispielsweise kein Einzelfall, dass der Kurs Wirtschaftsdeutsch, welcher auf ein B1-Niveau ausgerichtet ist, beispielweise gleichzeitig u. a. von einer finnischen Studentin, deren Sprachkenntnisse sich auf einem A2-Niveau bewegen und die an ihrer Heimatuniversität Wirtschaftswissenschaften studiert und einer chinesischen Germanistik-Studentin, deren Sprachkenntnisse an ein B2-Niveau heranreichen, besucht wird. Neben Austauschstudierenden, die überwiegend aus China und Taiwan stammen, entscheiden sich auch internationale Vollzeitstudierende mit technischen Studienfächern wie *Road Traffic Engineering* oder *Biomedizinische Technik* für den Kurs.

Allgemeines Lehrmaterial, das in Wirtschaftsdeutschkursen an Hochschulen eingesetzt werden kann, ist vorhanden und wird angesichts des steigenden Bedarfs stetig erweitert. So wird an der WHZ beispielweise u. a. mit dem Lehrwerk *DaF im Unternehmen* des Klett-Verlags, welches auch zusätzliches Online-Material bietet, oder auch mit dem in diesem Band von Eva Dammers vorgestellten Lehrwerk *Deutsch als Fremdsprache für Wirtschaftswissenschaftler* gearbeitet. Wie eine Analyse der Projektmitarbeiter*innen ergeben hat, fehlt es jedoch an Materialien, die neben fachsprachlichen Kenntnissen auch Wissen über den tschechisch-sächsischen Wirtschaftsraum vermitteln. Dass in den auf dem Markt vorhandenen Lehrmaterialien für Deutsch als Wirtschaftsfachsprache meist große oder teils auch fiktive Unternehmen thematisiert werden sowie selten ein Bekenntnis zu einer spezifischen Branche oder einem Produkt stattfindet, liegt angesichts der Intention eine möglichst breite Zielgruppe anzusprechen auf der Hand. Jedoch wird damit eine wichtige Möglichkeit in Hinblick auf das inhaltsbezogene Lernen im Wirtschaftsdeutschunterricht mittels für die Lernenden interessanter und relevanter Inhalte nicht genutzt.

Angesichts der Tatsache, dass in diesem Beitrag bislang schlicht von „Wirtschaftsdeutsch" bzw. „Wirtschaftsdeutschkursen" gesprochen wurde, soll an dieser Stelle in einem kleinen Exkurs auf den Begriff im Kontext des Projekts eingegangen werden. Dabei soll von Definitionen und Begriffsannäherungen abgesehen werden, auch vor dem Hintergrund, dass wirtschaftliches Handeln durch eine „kaum zu strukturierende Vielfalt unterschiedlicher Wirtschaftsfachsprachen gekennzeichnet ist" (Grießhaber 2000: 413). Es stellt sich jedoch die Frage der Verortung der Materialien hinsichtlich der Sprachverwendungsbereiche. Auch wenn der konkrete Verwendungsbedarf der Fremdsprache für den Großteil der an den Kursen teilnehmenden Studierenden meist noch nicht gegeben ist, können diesbezügliche Eingrenzungen vorgenommen werden. Wie schon der Name des Projekts erahnen lässt, ist mit Blick auf die Einteilung der Sprachverwendungsbereiche nach Buhlmann/Fearns (2018: 133f.) festzuhalten, dass der Fokus auf die Verwendungsabsicht der Fremdsprache im späteren Berufsleben gelegt wurde. Zusammengefasst betrachtet sind die im Projekt entstandenen Materialien somit vor allem im praktisch-fachlichen Bereich der Kommunikation innerhalb bzw. zwischen Unternehmen und der Wirtschaftsberichterstattung angesiedelt. Der theoretisch-wissenschaftliche Bereich wird dabei dort miteinbezogen, wo es zur Verständnissicherung erforderlich ist. An dieser Stelle sei angemerkt, dass mit Blick auf den geplanten Studienschwerpunkt *Wirtschaftskommunikation Deutsch* die Materialentwicklung mit dem Fokus auf die wissenschaftliche Kommunikation künftig eine größere Rolle für den DaF-Unterricht an der WHZ spielen wird (vgl. Adams in diesem Band zu Chancen und Herausforderungen einer fachkommunikativen studienbegleitenden Deutschausbildung für internationale Studierende wirtschaftswissenschaftlicher Fächer). Anspruch war im Kontext des Projekts somit die Erstellung von berufssprachlich-handlungsorientierten Materialien, die die Vermittlung von spezifischem Wissen zur Region und interkulturellen Aspekten stark einbinden. Es geht dabei verständlicherweise nicht um die Erfüllung aller Merkmale und Vorzüge eines sog. regionalen Lehrwerks wie z. B. in Hinblick auf die Berücksichtigung spezifischer Lehr- und Lerntraditionen (vgl. Maijala/Tammenga-Helmantel 2016: 539ff.), was hinsichtlich der sehr heterogenen Zielgruppe an der WHZ bezüglich der Herkunftsländer nicht möglich wäre. Der „regionale" Aspekt der Materialien besteht darin, an dem unmittelbaren örtlichen Umfeld der Studierenden anzuknüpfen und inhaltliches Wissen über die Region durch die Sprache zu vermitteln. Während der Projektumsetzung entstand eine große Bandbreite an regionalbezogenem und lehrwerksunabhängigem Lehr- und Lernmaterial, das den Wirtschaftsdeutschkursen an beiden Institutionen als wichtige Ergänzung dient und auch von anderen interessierten Institutionen genutzt werden kann.

In gemeinsamer Absprache wurden von den Projektteams zehn Themenfelder für Erstellung der Lehr- und Lernmaterialien festgelegt, die mit unterschiedlichen Schwerpunkten in Hinblick auf die jeweils örtlichen Gegebenheiten an den Hochschulen umgesetzt wurden. Diese Themenfelder sind das leitende Gliederungsprinzip und umfassen folgende Bereiche:

1. *Deutschland u. Tschechien als Import- und Exportländer*
2. *Regionale Wirtschafts- und Kooperationsbeziehungen und ihre Spezifika*
3. *Traditionelle Branchen im Liberecer und Zwickauer Gebiet – Stand und Perspektiven*
4. *Wirtschaftspotenzial der Grenzregion, u. a. regionale Produkte und Vermarktung*
5. *Grenzüberschreitendes Projektmanagement*
6. *Nachhaltigkeit: Infrastrukturen, Erneuerbare Energien, Elektromobilität, Umwelt*
7. *Moderne Technologien in der Wirtschaft*
8. *Lebensqualität und Tourismus als Wirtschaftsfaktoren in der Grenzregion*
9. *Messen und Ausstellungen*
10. *Praktisches Projektmanagement im Studium*

Die gewählten thematischen Schwerpunkte sollen die an den Kursen teilnehmenden Studierenden sowohl für Fragestellungen und Probleme, aber auch für Innovationen und Problemlösungen sensibilisieren, die den Alltag der Menschen und die Berufswelt der Zukunft maßgeblich bestimmen werden. Zu jedem Themenfeld wurden in einem ersten Schritt Informationsquellen zusammengestellt, grundlegende wirtschaftsbezogene Fachtexte verschiedener Textsorten unter den Prämissen der Authentizität und der Aktualität ausgewählt und unter didaktisch-methodischen Aspekten aufbereitet. Die Themen- und Textauswahl sowie die verwendeten Übungstypen zum Fertigkeitstraining orientieren sich am Gemeinsamen Europäischen Referenzrahmen für Sprachen (GER). Anhand der darin enthaltenen sprachlichen Phänomene wurden die Übungen erarbeitet. Alle Materialien zeichnen sich durch eine flexible Einsetzbarkeit aus, da sie keiner stringenten sprachlichen Progression folgen und sind, wie bereits erwähnt, als Ergänzung und nicht als Ersatz eines kurstragenden Lehrwerks zu sehen. Im Liberecer Projektteam wurde der Ansatz verfolgt, dass Lernende stark in die Materialerstellung eingebunden wurden bzw. selbst Arbeitsblätter konzipierten (vgl. Grein 2020). Da an der WHZ vergleichsweise weniger Unterrichtszeit in den Wirtschaftsdeutschkursen als an der TUL zur Verfügung stand, wurde in diesem Projektteam ein besonderer Fokus auf die Entwicklung von Selbstlernmaterial gelegt, ohne die Studierenden in den Prozess der Materialentwicklung einzubeziehen. Das entwickelte Material, an welches wie dargelegt der Anspruch gestellt wurde, sowohl aktuell als auch authentisch und regional zu sein, wird nun im Folgenden vorgestellt.

3 Wirtschaftsdeutsch vermitteln? Digital!

Im Vergleich zur TUL steht das Learning Management System *Moodle* an der WHZ nicht allen Fakultäten uneingeschränkt zur Verfügung. Stattdessen wird in den Kursen der fachbezogenen Sprachausausbildung die Online-Plattform für Akademisches Lehren und Lernen *OPAL* genutzt, welche durch die Bildungsportal Sachsen GmbH verwaltet wird (vgl. Rusch in diesem Band für weitere Informationen zu Erfahrungen mit *OPAL*). Für das Projektteam der WHZ erwies es sich als praktikabelste und nachhaltigste Vorgehensweise, die entwickelten Materialien plattformübergreifend zur Verfügung zu stellen. Dies bringt zum einen den Vorteil, die digitalen Materialien in eine kontextbezogene Oberfläche einzubetten und zum anderen eröffnet es internationalen Studieninteressenten bereits ohne Zugang zum System bzw. ohne Kenntnisse dieses auf das Selbstlernmaterial zuzugreifen. Besonders geeignet für die Erstellung des digitalen Materials wurde das Autorenwerkzeug *e&mLearning Publisher (emLP)* befunden. Dieses wurde im Rahmen der Forschungskooperation zwischen dem Bereich Angewandte Sprachen der Hochschule für Technik und Wirtschaft des Saarlandes und dem Saarbrücker Softwareunternehmen EUROKEY GmbH entwickelt (vgl. Sick 2015: 233). Für die Wahl des Tools war neben der Vielfalt an interaktiven Übungstypen und verschiedenen Arten von adaptivem Feedback, die dieses bietet, auch die einfache Bedienbarkeit für Autor*innen ausschlaggebend. Entscheidend war zudem die Option, die interaktiven Inhalte jederzeit per Knopfdruck aktualisieren zu können und über Webbrowser, Smartphone oder Tablet gleichermaßen zugänglich zu machen, da sie an die technischen Gegebenheiten des jeweiligen Ausgabegeräts automatisch angepasst werden. Ein erfolgreiches Beispiel für digitales fachsprachliches Lernmaterial, das mithilfe dieses Autorentools erstellt wurde, ist das multimediale Sprachlernprogramm *TechnoPlus English* für Technisches Englisch und Business English (vgl. ebd.: 234).

Zur besseren Übersichtlichkeit wurden die zehn festgelegten Themenfelder wie folgt zusammengefasst. Dabei bildet das zugrundeliegende Konzept der „Landschaften" als Metapher die Dynamik von Entwicklungsprozessen in Wirtschaft, Natur und Gesellschaft ab.

- *Wege durch die Nachbarlandschaften (alle Themenbereiche, im Rahmen des Projekts besuchte Orte)*
- *Kultur- und Messelandschaften (Themenbereiche 3, 8, 9)*
- *Unternehmens- und Technologielandschaften (Themenbereiche 1, 2, 4, 7)*
- *Bildungs- und Hochschullandschaften (Themenbereich 10)*
- *Natur- und Tourismuslandschaften (Themenbereiche 6, 8)*
- *Projekt- und Zukunftslandschaften (Themenbereiche 2, 5, 7)*

Ganz im Sinne des Kennenlernens und der näheren Beschäftigung mit der Region sind die digitalen Lerneinheiten in den einzelnen thematischen „Landschaften" in eine Karte eingebettet, die die Grenzregion abbildet. Die „Lernorte" sind meist thematisch verbunden mit einem realen Ort auf der Karte. Beim Erkunden der Karte werden durch das Anklicken eines Lernorts über einen Informationsblock jeweils das Sprachniveau der Übung, die relevanten Sprachhandlungen, das damit verbundene Wortfeld und grammatische Schwerpunktthema transparent gemacht. Des Weiteren sind teilweise auch Links zur weiteren Recherche angegeben. Zudem beinhalten alle Landschaften PDF-Dokumente mit thematisch passenden Unterrichtsvorschlägen für Lehrende. Neben der Kartenansicht enthält jede „Landschaft" zudem die Option, sich die „Lernorte" in einer Tabelle anzeigen zu lassen. Zudem kann über die Suchfunktion gezielt nach Eingabe eines Stichworts zu einem inhaltlichen oder grammatischen Thema, wie beispielweise „Automobil" oder „Partizipialattribut", eine entsprechende Übung gefunden werden. Abbildung 1 veranschaulicht den Aufbau der Seite exemplarisch.

Abb. 1: Screenshot der Oberfläche der „Landschaften"

Grundlage der Übungssequenzen zu den verschiedenen Lernorten ist meist ein authentischer Text und/oder ein Video. Anhand der Vielfalt der festgelegten Themenbereiche decken diese ein breites Spektrum an Branchen ab. Die darauf abgestimmten digitalen Übungen zielen insbesondere darauf ab, das Leseverstehen und Hör- bzw. Hörsehverstehen zu trainieren. Um nur einzelne Beispiele zu nennen, wurde etwa für eine Übung zum selektiven und detaillierten Verstehen eines Texts zur Geschichte eines Unternehmens in der Region der Übungstyp Richtig/Falsch gewählt. Zur Unterstützung des Selbstlernens erscheint im Feedbackfenster jedoch nicht nur die simple Rückmeldung „richtig" oder „falsch", sondern je nach Ermessen der materialerstellenden Lehrkraft auch eine kurze Erklärung, warum dem so ist. Eine sinnvoll mit einem Imagefilm verknüpfte Übungsform ist das Zuordnen verschiedener Fakten in eine inhaltliche Kategorie wie Branche, Standort, Produktpalette, Vertriebswege etc. In den darauf aufbauenden Übungen wird das Vokabular vertieft, wobei z. B. bei Eingabeübungen das entsprechende Fachwort eingetippt werden muss. Multiple-Choice-Übungen sind zum Vertiefen von relevanten Kollokationen eingebaut. Zudem sind kontextuell eingebettete Übungen zu verschiedenen grammatischen Bereichen Teil der meisten Lernorte.

Die Lernenden erhalten nach der Bearbeitung einer Übung ein unmittelbares Feedback, das wie zuvor erwähnt, unter Einbeziehung typischer Fehler gestaltet wurde. Ein anderes Beispiel der im Autorenwerkzeug verankerten Funktionalitäten zur Förderung des eigenständigen Lernens ist eine integrierte Rechtschreibkontrolle, die u. a. auf fehlende Buchstaben aufmerksam macht und somit den Prozess der Selbstkontrolle unterstützt. Auch können die in die Übungen integrierten Tipps zur Aufgabenbearbeitung genutzt werden. Insbesondere Lernende, die wenig Erfahrung mit der Nutzung von (digitalen) Selbstlernmaterialien haben, können so an ein autonomes Lernen herangeführt werden. Nach dieser kurzen Betrachtung der didaktischen bzw. technischen Aspekte des Materials in diesem Teil soll im nächsten Teil reflektiert werden, wie die Arbeit mit diesen in den Kursen aus Sicht der Lehrenden und Studierenden wahrgenommen wurde. Damit werden die Aspekte der regionalen und digitalen Perspektive aus den Teilen zwei und drei gewissermaßen zusammengeführt, da beides in der Auswertung berücksichtigt wird.

4 Erfahrungen

Im Rahmen der fast knapp dreijährigen Projektlaufzeit konnte eine „kontinuierliche Erprobung schon während der Entwicklungsphasen" (Roche 2014: 870) gewährleistet werden. Die digitalen und regionalen Lerneinheiten wurden im Laufe von vier Semestern in dem Kurs Wirtschaftsdeutsch an der WHZ eingesetzt und dabei laufend erweitert und optimiert. Insgesamt stellen diese aus Sicht der Lehrenden eine sinnvolle Ergänzung zu den Präsenzveranstaltungen dar. Dabei muss individuell und situationsabhängig entschieden werden, welche Lerneinheiten als Vor- oder Nachbereitung zu bearbeiten sind. Diese generelle Entscheidung, ob die Lernmaterialien zur Vorbereitung genutzt werden sollen oder mit diesen bestimmte Inhalte aus dem Präsenzunterricht gefestigt und vertieft werden sollen, fiel meist auf zweiteres, damit zunächst eine gemeinsame Basis geschaffen werden konnte. Da sich Wortschatz und Grammatik von den thematischen Inhalten ableiten, wiederholen sich diese, weshalb sich die „Landschaften" zudem auch insbesondere zum Aufgreifen von bereits vor längerer Zeit behandelten Themen eignen. Um ein konkretes Anwendungsbeispiel zu nennen, wurde die Thematik Messen behandelt und zur Nachbereitung sprachliche Übungen bearbeitet, die sich mit einer regionalen Firmenkontaktmesse sowie in diesem Kontext mit dem Verstehen von Unternehmensporträts und Stellenausschreibungen dort vertretener Unternehmen beschäftigen. Dies bildete wiederum die Grundlage für die Vorbereitung eines realen Besuchs dieser Messe und damit verbundenen produktiven Aufgaben wie das Berichten darüber im Kurs.

Zudem können bestimmte *emLP*-basierte Lerneinheiten auch nur einzelnen Lernenden hinsichtlich ihrer unter- oder überdurchschnittlichen Voraussetzungen zur Bearbeitung empfohlen werden, was angesichts der im zweiten Teil angeklungenen Heterogenität der Zielgruppe von besonderer Wichtigkeit ist. Mithilfe der digitalen „Lernorte" können so zum einen leistungsschwächere Lernende gezielt durch ein angeleitetes Selbststudium Defizite ausgleichen, während leistungsstärkere Studierende sich Modulen mit komplexeren Themen widmen können. Aufgrund der begrenzt zur Verfügung stehenden Seminarzeit ist eine derartige Binnendifferenzierung im Rahmen der Präsenzveranstaltungen oft nicht möglich. Besonders hervorzuheben ist zudem, dass durch die Übungen insbesondere rezeptive Fähigkeiten verbessert werden können, sodass im Präsenzunterricht mehr Zeit bleibt, den Fokus auf die produktiven Fähigkeiten zu legen. Die Erfahrung, dass die digitalen Lerneinheiten im Speziellen nützlich für die Vertiefung von fachsprachlichem Vokabular sein können, wurde zudem in dem Kurs „Deutsch für Triebfahrzeugführer" gemacht. In dem Kurs, der im Rahmen eines Kooperationsprojekts zwischen der WHZ und der Länderbahn GmbH stattfindet, ist der Lernaufwand an Wortschatz enorm, weshalb dieser durch *emLP*-erstellte Einheiten außerhalb der Unterrichtszeit trainiert werden muss.

Zur Heranführung an die Arbeit mit den digitalen Lerneinheiten bietet sich auch stellenweise der Einsatz direkt im Rahmen des Unterrichts an, vor allem zu Semesterbeginn. Dies kann im Plenum geschehen, aber auch insbesondere in kurzen, in die Lehrveranstaltung integrierte Selbstlernphasen, bei denen die Lehrkraft unterstützend zur Seite steht. Außerhalb des Kurses ist es eine eigenständige Entscheidung der Studierenden, in welcher Zeit und wie oft sie die Übungen bearbeiten. Da die Lehrenden keine Einsicht in diesen Prozess haben, ist die bereits exemplarisch beschriebene Verzahnung der Übungen mit dem Präsenzveranstaltungen von besonderer Wichtigkeit. Durch beispielsweise den Einsatz eines Quizes zu Beginn einer Kurseinheit, bei dem Inhalte der digitalen Übungen abgefragt werden, soll weniger das Gefühl einer Kontrolle von außen, sondern der Relevanz der selbständigen Bearbeitung der Hausaufgaben vermittelt werden.

Generell wurde von den Studierenden die Arbeit mit den digitalen, regionalen Lerneinheiten gut aufgenommen, teils kamen jedoch Vorbehalte zum Vorschein. Um einen Einblick zu geben, werden im Folgenden beispielhaft einige Äußerungen aus schriftlichen Befragungen der Studierenden aus zwei

Semestern aufgeführt. Das Ziel, die Motivation der Lernenden durch lebensnahe Inhalte und einen persönlichen Bezug zu steigern, spiegelt sich in folgenden Äußerungen wider:

- „Mit den digitalen Übungen lerne ich besser, weil die Übungen aus dem Buch manchmal ein bisschen langweilig sind."
- „Ich denke, dass die digitalen Übungen mehr interessanter als die Übungen aus dem Buch waren. Viele Unternehmen waren neu für mich."
- „Mit den digitalen Übungen habe ich über Veranstaltungen in Sachsen erfahren. Mein Horizont wird erweitert."
- „In Tschechien kenne ich vorher nur Prag. Jetzt weiß ich mehr über andere Teile nicht so weit von Zwickau. Ich möchte das besuchen."

Hinsichtlich der Einschätzung der Lernerfahrung mit den Übungen wurden folgende Aussagen herausgegriffen:

- „Ich bekomme gleich die richtigen Lösungen."
- „Wenn ich in der Straßenbahn bin und etwas lernen möchte, kann ich einfach auf dem Handy Übungen machen."
- „Die Korrektur ist einfach."
- „Es gibt verschiedene Arten wie Texte zu schreiben oder Video schauen und dann Fragen zu beantworten. Das gefällt mir."

Neben diesen hier herausgestellten positiven Punkten wurden auch einige Aspekte an der Arbeit mit den digitalen Lerneinheiten negativ eingeschätzt. Dabei spielte insbesondere die persönliche Präferenz von analogen Lernmedien gegenüber digitalen eine entscheidende Rolle. Dass sich dementsprechende Aussagen im Sommersemester 2020, das rein digital stattfand, häuften, ist mit Blick auf den erheblichen Zeitanteil der Studierenden vor den Bildschirmen nicht verwunderlich.

- „Ich lerne lieber aus dem Buch, weil es bequemer ist zu lesen."
- „Im Vergleich zum Tippen bevorzuge ich das Gefühl des Schreibens."
- „Ich denke ich lerne besser, wenn ich schreibe in einem Buch. Ich arbeite gern auf Papier."

- „Auf dem Handy lange Texte zu lesen ist nicht schön."
- „Es ist schwer auf den Bildschirm zu schauen und gleichzeitig Notizen zu machen."

Trotz vorteilhafter Funktionalitäten des Autorenwerkzeugs stoßen auch die damit entwickelten Übungen an wohlbekannte Grenzen im Bereich des E-Learning, was folgende Aussagen veranschaulichen.

- „Manchmal weiß ich nicht, warum eine Übung falsch ist und das nervt mich."
- „Ich finde manche digitale Übungen sind ähnlich, wie Wörter auswählen."
- „Meine eigene Antwort kann nicht behalten werden."
- „Man muss sehr diszipliniert sein und das bin ich nicht."

Im Anbetracht der positiven und negativen Tendenzen in den Einschätzungen der Studierenden kann der Schluss gezogen werden, dass sich die Arbeit mit den digitalen, regionalen Einheiten bewährt hat, jedoch in einem vernünftigen Maß geschehen sollte.

5   Fazit und Perspektiven: Lernorte außerhalb des digitalen Kursraums

Indem in den digitalen, nach Themen strukturierten Sprachlernmaterialien die Aufmerksamkeit gezielt auf die eigene Region und das Nachbarland gelegt wird, entstehen inhaltliche und sprachliche Synergieeffekte, wodurch auch die Motivation am Lernen der Fremdsprache gesteigert werden kann. Neben der Entwicklung von regionsspezifischen Lehr- und Lernmaterialien und deren Einbindung in die fachsprachlichen Kurse an beiden Hochschulen sollten die kommunikativen und interkulturellen Kompetenzen auch in authentischen und relevanten Kommunikationssituationen angewandt und erweitert werden (vgl. Gehring 2010: 10). So wurden Lernorte außerhalb der (digitalen) Kursräume im Rahmen von zwei fünftägigen Sommerschulen und zwei dreitägigen Workshops geschaffen, die in der Zwickauer und der Liberecer Region stattfanden. Anspruch der jeweiligen Programmplanung war es, die Region aus einer möglichst vielfältigen Perspektive zu zeigen und erlebbar zu machen. So umfassten die Veranstaltungen nicht nur Besichtigungen von Unternehmen aus verschiedenen Branchen, sondern auch Exkursionen zum Kennenlernen traditioneller sächsischer und tschechischer Branchen wie der Textilindustrie oder dem Bergbau. Zudem konnten Wissen und Netzwerke bei verschiedenen Vorträgen und Workshops von Expert*innen aus der Praxis, wie beispielsweise Gründer*innen eines Start-ups oder Vertreter*innen der Industrie- und Handelskammer, erweitert werden. Dadurch, dass an allen Veranstaltungen je 15 Studierende von beiden Partnerinstitutionen gemeinsam teilnahmen, entstanden zudem Begegnungssituationen zwischen tschechischen, deutschen und internationalen Studierenden, was nicht ganz unerwartet für viele der befragten Teilnehmer*innen rückblickend den größten persönlichen Zugewinn darstellte. So wurde der Austausch zwischen einigen Studierenden noch lange nach Veranstaltungsende (online) fortgesetzt.

Dass eine bloße Teilnahme an solchen Veranstaltungen und das Erleben von Expert*innen nicht automatisch zu einer Festigung und Erweiterung (fach-)sprachlicher Kompetenzen bei den Lernenden führt, steht außer Frage. Der Schlüssel liegt in einer sorgfältigen Vor- und Nachbereitung im Rahmen der Kurse, weshalb die Sommerschulen und Workshops eng mit der Materialentwicklung verzahnt wurden. Somit bot der Dialog mit der Praxis auch für die teilnehmenden Lehrkräfte in dieser Hinsicht eine besondere Möglichkeit. An dieser Stelle soll auch kurz die Rolle der Fremdsprache Tschechisch im Projekt thematisiert werden. Zwar werden an der Westsächsischen Hochschule Tschechischkurse auf Anfängerniveau angeboten, für die sich u. a. auch einige Studierende motiviert durch ihre Teilnahme an im Projekt umgesetzten Aktivitäten anmeldeten. Zudem wurden ganz im Sinne des zentralen Projektziels der Förderung beider Nachbarsprachen zu verschiedenen Gelegenheiten Crashkurse angeboten, um das Interesse an der Sprache zu steigern. Des Weiteren wurden im Rahmen der an der TUL stattfindenden Veranstaltungen intensive Sprachkurseinheiten für die Studierenden der WHZ durchgeführt. Angesichts der Tatsache, dass an beiden Hochschulen (noch) keine Tschechischkurse auf einem fortgeschrittenen bzw. fachsprachlichen Niveau stattfinden, lag im Rahmen des Projektes bei der Materialerstellung der Fokus auf Deutsch als Fremd- und Fachsprache mit regionalem Bezug. Nicht obwohl, sondern gerade weil sich im tschechisch-deutschen Geschäftskontext eine Asymmetrie in Hinblick auf die Verwendung der Nachbarsprachen nicht von der Hand weisen lässt (vgl. Šichová 2011: 49), ist ein Bedarf an Materialen für Tschechisch als Fachsprache im regionalen Kontext gegeben und sollte in zukünftigen Projekten weiterverfolgt werden.

Im Rahmen des Kooperationsprogramms zur Förderung der grenzübergreifenden Zusammenarbeit zwischen dem Freistaat Sachsen und der Tschechischen Republik 2014–2020 wurden grenzübergreifende Kooperationen zwischen Hochschulen ermöglicht und unterstützt, welche dazu beitragen sollen, „gemeinsame tertiäre Bildungsangebote in verschiedenen Themenbereichen aufzubauen oder weiterzuentwickeln und den Austausch von Studierenden zu fördern" (SMUL 2020: 89). Dass sich genau darin das Projekt *ProFit* verorten lässt, wurde in diesem Beitrag gezeigt. Auch wenn die ab März 2020 eingetretenen äußeren Umstände die Durchführung weiterer Präsenzveranstaltungen im Projekt unterbanden und die Fachkonferenz und Abschlussveranstaltung digital durchgeführt werden mussten, ergab die unmittelbare Umstellung von der Präsenz- auf die Online-Lehre einen noch vor Projektbeginn ungeahnten zusätzlichen Mehrwert des entwickelten Materials.

6 Literatur

BUHLMANN, ROSEMARIE/FEARNS, ANNELIESE (2018): *Handbuch des fach- und berufsbezogenen Deutschunterrichts DaF, DaZ, CLIL.* (Forum für Fachsprachen-Forschung 141). Berlin: Frank & Timme.

GARSZTECKI, STEFAN (2014): „Vorwort – *Předmluva*". In: ders./JEŘÁBEK, MILAN/SMIDA, JIRÍ/SCHERM, ILONA (Hg.): *Grenzraum 2.0 Kooperation und innovative Ideen im sächsisch-tschechischen Grenzraum = Příhraničí 2.0 : spolupráce a inovativní ideje v česko-saském příhraničí.* Zwickau: Förster & Borries. 11–15.

GEHRING, WOLFGANG (2010): „Zur Einleitung: Lernort, Lernstandort, Lernumgebung: Warum ein Fremdsprachenunterricht auch außerhalb des Klassenzimmers ertragreich ist". In: ders./STINSHOFF, ELISABETH (Hg.): *Außerschulische Lernorte des Fremdsprachenunterrichts.* Braunschweig: Diesterweg, 7–16.

GREIN, MARION (2020): „Digitalen Sprachunterricht interaktiv gestalten: nützliche Tools und Tipps zur Anwendung. Magazin Sprache". In: https://www.goethe.de/ins/mx/de/spr/mag/21929056.html (Zugriff: 11.01.2021).

GRIEßHABER, WILHELM (2000): „Zum Begriff Wirtschaftssprache. Überlegungen und Vorschläge zur Analyse der Fachsprache der Wirtschaft". In: BECKMANN, SUSANNE/KÖNIG, PETER-PAUL/WOLF, GEORG (Hg.): *Sprachspiel und Bedeutung. Festschrift für Franz Hundsnurscher zum 65. Geburtstag.* Tübingen: Niemeyer, 403–413.

HODICOVÁ, RADKA (2007): *Psychische Distanz und Internationalisierung von KMU Empirische Untersuchung am Beispiel des sächsisch-tschechischen Grenzraumes.* Wiesbaden: DUV.

Kommission der Europäischen Gemeinschaften (2006): „ELAN: Auswirkungen mangelnder Fremdsprachenkenntnisse in den Unternehmen auf die europäische Wirtschaft". In: https://ec.europa.eu/assets/eac/languages/policy/strategic-framework/documents/elan_de.pdf (Zugriff: 20.01.2021).

MAIJALA, MINNA/TAMMENGA-HELMANTEL, MARJON (2016): „Regionalität als Stärke? Eine Analyse von finnischen und niederländischen DaF-Lehrwerken". In: *InfoDaF* 43/5, 537–565.

RAASCH, ALBERT (2004) „Ein europäisches Projekt: Nachbarsprachen in Grenzregionen. Erfahrungen und Ergebnisse". In: *Beiträge zum Thematischen Forum ‚Mehrsprachigkeit in Grenzregionen' (4/2004).* www.eurac.edu (Zugriff: 20.01.2021).

ROCHE, JÖRG (2014): „Virtuelle Grenzgänge. Zum Mehrwert der elektronischen Medien in der Sprach- und Kulturvermittlung". In: ALEG, Universität Cordoba (Hg.): *cruce de fronteras – grenzgänge – cruzando fronteiras.* Cordoba: Comunicarte, 867–878.

Sächsisches Staatsministerium für Umwelt und Landwirtschaft (2020): *Programmbegleitende Evaluierung zum Kooperationsprogramm Freistaat Sachsen – Tschechische Republik 2014–2020.* In: https://www.sn-cz2020.eu/media/de_cs/aktuelles/neue_foerderperiode/Soziooekonomische_Analyse_Endbericht_20200227_final.pdf (Zugriff: 20.01.2021).

ŠICHOVÁ, KATEŘINA (2011): „Die tschechische Wirtschaft braucht nicht nur Englisch – vom Ruf der deutsch-tschechischen Unternehmen nach Mehrsprachigkeit". JANÍKOVÁ, VĚRA/SORGER, BRIGITTE (Hg.): *Mehrsprachigkeit in der Tschechischen Republik am Beispiel Deutsch nach Englisch.* Brno: Tribun EU, 48–57.

SICK, CHRISTINE (2015): „*TechnoPlus Englisch* goes mobile – vom computerbasierten Sprachlernprogramm zu mobilen Angeboten". BUSCH-LAUER, INES-ANDREA (Hg.): *Facetten der Fachsprachenvermittlung – Hands on ESP Teaching. (Bd. 5: Studien zu Fach, Sprache und Kultur).* Berlin: Frank & Timme, 233–249.

VLČKOVÁ, IRENA (2017): „ProFit im Beruf: Ein gemeinsames Projekt der Technischen Universität Liberec und der Westsächsischen Hochschule Zwickau. Entwicklung interkultureller Kompetenzen im Deutschunterricht". In: *ACC Journal, Volume 23, Issue 3,* 255–260. doi: 10.15240/tul/004/2017-3-023.

Wirtschaftsförderung Sachsen (2020): „Sachsens Wirtschaftsförderung verstärkt Aktivitäten zu Polen und Tschechien". In: https://standort-sachsen.de/de/info-center/nachrichten/78526-sachsens-wirtschaftsfoerderung-verstaerkt-aktivitaeten-zu-polen-und-tschechien (Zugriff: 20.01.2021).

Annegret Middeke

Service Learning – analog und digital. Zur Entwicklung von Lehrkompetenzen für das Vermittlungshandeln im berufsbezogenen DaF/DaZ-Unterricht[1]

1 Quid pro quo

Mit Service Learning in der Form, wie sie im Folgenden beschrieben wird, ist im Grunde nichts anderes gemeint als das ökonomische Prinzip des „quid pro quo", also des nach dem Biete-Suche-Verfahren organisierten Güteraustausches, wie man ihn aus kostenlosen Kleinanzeigen und von Schwarzen Brettern, bspw. in Supermärkten oder auf dem Campus, kennt. Die Tauschökonomie bei Service Learning-Projekten in DaF/DaZ-Studienkontexten funktioniert nicht viel anders, nur, dass die Gegenstände hier komplexer sind als bei Ebay, öffentlichen Bücherschränken oder einer Mitfahrzentrale und die Koordination von Leistung und Gegenleistung entsprechend anspruchsvoller ist.

Auf der einen Seite benötigen Studierende der akademischen Fächer DaF/DaZ Praxiserfahrungen, sei es im Erstellen von Lehrmaterialien für den realen Unterricht, in dem diese dann den Praxistest bestehen müssen, oder in der Durchführung von Unterricht. Im Studium erwerben sie die theoretischen Grundlagen für das spätere Vermittlungshandeln, bauen also Planungskompetenzen auf. Immerhin, aber auch nur: Denn selbst die in den Curricula verankerten Theorie-Praxis-Verzahnungen erweisen sich in der didaktischen Umsetzung zumeist als simulative ‚Trockenschwimm'-Formate. Da aber die „Entwicklung professioneller Kompetenzen und Identität" kein Plug-in zum Fachstudium, sondern „ein langfristiger und persönlicher" Erfahrungsprozess ist, erscheint es umso wichtiger, diesen so früh wie möglich „durch Praxisphasen" im bzw. neben dem Studium anzustoßen (vgl. Diederichs 2019: 32). In seinem Vortrag „Professionelle Kompetenzen angehender Fachlehrkräfte in

---

1 Ich danke Dr. Matthias Jung (IIK Düsseldorf & Berlin e.V.) für wertvolle Hinweise und Ergänzungen.

Deutsch als Zweitsprache. Dimensionen – Entwicklung – Lerngelegenheiten"[2] betont Udo Ohm nachdrücklich die Notwendigkeit, das Angebot an Lehr-Lerngelegenheiten für die Studierenden zu erweitern. Denn für eine routinierte, kompetente Situationsbewältigung im Unterricht bedarf es nicht nur wissenschaftlich-theoretischen und methodisch-didaktischen *Wissens*, sondern auch einer Vielzahl gemachter und reflektierter Praxiserfahrungen. Wenn man dann noch davon ausgeht, dass bereits im Stadium des *fortgeschrittenen Anfängers* (das ist die Stufe zwei nach dem fünfstufigen Modell des Fähigkeitserwerbs von Erwachsenen von Dreyfus [2004]) „teilautomatisierte Handlungsmuster" und „ein situatives Reflexionsvermögen" entwickelt werden (Diederichs 2019: 31), erscheint die Forderung nach (mehr) authentischen Lerngelegenheiten für DaF/DaZ-Studierende nur folgerichtig.

Auf der anderen Seite fehlen – bei stetig wachsendem Bedarf – qualifizierte DaF/DaZ-Lehrkräfte allgemein und insbesondere für die berufsbezogene Deutschkurse (siehe AA 2020: 8 passim; Jung/Middeke/Panferov 2017). An deutschen Hochschulen ist dieses Qualifizierungsprofil in den DaF/DaZ-Studiengängen immer noch unterrepräsentiert. In den nicht deutschsprachigen Ländern, vor allem denen, in denen das Deutsche einen hohen ökonomischem Wert hat, suchen viele Germanistik-/DaF-Absolvent*innen aufgrund der schlechten Bezahlung im Lehrberuf ihr Glück in anderen Branchen, was laut Jung (2018: 250), zu einer „gewissen Deprofessionalisierung führt", die wiederum zur Folge hat, dass „qualifizierte, auch fachsprachlich spezialisierte Lehrkräfte, die den eigentlich gewünschten Berufsbezug der Sprachausbildung umsetzen können, [...] erst recht fehlen". Die Materialienlage ist ebenfalls nicht einfach, da es aufgrund der unüberschaubaren Vielfalt an berufsbezogenen Sprachhandlungssituationen bei gleichzeitigem Mangel an „systematische[n] Kompetenzbeschreibungen berufsspezifischer sprachlich-kommunikativer Anforderungen" (Laczkowiak 2020: 219) fast unmöglich ist, *passgenaue* Lehrmaterialien für den konkreten Unterricht zu finden. Zwar sind in jüngster Zeit zahlreiche DaF/DaZ-Lehrwerke für die Berufskommunikation erschienen, doch zielen diese schon aus ökonomischer Erfordernis auf einen möglichst großen Adressat*innenkreis, was bedeutet, dass der ,spezifische' Bedarf so weit definiert werden muss, dass er eine möglichst große Schnittmenge aus möglichst vielen Anwendungsbereichen abdeckt (vgl. Jung 2014:

---

2   Am 06.03.2015 an der Hochschule für Angewandte Sprachen/SDI München.

44). Vorhandene Lehrmaterialien für den berufsbezogenen DaF/DaZ-Unterricht können also in den meisten Fällen nur partiell verwendet werden und müssen (mehr als für den allgemeinsprachlichen DaF/DaZ-Unterricht) zielgruppenspezifisch überarbeitet und angepasst werden. Im Service Learning wird das Potential der immateriellen Tauschökonomie, das in den beschriebenen Bedarfslagen liegt, produktiv genutzt, denn beide Seiten haben auch etwas zu bieten.

2   Service Learning in DaF/DaZ

Indem beim Service Learning in reziproker Weise der Bedarf des Einen mit dem Angebot an den Anderen zusammengebracht wird, werden zwei Bedarfe mit einer Maßnahme gedeckt. Wenn etwa DaF/DaZ-Studierende in Abstimmung mit den jeweiligen Kursleiter*innen vorhandene Lehrmaterialien für berufsbezogene DaF/DaZ-Kurse überarbeiten oder zielgruppenadäquat ganz neue entwickeln, bieten sie eine Leistung an, für die sie im Gegenzug Gelegenheit zum Sammeln von Praxiserfahrungen erhalten. Dasselbe gilt für Assistenzen im Unterricht und andere Arten von DaF/DaZ-Service.

Es muss betont werden, dass die Urform des Service Learning, auch „Lernen durch Engagement" (LdE) genannt, im sozialen Bereich verortet und in dem Zusammenhang stets als *bürgerschaftliches* Engagement gemeint ist. Besonders an Schulen ist die Stärkung der moralischen Entwicklung, des sozialen Verantwortungsbewusstseins und der Einstellungen der Schüler*innen zu Demokratie und Zivilgesellschaft ein übergeordnetes Handlungsziel der Service-Learning-Projekte. Bei der Tauschökonomie, um die es hier geht, sind die Benefizient*innen nicht aus dem Bereich Gemeinwohl, weshalb sie hier unter dem Aspekt des „quid pro quo" gefasst werden, doch besitzen auch Bildungsprojekte durchaus eine hohe gesellschaftliche Relevanz. Die inhaltliche und strukturelle curriculare Anbindung sowie der Verlauf der Lehrveranstaltungen indes entsprechen dem Konzept von Service Learning (siehe Altenschmidt/ Brandt 2017). Lerntheoretisch lässt sich diese Lehr-/Lernform dem „Cognitive Apprenticeship-Approach" als Instruktionsansatz des „Neuen Konstruktivismus" zuordnen. Ein Unterschied besteht jedoch darin, dass beim „Service Learning reale Praxisbedarfe der Community sowie reziproke (Lern-)Beziehungen zwischen Theorie und Praxis, zwischen Lernenden und Praktikern/

Klientel, im Mittelpunkt stehen" (Reinders 2016: 36). Dem/der Dozent*in im Seminar obliegt die Gesamtkoordination des Projektes, was bedeutet, dass er/sie gleichzeitig die Rolle des/der Projektmanager*in auf der Ebene der Organisation, des/der Beraters*in und Coaches*in auf der Prozessebene sowie des/der Compliance-Verantwortlichen auf der ethischen und persönlichen Ebene innehat. Auch für ihn/sie kann das eine ganz neue Erfahrung mit großem Lernzuwachs sein.

2.1 Analoge Service-Learning-Projekte – zwei Beispiele

Ein Beispiel für ein Service-Learning-Lehrwerksprojekt ist die Erstellung eines DaF-Lehrwerks (nach der Definition von Chudak) für die Automobilfertigung in China durch Göttinger M.A.-Studierende des Seminars „Lehrwerkanalyse, -kritik, -erstellung" (vgl. Middeke/Semyonova 2018).[3] Die Anfrage kam vom Goethe-Institut in Peking, da in China das duale Ausbildungssystem nach deutschem Vorbild übernommen wurde und regionalisierte DaF-Lehrmaterialien für Berufsschulen in Südchina, die eng mit deutschen Autounternehmen, benötigt wurden. Das Lehrwerk „DaF für Firmentrainings in der Automobilfertigung in China" wurde von fünf Göttinger Studierenden in enger Zusammenarbeit mit dem Goethe-Institut Peking (Auftraggeber/Benefizient), Mitarbeiter*innen von VW und BMW in China (fachliche Berater*innen), Mitgliedern des Fachverbandes Deutsch als Fremd- und Zweitsprache (FaDaF) e.V. (fremdsprachendidaktische Beratung und Erprobung der Materialien), einer Übersetzerin für die zweisprachigen Passagen im Lehrwerk und einem Graphiker entwickelt.

Die Erstellung einer Lektion plus einer didaktischen Reflexion des Entwicklungs- und Erprobungsprozesses bildete zugleich eine Komponente ihrer Gesamtprüfungsleistung für das Seminar; sieben weitere Studierende, die das Seminar mit einer Teilnahmebescheinigung abschließen wollten, waren für die vielen Zuarbeiten wie Recherchieren und Beraten, das Besorgen von Text-Bild-Material, inkl. der Klärung von Urheberrechten, das Anfertigen von Musterlösungen, das Sprechen von Hörtexten, das Einfügen von Verweisen zwischen den Lektionen etc. zuständig. Als unentbehrliche Assistent*innen haben

---

3 Die Abteilung Interkulturelle Germanistik hat einen China-Schwerpunkt und pflegt enge Kontakte zu chinesischen Hochschulen und zu den Goethe-Instituten in China.

sie einen wichtigen Beitrag zum Gelingen des Lehrwerks geleistet und dabei tiefe Einblicke in den vielschichtigen Arbeitsbereich der Lehrwerkerstellung gewonnen. Hauptsächlich aber mussten die fünf Autor*innen inhaltlich und methodisch eng zusammenarbeiten, damit die Lektionen aufeinander aufbauten und eine an den wissenschaftlichen Erkenntnissen des L2-Erwerbs orientierte Progression didaktisch umgesetzt werden konnte. Am Ende wurden die fünf Lektionen sowohl einzeln als auch im Gesamtzusammenhang des Lehrwerks von DaF-Expert*innen aus dem FaDaF-Netzwerk begutachtet und in verschiedenen Unterrichtssituationen erprobt. Die Rückmeldungen flossen direkt in die Überarbeitung der Lektionen ein. Gedruckt wurde in einer Auflage von 1.000 Exemplaren. Das Lehrwerk inkl. der Hörtexte findet sich in einem mehrsprachigen Online-Center für Deutsch als Fach- und Berufssprachen (www.idial4p-center.org) und verzeichnet im Zeitraum 23.10.2012 bis 30.11.2020 über 12.000 Downloads. Neben der Deckung des Bedarfs an DaF-Lehrmaterialien für die Automobilbranche wollte das Goethe-Institut Peking mit dem Lehrwerk ein Beispiel guter Praxis vorlegen, um weitere Sprach- und Kulturprojekte in Kooperation mit deutschen Automobilherstellern anzustoßen. Der reale Praxisbedarf und die Valorisierung der entwickelten Materialien durch den Einsatz im Unterricht stellten einen in hohem Maße authentischen Lernanlass und Lernkontext dar. Neben dem Wissen um die praktische Verantwortung für die eigene Leistung wirkte sich vor allem das Bewusstwerden des erstmaligen und irreversiblen öffentlichen Auftretens mit dem eigenen Namen im professionellen Diskurs motivations- und leistungssteigernd auf die Studierenden aus.

Ein anderes Service-Learning-Beispiel für die Erstellung von Lehr-/Lernmaterialien sind szenarienbasierte[4] Unterrichtsentwürfe für den berufsbezogenen DaF/DaZ-Unterricht von berufsvorbereitenden, -begleitenden und -qualifizierenden Kursen in Deutschland und im Ausland (vgl. Middeke 2018; Middeke i.Dr.). Auftraggeber*innen waren nicht eine Mittlerorganisation wie das Goethe-Institut im vorherigen Fall, sondern die Kursleiter*innen selbst. Sie unterrichteten in DaF/DaZ-Kursen mit Germanistikstudierenden an Hochschulen im Ausland zur Vorbereitung auf ein Praktikum oder Ferienjob in Deutschland oder bei einer deutschen Firma im Heimatland, in Kursen für Berufstätige im Ausland mit deutschsprachigen Geschäftspartner*innen und

....

4   Szenario wird hier definiert nach dem „Zertifikat Deutsch für den Beruf" (ZDfB).

Kund*innen, für Integrations- und Berufssprachkurse in Deutschland und andere mehr. Im Zeitraum von fünf Jahren sind im Seminar „Berufsbezogene Sprach(en)vermittlung" im Rahmen der Zusatzqualifikation „Interkulturalität und Mehrsprachigkeit, DaF/DaZ" an der Universität Göttingen über 60 Unterrichtsentwürfe entstanden, die den jeweiligen Kursleiter*innen zur Verfügung gestellt wurden. Diese haben sie in ihrem DaF/DaZ-Unterricht eingesetzt und zugleich erprobt. Auch hier flossen die Rückmeldungen in die Überarbeitung und Finalisierung der Unterrichtsentwürfe ein, die dann einen Teil des Leistungsportfolios für das Seminar darstellten. Im Unterschied zu dem erstgenannten Beispiel handelte es sich um Materialien für einen laufenden Kurs. Über die Materialentwicklung hinaus rückte also auch der Vermittlungsprozess mithilfe der entwickelten Szenarien, den es im Austausch mit den Kursleiter*innen zu planen galt, in den Fokus. Dabei war unerlässlich, dass die Kommunikation mit den DaF/DaZ-Lehrkräften, die dadurch zu Mentor*innen wurden, reibungslos funktionierte. Denn am Ende waren sie es, die die Materialien in ihrem Unterricht erprobten, weshalb ihnen außerdem ergänzende Lehrerhandreichungen mit didaktischen Hinweisen, Kopiervorlagen u. ä. von den Göttinger Studierenden zur Verfügung gestellt wurden.

Wie man hier sehen kann, liegen die Service-Lerneffekte nicht nur auf der Produkt-, sondern auch auf der Prozessebene, da die Studierenden intensive Einblicke in das reale berufliche Handeln gewinnen, die sich dem ‚Job-Shadowing' annähern. Weitere Lerneffekte resultieren aus der Durchführung von Zielgruppenanalysen, aus den Bedarfsermittlungen, der Erstellung von Erprobungsbögen zur Systematisierung der Rückmeldungen und kritischen Reflexion des Feedbacks sowie des ganzen Arbeitsprozesses und nicht zuletzt aus dem Zeit- und Kommunikationsmanagement. Auf Seiten der Benefizient*innen gaben zahlreiche der DaF/DaZ-Lehrkräfte in abschließenden Befragungen an, die Szenario-Technik vorher nicht gekannt und weitere neue Anregungen aus dem Projekt erhalten zu haben.

2.2 Digitales Service-Learning-Projekt – ein Beispiel

Seit dem Sommersemester 2020 finden die Projekte unter Pandemiebedingungen statt, d.h. online. Von Anfang April bis Mitte Juli hospitierten und unterrichten die Studierenden aus dem Seminar „Berufsbezogene Sprach(en)vermittlung" an der Universität Göttingen im Umfang von mind. 8 UE im

Deutschkurs für tunesische DaF-Lernende an einem Sprachinstitut in Tunesien, die sich auf eine Berufsausbildung im Bereich Tourismus in Deutschland vorbereiten. Der Kurs ist Teil eines umfangreichen Projekts der Gesellschaft für Internationale Zusammenarbeit (GIZ) zur Erprobung legaler Wege der Arbeitsmigration aus Nordafrika in die EU[5] und hier speziell nach Deutschland. Unmittelbarer Partner ist dabei das Institut für Internationale Kommunikation in Düsseldorf & Berlin e.V. (IIK), das in dem Projekt die ursprünglich rein analog geplante Deutschausbildung in Tunesien zusammen mit einem Partner vor Ort verantwortet. Unter Corona-Bedingungen hat sich die Deutschausbildung zu einem durchgehend hybriden digital-analogen Modellvorhaben entwickelt, bei dem die ursprünglich mit Lehrkräften aus Deutschland geplanten analogen Unterrichtsphasen in den virtuellen Raum verlagert wurden. Während die tunesischen Kolleg*innen weiter in Präsenz, aber nur noch in Kleingruppen mit Mindestabstand unterrichten konnten, ließ das digitale Format zum Ausgleich auch Gruppengrößen bis 25 Teilnehmer*innen zu, weswegen hier aber auch eine Unterstützung besonders willkommen war.

Für das Service-Learning-Projekt wurde der digitale Teil genutzt. Er bestand aus:

- mind. drei (6 UE) formativen Hospitationen, von denen die erste offen, die zweite vorbereitet und mit Hospitationsbögen angeleitet und die dritte – in vorheriger Absprache mit den Kursleiter*innen – partizipierend waren, z.B. mittels Betreuungen von Breakout Sessions oder in der Rolle als Assistenzlehrer*in in bestimmten Unterrichtsphasen
- der kollaborativen Erstellung (in Kleingruppen) von eigenen Unterrichtsentwürfen, im engen Austausch mit den Kursleiter*innen des IIK Düsseldorf & Berlin, und betreut von mir als Seminarleiterin und Koordinatorin (Thema 1: Gastronomie, Thema 2: Hotel, Thema 3: Vorbereitung auf die Berufsausbildung in Deutschland)
- Bedarfserhebungen und der Entwicklung eines eigenen Unterrichtsentwurfs (wie im analogen Service Learning, nur dass die Befragungen ebenfalls digital durchgeführt wurden)

....

5   Projekt THAMM, vgl. http://www.gfmd.org/pfp/ppd/11961.

- der kollaborativen Durchführung (ebenfalls in Kleingruppen) einer Unterrichtseinheit von 90 Minuten via Zoom, die für die tunesischen Lernenden fakultativ war und sehr gut angenommen wurde
- der Einholung von Feedbacks und Reflexion der Rückmeldungen sowie der
- Reflexion des gesamten Prozesses.

Die Studierenden gestalteten ein Zusatzangebot ohne verpflichtende Teilnahme der Deutschlernenden, deren Interesse jedoch per anonymer Online-Umfrage für die einzelnen vorgeschlagenen Themen erhoben wurde. Da zwischen digitaler Interessenbekundung und tatsächlicher digitaler Anwesenheit eine unkalkulierbare Lücke klaffte, waren die Göttinger Studierenden mit Teilnehmendenzahlen konfrontiert, die als zwischen 19 und 53 liegend angekündigt waren und sich real dann zwischen 12 und 42 bewegten. Freilich komplizierte dies die Unterrichtsplanung und verlangte den Studierenden eine spontane Anpassung ihres didaktischen Konzeptes während des Unterrichts ab, was auch für unterrichtsunerfahrene Lehrkräfte eine Herausforderung darstellt. Andererseits hatte das den Vorteil, dass im Unterschied zu den klassischen arrangierten ‚Lehrproben‘ mit festen Gruppen ein realistisches Bild von den Anforderungen im virtuellen Kursraum gezeichnet wurde, was die didaktische Reflexion der Studierenden besonderes stimulierte und in der Rückschau vielfach als motivierendes Erfolgserlebnis hervorgehoben wurde. Nicht zu vernachlässigen ist dabei, dass die Studierenden diesen Unterricht als Gruppe planten und durchführten, sodass sie sich in Stresssituationen, in denen schnell reagiert werden musste, gegenseitig unterstützen konnten.

Zur Zielgruppe ist noch sagen, dass für die nach einem aufwendigen Bewerbungsverfahren ausgewählten jungen Tunesier*innen mit Fachabitur die Arbeitsmigration nach Deutschland ein attraktives Ziel ihrer Lebensplanung darstellte. Da sie sich zum Zeitpunkt des Einsatzes der Göttinger Studierenden auf einem Niveau zwischen A2 und B1 befanden, war es für die Lerner*innen persönlich attraktiv und sprachlich möglich, mit gleichaltrigen jungen Deutschen im Zielland zu kommunizieren und etwas über ihre zukünftigen Berufsfelder in Deutschland direkt von dort als gelebte Internationalisierung zu er-

© Frank & Timme   Verlag für wissenschaftliche Literatur

fahren, ohne dafür ihre Heimat zu verlassen. Matthias Jung erläutert in einem persönlichen Gespräch[6]:

> „In professionellen Zusammenhängen der Erwachsenenbildung darf man bezahlten oder öffentlich geförderten Deutschunterricht (BAMF-Kurse etc.) nicht von Praktikant*innen oder DaF/DaZ-Studierenden durchführen lassen; deshalb können eigene Unterrichtsversuche nur als attraktive Zusatzangebote eingerichtet werden, bei denen es dann sehr auf die Situation und Motivation der Lernenden ankommt. Hybride Formate, bei denen man Lehrkräfte und/oder Lernende, die sich im Zielsprachenland befinden, mit Kursen bzw. Lehrkräften zusammenbringt, die noch in ihrem Heimatland in kulturhomogenen Gruppen lernen, haben hier ein besonders großes Potenzial und bieten für alle Beteiligten einen echten Mehrwert, der das Überwinden der technischen Hürden für das digitale Unterrichten rechtfertigt. Diesen Mehrwert bieten ähnliche Projekte in Deutschland nicht und dürften deshalb etwa mit BAMF-Kursen erheblich schwieriger oder in digitaler Weise nur als Lehrkraftassistenz etwa bei der Animation von Untergruppen (Breakout-Sessions) zu realisieren sein.“

Die Göttinger Studierenden befanden sich zu diesem Zeitpunkt im Vertiefungsstudium – nach Dreyfus zwischen der Stufe I „Novice" und II „Competence" –, wobei Kompetenz hier *nicht performative*, sondern *Planungs*kompetenz bedeutet. Zwar können sie bereits „Handlungsschritte theoretisch begründet vollziehen, doch fehlt ihnen in Lehrkontexten eine breite Lehrerfahrung, auf die sie zurückgreifen können" (Diederichs 2019: 31). Interessant ist deshalb ein Blick auf die Divergenzen zwischen Theorie (=Planung) und Praxis (=Durchführung) bei den Göttinger Studierenden. Die meisten Divergenzen wurden bezüglich der Planungselemente Zeit, Technik, Gruppengröße/Teilnehmendenzahl und die Motivation der Lernenden festgestellt (vgl. Tabelle).

....

6   Das Zitat wurde von Matthias Jung genehmigt (30.11.2020).

Faktor	Lehrlernerfahrungssituation	Reflexion
Zeit	„Für diesen Aufgabenteil benötigten wir weniger Zeit als geplant, weshalb wir noch genügend Zeit für das geplante Szenario hatten."	*Erwartungskorrektur positiv (Zufriedenheit)*
	„Anfangs wollten wir zu viele Aufgaben durchführen und stellten irgendwann fest, dass wir uns damit längst außerhalb des zeitlichen Rahmens bewegten, sodass Aufgaben, die bereits mühevoll konzipiert worden waren, leider wieder gestrichen werden mussten."	*Erwartungskorrektur negativ (Enttäuschung)*
	„Für das Szenario blieb weniger Zeit als geplant. Um Bearbeitungszeit zu gewinnen, kürzten wir das Thale-Video."	*Lösung*
	„Vor allem für das Szenario am Ende wäre es jedoch schön gewesen, wenn wir noch etwas mehr Zeit gehabt hätten, da wir leider nur für zwei Beispiel-Dialoge im Plenum Zeit hatten. Daraus lerne ich, dass man vor allem für Szenarien genug Unterrichtszeit einplanen sollte."	*Reflexion des Lernzuwachses*
Technik	„Ein weiteres Problem stellten die Moderatorenrechte dar, sodass ich als Einzige die technischen Probleme lösen konnte und Herr L. und Frau S. keine Möglichkeit hatten dort einzugreifen."	*Problemerkennung*
	„Außerdem wollten wir uns auf mögliche technische Probleme vorbereiten und [haben] nach Ersatzmöglichkeiten gesucht."	*Antizipation und Lösungsansätze*
	„Lediglich eine Gruppe, die aus zwei Teilnehmern bestand, konnte diese Aufgabe nicht lösen, weil einer der Teilnehmenden die Datei mit den Rollenkarten nicht auf sein Handy herunterladen konnte. Wir haben versucht, dieses Problem zu lösen, indem wir ihm die Aufgabe als Textnachricht im Chat zugesendet haben."	*Lösung*
Tn-Zahl	„Es hatten sich im Vorhinein 42 TeilnehmerInnen angemeldet, wobei letztendlich 23 davon durchgehend anwesend waren. Diesbezüglich sollte allerdings gesagt werden, dass die exakte Anzahl der Teilnehmenden pausenlos variierte, da einige Lernende Probleme mit ihrer Internetverbindung hatten."	*Problembeschreibung*
	„Dass alle 35 Lernenden tatsächlich anwesend waren, hat die Situation nicht einfacher gemacht."	*Problemerkennung*

Faktor	Lehrlernerfahrungssituation	Reflexion
Motivation	„Beim Einstieg und der Aktivierung des Vorwissens haben die Lernenden gut mitgearbeitet."	*Bewertung*
	„Wegen mangelnder Beteiligung musste die Ergebnispräsentation stark nachgesteuert werden. Dies war überraschend, da ich mehrfach durch die Räume gegangen war, doch die angebotene Hilfe wurde nicht benötigt."	*Erwartungskorrektur neutral (Lösungsorientierung)*
	„Darüber hinaus war es in dieser digitalen Form über Zoom sehr schwierig, die Teilnehmer/-innen auch tatsächlich zur Mitarbeit zu bewegen und zu aktivieren."	*Problemerkennung*
	„In der Einheit waren wir selbst überrascht, dass so viele Lernende Interesse an unserem Angebot hatten."	*Erwartungskorrektur positiv (Zufriedenheit)*

Besonders interessant im Hinblick auf das Erreichen der curricularen Lernziele sind die Reflexionen des eigenen Vermittlungshandelns und der professionellen Rolle seitens der Studierenden. Welche Denkprozesse angestoßen wurden, zeigen folgende beispielhafte Äußerungen:

- „Abschließend lässt sich festhalten, dass wir auf die auftretenden Probleme souverän reagierten. Das Feedback zeigt, dass die Lernenden einen Lernzuwachs verzeichneten."
- „Es war super, dass wir zu Dritt unterrichten konnten. Alleine hätte ich das nicht geschafft. Auch die Beratung und Unterstützung von zwei Seiten (von Ihnen und vom IIK) war extrem hilfreich."
- „Vor Unterrichtsbeginn war ich trotz guter Vorbereitung nervös und aufgeregt. Die Nervosität legte sich als alles wie geplant verlief. Das positive Feedback vermittelte mir abschließend ein gutes Gefühl."
- „Das Projekt verhalf mir zu einem großen eigenen Lernzuwachs. Im Studium unterrichtete ich zwar bereits häufiger. Doch die Planung und Durchführung von digitalem Unterricht war neu und herausfordernd. Ich hatte noch nie ein Zoom-Meeting geleitet, auch das Einholen von Feedback mit Online-Methoden war neu."
- „Auch für mich persönlich hat sich aus der Unterrichtsplanung und -durchführung ein Lernzuwachs ergeben. So habe ich erlernt, Szena-

rien zu entwickeln und konnte erste Erfahrungen zum tatsächlichen Durchführen von DaF-/DaZ-Unterricht sammeln. Zusätzlich war es möglich, Einblicke ins digitale Lehren und Lernen zu erhalten."

- „Bei der Planung haben wir viel zu intensiv die Wortschatzarbeit gestaltet, dabei hat sich herausgestellt, dass die Mehrheit der Vokabeln den Teilnehmenden bereits bekannt war und wir uns mehr der mündlichen Produktion hätten widmen müssen."

- „Im Anschluss daran haben wir uns in den letzten Minuten noch ein Feedback über das Programm ‚Mentimeter' eingeholt. Dieses Feedback ist positiver ausgefallen, als ich es erwartet hätte, da wir im Unterricht doch stark lenkend eingreifen mussten, um bspw. Ergebnisse zu sichern oder die Bearbeitung der Aufgaben voranzubringen."

- „Alle Beteiligten hatten viel Freude am Unterricht und sind mit neuen Erfahrungen aus dem Unterricht gegangen."

3   Vorläufiges Fazit

Zu guter Letzt, damit keine Missverständnisse auftreten: Mit der Formulierung der Bedarfe (siehe Abschnitt 1) soll nicht der Eindruck erweckt werden, dass die Hochschulen den Bologna-Auftrag der Beschäftigungsfähigkeit nicht ernst nähmen. Im Gegenteil: Die Forderung nach „Beschäftigungsfähigkeit" aller Studierenden – nicht nur der „kleinen Fächer" – wird mit vielfältigen Initiativen und finanziellen Investitionen in die Tat umgesetzt.[7] Sie stellen ein reiches Angebot an Potenzialanalysen, Bewerbungstrainings, Schlüsselqualifikationen und Transferwissen bereit, um die Studierenden fit zu machen für den Job jenseits der (engen?) fachlichen Grenzen und außerhalb des wissenschaftlichen Diskurses. Die Versorgung mit Soft Skills durch die Hochschule trifft bei vielen Studierenden auf vor oder neben dem Studium erworbenes Praxis- und Erfahrungswissen. Sie jobben, absolvieren ein freiwilliges soziales Jahr oder zusätzliche Praktika, sammeln Auslandserfahrung u.v.m., und nicht wenige von ihnen können am Ende des Studiums ein beachtliches Kompetenzportfo-

....

7   Beschäftigungsfähigkeit von Hochschulabsolventinnen und -absolventen weiter verbessern! Gemeinsame Erklärung von BDA, DGB und HRK, Juli 2016. https://www.hrk.de/positionen/beschluss/detail/be schaeftigungsfaehigkeit-von-hochschulabsolventinnen-und-absolventen-weiter-verbessern/.

lio vorweisen. Doch ist eine allgemeine Beschäftigungsbefähigung eben nicht dasselbe wie eine berufsfeldspezifische Kompetenz.

Service Learning in DaF/DaZ ist kein Konkurrenzangebot zu den bestehenden Angeboten der Career-Service-Stellen, sondern eine auf das Fach bezogene zusätzliche Möglichkeit für Studierende, die Praxistauglichkeit der erlernten theoretischen Konzepte zu überprüfen und die eigene Rolle als professionell handelnde Expert*innen kennenzulernen und reflektieren zu können. Die Professionssoziologie (hier: Pfadenhauer 2005: 14) nennt drei als wesentlich einzustufende Kriterien für Professionalität: (1) die durch einen entsprechenden Abschluss nachgewiesene Befugnis sowie (2) die Anerkennung innerhalb der Fachgemeinschaft – diese sind als formale Bedingungen anzusehen, die erst mit und nach Beendigung des Studiums erfüllt werden können – und (3) die Befähigung in Form von Fachwissen und notwendigen Kompetenzen, um *die Handlungsanforderungen des Berufsfeldes zu bewältigen.* Das dritte Kriterium ist ein inhaltliches, das die Handelnden vom ersten Tag des Studiums bis zur Ende ihrer professionellen Tätigkeit im Blick haben können und müssen; dazu benötigen sie Lehr-Lerngelegenheiten – und zwar so viel, so unterschiedlich und so früh wie möglich.

Mit gelungenem Service-Learning lassen sich handlungsorientierte Lernziele und Authentizität gerade in der Aus- und Weiterbildung von Sprachlehrkräften in besonderem Maße erreichen, wie die vorangegangenen Beispiele zeigen sollten. Es handelt sich um eine Lernform sui generis:

„Service Learning Veranstaltungen folgen einer anderen Logik als herkömmliche Veranstaltungsangebote, sie orientieren sich […] an den Bedürfnissen der ‚Klienten' in der Lebenswelt, für die Hochschullehrer und Studierende gemeinsam arbeiten. Die Aufgabe entsteht also nicht im Kopf der Dozenten oder Studierenden, sie ist die Antwort auf ein reales Problem oder Bedürfnis, sie reagiert auf ein Defizit und schließt eine Handlungslücke, die ohne die Arbeit der Studierenden nicht geschlossen würde." (Sliwka 2007: 31)

Prospektiv lässt sich feststellen, dass die neuen digitalen Möglichkeiten die Anwendungsfelder, Gegenstände und Partneroptionen für Service-Learning-Projekte ungemein erweitern und die Überwindung der Spannung zwischen Theorie und Praxis in integrierten Projekten erst am Anfang steht.

4   Literatur

AA (2020): Deutsch als Fremdsprache weltweit. Datenerhebung des Auswärtigen Amtes 2020. https://www.auswaertiges-amt.de/blob/2344738/b2a4e47fdb9e8e2739 bab2565f8fe7c2/deutsch-als-fremdsprache-data.pdf (letzter Zugriff 30.11.2020).

ALTENSCHMIDT, KARSTEN/BRANDT, LEA (2017): „Materialien aus dem Workshop ‚Service Learning'". Forum Hochschuldidaktik „Perspektiven für das Lehren und Lernen" an der Georg-August-Universität Göttingen, 17. Mai 2017.

DIEDERICHS, LARA (2019): „Entwicklung professioneller Lehrkompetenzen und Lehrpersönlichkeit. Eine additive Praxisphase der Universität Paderborn". In: *die hochschule. Interdisziplinäre Zeitschrift für Studium und Lehre* 1, 29–45.

DREYFUS, STUART E. (2004): „The Five-Stage Model of Adult Skill Acquisition". In: *Technology & Society* 3, 177–181. http://www.bumc.bu.edu/facdev-medicine/files/2012/03/Dreyfus-skill-level.pdf (letzter Zugriff 30.11.2020).

JUNG, MATTHIAS (2014): „Materialentwicklung zwischen Fach- und Berufsbezug, Generalisierung und Spezialisierung". In: KIEFER, KARL-HUBERT/EFING, CHRISTIAN/JUNG, MATTHIAS/MIDDEKE, ANNEGRET (Hg.): *Berufsfeld-Kommunikation Deutsch*. Frankfurt/Main: Lang, 35–48.

JUNG, MATTHIAS (2018): „Fach- und berufsbezogener DaF-Unterricht an Schulen und Hochschulen im Ausland". In: EFING, CHRISTIAN/KIEFER, KARL-HUBERT (Hg.): *Sprache und Kommunikation in der beruflichen Aus- und Weiterbildung*. Stuttgart: Narr, 447–456.

JUNG, MATTHIAS/MIDDEKE, ANNEGRET/PANFEROV, JULIA (2017): „Zur Ausbildung von Lehrkräften Deutsch als Fremd- und Zweitsprache an deutschen Hochschulen – eine quantitative Studie 2014/2015 bis 2016/2017". Im Auftrag des Deutschen Akademischen Austauschdiensts (DAAD). http://www.fadaf.de/de/aktuelles/. (letzter Zugriff 30.11.2020).

LAXCZKOWIAK, JANA (2020): „Integriertes Fach- und Sprachlernen (IFSL) als Anforderung an berufliche Weiterbildung". In: GRYSZKO, ANNA/LAMMERS, CHRISTOPH/PELIKAN, KRISTINA/ROELCKE, THORSTEN (Hg.): *DaFFÜR Berlin: Perspektiven für Deutsch als Fremd- und Zweitsprache in Schule, Beruf und Wissenschaft*. Göttingen: Universitätsverlag, 217–234.

MIDDEKE, ANNEGRET (2018): „Zur Nachhaltigkeit von europäischen Bildungsprojekten am Beispiel von berufsbezogenem Deutsch in MOE". In: MIDDEKE, ANNEGRET/SAVA, DORIS/TICHY, ELLEN (Hg.): *Germanistische Diskurs- und Praxisfelder in Mittelosteuropa*. Frankfurt/Main: Lang, 247–264.

MIDDEKE, ANNEGRET (i.Dr.): „Eine Metaanalyse zur Entwicklung von Berufsszenarien im Rahmen von Service-Learning-Projekten". Erscheint in: ROELCKE, THORSTEN/TESCH, FELICITAS/TICHY, ELLEN (Hg.): *Deutsch in Fach und Beruf*. Frankfurt/M.: Peter Lang.

MIDDEKE, ANNEGRET/SEMYONOVA, ANASTASSIYA (2018): „Deutsch als Berufssprache für die Automobilfertigung in China. Zur kollaborativen Entwicklung von bedarfsorientierten DaF-Lehrmaterialien". In: *InfoDaF* 1, 200–224.

PFADENHAUER, MICHAELA (Hg.) (2005): *Professionelles Handeln*. Wiesbaden: Verlag für Sozialwissenschaften.

REINDERS, HEINZ (2016): „Service Learning – Theoretische Überlegungen und empirische Studien zu Lernen durch Engagement". https://www.beltz.de/fileadmin/beltz/kostenlose-downloads/9783779933809.pdf. (letzter Zugriff 30.11.2020).

SLIWKA, ANNE (2007): „Giving Back to the Community' – Service Learning als universitäre Pädagogik für gesellschaftliches Problemlösen". In: BALTES, ANNA MARIA/HOFER, MANFRED/SLIWKA, ANNE (Hg.): *Studierende übernehmen Verantwortung. Service Learning an deutschen Universitäten*. Weinheim u.a.: Beltz, 29–34.

ZDfB = Das Zertifikat Deutsch für den Beruf, herausgegeben vom Deutschen Volkshochschul-Verband (DVV) e.V. und vom Goethe-Institut zur Pflege der deutschen Sprache im Ausland und zur Förderung der internationalen kulturellen Zusammenarbeit e.V. 1995.

Christine Kramel/Thomas Stahl

Erfahrungen mit Online-Lehre – Bereiche der Online-Lehre: Welche Rolle können Online-Kurse in der Sprachlehre spielen?

1 Einführung

In diesem Beitrag wird die Entwicklung der Online-Lehre im Bereich Deutsch als Fremdsprache im Lehrgebiet Deutsch als Fremdsprache (DaF) des Zentrums für Sprache und Kommunikation (ZSK) der Universität Regensburg (UR) nachgezeichnet, eine Entwicklung, die schon vor der Intensivierung und Ausweitung auf alle Bereiche des Sprachenlehrens und -lernens, die durch die Corona-Pandemie 2020 erzwungen wurde, begonnen hat und auch nach dem Wiedererlangen der Möglichkeiten des Präsenzunterrichts weitergehen wird.

Die beschriebenen Erkenntnisse beziehen sich auf das Lehrgebiet DaF an der Universität Regensburg. Dabei werden einige lokale wie auch infrastrukturelle Besonderheiten angesprochen. Ziel des Beitrags ist jedoch, Entscheidungs- und Planungshilfen vorzustellen, die bei Bewertung, Planung und Nutzung von Online-Elementen und -Kursen in Sprachlernszenarien hilfreich sind, unabhängig von infrastrukturellen Besonderheiten.

Dieser Überblick beginnt vor der pandemiebedingten Ausweitung der Online-Lehre mit der Verortung von Online-Lehre mit ihren von äußeren Umständen unabhängigen Vorteilen in einem System von Präsenzkursen, um dann in aller Kürze die durch die Corona-Pandemie erzwungenen Umstrukturierungen des Sommersemesters 2020 darzustellen und darauf aufbauend die aus unseren Erfahrungen abgeleiteten Maxime eines gelingenden Online-Sprachunterrichts zu präsentieren.

2 Mehr als Präsenzlehre: Online-Komponenten im DaF-Kursangebot an der Universität Regensburg bis Frühjahr 2020

Das Lehrgebiet DaF am Zentrum für Sprache und Kommunikation der Universität Regensburg bietet Lehrveranstaltungen in verschiedenen Bereichen und für unterschiedliche Zielgruppen. Neben den beiden großen Kursbereichen der studienvorbereitenden Kurse, die Studienbewerber/innen der Universität Regensburg (UR) sowie der Ostbayerischen Technischen Hochschule Regensburg (OTH) beim Erwerb der für ein Studium notwendigen Sprachkenntnisse unterstützen und über die Kursstufen B1, B1+, B2 und B2+/C1 zu einer Teilnahme an der Deutschen Sprachprüfung für den Hochschulzugang führen[1], und der studienbegleitenden Kurse, in denen sowohl reguläre Studierende als auch Austausch- und andere Programmstudierende ihre Deutschkenntnisse und damit auch ihre Studierfähigkeit verbessern[2], werden auch Intensivsprachkurse für Austauschstudierende zur Vorbereitung auf den Studienaufenthalt in Regensburg sowie Deutschkurse für Doktorandinnen und Doktoranden, Gastwissenschaftlerinnen und Gastwissenschaftler und andere Mitarbeitende der Universität Regensburg angeboten. Dazu kommen noch Sonderprogramme für verschiedene Partnerhochschulen und das Angebot der *German & European Studies Courses*, das Teil des fächerübergreifenden und universitätsweiten englischsprachigen Lehrangebots für Austauschstudierende ist.

In allen Kursbereichen mit einem Fokus auf studienvorbereitende und -begleitende Kursen gab es bereits seit mehr als zehn Jahren ein kursbegleitendes Angebot von Online-Komponenten über GRIPS[3], die E-Learning-Platt-

---

1 Neben der Vermittlung von hochschulbezogenen Deutschkenntnissen und Strategien für ein erfolgreiches Studium stellt die Vorbereitung auf die DSH einen weiteren Schwerpunkt des Kursprogramms auf der Kursstufe B2+/C1 dar.

2 Im studienbegleitenden Kursprogramm werden allgemeinsprachliche Deutschkurse, Intensivierungskurse zu bestimmten sprachlichen Fertigkeiten und Fachsprachkurse anboten. Ergänzt werden die Sprachkurse durch ein Zusatzprogramm aus stärker landeskundlich-kulturell orientierten Lehrveranstaltungen wie Kursen zur Landeskunde, Literatur- und Filmkurse und eine Theatergruppe.

3 An der UR wird als LMS Moodle bereitgestellt und mit dem Akronym GRIPS („Gemeinsame Regensburger Internet-Plattform für Studierende") bezeichnet. Daneben bietet die UR auch das System ILIAS als E-Prüfungssystem an.

form der UR, und die Nutzung der über die Virtuelle Hochschule Bayern (vhb)[4] zur Verfügung gestellten Lehr- und Lernangebote.

Die kursbegleitenden Online-Angebote unterschieden sich in der Vergangenheit je nach Kursinhalt und Lehrperson und dienten in allen Bereichen des Kursangebots neben der Bereitstellung von vertiefenden Übungsangeboten (entweder über Links oder Aufgabenformate in GRIPS) auch der Kursorganisation und -kommunikation. Neben diesen Online-Komponenten wurden auch die über die vhb bereitgestellten Online-Kurse des Bereichs Deutsch als Fremdsprache in die einzelnen Kursprogramme integriert.

Auch wenn die Kurse von verschiedenen Trägerhochschulen des vhb-Verbunds entwickelt und betreut werden[5], sind sie im Rahmen des studienbegleitenden Kursangebots für Deutsch als Fremdsprache an der UR über eine eigene Nummer im Vorlesungsverzeichnis und eine Begleitung des Anmeldeprozesses für die Studierenden als „reguläres" und damit gleichwertiges Kursangebot ausgewiesen. Weder im Anmeldeverfahren noch bei der Ausstellung der Leistungsnachweise wurden die E-Learning-Kurse der vhb anders als die Präsenzkurse des Lehrgebiets DaF behandelt.

Im Gegensatz dazu hat sich das Lehrgebiet DaF im Rahmen der studienvorbereitenden Kurse bereits 2015 dazu entschieden, die Teilnahme an einem Online-Kurs zu einem obligatorischen Bestandteil des Kursprogramms zu machen. Damit soll – neben dem Sprachtraining durch die Lerninhalte des jeweiligen Kurses – auch der Umgang mit elektronischen Lernplattformen trainiert werden. Ziel ist eine umfassende Studienvorbereitung, die nicht aus-

....

4   Die vhb ist eine Verbundeinrichtung von derzeit 31 Hochschulen in Bayern. Sie fördert und unterstützt die Entwicklung digitaler Lerneinheiten und setzt sich für einen Austausch und eine hochschulübergreifende Nutzung ein. Die mit Förderung der vhb an den einzelnen Trägerhochschulen entwickelten Kurse sind über Hochschulgrenzen hinweg nutzbar. Dabei gibt es drei Programmlinien: In „CLASSIC vhb-Kursen", die über das LMS der Anbieterhochschulen zur Verfügung gestellt und dort tutoriell betreut werden, können ECTS für das Studium erworben werden. Diese Kurse stehen den Studierenden der vhb-Trägerhochschulen kostenfrei zur Verfügung, andere Nutzer/innen können gegen einen geringen Kostenbeitrag teilnehmen. Mit der Programmlinie OPEN vhb bietet die vhb nicht-curriculare, offene Kurse, die für alle Interessierten kostenfrei nutzbar und weltweit zugänglich sind. Die Kurse werden ebenfalls an einer Trägerhochschule entwickelt, dann aber über die zentrale Plattform der OPEN vhb (https://open.vhb.org/) zur Verfügung gestellt. ECTS können nicht erworben werden, eine tutorielle Betreuung findet nicht statt. Mit dem SMART vhb steht den Trägerhochschulen ein Repositorium für flexibel einsetzbare Online-Lerneinheiten zur Verfügung, die sich in die Präsenzlehre integrieren lassen.

5   Seit 2012 entwickelt das Lehrgebiet DaF Online-Kurse mit Förderung durch die vhb. Dem vhb-Kursangebot im Bereich Deutsch als Fremdsprache steuert das Lehrgebiet DaF aktuell sechs CLASSIC-Kurse und fünf OPEN-Kurse bei, weitere Kurse befinden sich in der Entwicklung.

schließlich auf den Erwerb von sprachlichen Fertigkeiten abzielt, sondern auch notwendige Strategien und Kompetenzen für ein erfolgreiches Studium, in dem digitale Komponenten eine immer größere Rolle spielen, in den Blick nimmt. Dieser Bereich ist vor allem deswegen von nicht zu überschätzender Bedeutung, da hier Studierende mit unterschiedlichen (lern-)kulturellen Hintergründen darauf vorbereitet werden müssen, mit muttersprachlichen und kulturkompetenten Studierenden zu arbeiten, zu lernen und evaluiert zu werden.

Zusätzlich zum obligatorischen Online-Kurs, der aus einer stufenspezifischen Zusammenstellung ausgewählt werden kann, wird den Studierenden empfohlen, weitere Online-Kurse, mit denen individuelle Lernschwerpunkte trainiert werden können, zu belegen. Bei allen organisatorischen Fragen und technischen Schwierigkeiten werden die Studierenden von der „Sprachlernberatung" des Lehrgebiets DaF[6] unterstützt, die als zentrale Anlaufstelle für die in das Kursprogramm integrierten Online-Kurse dient: Sie assistiert bei der Registrierung und Kursanmeldung, berät bei inhaltlichen und technischen Schwierigkeiten und unterstützt bei der Kommunikation mit der kursanbietenden Hochschule bzw. der vhb. Zusätzlich zu den vhb-Kursen werden natürlich – wie auch im studienbegleitenden Programm – unterstützende GRIPS-Komponenten angeboten.

....

6   Die Sprachlernberatung im Lehrgebiet DaF, die sich an alle internationalen Studierenden an der UR richtet, hat – neben der Unterstützung im Zusammenhang mit den Online-Kursen – zwei zentrale Aufgaben: Zum einen bietet sie in einer klassischen Lernberatung Hilfestellung beim selbstständigen Deutschlernen und bei der Entwicklung geeigneter Lernstrategien. Zum anderen vermittelt sie in Workshops „Studierstrategien", also Vorgehensweisen, die die Studierenden dazu befähigen, studienrelevante Textsorten und Kommunikationssituationen erfolgreich zu bewältigen. Die Einbindung derartiger Workshops stellt einen weiteren Baustein einer umfassenden Studienvorbereitung dar. Darüber hinaus fungiert die Sprachlernberatung als zentrale Anlaufstelle im Zusammenhang mit den in das studienvorbereitende Programm integrierten Online-Kursen: Sie assistiert bei der Registrierung und Kursanmeldung, berät bei inhaltlichen und technischen Schwierigkeiten und unterstützt bei der Klärung von Fragen und Problemen mit der kursanbietenden Hochschule bzw. der vhb.

3 Sinnvoller Einsatz von Online-Komponenten: geeignete Bereiche der Sprachlehre[7]

Auch wegen der Anreize, sich an dem Kursangebot der vhb mit der Entwicklung und der darauffolgenden Bereitstellung von Kursen im Bereich Deutsch als Fremdsprache beteiligen zu können, waren Online-Kurse schon vor der notwendigen Umstellung auf reine Online-Lehre wegen der Corona-Pandemie ein integraler Bereich des Deutschlernens am Lehrgebiet DaF. Denn sie bieten Vorteile in ganz verschiedenen Bereichen des Sprachenlehrens und -lernens, die unterschiedliche Aspekte und Ebenen berühren.

Zuerst kann mit der Asynchronität von Online-Komponenten eine zeitliche Entzerrung genannt werden, mit der sich ganz unterschiedliche Arten von Aufgaben bearbeiten lassen. Dabei ist in die Nähe dieser Eigenschaft von Online-Lernen auch die prinzipiell unendliche Repetitivität von digital präsentierten Übungen und Aufgaben zu verorten. Vorteilhaft ist dabei nicht nur, dass die Inhalte zu unterschiedlichen Zeiten erarbeitet werden können, so dass individuelle Hochkonzentrationsphasen wie auch (Fach)-Stundenpläne oder Arbeits- bzw. „Care-Zeiten" mitberücksichtigt werden können. Auch können in asynchronen Gruppenarbeiten verschiedene Stärken der Lernenden für die Gruppe genutzt und in einer synchronen Gruppensituation zurückhaltende Kursteilnehmer/innen stärker aktiviert und miteinbezogen werden. Über die Möglichkeit zur Überarbeitung und Revision von asynchron erarbeiteten Ergebnissen (z.B. über *Peer-Feedback*) kann auch autonomes Lernen in Gang kommen.

Des Weiteren können Online-Kurse insgesamt oder in einzelnen Komponenten anonym bearbeitet werden.[8] Dabei können verschiedene Stufen der Anonymität zum Tragen kommen – vom „unbeobachteten" Bearbeiten von Aufgaben über die schon oben unter dem Aspekt der Asynchronität erwähn-

---

[7] Alle in diesem Beitrag für reine Online-Kurse diskutierten Vorteile können auch für verschiedene Blended-Learning-Szenarien überprüft und angepasst werden. In diesem Zusammenhang ist die Idee des *Flipped Classroom* zu erwähnen, da sich hier die genannten Vorteile der Online-Lehre in hohem Maße zusammenfinden.

[8] Hier handelt es sich um Bereiche, die dem Erwerb, der Festigung und dem Üben von Sprachkönnen dienen. Für die Leistungserhebungen sind zwar einige Aspekte der Anonymität zu beachten (wie das erwähnte anonyme Belegen von Kursen), aber die Leistungen, die in eine Bewertung eingehen, müssen unter Klarnamen abgegeben werden. Hier könnte aber z. B. in einem Schreibkurs das Pseudonym erst bei der Abgabe der Texte in einem Portfolio aufgehoben werden und so der Prozess des Feedbacks in einem geschützten Raum erfolgen.

ten Möglichkeiten, Aufgaben zu wiederholen, bis zu den Möglichkeiten eines anonymen oder teilanonymen Feedbacks. In einer Gruppe kann für einzelne Lernende Stress und Druck daraus entstehen, dass sie ihre Schnelligkeit und Gewandtheit beim Lösen von Aufgaben – häufig unbewusst – mit dem Rest der Gruppe vergleichen. Neben der Möglichkeit, Aufgaben unbeobachtet und nicht in einer Wettbewerbssituation zu lösen, ist mit Anonymität auch gemeint, dass zum einen geschlossene Aufgaben automatisch und unmittelbar auswertbar sind und dass zum anderen auch offene Aufgaben ohne Namen oder unter einem Pseudonym[9] eingereicht werden können. Dazu kommt die Möglichkeit, beispielsweise auch bei offenen Aufgaben, Musterlösungen oder Zusammenfassungen einzusetzen und so Verantwortung für den eigenen Lernfortschritt auch auf die Lernenden zu übertragen.

Zu den Vorteilen von Online-Komponenten gehören auch die unendlichen Optionen zur Binnendifferenzierung: Durch verschiedene Aufgabentypen und Zwischenaufgaben können nicht nur unterschiedliche Lerntypgruppen[10] und ein unterschiedlicher Kenntnisstand optimal in einen Kurs eingebaut werden; darüber hinaus kann die Heterogenität von Lernergruppen, die insbesondere im Bereich DaF bei Kursen im Zielsprachenland ausgeprägt ist, berücksichtigt werden – von unterschiedlichen Ausgangssprachen bis hin zu individuellen Sprachlernerfahrungen.

Diese Möglichkeiten von Online-Lehre treffen nun auf ganz unterschiedliche Bereiche des Fremdsprachenunterrichts, für die sie jeweils Vorteile bieten können. Die rezeptiven Fertigkeiten Hör-/Hör-Seh-Verstehen und Leseverstehen profitieren von verschiedenen Aufgabenformaten zur Aktivierung von Vorwissen, von einem sofortigen Feedback bei geschlossenen Aufgaben und von der Möglichkeit der asynchronen Bearbeitung. Gerade bei dem bisweilen auch angstbehafteten Bereich des Hör-/Hör-Seh-Verstehens kann in einem digitalen Format zum einen eine „ideale" Hörzeit gewählt werden. Es können aber auch viele – fakultative – kleinschrittige vorbereitende Übungen angebo-

---

9   Im LMS Moodle stehen dazu z. B. Foren mit Pseudonymfunktion, anonyme Umfragen mit dem Abstimmungs- wie dem Feedback-Tool und die Möglichkeit der Abgabe von Gruppenaufgaben zur Verfügung. Über Tools wie „Answergarden" lässt sich auch ein anonymes Brainstorming einbinden.

10   Eine (feste) Einteilung in verschiedene Lerntypen ist als zu einfach zu betrachten, hier handelt es sich eher um das Schaffen von verschiedenen Lernmöglichkeiten, wenn beispielsweise Wortschatz visuell sowie auditiv angeboten wird, was z. B. mit Flashcards und Dialogcards über die webbasierte Software h5p möglich ist.

ten werden[11], die in dieser Ausführlichkeit in einem Präsenzkurs nicht nur das Zeitbudget überschreiten würden, sondern auch manche Lernende, die diesen Bedarf nicht haben, unterfordern und damit demotivieren könnten. Mit Wiederholungen des Hörtexts und der „Anonymität" dieser Trainingselemente kann Lernstress reduziert werden und Studierende können schrittweise zu ihrer bestmöglichen Performanz gebracht werden.

Für einen zweiten Bereich, bei dem Lernende oft durch Befürchtungen oder ungünstige Umstände daran gehindert werden, ihre bestmögliche Leistung zu zeigen, das Schreiben, bieten gerade asynchrone und anonyme Online-Formen die Möglichkeit einer Überwindung von Schreibblockaden und eines Trainings des Schreibens als Prozess – gerade in der fremden Sprache Deutsch in einem akademischen Kontext. Ein wichtiges Instrument stellt hier die Möglichkeit eines anonymen *Peer Reviews* dar.

Fachstudienbegleitende Angebote – vor allem auf dem Niveau C2 – profitieren besonders von der zeitlichen Flexibilität von Online-Angeboten. In den am Lehrgebiet DaF der UR oft nicht so breit nachgefragten Kursen zu wissenschaftlichem Arbeiten und Schreiben lassen sich Online-Angebote leichter mit den individuellen Fachstudienplänen und Praktikumsanforderungen kombinieren; eine Tatsache, die vor allem Studierenden in naturwissenschaftlichen Fächern entgegenkommt.

Auch in den Übungsbereichen Grammatik und Wortschatz können Online-Kurse oder digitale Komponenten nicht nur dazu beitragen, dass die Lernenden genau nach ihrem Bedarf trainieren können, sondern auch Wortschatzumwälzung und Automatisierung von grammatischen Phänomenen über die Bereitstellung einer Abfolge von Übungen gelingen lassen, wobei über Bestenlisten, Fortschrittanzeigen, Punktekonten und andere Elemente aus dem Kontext von (Computer)-Spielen sogar eine zusätzliche Motivation zum Üben geschaffen werden kann. Für diese *Gamification*-Komponenten bieten sich vor allem geschlossene Übungsformen mit ihrem unmittelbaren Feedback an.

Den unbestreitbaren Vorteilen von Online-Kursen, wie den Möglichkeiten zum sofortigen Feedback, der Binnendifferenzierung und der zeitlichen Flexi-

---

11 So könnte Hörverstehen für eine Person z. B. anhand langsam gesprochener Nachrichten nach der Aktivierung von Vorwissen (Form und Inhalte) und dem Hören von Nachrichten in der Muttersprache über langsames Hören (vielleicht der ersten Male sogar kombiniert mit Mitlesen) über ein mögliches Hörverstehen mit Fernsehnachrichten bis zu den in normaler Geschwindigkeit gesprochenen Nachrichten angeboten werden. Diese Abfolge geht in sehr kleinen Schritten vor, wäre also in einem Präsenzkurs nur schwer umzusetzen. Anders wäre das in einer Online-Konstellation.

bilität, stehen selbstverständlich auch Nachteile gegenüber. Gerade die Reduzierung auf geschlossene Aufgaben und auf sofortiges Feedback, vielleicht sogar kombiniert mit Elementen von *Gamification* zur Motivationssteigerung führt bisweilen auch dazu, dass der Fokus auf die technische Umsetzbarkeit gelegt wird und Aufgabentypen und Übungsformen präsentiert werden, die die Handlungsorientierung eines modernen Fremdsprachenunterrichts ignorieren und in einen rein kontextfreien Automatismus zurückführen. Ein grundsätzliches Problem ist auch, dass keine unmittelbaren unterstützenden Erklärungen oder Hilfen möglich sind, wenn das automatische Feedback durch den Lerner nicht verarbeitet werden kann.

So positiv Asynchronität ist, um z. B. zurückhaltenden Teilnehmenden Zugang zur Sprachverwendung zu eröffnen, wie es beispielsweise über asynchrone Forumsdiskussionen möglich ist, eine zeitlich flexible Bearbeitbarkeit von Kursen zu schaffen und gerade angst- und stressbehaftete Bereiche in einer optimalen Umgebung trainieren und verbessern zu können, so sehr behindert eine asynchrone Durchführung von Kursen einen direkten und problemlösenden Austausch oder unmittelbare und spontane Zusatzerklärungen.

Online-Kurse schaffen Freiräume und bieten die Möglichkeit zu einem hohen Grad an Individualisierung, auf der anderen Seite bedingen sie dadurch eine große Vereinzelung nicht nur der isoliert vor dem Computer sitzenden Lernenden, sondern sie schränken bisweilen auch den Blick ein und können beispielsweise – im Gegensatz zu Präsenzkursen mit Teilnehmenden aus unterschiedlichen Fächergruppen – einen mühelosen, horizonterweiternden Austausch mit Kommilitoninnen und Kommilitonen verwandter oder ganz anderer Fächer hemmen. Auf einer anderen Ebene bieten Online-Kurse durch eine Zusammenarbeit mehrerer Hochschulen bei der Erstellung und Durchführung auch die Möglichkeit, Synergien zu schaffen und z. B. Fachsprachenkurse oder Kurse für nicht sehr nachgefragte Niveaustufen im Verbund anzubieten und so zu gewährleisten, dass sie regelmäßig zur Verfügung stehen[12].

Online-Kurse können sehr abwechslungsreich gestaltet werden und in mancher Konstellation nach unserer Erfahrung einen höheren „Rede-" bzw. Interaktionsanteil als Präsenzkurse bieten. Dieser Interaktionsanteil muss aber von den Teilnehmenden allein entschieden und durchgeführt werden, sodass

---

12   In Bayern bietet die vhb eine Infrastruktur für derartige Kooperationen, die jedoch sicherlich auch ohne eine solche Organisation möglich ist.

Online-Kurse auch eine gute Selbstorganisation und eine hohe Selbstverantwortlichkeit fordern und fördern: Auf lange Sicht können Online-Kurse auf diese Weise selbstgesteuertes Lernen trainieren, auf kurze Sicht können sie aber auch dazu führen, dass sich Lernende überfordert fühlen oder gar demotiviert werden. Online-Kurse bieten ein breites Angebot an authentischen Vertiefungsmöglichkeiten und Motivation zu eigener Recherche, sie fordern aber in dieser Form auch Reflexionsfähigkeit und ausgeprägte Lernstrategien.

Bei allen Online-Kursen muss der Bereich der technischen Infrastruktur mitbedacht werden: Nicht alle Studierenden haben passende Geräte oder eine stabile Internetverbindung zur Verfügung, die eine problemlose Bearbeitung längerer oder komplexerer Aufgaben oder Szenarien erlaubt.

Darüber hinaus gibt es auch Barrieren, die keinen technischen Ursprung haben, sondern aus ungewohnten Anforderungen entstehen. Wenn die Lehr- und Lernform nicht schon bekannt und eingeübt ist, gibt es bei manchen Lernenden Vorbehalte gegenüber dem Nutzen oder Fehleinschätzungen im Hinblick auf Bearbeitungszeit und Umfang sowie damit zusammenhängend Probleme bei der Lernorganisation und Zeitplanung.[13]

In dieser Problematisierung von Online-Kursen in der Sprachlehre darf auch nicht vernachlässigt werden, dass die Konzeption und Durchführung eines Online-Kurses neue und umfassende Anforderungen an die Lehrperson stellen. Sie wird vom Moderator und dem Gestalter des Lernens bei der Betreuung eines Online-Kurses noch stärker zum Lernbegleiter oder zum Tutor. Gerade bei Kursen, die teilweise oder ganz asynchron konzipiert sind, ist man auch auf diese Rolle festgelegt, da man nicht so leicht – wie im Präsenzunterricht – in einer anderen Rolle eingreifen kann. Die Konzeption und didaktische Gestaltung muss dafür aber einen Fokus auf die Gestaltung einer möglichst intuitiv und klar zu bedienenden Benutzerführung sowie auf klare und eindeutige Aufgabenstellungen und ein umfassendes und verständliches Feedback legen. Beides erfordert Zeit, Testläufe sowie Korrekturen.

Nicht zu vernachlässigen ist ebenfalls die Schwierigkeit, dass die zu erlernende Fremdsprache nicht nur Lernziel eines Kurses ist, sondern zur gleichen Zeit auch Anweisungs- und Erklärmedium: Gerade auf den Niveaus A1 und

....

13 Diese Beobachtung wurde am Lehrgebiet DaF vor allem bei den Pflichtkursen im studienvorbereitenden Bereich gemacht.

A2 stellt diese Tatsache Kursentwickler/innen vor ganz besondere Herausforderungen.

4 Modernisierungs- und Erkenntnisschub Corona-Pandemie: Umstellung auf Online-Lehre ab Frühjahr 2020

Aufgrund der Infektionsschutzmaßnahmen im Zuge der Corona-Pandemie wurde an der UR der Lehrbetrieb in Präsenzform am 11. März 2020 eingestellt. Am Lehrgebiet DaF mit seinem breiten Kursangebot auch in der vorlesungsfreien Zeit mussten in der Folge von einem Tag auf den anderen Präsenzkurse unterbrochen und Online-Lösungen für die unterschiedlichen Kursprogramme entwickelt und z. T. unmittelbar umgesetzt werden. Dabei waren auch Reisebeschränkungen, Quarantäneauflagen und Visumsablehnungen immer mit zu bedenken.

Bereits vor der Einstellung des Präsenzbetriebs wurden die Intensivsprachkurse für neue Austausch- und Programmstudierende abgesagt; für bereits angereiste Studierende musste jedoch ein Ersatzprogramm entwickelt werden, damit geplante und im *Learning Agreement* festgelegte Studienleistungen erbracht werden konnten. Kern dieses Notprogramms wurden die DaF-Kurse des vhb-Angebots, die von den in diesem Kontext eng kooperierenden Sprachenzentren bzw. Lehrgebieten DaF der Hochschulen TH Nürnberg, Friedrich-Alexander-Universität Erlangen-Nürnberg, Universität Würzburg und Universität Regensburg kurzfristig als Blockkurse umgestaltet und den Studierenden zur Verfügung gestellt wurden.

Für das studienbegleitende Kursprogramm des vor der Tür stehenden Sommersemesters konnte ebenfalls auf das breite DaF-Kursangebot der vhb zurückgegriffen werden. Da sich diese Kurse zumeist auf spezifische Bereiche des Deutschlernens wie z. B. Wortschatztraining, grammatische Strukturen oder Fachsprachen konzentrieren und keine grundlegenden Sprachkurse darstellen, wurden eigene fertigkeitsübergreifende Online-Kurse für die Kursstufen A1 bis C1 auf der E-Learning-Plattform GRIPS erarbeitet. Mit der Bezeichnung „Sprachübungen" waren diese Kurse, die einem Umfang von sechs Semesterwochenstunden (A1 und A2) bzw. vier Semesterwochenstunden (B1, B2 und C1) entsprachen, als asynchron zu bearbeitende Einheiten geplant, um es den Studierenden, die zum Teil nicht bzw. nicht mehr nach Deutschland einreisen konnten und von ihren jeweiligen Heimatländern aus teilnehmen mussten, zu ermöglichen, die Kurse zu belegen. Da auch nicht sichergestellt werden konnte, dass die Studierenden Zugriff auf Lehrwerke haben, wurde entschieden, diese Kurse lehrwerksunabhängig zu gestalten, sodass sämtliche Kursinhalte durch die zuständigen Lektorinnen und Lektoren entwickelt werden mussten. Auch wenn diese Kurse keinen Abschluss einer Niveaustufe garantieren konnten, waren sie doch an den typischen Themen und Szenarien der gängigen Lehrwerke orientiert und an den Maßgaben des GER ausgerichtet. Begleitet wurden diese asynchron laufenden Sprachübungen von *Live Sessions* als Videokonferenz, die in jeder Woche zu unterschiedlichen und verschiedene Zeitzonen berücksichtigenden Zeiten angeboten wurden. In diesen *Live Sessions* konnten die Teilnehmerinnen und Teilnehmer in Kleingruppen mit der zuständigen Lehrkraft Kursinhalte vertiefen, Fragen besprechen, aber auch die Fertigkeit Sprechen trainieren.

Wert gelegt wurde von Anfang an auch auf eine nachhaltige Entwicklung: Ziel ist es, die entwickelten Online-Sprachübungen in künftigen *Blended Learning*-Konzepten weiterhin zu nutzen. Im Wintersemester 2020/21, dem zweiten Corona-bedingten Online-Semester, wurden die Online-Sprachübungen als Lerneinheiten in Sprachkursen begleitend zu einem Lehrwerk eingesetzt und für diesen Zweck angepasst und verbessert. Zusätzlich zu diesen Online-Sprachübungen und zum vhb-Kursangebot wurden im Bereich des studienbegleitenden Programms Kurse zur Fertigkeit Schreiben für die Stufen A2 bis C2 auf zumeist asynchroner Basis angeboten. Wie bereits dargestellt, eignet sich die Fertigkeit Schreiben besonders gut für die asynchrone Vermittlung im digitalen Raum.

Für das studienvorbereitende Kursprogramm wurde ein anderer Weg beschritten: Den Kern des studienvorbereitenden Programms bilden auf jeder Stufe Intensivsprachkurse im Umfang von 20 Unterrichtsstunden pro Woche. Zusammen mit den weiteren Komponenten des Kursprogramms wie z. B. Fachsprachenkurse oder Konversationsgruppen umfasst das Kursprogramm im Durchschnitt 25 Wochenstunden. Aufgrund der Tatsache, dass die studienvorbereitenden Kurse vor allem von freiberuflichen Lehrbeauftragten getragen werden, war angesichts des zeitlichen Umfangs eine Umstellung des kompletten Programms auf Online-Unterricht durch selbsterstellte Kursangebote nicht umsetzbar. Deshalb wurde hier auf bereits vorhandene Online-Ressourcen externer Anbieter zurückgegriffen und eine tragfähige Kurskonzeption aus drei Modulen entwickelt, wobei nur ein Modul und damit nur ca. ein Drittel des Angebots durch das Lehrgebiet DaF selbst beigesteuert wird. Neben der systematischen Nutzung des DaF-Angebots der vhb als Modul 1 wurden in einer ersten Phase Online-Kursangebote der Deutsch Uni Online (DUO) integriert (Modul 2).[14] Diese „externen" Ressourcen wurden dann in einer zweiten Phase auf jeder Stufe durch einen digitalen Kurs ergänzt, der hauptsächlich synchron über das Videokonferenztool Zoom und von den Lehrkräften des Lehrgebiets DaF unter Einsatz eines Lehrwerks durchgeführt wurde.

In beiden Kursbereichen stellte sich schnell heraus, wie wichtig synchrone Treffen auf Zoom zur Unterstützung der asynchron konzipierten Lerneinheiten sind. Darüber hinaus wurden von vielen Unterrichtenden Stammtisch- oder Kaffeerunden-Angebote organisiert, um den informellen, persönlichen Austausch, der in Präsenzkursen stattfindet, zumindest rudimentär zu simulieren.

Die Erfahrungen und die Arbeitsergebnisse aus dem Sommersemester 2020 erlaubten es, für das Wintersemester 2020/21 mit einem erweiterten und intensivierten Programm zu planen[15]: So wurden die Intensivkurse für Austausch- und Programmstudierende im Oktober 2020 über Zoom unter Einsatz eines Lehrwerks mit der Unterstützung der im Sommersemester erarbeiteten Lerneinheiten für die Stufen A1 bis C1 durchgeführt. Auch wenn alle Kursbestandteile virtuell stattfanden, entsprach das Kursprogramm einem nahezu klassischen *Blended-Learning*-Konzept, das – nach dem erfolgreichen Probelauf in den Intensivkursen – für die studienbegleitenden Kurse des Wintersemesters übernommen wurde. Außerdem konnten weitere Kurse, wie etwa Sprechen-Kurse sowie die Landeskundekurse, die im Sommersemester entfallen mussten, im Online-Format in das Kursprogramm integriert werden. Das für das studienvorbereitende Programm des Sommersemesters entwickelte Konzept wurde mit leichten Modifikationen im Wintersemester weitergeführt.

Bei der Umstellung auf reinen Online-Betrieb des Lehrgebiets DaF konnte auf vielfältige Erfahrungen mit virtuellen Kursen sowie auf vorhandene Res-

....

14 DUO ist eine Einrichtung der Gesellschaft für Akademische Studienvorbereitung und Testentwicklung e.V. (g.a.s.t.), zu der auch das TestDaF-Institut in Bochum gehört. DUO bietet Online-Kurse auf den GER-Niveaus A1 bis C2 insbesondere zur Vorbereitung auf ein Studium in Deutschland und arbeitet dabei mit der Ludwig-Maximilians-Universität München zusammen.

15 Die Entscheidung, auch die Kursprogramme des Wintersemesters vollständig digital durchzuführen, wurde am Lehrgebiet DaF bereits im Juni 2020 getroffen.

sourcen und breite Unterstützungsangebote zurückgegriffen werden. Über die Virtuelle Hochschule Bayern wurden bereits erprobte und evaluierte Kurse zur Verfügung gestellt, die sehr schnell in zu entwickelnde Kursprogramme integriert werden konnten. Gleichzeitig dient die vhb als Schnittstelle und Multiplikator für Wissen rund um das Thema Online-Lehre und bietet eine Plattform für eine gewinnbringende Zusammenarbeit bei der Entwicklung von Online-Kursen, die im Bereich Deutsch als Fremdsprache bereits seit vielen Jahren von verschiedenen Hochschulen intensiv genutzt wird. Andere Vorteile, die eine weitgehend reibungslose Umstellung ermöglichten, stellen Besonderheiten der E-Learning-Infrastruktur an der Universität Regensburg dar: Das GRIPS-Team des Rechenzentrums der UR, das immer wieder zu Nachinstallationen und Anpassungen des LMS im Hinblick auf Spezifika des Sprachunterrichts bereit ist, stellt eine äußerst serviceorientierte technische Unterstützung für alle Online-Aktivitäten dar. Das Regensburger Zentrum für Hochschul- und Wissenschaftsdidaktik (ZHW), das bereits in der „Vor-Corona-Zeit" die didaktische Seite der Online-Lehre intensiv begleitet hat, organisierte sehr schnell und in Zusammenarbeit mit dem Rechenzentrum den „Erste-Hilfe-Koffer: Digitale Lehre", der dem gesamten Lehrpersonal an der Universität Regensburg ein Kompendium zum Einstieg in die Online-Lehre bot und bis heute weiterentwickelt wird. Innerhalb des Sprachenzentrums selbst kam für den Bereich der Sprachlehre mit dem „Entwickler/innenkurs" noch ein Fortbildungsangebot hinzu, das von Sprachlehrenden mit breiter Erfahrung im Bereich des digitalen Lehrens und Lernens von Sprachen für andere Sprachlehrende erstellt wurde und so gezielt auf die besonderen Bedürfnisse und Anforderungen von Sprachkursen einzugehen vermochte.

5   Was wir gelernt haben: Maximen des digitalen Fremdsprachenunterrichts

Auch wenn am Lehrgebiet DaF Online-Kurse bzw. Online-Komponenten im Sprachunterricht bereits seit vielen Jahren eingesetzt wurden, änderten sich die Rahmenbedingungen durch den pandemiebedingten Lockdown im Frühjahr 2020 vollständig: Online-Kurse waren nicht mehr nur eine Möglichkeit, sondern die einzige Option, mit der man das Kursangebot aufrechterhalten konnte. Neben vielen Herausforderungen brachte der Corona-bedingte Digitalisierungsschub auch zahlreiche neue Erkenntnisse, die zukünftig in der Weiterentwicklung der digitalen Möglichkeiten des Lehrens und Lernens von Sprachen Berücksichtigung finden werden. Dabei sind die wichtigsten unserer ,Lessons Learned' folgende:

1. **Verbindung von synchronen und asynchronen Elementen**

   In allen Kurskontexten hat sich ergeben, dass eine Verbindung von synchronen und asynchronen Elementen sowohl von den Lehrkräften als auch von den Lernerinnen und Lernern als besonders zielführend erlebt wird. Die jeweiligen Anteile von synchronen und asynchronen Elementen können dabei abhängig von Lernzielen und -inhalten unterschiedlich ausfallen. Aber Sprachenlernen ist auch immer Kommunikation und Dialog mit anderen. Auch wenn gerade im Bereich der Online-Lehre alle Vorteile der Asynchronität genutzt werden sollten, scheinen virtuelle Sprachlernszenarien besonders authentisch und damit auch besonders effektiv zu sein, wenn sie in einer geplanten Abfolge asynchrone und synchrone Elemente verbinden.

2. **Fokussierung auf didaktisches Design und Usability**

   Gerade bei neuen technischen Herausforderungen verschiebt sich der Fokus bei der Konzeption und Durchführung eines Kurses schnell auf das technisch Machbare. Das ist verständlich, aber nicht unbedingt ein einfacher Weg zu gelingender Online-Lehre. Es kann nicht darum gehen, jedes Feature und jedes Tool, das ein LMS bietet, auszuprobieren und in einen Kurs zu integrieren. Wichtig für das Gelingen eines Online-Kurses sind dagegen eine transparente Präsentation der Lernziele sowie wiederkehrende Strukturen und sich wiederholende Aufgabenformen und Anwendungen. Ein geeignetes und ansprechendes Layout, ein gleichförmiger Aufbau von Kapiteln und Lektionen sowie einheitliche Benennungen sind weitere zentrale Aspekte. Mit diesen Maßnahmen wird die Orientierung im Kursraum und die Bedienung des Kurses erleichtert sowie insgesamt die sogenannte Usability des Kurses erhöht. Besonderes Augenmerk ist auf eine ansprechende und klare Benutzerführung mit unterstützendem Einsatz von Grafiken und farbiger Gestaltung zu legen.

© Frank & Timme   Verlag für wissenschaftliche Literatur

3. Nutzung von authentischem Material

Als unerlässlich für einen gelingenden Online-Kurs hat sich der konsequente Einsatz von authentischen Materialien erwiesen. Dabei stellt gerade die Möglichkeit, authentisches Lernmaterial flexibel und schnell aktualisierbar einzubinden, einen wesentlichen Vorteil von Online-Kursen dar.[16] Ohnehin stehen heutzutage in einem noch nie gekannten Ausmaß im World Wide Web authentische Lehr- und Lernmaterialien zur Verfügung. Hier kann die Bereitstellung und Recherche durchaus auch an die Lernenden weitergegeben werden, die so mit ihren eigenen Schwerpunkten und Fundstücken zu einem Kurs beitragen.

4. Schaffung von Szenarien und Kommunikationssituationen

Die Notwendigkeit, Szenarien und Kommunikationssituationen zu schaffen, knüpft nahtlos an die Aufforderung, authentisches Material zu verwenden, an. Auch und gerade online können Szenarien entwickelt werden, in denen Lernende alle Aspekte einer kommunikativen Situation in der fremden Sprache in ihrem eigenen Tempo durchlaufen können. Die situative Verortung von Lerninhalten und die Schaffung authentischer Kommunikationssituationen stellt eine zentrale Bedingung für einen erfolgreichen Online-Kurs dar. Dadurch kann auch dem Gefühl, mit einer rein maschinell-technischen Lernumgebung konfrontiert zu sein, deutlich entgegengewirkt werden.

5. Einbindung aller verfügbaren Kommunikationswege

Ebenso wichtig wie die Schaffung von kommunikativen Lernsituationen ist die Möglichkeit, innerhalb des Kurses miteinander zu kommunizieren und zu interagieren. Dies betrifft zwar auch die Interaktion mit anderen Lernerinnen und Lernern, aber ganz besonders die Kommunikation mit der Lehrkraft. Die Erfahrung zeigt, dass es für die Aktivierung und Motivation der Teilnehmerinnen und Teilnehmer von zentraler Bedeutung ist, das Gefühl, mit ande-

....

16 Die Urheberrechtsproblematik kann in diesem Kontext nur in Erinnerung gerufen werden. Diese lässt sich aber bewältigen, wenn mit Verlinkungen gearbeitet wird. Auch bietet sich eine Einschränkung auf die in der Zwischenzeit in großem Umfang vorhandenen Materialien unter cc-Lizenzen an, bei denen allerdings weiterhin darauf zu achten ist, sie angemessen zu zitieren.

ren Menschen und nicht nur mit einer technisch-anonymen Lernumgebung zu tun zu haben. Deshalb ist es erforderlich, unterschiedliche Kommunikationswege, die innerhalb und außerhalb des LMS zur Verfügung stehen, einzubinden und dadurch Interaktion und Kommunikation zu initiieren und zu fördern. Zudem ist regelmäßiges Feedback ein wesentliches Instrument der Aktivierung der Lernenden und erhöht die Verbindlichkeit des Kurses.

6. Erhöhung von Struktur und Verbindlichkeit

Gerade die bereits angesprochene technische Distanz kann dazu führen, dass sich Lernende isoliert fühlen und die Motivation zur Beteiligung verlieren oder nicht aufbauen. Abhilfe können eine klare Struktur und Kommunikation von Anforderungen, Terminen und Lernzielen schaffen. Über diese Struktur können auch verbindliche Meilensteine festgelegt werden, die dem Lernenden helfen, seinen Lernfortschritt zu evaluieren, seine Lernschritte zu planen, auszuführen und seine Ziele zu erreichen.

7. Vernetzung und Unterstützung von Lehrenden als Kursentwickler/innen

In einer Unterrichtssituation mit Lehrkraft und Lernenden sind die Rollen in der Regel relativ eindeutig verteilt. Die jähe Umstellung des Unterrichtsangebots auf digitale Formen hatte auch die Konsequenz, dass sich viele Lehrkräfte mit einer großen Lernherausforderung konfrontiert sahen. Überdies musste das Lernen im laufenden Betrieb erfolgen, sodass der Lernprozess der Lehrkräfte im Hinblick auf digital durchzuführenden Unterricht weitergehend parallel zu diesem Unterricht verlief. Das Gelingen dieses Prozesses hängt sehr stark von einem Perspektivenwechsel ab, durch den auch die Lehrkräfte als Lernende gesehen werden. Er muss begleitet werden durch Fortbildungs- und andere institutionelle Unterstützungsangebote. Gleichzeitig muss (digitaler) Raum für Vernetzung und Austausch der Lehrkräfte untereinander geschaffen werden.

6   Zum Schluss: Was bleibt?

Auch wenn man zum jetzigen Zeitpunkt davon ausgehen kann, dass es eine Zeit nach der Pandemie geben wird und gerade die aktuell bestehende Notwendigkeit, den Sprachunterricht online zu gestalten, Besonderheiten und Vorteile eines Präsenzkurses in vollem Maße ins Bewusstsein gerufen hat, wird es doch Bereiche geben, die über die erzwungene Verlagerung in den digitalen Raum hinaus als Online-Angebote bestehen bleiben. Angesichts des enormen Kompetenzzuwachses der Lehrkräfte im Bereich des digitalen Unterrichts werden am Lehrgebiet DaF der Universität Regensburg auch in nachpandemischer Zeit Online-Komponenten eine noch größere Rolle als vor der Pandemie spielen. Die Erfahrungen des Jahres 2020 haben zu einer Flexibilisierung von Lern- und Lehrformen und zu einem Neudenken von Kurskonzeptionen geführt. Viele der nun seit fast einem Jahr eingesetzten und erprobten digitalen Formate werden sich auch zukünftig bewähren können und müssen.

EVA POLÁŠKOVÁ

Morphologieunterricht: Geht es nicht auch mal modern, motivierend, multimodal?! Zum Einsatz von digitalen Medien beim Grammatiklernen

1   Einleitung

Wenn man richtig Deutsch sprechen möchte, und vor allem, wenn man Deutsch als Fremdsprache studiert, braucht man unter anderem auch Fächer, in denen die deutsche Morphologie ausführlich behandelt wird. Obwohl sich alle an dem Ausbildungsprozess Beteiligten (Dozierende, Studierende usw.) dessen bewusst sind, dass es sich um eine wichtige Disziplin handelt, wird Morphologie häufig als ein notwendiges Übel abgetan: Einerseits haben Studierende häufig Angst vor Misserfolgen im Fach Morphologie, weil sie von älteren Studierenden hören, dass es schwierig war (und es ist anzumerken, dass einige tatsächlich scheitern), andererseits zeigen die Evaluationsbögen,[1] dass Studierende von mechanischen sprachlichen Drill-Übungen gelangweilt sind. Selbst manche Morphologie-Dozierende geben zu, dass sie von dieser Situation gefrustet sind.

Diese Erfahrungen regen dazu an, zu überdenken, worin das Problem bestehen kann. In diesem Zusammenhang können folgende Fragen gestellt werden:

- Wie sieht der Morphologieunterricht standardmäßig aus?
- Wie kann Morphologie attraktiv gemacht werden?
- Wie können dabei digitale Medien genutzt werden?
- Wie kann ein solcher Unterricht organisiert werden?
- Welche Vor- und Nachteile bzw. Risiken gibt es im Vergleich zum „klassischen" Unterricht?

....

1   Durchgeführt am Lehrstuhl für Germanistik der Universität Ostrava.

Im Folgenden wird angestrebt, Antworten auf diese Fragen in Umrissen zu skizzieren, die nicht als eine einzige mögliche Lösung, sondern als ein Impuls zum Nachdenken und zur eigenen Initiative für eventuelle Innovation im Morphologieunterricht zu verstehen sind.

2 Morphologieunterricht im DaF-Studium an tschechischen Universitäten

Bevor man eine Innovation voranbringen möchte, muss man genau wissen, wie der Ausgangsstand aussieht. Um eine komplexe Übersicht zu haben, bedürfte es einer ausführlichen Untersuchung, die jedoch nicht Ziel dieses Artikels ist. Deswegen wurde keine quantitative, sondern eine qualitative Analyse gemacht. Die qualitative Analyse soll zeigen, wie der Morphologieunterricht an ausgewählten tschechischen Universitäten organisiert wird, um eine Grundorientierung zu erhalten. Als Vorlage dienten Lehrpläne von Universitäten des entsprechenden Unterrichtsfaches (Morphologie/Morphosyntax im DaF-Bachelorstudium), die bei einigen Universitäten online zugänglich sind. Es wurden die Lehrpläne von folgenden Universitäten (Philosophischen Fakultäten) analysiert: Karlova univerzita (Praha) [Karlsuniversität Prag], Masarykova univerzita (Brno) [Masaryk-Universität Brünn], Západočeská univerzita (Plzeň) [Westböhmiche Universität Pilsen], Ostravská univerzita (Ostrava) [Universität Ostrava].[2]

Am Beispiel dieser Lehrpläne lassen sich einige Gemeinsamkeiten beobachten, und zwar, dass diese Fächer ziemlich traditionell konzipiert sind (bis auf Ausnahmen, siehe Fußnoten), d. h. häufig erscheint im Unterrichtsplan eine „klassische" Gliederung der Themen nach den einzelnen Wortarten und

---

2   https://is.muni.cz/predmet/1421/NJI_06A?lang=cs. (Masaryk-Universität Brünn)
    https://is.muni.cz/predmet/phil/NJI_11?lang=cs. (Masaryk-Universität Brünn)
    https://portal.zcu.cz/portal/studium/prohlizeni.html?pc_pagenavigationalstate=AAAAAgAGNTY2NzQ0E
    wEAAAABAAhzdGF0ZUtleQAAAAEAFC05MjIzMzcyMDM2ODU0ODU4NzUwNzczAAY1NjI5NjJETAQAAAA
    EACHN0YXRlS2V5AAAAAQAULTkyMjMzNzIwMzY4NTQ3NTczNjcwMjQAAAA#prohlizeniSearchResult
    (Fach MS1N und MS2N). (Westböhmiche Universität Pilsen)
    https://is.cuni.cz/studium/predmety/index.php?do=predmet&kod=ADE110008. (Karlsuniversität Prag)
    https://is.cuni.cz/studium/predmety/index.php?do=predmet&kod=ADE110007. (Karlsuniversität Prag)
    https://studistag.osu.cz/portal/studium/prohlizeni.html?pc_pagenavigationalstate=AAAAAQAEMzIxNxM
    BAAAAAQAIc3RhdGVLZXkAAAABABQtOTIyMzM3M3MjAzNjg1NDc3NDc0MQAAAAA*#prohlizeniDet
    ail (Fach 1MOR1 und 1MOR2). (Universität Ostrava)

damit zusammenhängenden grammatischen Erscheinungen, was der Struktur von traditionellen morphologischen Werken entspricht, die in Lehrplänen zum Studium empfohlen werden.[3] Die Kapitel dieser Werke sind meistens so strukturiert, dass zuerst Regeln zu einzelnen Wortarten erklärt und dann Beispiele angegeben werden bzw. zuletzt Übungen folgen (es handelt sich hierbei um eine deduktive Vermittlungsform).[4]

Dieses Verfahren ist zwar systematisch, aber nach meinen Erfahrungen (sowohl meiner selbst als auch der meiner Kolleg*innen) erzeugt man bei den Studierenden nur wenig Interesse, wenn man zuerst mit der Theorie einsteigt. Einerseits wenden einige Studierende ein, dass sie die Theorie später im Berufsleben nicht bräuchten, andererseits sind sie nicht immer dazu fähig, auch schon ihnen bekannte und von ihnen verwendete grammatische Strukturen im Unterricht zu assoziieren, wenn sie Begriffe wie z. B. „transitive Verben", „Ersatzinfinitiv", „Ablaut" oder „Gerundium" hören.

Das kann an einem konkreten Beispiel dargestellt werden, und zwar an der Problematik des Konjunktivs und der Wiedergabe einer fremden Meinung. Gerade dieses Thema wird von DaF-Studierenden häufig als schwierig oder langweilig empfunden. Eine Rolle kann dabei spielen, dass man an den weiterführenden Schulen meistens dieses Thema vermeidet oder nur einen Teil davon behandelt, meistens den Konjunktiv II.[5] An der Universität erfährt man dann zunächst etwas über die Theorie der Konjunktive in ihrer Breite, sodass man sich schnell überfordert fühlen kann (vgl. Helbig/Busca 2001: 116–122, 168–186; Dreyer/Schmitt 1996: 100–107, 117–125, 257–281; Götze/Hess-Lüttich 1999: 114–139; Buscha/Zoch 1992, Hall/Scheiner 2001: 91–162, Imo

....

3   Vgl. Helbig/Buscha (2001), Dreyer/Schmitt (1996) usw.

4   Eine andere Gliederung des Lernstoffes, z. B. nach Funktionen der Sprachmittel oder nach Handlungen, die durch entsprechende Sprachmittel realisiert werden können, wurde in wenigen der untersuchten Lehrplänen beobachtet, es muss aber hervorgehoben werden, dass einige Lehrpläne bereits Innovationen enthalten (z. B. schreibt man direkt im Lehrplan an der Karlsuniversität, dass mit realen Texten gearbeitet wird, vgl. dazu Šemelík et al. (2019), Šemelík et al. (2020); die Textanalyse erwähnt man auch z. B. im Lehrplan der Masaryk-Universität, im Lehrplan der Universität Ostrava und der Karlsuniversität befasst man sich in einer Unterrichtseinheit mit dem Phänomen der Modalität und deren Ausdrucksmitteln usw.). Dieser Trend ist meines Erachtens zu unterstützen.

5   Das bestätigt auch meine kleine Untersuchung bei meinen eigenen Studierenden im ersten Jahrgang, in der sie die Sätze mit indirekter Rede mit dem Konjunktiv I aus dem Deutschen ins Tschechische übersetzen sollten. Von 15 Studierenden waren nur 3 Lösungen richtig, die anderen Studierenden waren entweder gar nicht fähig, die Bedeutung der Sätze auf Tschechisch auszudrücken, oder sie haben die Bedeutung des Konjunktivs I oder der würde-Umschreibung mit Potenzialität, Wunsch, etwas Zukünftigem oder Gegenwärtigem vertauscht.

2016: 46–55, Fabrizius-Hansen/Solfjeld/Pitz 2018). Dagegen kommen den Studierenden praktische Beispiele eher leicht vor, weil in den Grammatiken und Lehrwerken vor allem nur die Grundfälle präsentiert werden, was bei den Studierenden einen Schein erwecken kann, dass das Thema eigentlich kein Problem darstellt. In der Konfrontation mit der Realität kann man daher leicht verzweifeln oder sich zumindest nicht gut vorbereitet fühlen.[6]

Die oben beschriebene Diskrepanz beweist das Beispiel unten, das Theorie und Praxis gegenüberstellt. Während die Sätze mit der indirekten Rede in den zitierten Lehrwerken schön angeordnet sind, kann man anhand eines aktuellen Texts aus einer deutschen Zeitung beobachten, dass die direkte Rede und indirekte Rede manchmal in einem einfachen oder zusammengesetzten Satz vermischt werden oder dass Indikativ, Konjunktiv I und Konjunktiv II im Text wechseln usw. Beispiele aus den deutschen Grammatiken/grammatischen Lehrwerken:

Helbig/Buscha (2001: 179)
Er sagte (zu mir über sich): „Ich komme.“
, er käme.

Götze/Hess-Lüttich (1999: 124):
Hans zu Karin: Ich komme morgen nicht zu dir.
Karin zu Angelika: Hans sagt, dass er morgen nicht zu mir komme.

Ausschnitt aus der deutschen Frankfurter Allgemeinen Zeitung:
Die Gesellschaft müsse „einig sein gegen Hass, Rassismus und Gewalt“. Steinmeier rief die Bürger zu gelebter Rücksichtnahme und Solidarität auf. Dies sei das „stärkste Mittel gegen den Hass“, sagte er. (…) Es solle ermittelt werden, ob der mutmaßliche Täter Mitwisser oder Unterstützer gehabt habe, sagte Generalbundesanwalt Peter Frank am Donnerstag in Karlsruhe. Dafür würden dessen Umfeld und Kontakte im In- und Ausland überprüft. Mit den Ermittlungen sei das Bundeskriminalamt beauftragt worden. Der Tatverdächtige hinterließ laut dem Generalbundes-

---

6 Vgl. Geith (2016). Nach dieser Autorin bestehen Schwierigkeiten des Konjunktivs sowohl in der Rezeption als auch Produktion. Bei der Rezeption können die Studierenden „Formensynkretismus“ und „fehlende temporale Differenzierung“, bei der Produktion dann „zahlreiche Kontexte und unterschiedliche Satzstrukturen“ bei der Verwendung des Konjunktivs verwirren.

anwalt auf seiner Internetseite „Videobotschaften und eine Art Manifest".
Diese wiesen neben „wirren Gedanken und abstrusen Verschwörungstheo-
rien eine zutiefst rassistische Gesinnung" auf.[7]

Vor dem Hintergrund der bestehenden Situation kommt man zur zweiten gestellten Frage, wie der Morphologieunterricht attraktiv gestaltet werden kann.

3 Vorschlag für einen attraktiven Morphologieunterricht

Den Unterricht für Studierende attraktiv zu gestalten, ist eine der allgemeinen Faustregeln aller didaktischen Disziplinen. Es lässt sich nicht voraussetzen, dass dieses Problem endgültig für alle Zeiten gelöst werden kann. Im Folgenden wird deswegen am Beispiel der Themen „Konjunktiv" und „Ausdruck einer fremden Meinung" (d. h. subjektive und objektive Modalität[8] bzw. Gewissheitsmodalität und voluntative Modalität[9]) zumindest ein Weg angedeutet, der eine gewisse Innovation bringen könnte. Diese Strategie erhebt keinen Anspruch allgemeingültig zu sein, vielmehr stellt sie einen von mehreren Versuchen dar, den Morphologieunterricht attraktiver zu machen.

Wenn man Werke der allgemeinen Didaktik durchgeht, erfährt man meistens von didaktischen Grundsätzen nach Comenius, zu denen auch das didaktische Prinzip „Vom Leichten zum Schwierigen" zählt (vgl. Comenius, Große Didaktik, 1657, zit. in Seel/Hanke 2015: 230; vgl. Osterroth 2018: 34). So sind auch grammatische Werke meistens aufgebaut (siehe oben). Beispielsweise haben Gramberg/Heinze (1993: 185–193), die sich in ihrem Artikel direkt auf verschiedene Möglichkeiten des Konjunktiv-Einübens konzentriert haben, die Übungen von leichteren zu schwereren systematisiert.[10] Puato (2017: 133–150)

---

7   https://www.faz.net/aktuell/politik/inland/steinmeier-nach-anschlag-in-hanau-zusammenhalt-und-zivil courage-16643842.html.
Bei diesen Zitierungen wird auf Anführungszeichen verzichtet, damit die präsentierte direkte Rede nicht untergeht. Zitation wird deswegen durch Kursivschrift angedeutet.

8   Vgl. Helbig/Buscha (2001: 117–122).

9   Vgl. Masařík/Grepl 1974, zit. in Goldhahn (2017: 89–90).

10 Diese Autorinnen unterscheiden verschiedene Schwierigkeitsstufen. Sie unterstützen zugleich Arbeit mit authentischen Texten und auch Sensibilisierung für die Problematik des Konjunktivs, was als innovativ bezeichnet werden kann.

hat in ihrem Kapitel zur Grammatik und Didaktik des Konjunktivs explizit darauf hingewiesen, dass dieses Thema nicht für Anfänger*innen, sondern besser nur für Fortgeschrittene geeignet ist.

Diese bewährten Methoden und Tatsachen sind nicht zu bestreiten, trotzdem wird in diesem Artikel überlegt und gefragt, ob im Falle des Morphologieunterrichts gerade dieses Verfahren nicht kontraproduktiv ist und den Zugang zur Grammatik verdirbt, da die Studierenden Interesse verlieren können, wenn sie zuerst die Theorie hören und darauf aufbauend künstliche (und einfache) Beispielsätze lesen und bilden.

Zur Planung des Morphologieunterrichts könnte man von zwei Prämissen ausgehen:

(1) Hochschulstudierende – obwohl (bzw. weil) sie Erwachsene sind – brauchen eine starke Motivation zum Studium.

(2) Alle Lernenden, also auch Hochschulstudierende, brauchen einen gewissen Spaß beim Studium.

Aufgrund dieser Prämissen wird vorgeschlagen, das didaktische Prinzip teilweise zu brechen und ein anderes Prinzip vorzuziehen, und zwar „Vom Gemütlichen zum Notwendigen". Dieses Prinzip präferiert die induktive Vermittlung der Grammatik (vgl. Pessutti Nascimento 2014), welches ich als sog. U-Form-Prinzip bezeichne. Das heißt, man präsentiert zuerst das Schwierigste, also authentische Texte (sodass man sich auf einem imaginären hohen Niveau der Schwierigkeit befindet), dann arbeitet man „klassisch" mit Beispielsätzen im Lehrbuch (man ist also auf der niedrigeren Schwierigkeitsebene) und dann kann man, schon mit grammatischen Kenntnissen gut ausgerüstet, wieder auf die authentischen Texte eingehen (und man befindet sich erneut „oben", was die Schwierigkeit betrifft).

Die Voraussetzung dabei ist es, dass die Motivation zum Lernen von grammatischen Erscheinungen durch Neugier veranlasst werden muss. Man sollte selbst erfahren wollen, was im Text steht. Deswegen muss es sich am Anfang um interessante, wenn auch schwierigere Texte handeln, durch die man Kontakt mit dem realen Leben erhalten, Neuigkeiten erfahren oder über die man sich unterhalten kann. In der ersten Phase müssen also keine linguistischen Termini verwendet und lediglich das Verständigungsbedürfnis unterstützt werden. Dem sollte erst dann das Bedürfnis der Studierenden folgen, die grammatischen Erscheinungen kennenzulernen, die im Text erscheinen und deren Unkenntnis sie hindert, den ganzen Text zu verstehen. So kommen die Dozierenden zur Theorie durch eine „Umleitung", demnach auf unauffälligere Weise, als wenn sie von vornherein über Theorie gesprochen hätten, und sie können dadurch die übliche Frage der Studierenden „Wozu brauche ich das?" vermeiden. Dieses Verfahren ermöglicht darüber hinaus, mehrere grammatische Erscheinungen auf einmal und im Kontext vorzustellen (siehe unten).

Das sog. U-Form-Prinzip kann auch als RPK-Prinzip bezeichnet werden. Man wird zuerst mit der Realität konfrontiert und nimmt diese wahr (rezeptives Verfahren), dann lernt man das ganze Thema zunächst anhand von leichteren Beispielen kennen und probiert diese anschließend selbst aus (produktives Verfahren). Nach der Erfahrung der Problematik kann man als Belohnung weitere interessante und authentische Texte richtig verstehen und gewünschte Informationen erhalten, indem man sich selbst vergewissern kann, ob man den Lehrstoff ausreichend beherrscht oder ob Kenntnislücken bestehen, sodass man auf dieser Grundlage eine Selbstevaluation durchführt. Unklarheiten, schwierigere Beispiele und strittige Fälle können im Plenum diskutiert werden (kombiniertes, rezeptiv-produktives Verfahren[11]).

4 Mögliche Organisation des Unterrichts mithilfe digitaler Medien

Das oben beschriebene Verfahren setzt voraus bzw. erfordert, wenn es erfolgreich und sinnvoll sein soll, dass ständig genug aktuelle Texte und Unterlagen zur Verfügung stehen, für die sich Studierende interessieren. Das ist nicht immer leicht, denn nicht alle Texte beinhalten die gerade durchgenommene grammatische Erscheinung im ausreichenden Maße und präsentieren noch einen für Studierende interessanten Inhalt.

Eine gute Möglichkeit bieten heutige moderne Technologien und digitale Medien.[12] Einerseits beinhalten sie immer aktuelle Informationen, andererseits lassen sie sich leicht modifizieren, wenn sie in der elektronischen Form er-

....

11 Vgl. Rezeptives und produktives Verfahren beim Lernen (Heyd 1997: 85–194).

12 Zum Einsatz von digitalen Medien im Grammatikunterricht vgl. Son (2004: 78–80). Zur Typologie der Kategorien des Lernens mithilfe von digitalen Medien vgl. Medosch (2011).

scheinen. Diese Quellen sind häufig multimedial verfasst und jeweils mit einer konkreten Situation verbunden, was ein besseres Merken zur Folge hat.[13]

Im Folgenden wird ein Vorschlag eines möglichen Unterrichtsverfahrens beschrieben, der sich auf die schon erwähnten für Studierende ziemlich schwierigen Themen „Konjunktiv" und „fremde Meinung" konzentriert.[14] Das Verfahren besteht aus drei Schritten, die in den Abschnitten 4.1–4.3 beschrieben werden.

4.1 Der erste Schritt

Im ersten Schritt ist die Auswahl der präsentierten Texte entscheidend. Im Falle des oben genannten Themas müssen die für die Studierenden interessanten Texte genug Konjunktive und Modalverben zum Ausdruck von Wünschen, von Willensverhältnissen und von fremden Meinungen beinhalten.

Nach einer Recherche in online verfügbaren mündlichen und schriftlichen Texten würde ich empfehlen, zum Zweck der Thema-Eröffnung, Kriminalromane und -filme, Polizeiberichte, Interviews oder kurze Videos zu spannenden Themen/Ereignissen zu verwenden. Nicht zu verachten ist auch die Trivialliteratur. All diese Quellen liefern nämlich genug Spannung und sie enthalten viele Passagen, die mit der indirekten Rede und fremden Meinungen verbunden sind. Das wird im Folgenden an einigen Beispiel-Sequenzen demonstriert, wobei verschiedene mögliche Vorgehensweisen im Unterricht angedeutet werden.[15]

VERFAHREN 1: GEGENÜBERSTELLUNG VON MEHREREN FORMEN IN EINER KOHÄRENTEN PASSAGE
Eine kohärente Passage zur Problematik ist sehr günstig, weil die/der Dozierende nur mit einem Stück Text für die meisten Erklärungen und Regel-Ableitungen auskommt. Wenn sich der Text durch eine mehrfache Verwen-

....

13 Zur Multimedialität vgl. Kováčová (2013: 57–61), zu effektiven Lernstrategien vgl. Buzan/Harrison/Boučková (2013). Vgl. Methode der sprachlichen Animation als ein moderner Trend des grammatischen Unterrichts bei Nejedlá (2016/2017).

14 Zum Konjunktiv vgl. Paschke (2018). Zur indirekten Rede im DaF-Unterricht vgl. Solfjeld (2012).

15 Zur Verwendung von Videos im Unterricht vgl. Scherpinski (2014), zur Arbeit mit Filmen im Unterricht und Film-Leerstellen vgl. Welke (2012), zum Einsatz von Kurzfilmen (Werbespots) vgl. Rybarczyk (2012), zum Film und zu Filmmusik vgl. Malaguti/Thoma (2012).

dung der Konjunktive und Modalverben mit einer ähnlichen Form, jedoch mehreren unterschiedlichen Funktionen auszeichnet, können diese im Kontrast zueinander gezeigt werden.

Das gilt auch für die Beispiel-Sequenz 1. Es handelt es sich um einen Ausschnitt aus einem Krimi, in dem die Polizistin eine Zeugin eines Mordes befragt, wie sie das Opfer entdeckt hat. Für Studierende könnte dieser Text aber eine Herausforderung darstellen, da sie mehrere grammatische Erscheinungen auf einmal identifizieren und interpretieren müssten.

Beispiel-Sequenz 1

P: Also die Party war ja hier draußen. Aber Sie waren drinnen im Haus?

Z: Ja sehen Sie, der Herr Simonis, der kommt wie ein Schlafwandler aus dem Haus gewankt. Ja, da wusste ich doch, da muss was passiert sein. Und dann dachte ich noch, wo, wo ist denn die Nadja, also die Frau Simonis? Und da war meine erst Idee gewesen, die hat sich von ihm trennen wollen. Das hätte ihn ja schon sehr mitgenommen. Aber warum sollte sie denn das ausgerechnet heute machen, wo die hier so 'ne nette Abschiedsparty feiern? Du, die verschenken hier alles, was nicht niet- und nagelfest ist.

P: Frau Petri, können wir das vielleicht ein bisschen abkürzen?

Z: Ich wollte die Frau Simonis suchen, um ihr zu sagen, dass es ihrem Gatten nicht gut geht. Und dann komm' ich am Keller vorbei und … dann hab' ich sie da gefunden.

P: Danke, Frau Petri.

Z: Und ich hab' nichts angefasst. Das wäre ja jetzt ihre nächste Frage gewesen.

P: Richtig.

Z: Und mir ist auch nichts weiter aufgefallen.

P: Aha.

Z: Also das hätte ich sonst gleich gesagt, auch wenn Sie mir andauernd das Wort abschneiden.[16]

---

16 https://www.zdf.de/serien/soko-wismar/umzug-in-den-tod-100.html.

Diese Sequenz gefunden zu haben, reicht natürlich nicht aus. Es ist notwendig, damit richtig umzugehen, z. B. richtige Fragen zu stellen, auf Kontraste geeignet hinzuweisen usw.[17]

(1) In erster Linie sollten die Studierenden für das Thema und für den Unterschied der Situationen sensibilisiert werden (vgl. Gramberg/Heinze 1993: 185–193). Das kann auf unterschiedliche Weise veranlasst werden. Es ist z. B. möglich, den Ton auszuschalten und den Filmausschnitt nur in Bildern zu betrachten. Dem folgen Konversationsfragen „Was ist wohl passiert?" oder „Wer ist das wahrscheinlich?" oder „Was kann danach passieren?". Schon hier müssen Studierende spekulieren und dazu verwenden sie vielleicht zuerst Modalpartikeln, dann aber werden sie sehen, dass sie auch Modalverben oder Konjunktiv brauchen.

Währenddessen sollte die/der Dozierende schon erste Korrekturen vornehmen, vor allem wenn Ungenauigkeiten vorkommen (z. B. wenn anstelle von „dort muss etwas Schreckliches passiert sein" die Studierenden die Form „dort musste etwas passieren" sagen). Diese erste Sensibilisierung kann noch ohne Erklärung bleiben und die/der Dozierende kann nur allgemein bemerken, dass es ein wichtiger Aspekt in der Sprache ist (der später auch in der Passage auftaucht).

(2) Im weiteren Verlauf kann der Ton eingeschaltet werden und die Studierenden werden dazu angeregt, die meisten Informationen mitzuschreiben, die gewünschte Sequenz zu übersetzen bzw. den Hauptsinn des Textes zusammenzufassen. Obwohl es wie eine Überforderung wirkt, direkt zu übersetzen, sollte davon nicht abgeraten werden.[18] Schon da zeigt sich nämlich, ob die Studierenden dazu fähig sind, zu unterscheiden, dass Konjunktiv und Modalverben auch andere Funktionen haben können, als nur die Funktion, Potenzielles oder modale Schattierungen des Willensverhältnisses (Pflicht, Wunsch) auszudrücken. Das kann von Fragen an die Studierenden begleitet werden: Was wollten die Leute sagen? Warum sagen sie es so? Bedeuten die Sätze eine Pflicht, einen Wunsch, eine Aufforderung, etwas anderes?

....

17 Zur Typologie der Aufgaben und Übungen vgl. Häussermann/Piepho (1996).

18 Zu Übersetzungsaktivitäten im Deutschunterricht an der Hochschule vgl. Michňová (2017/2018).

Sollten Probleme mit dem Hörverstehen auftreten, kann die ganze Sequenz zuerst transkribiert werden, damit der Misserfolg nicht darin besteht, dass man einzelne Wörter oder Passagen nur wegen des schlechten Hörverstehens missinterpretiert.[19]

Die/der Dozierende kann schon bei den Übersetzungsversuchen darauf abzielen, an der Tafel einerseits gemeinsam mit den Studierenden bekanntere Formen von den unbekanntere Formen zu trennen (d. h. bei deren Bedeutungen Studierende unsicher sind), andererseits die Formen des Konjunktivs und die Formen der Modalverben voneinander zu trennen.

Es kann vorausgesetzt werden, dass die Konjunktivformen bei der genannten Passage von den Studierenden relativ problemlos identifiziert werden, d. h. die Ausdrücke der Potenzialität in der Vergangenheit ((er) *hätte mitgenommen*, (sie) *wäre gewesen*, (ich) *hätte gesagt*)). Was aber schon schwieriger sein kann, ist die Übersetzung, da diese Formen von Studierenden (nach meiner eigenen Erfahrung) häufig auf die Gegenwart bezogen werden. Darauf sollte die/der Dozierende direkt hinweisen, entsprechende deutsche Bezeichnungen für die Gegenwart nennen und den Unterschied erklären („würde mitnehmen" oder „nähme mit", „wäre", „würde sagen" oder „sagte").[20]

(3) Des Weiteren können Modalverben genannt werden ((sie) *sollte machen*, (ich) *wollte suchen*, (sie) *hat sich trennen wollen*, (wir) *können abkürzen*, (es) *muss passiert sein*). Diese stellen einzeln bestimmt kein Problem dar, und es kann vermutet werden, dass auch die Übersetzungen in Ordnung sein werden, weil die Studierenden dazu fähig sind, die Bedeutungen der entsprechenden Sätze aufgrund ihres Weltwissens und ihrer eigenen Erfahrungen abzuschätzen, wobei sie den Unterschied der jeweiligen Formen nicht beachten. Nachdem ein Überblick verschafft worden ist und die richtigen Übersetzungen erbracht wurden, können die Beispiele der voluntativen Modalität und der Gewissheitsmodalität gegenübergestellt und miteinander verglichen werden,

....

19 Vgl. Pleß (2017) und Möglichkeiten von Untertiteln bei Kurzfilmen.

20 Bei der Übersetzung ins Tschechische besteht kein großes Problem, denn die Formen werden im Tschechischen nicht so strikt unterschieden und in der Umgangssprache werden alle Bedingungsformen (im Tschechischen ist es das „Konditional") für den Ausdruck einer Bedingung in der Gegenwart auch für den Ausdruck einer Bedingung in der Vergangenheit verwendet (vgl. Macháčková 1980). Bei der Übersetzung ins Deutsche ist aber solch ein breiter Spielraum bzw. eine solche Nachsicht nicht vorhanden, worauf in diesem Kontext aufmerksam gemacht werden muss.

Eva Polášková

was in der analysierten Sequenz gerade die zuletzt genannten Modalverben
gewährleisten.

Allgemein kann mit der Frage begonnen werden, ob alle genannten Modalverben die gleichen Funktionen haben, was die Studierenden aufgrund des
Kontextes, eventuell nur an tschechischen Übersetzungen erwägen können,
d. h., sie sollten selbst entdecken, dass sich der Ausdruck mit dem Modalverb
„müssen" typologisch von anderen Ausdrücken mit Modalverben unterscheidet. Als Hilfe können dann formale Unterschiede erfragt und danach die formale Besonderheit betont werden (die es im Tschechischen nicht gibt), indem
die Ausdrücke *ich wollte die Frau Simonis suchen* und *da muss was passiert sein*
explizit miteinander verglichen werden, bei denen schon der Unterschied in
der Form (Präteritum des Modalverbs mit Infinitiv vs. Präsens des Modalverbs
mit Infinitiv Perfekt) einen Unterschied in der Funktionalität vorzeichnet.[21]

VERFAHREN 2: GEGENÜBERSTELLUNG VON SÄTZEN MIT EINEM ÄHNLICHEN SATZBAU
Das oben genannte Beispiel stellt eine leichtere Variante dar, weil man sich auf
die Form stützen und davon die richtige Übersetzung ableiten kann. Die Studierenden sollten aber darauf vorbereitet werden, dass sich die Funktion der
Ausdrücke nicht immer an der Form unterscheiden lässt. Im Idealfall ist zur
Erklärung am besten geeignet, wenn man sehr ähnliche Sätze mit unterschiedlichen Bedeutungen gegenüberstellen kann.[22] Die Vorbereitung der Dozierenden ist in diesem Falle anders als bei dem Verfahren 1, man muss mehr recherchieren und für den Unterricht nur bestimmte Passagen auswählen, denn
es handelt sich meistens jeweils um einen einzigen Satz in der ganzen Episode,
im ganzen Text usw. Wenn es sich um ein längeres Ganzes handelt wie z. B.
eine Serie, kann das Ansehen mit dem Vorhinweis auf einen konkreten Zeitabschnitt als Hausaufgabe gegeben werden.

Auch in diesem Fall sind Krimis im Rahmen des Unterrichtsverfahrens geeignet, denn es erscheinen dort aufgrund des Charakters der Textsorte häufig
Sätze, die Behauptungen, Überzeugungen oder fremde Meinungen beinhalten,
die wiederum mithilfe von verschiedenen Modalverben ausgedrückt werden
und deren Aufbau sich oft wiederholt.

21 Die Studierenden können des Weiteren den formalen Unterschied bei dem Ausdruck *(sie) hat sich trennen wollen* nennen, hier bietet sich also zusätzlich eine Möglichkeit an, das Thema des Ersatzinfinitivs anzudeuten bzw. zu wiederholen.
22 Zu diesem Verfahren vgl. Dannerer (2017).

© Frank & Timme   Verlag für wissenschaftliche Literatur

In den Beispiel-Passagen 2 und 3 handelt es sich um Sätze mit dem Modalverb „wollen", die in beiden Fällen formal einen sehr ähnlichen Aufbau aufweisen, aber in einem Fall objektive und in einem anderen Fall subjektive Modalität ausdrücken. In der Beispiel-Sequenz 2 fragt ein Ermittler die Ehefrau eines Verdächtigen, wo ihr Ehemann ist, sie antwortet und fragt nach dem Grund der Befragung. Dem gegenübergestellt wird ein Satz aus der Beispiel-Sequenz 3, in der ein Zeuge bzw. Verdächtiger beim Verhör erklärt, dass niemand über die Affäre seines Bekannten wusste, auch nicht seine Frau, woraufhin sich die Polizistin wundert, woher er das weiß.

Beispiel-Sequenz 2

Frau Zerz: Er is öfter zum Schwimmbad gonga, mei Mon, wegen da Fitness, sogt a (Er ist öfter zum Schwimmbad gegangen, mein Mann, wegen der Fitness, sagte er). <u>Warum wuin Sie des wissn (Warum wollen Sie das wissen?)</u> Geht's um des Zeig im Kella untn? (Geht es um das Zeug im Keller unten?) I hob koa Ahnung davo (Ich habe keine Ahnung davon).
Ermittler: Das sagten Sie bereits, Frau Zerz.
Frau Zerz: In wos für an Mist hod' a sich wieda neigrittn, da Thomas? (In was für einen Mist hat er sich wieder reingeritten, der Thomas)?
Ermittler: Meinem Kollegen haben Sie erzählt, dass Ihre Ehe in schwierigem Fahrwasser ist.
Frau Zerz: So ko ma des nennan, jo (So kann man das nennen, ja.) I tat sogoa sogn sie is im Oasch (Ich würde sogar sagen sie ist im Arsch).²³

Beispiel-Sequenz 3

Zeuge: Keiner wusste Bescheid. Niemand. Nicht mal seine Frau.
Polizistin: <u>Woher wollen Sie das wissen?</u>²⁴

Ohne die Kenntnisse zur Gewissheitsmodalität könnten beide Sätze gleichermaßen mit der Bedeutung „Absicht" oder „Wunsch" übersetzt werden, was im zweiten Falle inkorrekt übersetzt wäre. Nach der Präsentation beider Sequenzen könnte also folgendermaßen verfahren werden:

....

23   https://www.zdf.de/serien/der-alte/chancenlos-104.html.
24   https://www.zdf.de/serien/soko-wismar/das-krokodil-100.html.

(1) Zuerst sollten die Studierenden ganze Situationen beschreiben und wiedergeben, was wer sagt, und dann Voraussetzungen formulieren, wer und wo die Leute sind und was wohl passiert sein und weiter passieren könnte. Dabei zeigt sich direkt, wie viel sie über Konjunktive und Ausdrücke der Redewiedergabe wissen. Zugleich stellt die Transkription selbst für Studierende wegen des Dialektes wohl ein Rätsel zur Entschlüsselung dar, wodurch eine Stärkung der Motivation gefördert werden kann (Wettbewerb, Gruppenarbeit usw.).[25]

(2) Wenn bei der darauffolgenden genauen Übersetzung beider Passagen auch das zweite Verb *wollen* als Wunsch missinterpretiert wird, ist es notwendig, die beiden identischen Sätze an die Tafel zu schreiben und zu erfragen, in welchen Kontexten sie erscheinen. Gerade aufgrund des Kontextvergleiches sollten die Studierenden ableiten, dass die Interpretation als Wunsch gar nicht ins Konzept passt. Die Studierenden sollten also selbst eine Frage formulieren, die sie von der Polizistin erwartet hätten.

(3) Daraufhin könnte gemeinsam überlegt werden, warum der Satz trotzdem in der gegebenen Form verwendet wird, wobei darauf hingewiesen wird, dass einige Wörter mehrere Bedeutungen[26] haben und mehrere Funktionen ausüben können, sodass die Bedeutung der Frage, die die Studierenden richtig ermitteln, auf die Bedeutung des Fragesatzes in der Sequenz wirklich zutrifft.

(4) Zuletzt sollten weitere Beispiele folgen, in denen eventuell beide Übersetzungsmöglichkeiten infrage kommen und nur aus dem Kontext die richtige Übersetzung abgeleitet werden kann.

(5) In der Beispiel-Sequenz 2 kann noch die würde-Umschreibung erklärt und damit gearbeitet werden.[27]

---

25 Zugleich ist es eine gute Chance, die Problematik des Dialektes allgemein anzusprechen (Ressourcen zu deutschen Dialekten im Internet vgl. Bahr-Lamberti 2016).

26 Das bietet zusätzlich die Möglichkeit, das Thema der Polysemie, Mehrdeutigkeit und Typen von Bedeutungen anzudeuten bzw. zu wiederholen.

27 Zum Konjunktiv und zur würde-Umschreibung im gesprochenen Deutsch vgl. Dubová (2006/2007).

VERFAHREN 3: GEGENÜBERSTELLUNG VON ENTSPRECHENDEN DEUTSCHEN UND TSCHECHISCHEN SÄTZEN IM RAHMEN EINER TEXTSORTE

Die Gegenüberstellung von deutschen und tschechischen Sätzen, die aus der gleichen Textsorte kommen und ähnliche Inhalte vermitteln, könnte bei schwächeren oder nicht allzu fortgeschrittenen Studierenden von Nutzen sein, weil sie hier einen direkten Vergleich mit der eigenen Sprache haben, was einerseits dem Verständnis hilft und andererseits die Angst vor unbekannten, fremden Regeln reduzieren kann.[28]

Dazu sind beispielsweise Polizeiberichte aus dem Fernsehen geeignet. Diese Quelle hat neben der Spannung bzw. der Erregung von Neugier noch einen weiteren Vorteil, nämlich, dass solche Fernsehsendungen sowohl im Deutschen als auch im Tschechischen veröffentlicht werden, eine ähnliche Form haben und ähnliche Aussagen beinhalten, sodass ein Vergleich dieser Paralleltexte den Studierenden intensiver die Verwendung und auch die Bedeutung von verschiedenen Modalverben oder Konjunktiven in Abhängigkeit vom Kontext zeigen kann.

Das kann an der Beispiel-Sequenz 4 (Ausschnitt aus den deutschen Krimi-Nachrichten „Täter, Opfer, Polizei") und der Beispiel-Sequenz 5 (eine entsprechende tschechische Sendung „Na stopě" [Auf der Spur]) demonstriert werden.

Beispiel-Sequenz 4

(…) Eine Frau, deren Leiche eine Woche vor Weihnachten am 18. Dezember in Berlin entdeckt wurde, und zwar mitten in der Stadt, in der Spree. Der Körper der Frau war unbekleidet und wurde hier in der Nähe der Michaelbrücke gefunden. Er muss schon einige Zeit, vielleicht sogar einige Wochen, im Wasser gewesen sein. (…) Sie soll 25 bis 40 Jahre alt sein (…). Wer erkennt diese Tätowierung und wer weiß etwas über die unbekannte Tote, die Ende des vergangenen Jahres verschwunden sein muss. (…).[29]

----

28   Vgl. Šemelík et al. (2019), Šemelík et al. (2020).

29   https://www.ardmediathek.de/ard/player/Y3JpZDovL3JiYi1vbmxpbmUuZGUvdGFldGVyb3BmZXJwb2xppem VpLzIwMjAtMDEtMjZUMTk6MDA6MDBfZjdjYzE4NWMtODIyMy00MTQyLTkzOTUtMTE5ZjAyNTVkM mE4L2t1cnpmYWhuZHVuZy1leWJlbmJla2FubnRlLXRvdGUtZ2Jvcmdlbg / unbekan nte-tote-geborgen.

Beispiel-Sequenz 5

(...) Tento muž je totiž důvodně podezřelý ze závažného protiprávního jednání. 6. prosince 2019 měl ve Znojmě pod pohrůžkou fyzického napadení přinutit seniora k vybrání peněz z bankomatu. Celé to proběhlo tak, že staršímu pánovi nejdříve nabízel na parkovišti u obchodního centra jakési zboží. Pán však u sebe neměl hotovost (...) Neznámý mu měl dokonce vyhrožovat, že jej zbije. (...).[30]

Bei diesen Beispielen kann man etwa wie folgt vom Leichteren ausgehen und dann zum Schwierigeren gelangen:

(1) In beiden Sequenzen verwendet der Reporter das Modalverb *sollen*, wodurch er eine zu vermittelnde Information ausdrückt, deren Wahrheit er nicht verbürgt[31] (*soll 25 bis 40 Jahre alt sein, měl přinutit [soll gezwungen haben], měl vyhrožovat [soll gedroht haben]*). Ausgehend von tschechischen Beispielen kann die/der Dozierende zunächst die Studierenden befragen, welche Bedeutungen einzelne Sätze haben und warum sie so formuliert sind.

(2) Zum Kontrast kann zugleich der Ausdruck *neměl u sebe hotovost [(er) hatte kein Bargeld bei sich]* dienen, in dem die gleiche Form des tschechischen Verbs (*měl*) in der üblichen Bedeutung „besitzen" verwendet wird. Dadurch kann an die mehrfache Bedeutung des Verbs „mít" im Tschechischen angeknüpft werden.[32] Dann können die Kenntnisse über Unterschiede zwischen der objekti-

---

30 https://www.ceskatelevize.cz/porady/1100492707-na-stope/420236100132005/video/751264.
    Auf Deutsch: *[Dieser Mann wird nämlich der begründeten schweren rechtswidrigen Handlung verdächtigt. Am 6. Dezember 2019 soll er in Znaim unter Androhung eines physischen Angriffs einen Rentner gezwungen haben, Geld von einem Bankautomaten abzuheben. Das Ganze ist so verlaufen, dass er zuerst einem älteren Herrn am Parkplatz beim Einkaufszentrum eine gewisse Ware angeboten hat. Dieser ältere Herr hatte aber kein Bargeld bei sich. (...) Der unbekannte Mann soll ihm sogar gedroht haben, dass er ihn verprügelt.]* Übersetzung ins Deutsche: E. P.

31 Vgl. https://www.duden.de/rechtschreibung/sollen.

32 Im Tschechischen handelt es sich noch um eine weitere Möglichkeit der Übersetzung des Verbs „měl" (Vergangenheitsform) bzw. „mít" (Infinitiv). Es kann nämlich auch bedeuten: Pflicht (wie im Deutschen „sollen"), Andeutung der fremden Meinung, Besitztum (wie im Deutschen „haben").

ven und subjektiven Modalität aus dem Tschechischen, über die die Studierenden schon verfügen, auf die deutsche Sprache übertragen werden.[33]

(3) An dem deutschen Beispiel kann in einem weiteren Schritt das Thema weiter vertieft werden, indem die Bedeutung weiterer Ausdrücke mit Modalverben entschlüsselt wird (*muss gewesen sein, muss verschwunden sein*).

Problematisch ist, dass es sehr schwierig ist, alle Formen und Ausdrucksweisen der subjektiven und objektiven Modalität in einer sinngebenden Sequenz zu finden. Bei allen oben angegebenen Beispiel-Sequenzen hat gerade der Konjunktiv I gefehlt, der zur vollen Erklärung der ganzen Problematik notwendig gewesen wäre. Dieser müsste an anderen Sequenzen zum Beispiel aus Krimis gezeigt werden, man kann aber auch zur Auffrischung eine andere Textsorte verwenden, indem man wieder tschechische und deutsche Passagen gegenüberstellt. Dazu sind deutsche und tschechische Fernseh-Nachrichten sehr geeignet (siehe Beispiel-Sequenzen 6 und 7, die Ausschnitte aus den Nachrichten darstellen, die an ein und demselben Tag veröffentlicht wurden).

Beispiel-Sequenz 6

(…) Jeder Tag bringe neue Erkenntnisse. Das Coronavirus ähnelt dem bekannten SARS-Virus, das 2002 eine Pandemie ausgelöst hatte. Die Ansteckungsgefahr beim Coronavirus aber sei, wie man jetzt weiß, doch größer als bei SARS (…) Grund zur Panik gebe es nach wie vor nicht, so das RKI. Aber jeder sollte sich an die Schutzmaßnahmen halten. (…)[34]

Beispiel-Sequenz 7

Tuzemské úřady počítají s tím, že koronavirus se do Česka dřív nebo později dostane. K panice ale není důvod, ujistila po jednání Ústřední epidemiologická komise. (…) Jak už zaznělo, pro většinu populace není nemoc COVID-19 o mnoho nebezpečnější než chřipka. (…) Podle Adama Vojtěcha není třeba testovat každého, kdo se vrátí z Itálie, anebo každého, kdo má teplotu. Sejít se musejí dvě věci: návrat z konkrétních severoital-

---

33 Vgl. Štícha (2003: 89–119). Štícha empfiehlt die Verwendung dieser Konstruktion (z. B. *měl vyhrožovat [soll gedroht haben]*) im Tschechischen nicht, nach seiner Meinung ist es im Tschechischen nur ein peripheres Mittel.

34 https://www.tagesschau.de/multimedia/sendung/ts-35869.html.

ských regionů, případně jiných světových ohnisek, a příznaky nemoci.
(...)[35]

Im Unterschied zur vorangehenden deutschen und tschechischen Beispiel-Passage könnte die/der Dozierende in diesem Fall von dem deutschen Beispiel ausgehen und erst danach das tschechische Beispiel einbeziehen.

(1) Nachdem Studierende die Textsorte, Umstände und das Thema bestimmt haben, sollten sie erneut (eventuell mithilfe der/des Dozierenden) eine genaue Transkription der relevanten Passage durchführen.

(2) Anschließend sollten die Studierenden dazu ermutigt werden, alle Formen des Verbs zu sammeln, die sie nicht kennen oder ihnen seltsam oder sogar falsch vorkommen. Bei dieser Fragestellung wird vorausgesetzt, dass die Formen des Konjunktivs I Präsens in der 3. Person Singular ((er) *bringe*, (sie) *sei*, *es gebe*) für unerfahrene bzw. damit nicht vertraute Studierende falsch klingen. Sie sollten zuerst selbst überlegen, womit diese von ihnen als Anomalien betrachteten Erscheinungen zusammenhängen können. Dabei sollte auf verschiedene Formen der Verben im Text hingewiesen werden (einige haben „klassische" Endungen, einige dagegen „unerwartete" Endungen und Formen).

(3) Aufgrund des Charakters und der Funktion der Textsorte „Nachrichten" kann gemeinsam mit den Studierenden die Notwendigkeit des Konjunktivs I für die Redewiedergabe geklärt werden. Gleichzeitig können entsprechende Ausdrucksweisen mit gleicher Funktion im Tschechischen charakterisiert werden. Hier müssen sich Studierende damit abfinden, dass auf der Ebene der Verben keine entsprechenden Mittel im Tschechischen zur Verfügung stehen (bis auf das Modalverb sollen, siehe oben), man kann eine fremde Meinung

⸻

35 https://www.ceskatelevize.cz/porady/1097181328-udalosti/220411000100227/.
Auf Deutsch: *[Inländische Ämter rechnen damit, dass das Coronavirus früher oder später nach Tschechien gelangt. Zur Panik gibt es aber keinen Grund, hat die Zentrale Epidemiologische Kommission nach ihrer Verhandlung versichert. (...) Wie schon gesagt wurde, ist die Krankheit COVID-19 für die Mehrheit der Population nicht viel gefährlicher als die Grippe (...) Nach Adam Vojtěch* (der damalige tschechische Gesundheitsminister – Bemerkung der Übersetzerin) *ist es nicht notwendig, jeden zu testen, der aus Italien zurückkehrt oder jeden, der Fieber hat. Zusammentreffen müssen zwei Sachen: Rückkehr aus den konkreten norditalienischen Regionen bzw. anderen Weltbrennpunkten und Krankheitssymptome. (...)]* Übersetzung ins Deutsche: E. P.

oder eine berichtete Rede jedoch z. B. durch eine Paraphrase oder durch Angabe der sprechenden Person andeuten, was eigentlich auch für das Deutsche gilt (*wie man jetzt weiß, so das RKI, ujistila po jednání Ústřední epidemiologická komise* [hat die Zentrale epidemiologische Kommission nach ihrer Handlung versichert], *jak už zaznělo* [wie schon gesagt wurde], *podle Adama Vojtěcha* [nach Adam Vojtěch]).

4.2   Der zweite Schritt

Wenn sich Studierende mit der Verwendung von Konjunktiven und Modalverben, die die Funktion haben, fremde Meinungen zu übermitteln, in üblichen Textsorten rezeptiv vertraut gemacht haben, kann der zweite Schritt kommen, in dem sie mithilfe der/des Dozierenden Prinzipien, Regeln und Theorien kennenlernen, an konkreten Beispielsätzen üben und am Ende fähig sein sollten, die verschiedenen Formen selbst zu bilden.

Weil die Studierenden im ersten Schritt mit verschiedenen Mitteln der objektiven und subjektiven Realität auf einmal konfrontiert wurden, können sie sich am Anfang nicht gut im System der grammatischen Erscheinungen orientieren, was als Nachteil des induktiven Verfahrens bezeichnet werden kann. Deswegen ist es erwünscht, vor dem eigentlichen Training der Sätze-Produktion die Gliederung der kennengelernten Mittel vorzustellen.

Zur groben Abgrenzung des Themas kann ein Kreis-Schema (siehe Abb. 1) dienen. In diesem Schema geht es vor allem darum, anzudeuten, dass die Mittel der Redewiedergabe bzw. der fremden Meinung ein Phänomen sind, das nicht einer einzigen Gruppe, nach der traditionellen Gliederung der einzelnen grammatischen Mittel, zuzuordnen ist. Das heißt, dieses Phänomen kann durch mehrere Mittel ausgedrückt werden, beispielsweise durch Modalverben und Konjunktive; diese grammatischen Erscheinungen können aber zugleich andere Funktionen ausüben und es gibt darüber hinaus weitere Mittel zum Ausdruck der Redewiedergabe bzw. der fremden Meinung, die in andere grammatische Kategorien gehören. Diese These bestätigen die sich nicht völlig überlappenden Kreise in der Abbildung.[36]

....

36   Vgl. Fabrizius-Hansen/Solfjeld/Pitz (2018: 90–91, 196–198).

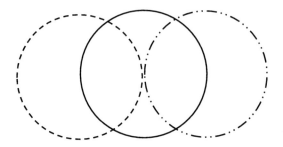

Modalverben

Redewiedergabe/fremde Meinung

Konjunktiv

Abb. 1: Mittel zum Ausdruck der Redewiedergabe/der fremden Meinung

Für dieses Theorie-Studium und Üben stehen mehrere „klassische" gedruckte Lehrwerke und Grammatiken bereit, wieder können jedoch auch digitale Medien verwendet werden, um die Attraktivität des Studiums steigern zu lassen und Kenntnisse zu vertiefen. Die hilfreichen digitalen Medien können in dieser Hinsicht in drei Gruppen gegliedert werden.

Die erste Gruppe bilden verschiedene Websites, die eine Vorauswahl verschiedener Online-Bücher und -Lehrwerke ermöglichen und diese dadurch zugänglicher machen. Die zweite Gruppe wird durch gedruckte bzw. als gedruckt wirkende[37] veröffentlichte Online-Quellen gebildet, die theoretische Informationen, Übersichten[38] oder auch Übungen bereithalten. Diese Quellen stellen keine Innovation im echten Sinne dar, denn man arbeitet mit ihnen auf eine ähnliche Weise wie mit gedruckten Quellen (vgl. Klinka 2020), aber sie können mehrere Möglichkeiten gewähren, z. B. Texte kopieren, nur mit bestimmten Passagen arbeiten, neue Übungen vorbereiten, leichter den Stoff den Studierenden zugänglich machen usw. (vgl. Hall/Scheiner 2014). Manchmal handelt es sich um zugängliche Online-Quellen von Universitäten für ihre Studierende oder um Angebote der Verlage (z. B. direkte Hinweise für den Unterricht, Materialien zur Unterrichtsarbeit). Der dritten Gruppe sind dann

....

37 Gemeint ist, dass die Quelle nicht unbedingt im gedruckten Zustand existieren muss und nur online zur Verfügung steht, aber keine interaktiven Übungen ermöglicht. Es handelt sich z. B. um einen Text im PDF-Format.

38 Vgl. Vlčková et al. (2015), Boland (2004: 455–457).

Websites zugeordnet, die interaktive Übungen,[39] Apps oder Tools zur Selbsterzeugung einer Übung anbieten. Einige Tipps (vor allem in Bezug auf das oben besprochene Thema) sind in der Tabelle 1 zusammengefasst (vgl. Ondráková 2013: 97–105).

Tab. 1: Digitale Möglichkeiten zum Grammatik-Einüben (objektive und subjektive Modalität)

1. Gruppe: Websites zur Vorauswahl verschiedener Bücher und Lehrwerke
https://www.dw.com/de/lesen-ohne-papier-und-ohne-geld/a-19086985.   http://kramerius.nkp.cz.   https://ezdroje.osu.cz/.   https://www.bookport.cz/uvod/.   https://books.google.cz/.   http://www.linse.uni-due.de/digitale-nachschlagewerke-zur-deutschen-sprache.html?page_iso93=3.
2. Gruppe: Gedruckte bzw. als gedruckt wirkende Quellen, online zugänglich
https://opus.bibliothek.uni-wuerzburg.de/opus4-wuerzburg/frontdoor/deliver/index/docId/ 11915/file/Zimmermann_Systemstrukturen_WespA11_2Aufl.pdf.   https://slpgerman305s2017.files.wordpress.com/2017/01/daf_uebungsgrammatik_fuer_die_ oberstufe-1.pdf.   https://books.google.cz/books?id=wGd-gTTidM8C&pg=PA66&lpg=PA66&dq=Attributsatz+ mit+Konjunktiv&source=bl&ots=Gw1b5MNv9U&sig=ACfU3U2p9PCf2GAOa2ttTKlRNaW 1lu2QnQ&hl=cs&sa=X&ved=2ahUKEwj1pteYp7PnAhXDZ1AKHbkdDJAQ6AEwAHoECA kQAQ#v=onepage&q=Attributsatz%20mit%20Konjunktiv&f=false.   https://deutschkurse-passau.de/JM/images/stories/SKRIPTEN/c1_skript_gr.pdf.   http://home.edo.tu-dortmund.de/~hoffmann/Biblios/Morpho.html.   http://cornelia.siteware.ch/linguistik/morphologie.html.   https://dict.leo.org/grammatik/index.php?lang=en.   https://www.schubert-verlag.de/aufgaben/arbeitsblaetter_c2/c2_arbeitsblatt_kap1-01.pdf.   https://www.hueber.de/media/36/BilderQuiz.pdf.   https://nemcina-zdarma.cz/article/2019052301-konjunktiv. (Erklärung auf Tschechisch)   http://mangrove.cz/german/grammar/subjnctv/index.ix1. (Erklärung auf Tschechisch)   http://nemeckagramatika.wz.cz/slovesa.htm. (Erklärung auf Tschechisch)
3. Gruppe: Online-Übungen
https://www.grammatiktraining.de/indirekterede/grammatikmenue-indirekte-rede.html.   https://nemcina-zdarma.cz/article/2019052302-test-konjunktiv.   https://learningapps.org/index.php?s=Konjunktiv.   https://kahoot.com/.

....

39   Vgl. Vlčková et al. (2015).

Speziell dem letzten Link (https://kahoot.com/) sollte Beachtung geschenkt werden, da der es ermöglicht, interessante und interaktive Übungen selbst zu erzeugen, wenn keine passenden im Internet gefunden werden. Des Weiteren kann man dadurch die „klassischen" Übungen aus dem Lehrwerk „beleben". Zugleich nimmt es ein bisschen Zeit für die Vorbereitung in Anspruch, denn im Unterschied zu gedruckten Quellen sollte man nicht zu lange Sätze oder Texte zur Übung auswählen. Die Fragen werden nämlich an der digitalen Tafel präsentiert und die Antworten werden von den Studierenden mithilfe ihrer Handys, mit denen sie sich eingeloggt haben, ausgewählt, sodass sie einen kleineren Platz einnehmen können (man hat vier Antworten zur Auswahl, es handelt sich um einen Multiple-Choice-Test).

Dieser Übungstyp kann gut an die im ersten Schritt präsentierten Videos-Präsentationen anknüpfen, indem mit diesen Serien weiter gearbeitet wird. Zum Beispiel können sich Studierende weitere Passagen anhören, zu denen sie dann Fragen bekommen. Im Unterschied zum ersten Schritt ist es nicht ratsam, ganze Übersetzungen zu fordern, vielmehr können nur die Übersetzung des Verbs oder deren Interpretation, Interpretation der Funktion von verschiedenen markierten Mitteln usw. erfragt werden.

Auf eine ähnliche Weise, nämlich indem die ganze Gruppe an einem Übungssatz zugleich arbeitet, können Tablets[40] eingesetzt werden, auf die man wie früher auf eine Schiefertafel Antworten auf eine gemeinsame Frage schreiben und anschließend im Plenum präsentieren kann. Es ist effektiver, weil sich alle auf einmal bemühen müssen, auf die Frage zu antworten oder den Mustersatz zu bilden, und nicht nur ein*e einzige*r Studierende*r, die*der gerade an der Reihe ist (wie bei der „klassischen" Arbeitsweise nur mit einem Lehrbuch). Zugleich können die Studierenden im Plenum sehen, wer wie antwortet, und von den richtigen oder falschen Antworten lernen, indem niemand ausgelacht wird, sondern die Fehler zusammen erklärt und korrigiert werden. Auf der einen Seite kann für einige zurückhaltende Studierende diese Methode ein Problem darstellen, auf der anderen Seite kann diese Arbeitsweise aber auch zu mehr Leistung motivieren.

....

40 Gedacht bei der entsprechenden technischen Ausrüstung. Neben einem guten Internetzugang sind darüber hinaus Whiteboards erwünscht. Zum computerunterstützten (Fach-)Fremdsprachenunterricht vgl. Szerszeń (2014).

4.3   Der dritte Schritt

Wenn das Prinzip des Bildens von Konjunktivformen und alle Regeln von den Studierenden gut beherrscht und gründlich durchexerziert werden, eröffnet sich im dritten Schritt ein weites Feld von weiterführenden Übungen. Nach der rezeptiven Anfangsphase und der produktiven mittleren Phase kommt also die dritte Phase, die wieder zunächst rezeptiv ist, die aber dann in weitere produktive Handlungen mündet. Auch für diese Vertiefungsphase können digitale Medien eine wichtige Rolle spielen. Einige konkrete Möglichkeiten werden im Folgenden präsentiert.[41]

GESCHRIEBENE UND GESPROCHENE TEXTE VON DEUTSCHSPRACHIGEN FERNSEH-
UND RUNDFUNKANBIETERN

Diese Medien stellen authentische Texte zur Verfügung, an denen die Problematik nicht nur geübt und gefestigt werden kann, sondern auch strittige bzw. nicht eindeutige Fälle demonstriert und diskutiert werden können. Nicht immer muss es einfach sein, zu interpretieren, ob es sich um Redewiedergabe, Potenzialität oder einen bloßen Aussagesatz handelt, denn einerseits treten diese Ausdrücke zusammen in einem Text auf, andererseits sind manchmal beide Varianten theoretisch möglich. Man muss sich also die Fähigkeit aneignen, die wahrscheinlichere Bedeutung vom Kontext abzulesen bzw. einzuschätzen, Texte richtig zu verstehen und zu übersetzen (vgl. der folgende Beispielsatz aus den österreichischen Nachrichten, in denen das Verb *bombardierten* sowohl als Präteritum als auch als Konjunktiv II zu interpretieren ist, wobei zur Unsicherheit bei der Bestimmung der nach der Logik vorausgesetzten Vergangenheitsform durch die Tatsache beigetragen wird, dass der Text mit dem verbum dicendi und der berichteten Rede mithilfe von Konjunktiv I weitergeht: *Kampfjets bombardierten am Montag den militärischen Teil des Flughafens Mitiga, sagte ein Sprecher der libyschen Einheitsregierung. Der Flugbetrieb sei eingestellt und der Flughafen evakuiert worden.*[42]).[43]

Die politischen Diskussionen oder Interviews im Internet ermöglichen Aufgaben, bei denen das Gespräch paraphrasiert und in indirekte Rede über-

---

41 Diese wurden entweder neu für Bedürfnisse des Faches „Morphologie" entwickelt oder von Kolleg*innen gesammelt.

42 https://www.nachrichten.at/panorama/weltspiegel/kaempfe-in-tripolis-eskalieren-49-tote-und-rauchsaeulen-ueber-flughafen;art17,3118371.

43 Der Beispielsatz aus Stolá (2019).

führt wird (z. B. die Sendung „Hart aber fair"[44]).[45] Man kann in einem nächsten Schritt die Studierenden Konjunktive und fremde Meinung in der Boulevardpresse und in der seriösen Presse vergleichen lassen. Wenn man bei solchen Übungen das tschechische Umfeld präsentieren will, kann man verschiedene tschechische Online-Pressequellen verwenden, die auf Deutsch verfügbar sind (z. B. https://www.radio.cz/de/).

Einige Fernseh- und Rundfunkanbieter bereiten auch verschiedene Lernprogramme für junge Leute im Internet vor, die den Interessen von Studierenden näher kommen und sie mehr motivieren können, aufmerksam zuzuhören und gleichzeitig Konjunktive zu übersetzen (z. B. können die Studierenden in der Sendung „Medienbegriffe kurz erklärt" einerseits Grammatik üben, andererseits vom Erlernen des neuen Wortschatzes profitieren[46], die Website www.kakadu.de stellt zudem ausreichend Texte, Videos und Spiele nicht nur für Kinder zur Verfügung).[47] Einige Medien bieten Texte, Audiodateien oder Videos an, die schon didaktisiert sind (z. B. https://www.dw.com/en/learn-german/s-2469).[48]

ZWEISPRACHIG VERÖFFENTLICHTE MEDIEN

Diese Medien können kinderleicht wirken, weil alles auf die Lesenden sowohl auf Tschechisch als auch auf Deutsch abgestimmt ist (z. B. die Zeitschrift PLUS[49]). Sie können auch zur Entwicklung der Übersetzungskompetenzen dienen, indem die verschiedenen Übersetzungsmöglichkeiten miteinander verglichen werden. Im Falle des Konjunktivs handelt es sich zum Beispiel um eine Vereinfachung in der Übersetzung im Tschechischen, indem Konjunktiv Plusquamperfekt im Tschechischen so übersetzt wird, als ob es sich um die Gegenwart handelt, weil die Vergangenheitsformen in informellen Texten nicht so geläufig sind (vgl. *Wir hätten zueinander gepasst. Aber so ist das Leben.*

....

44   https://www1.wdr.de/daserste/hartaberfair/videos/video-zwischen-hysterie-und-begruendeter-angst-wie-gefaehrlich-ist-das-coronavirus-100.html. Z. B. Herr Prof. Dr. Alexander Kekulé sagte, dass … / Herr Moderator erwiderte, dass … / Frau Dr. Susanne Johna fügte bei, dass … usw.

45   Vgl. Gramberg/Heinze (1993: 185–193).

46   https://www.zdf.de/gesellschaft/medien-verstehen.

47   Vgl. Ondráková (2013: 102).

48   Zu Möglichkeiten von neuen Medien im didaktischen Bereich vgl. Schlickau (2009).

49   https://tschechien.ahk.de/cz/newsroom/casopis-plus.

Hodili bychom se k sobě. Ale to je život. [Wir würden zueinander passen. Aber so ist das Leben.][50]; siehe oben 4.1).

Literarische oder alltagssprachliche Online-Quellen

Zur Festigung der Problematik von Konjunktiven und fremder Meinung können weitere Quellen helfen, z. B. sind verschiedene literarische oder populärwissenschaftliche Werke, die als E-Books vorhanden sind, geeignet, denn man zitiert häufig darin andere Autor*innen oder paraphrasiert Aussagen anderer Leute mithilfe des Konjunktivs I und anderer Mittel bzw. drückt seine Gefühle aus (siehe Kapitel 4.2).[51] Diese Funktion können des Weiteren Podcasts (vgl. Molnárová 2016), Filme oder MP3-Hörspiele[52] übernehmen. Auch einige DaF-Zeitschriften bieten Texte und Übungen im Internet an, die für weiterführende Übungen genutzt werden können.[53]

Lernvideos im Internet

Wenn man die Erklärung der/des Dozierenden im Unterricht nicht gut verstanden hat, kann man sich die Erklärung noch einmal in verschiedenen Lernvideos anhören. Das können verschiedene Videos deutschsprachiger Institute sein (z. B. Goethe-Institut, Aufnahmen von Vorlesungen verschiedener Universitäten, vgl. Son 2004 usw.), darüber hinaus sind bei der neuen Generation Videos von Youtuber*innen sehr beliebt. Diese Youtuber*innen präsentieren entweder gezielt das jeweilige grammatische Thema oder verschiedene Videos lassen sich zum Studium verwenden, in denen die vorher durchgenommenen grammatischen Erscheinungen oft auftreten (z. B. in Online-Kochrezepten kann man die Verwendung verschiedener Formen des Konjunktivs in der Praxis beobachten[54]).

In der Tabelle 2 werden einige von diesen Websites präsentiert. Bei den nicht offiziellen Videos der Youtuber*innen ist es problematisch, dass nicht

----

50 https://tschechien.ahk.de/fileadmin/AHK_Tschechien/Newsroom/PLUS/Plus_2019/PLUS_2019_05_WEB.pdf.

51 Vgl. z. B. file:///C:/Users/Polaskova/Downloads/das_innovative_universum__voitech.pdf.
Vgl. z. B. https://freiszene.de/ebooks/download/E-Book-Content-Marketing_3.2.2016.pdf.
Vgl. z. B. http://www.gutenberg.org/wiki/Category:DE_B%C3%BCcherregal.

52 Vgl. z. B. https://freiszene.de/hoerspiele/alarm-im-uhrenland/.

53 Z. B. https://www.deutsch-perfekt.com/, https://www.freundschaft.cz/.

54 Z. B. https://www.youtube.com/watch?v=uBOxNCy_vg4. Zu (nicht nur) Konjunktiv und Modalverben in Kochrezepten vgl. Donalies (2012).

immer alle über eine gute Qualität verfügen und einige vor allem für Anfänger*innen oder Mittelfortgeschrittene geeignet sind (vgl. die ersten zwei Websites). Auf der anderen Seite kann man manchmal gerade bei der basalen Erklärung den Zusammenhang besser überblicken und erst danach zum höheren Niveau übergehen bzw. die Anfängervideos dann eigenen Schüler*innen empfehlen (gemeint bei Lehramtsstudierenden). Einige Lernvideos erinnern an klassische Unterrichtsstunden, Autor*innen bemühen sich jedoch, durch Witzigkeit aufzulockern und Förmlichkeit abzumildern (vgl. die letzten zwei Websites, z. B. die lustigen Mustersätze *Paul sagt, dass er diese Partei nicht wähle. Der Vorsitzende sei ein Idiot.*[55]).

Tab. 2: Websites mit lernenunterstützenden Videos

Offizielle Lernvideos
https://www.goethe.de/de/spr/ueb.html.   https://ocw.mit.edu/courses/find-by-topic/#cat=humanities&subcat=language&spec=german.
Videos von Youtuber*innen
https://www.youtube.com/watch?v=hnJaxSTHH6I.   https://www.youtube.com/watch?v=znwWovt3XBY.   https://www.youtube.com/watch?v=_qXoN3J-EHI.   https://www.youtube.com/watch?v=-aMt8qT9J3c.   https://www.youtube.com/watch?v=tezQAGPrLmE.   https://www.youtube.com/watch?v=N_faVcrB5zw.   https://www.youtube.com/watch?v=SWp8bNFJ5xQ.

Man kann Studierende auch dazu veranlassen, sich am Drehen eigener Erklärvideos zu beteiligen, bei denen sie die Rolle ihrer Dozierenden übernehmen. So kann sich am besten zeigen, ob sie den Lernstoff beherrschen oder nicht (vgl. Henschke 2019). Studierende können des Weiteren eine Geschichte dramatisch darstellen und einen Kurzfilm zu verschiedenen Themen selbst aufnehmen, in dem sie fremde Meinung oder Potenzialität richtig ausdrücken usw. (vgl. Gramberg/Heinze 1993: 185–193).[56]

....

55 https://www.youtube.com/watch?v=SWp8bNFJ5xQ.

56 Vgl. Klippert (2002: 71). Zur Methode der Simulation und deren Einfluss auf die Kommunikationsscheu bei Studierenden vgl. Smejkalová (2016/2017).

ANDERE ONLINE-QUELLEN

Eine unerschöpfliche Menge an Möglichkeiten zum Üben bringen soziale Netzwerke. Man kann z. B. Tweets und andere Texte des jeweiligen Netzwerks ausnutzen, um Aufgaben zu erstellen, die Blooms Taxonomie der Lernziele entsprechen (Voltrová/Motlíková 2018/2019: 12–13).[57] Über soziale Netzwerke kann man auch Kontakte knüpfen und ein Sprachtandem finden, was zur Verbesserung der Sprachkenntnisse führen kann (zum E-Tandem vgl. El-Hariri/Jung 2015). Wenn man sich nicht in der Verwendung oder Form sicher ist, kann man zur Vergewisserung in verschiedenen deutschen Corpora im Internet nachschlagen, z. B. Cosmas Corpus (https://www.ids-mannheim.de/cosmas2/) (vgl. Šemelík et al. 2019, Šemelík et al. 2020). Ratsam sind auch verschiedene Online-Wörterbücher, z. B. Gabler Lexikon (https://wirtschaftslexikon.gabler.de/), Duden Wörterbuch (https://www.duden.de/woerterbuch) usw.[58] Alle verschiedenartigen Online-Methoden und Quellen können durch unterschiedliche E-Learning-Plattformen verbunden werden, z. B. Moodle (vgl. Pal-Liebscher/Wittan 2015: 59–78).[59]

5   Vor- und Nachteile bzw. Risiken des Morphologieunterrichts mit digitalen Medien

Wie aus dem oben vorgeschlagenen Verfahren folgt, bringen die digitalen Medien (nicht nur) dem Morphologieunterricht verschiedene Vorteile. Man muss sich jedoch dessen bewusst sein, dass dieser Unterricht zugleich bestimmte Nachteile haben bzw. Risiken mit sich bringen kann. Im Folgenden werden diese Unterrichtsaspekte mithilfe digitaler Medien kurz erörtert.

Zu den Vorteilen des Morphologieunterrichts mit digitalen Medien gehört neben der oben genannten Motivation und dem Kontakt mit dem realen Leben auch die Tatsache, dass ein solcher Unterricht nicht einseitig ist und neben

....

57 Vgl. https://designingoutcomes.com/assets/PadWheelV4/PadWheel_Poster_V4.pdf, zit. in Voltrová/Motlíková (2018/2019: 12–13).

58 Zu digitalen Ressourcen für korpuslinguistische Analysen vgl. Gredel/Mell (2015). Zur Ausnutzung des Korpus im Fremdsprachenunterricht vgl. Dubova/Proveja (2016), Wisniewski (2017: 33–40), Šemelík/Kloudová/Koptík (2016/2017).

59 Vgl. Štefaňáková/Molnárová (2015), Ebner/Schön (2011), Pabst-Weinschenk (2019: 79–82), Schrack/Nárosy (2009).

den grammatischen Kenntnissen auch gewisse *Soft Skills* der Studierenden unterstützt, indem sie implizit dazu veranlasst werden, sich mit interkulturellen, politischen oder sozialen Themen zu beschäftigen, darüber nachzudenken und eigene Stellungnahmen zu konstruieren (vgl. Altmeyer 2017). Des Weiteren können Studierende Informationen aus anderen Fachgebieten erhalten. Nebenbei lernen sie bei diesem Unterricht Mediensprache und Umgangssprache kennen, wovon sie dann in Kursen zur Lexikologie und Stilistik profitieren können. Ausgewählte Passagen aus Aufnahmen, Filmen oder Texten im Internet, an denen die grammatischen Erscheinungen gezeigt werden, können weiterführende Konversationen, Diskussionen oder schriftliche Erörterungen anregen, sodass praktisch alle sprachlichen Fertigkeiten (Leseverstehen, Hörverstehen, Sprechen, Schreiben) komplex geübt werden. Die Arbeit mit den tschechischen und deutschen Paralleltexten verbessert die Übersetzungskompetenz der Studierenden. Auch technisch gesehen haben die Dozierenden eine erleichterte Lage, da sie keine Lernhilfen und Materialien mühsam schleppen müssen, denn den Studierenden stehen Handys oder Tablets[60] zur Verfügung, was im Vergleich zum Papierverbrauch auch umweltfreundlicher ist.[61]

Wie alle Sachen haben auch die digitalen Medien im (Morphologie-)Unterricht ihre Schattenseite. Den Nachteilen bzw. Risiken kann man zuordnen, dass die Dozierenden selbst – im Unterschied zu Studierenden – manchmal nicht gut technisch ausgerüstet sind (vgl. Ondráková 2013: 99, Schultz-Pernice et al. 2017: 68–72). Aber auch gute Technik „rettet" die Lehrkräfte nicht allein – diese müssen damit rechnen, dass die Vorbereitung solcher Unterrichtsstunden sehr zeitaufwendig ist, und zwar aus mehreren Gründen. Erstens muss man geeignete Texte oder Videos finden. Das wird dadurch erschwert, dass die gewünschte grammatische Erscheinung nicht in allen authentischen Quellen in einer entsprechenden Konzentration vorkommt (siehe Kapitel 4). Dagegen können solche Texte auch grammatische Erscheinungen enthalten, die noch nicht oder nicht tiefgründig durchgenommen wurden und die dann das Verständnis hemmen können. Diese Arbeit fordert also ein durchdachtes didaktisches Vorgehen. Zweitens kostet es viel Zeit, die Texte immer neu herauszusuchen, weil die nötigen Texte schnell an Aktualität verlieren und einige kaum

----

60 Vgl. den Trend BYOD (bring your own device) (Voltrová/Motlíková 2018/2019: 11). (Bei solchem Unterricht muss selbstverständlich an sozial schwache Studierende gedacht werden, damit sie nicht benachteiligt werden.)

61 Zu Vorteilen bzgl. digitaler Medien im DaF-Unterricht vgl. Son (2004: 76–77).

mehr als in einer einzigen „Saison" verwendet werden können (z. B. Zeitungsartikel), es sei denn, es sind Artikel zu allgemein geltenden Themen. Manche Videos sind nur zeitlich begrenzt verfügbar. Drittens kann das Verfahren nach der induktiven Methode direkt im Unterricht mehr Zeit in Anspruch nehmen als das nach der deduktiven Methode (vgl. Melezinek 1977: 122–123).

Darüber hinaus stellen solche Texte und Videos eine Herausforderung für die Dozierenden selbst dar. Sie können sich nämlich im Unterschied zu Lehrwerken auf keinen Lösungsschlüssel verlassen und müssen sich umso besser vorbereiten, damit sie selbst in einem strittigen Fall nicht überfragt werden. Auch die scheinbar positive Tatsache, dass Texte online in der jeweiligen Zeit für alle Leute verfügbar sind, kann zu einem Problem werden, wenn die Dozierenden daraus z. B. eine Lückentextübung, Schreibübungen zum Ausdenken des Endes einer Geschichte oder ähnliche Übungstypen bilden wollen. Dann eignet es sich nur für den Unterricht, nicht aber als eine Hausaufgabe, denn die Studierenden können die Lösung leicht finden.

Nicht zuletzt verbergen aktuelle Texte oder interessante Videos eine potenzielle Gefahr, dass die Studierenden sich mehr auf den Inhalt als auf die Grammatik konzentrieren und die präsentierte grammatische Erscheinung in den Hintergrund tritt. Bei nicht offiziellen Texten im Internet (z. B. Chats) muss man sich außerdem darüber bewusst sein, dass diese Texte auch Fehler beinhalten. Das bedeutet nicht gleich, dass die Texte ausgeschlossen werden müssen, man muss jedoch diese in den Unterricht passend einbeziehen (z. B. können gerade die Fehler von Studierenden korrigiert werden, man kann daran Tendenzen der deutschen Sprache oder Merkmale der Alltagskommunikation skizzieren usw.) (vgl. Dürscheid 2016: 6–19).

6   Fazit

Im Rahmen des Germanistik-Studiums gehört Morphologie als Fach nicht immer zu den beliebtesten Fächern. An einigen tschechischen Universitäten weisen die Lehrpläne auf einen vielmehr deduktiven Morphologieunterricht hin. Ohne den traditionellen Weg zu verwerfen, wird erörtert, auf welche Weise deutsche Morphologie-Stunden innoviert und attraktiver gemacht werden könnten. Eine von vielen Möglichkeiten könnte sein, stärker auf Motivation zu setzen und das Hauptziel des Sprachenlernens – Vorbereitung auf Handlungen und Kommunikation in der Praxis – nicht aus den Augen zu verlieren. Es wird also empfohlen, von interessanten Texten auszugehen (was an einigen Universitäten schon zu beobachten ist) und die Notwendigkeit der Grammatikkenntnisse bei Studierenden zuerst implizit zu entwickeln.

Dazu können digitale Medien gut verwendet werden, die eine breite Palette an aktuellen und authentischen Texten, Videos und Übungen bieten. Beispielhaftes Material für das anstrengende Thema Konjunktive und Ausdrucksmittel für die Redewiedergabe sind Krimis, Nachrichten, Krimi-Nachrichten oder Artikel in Online-Zeitungen. Diese authentischen Texte können zuerst rezeptive, dann produktive und später rezeptiv-produktive Tätigkeiten der Studierenden unterstützen. Das Verfahren im Unterricht kann als eine U-Form erfasst werden: Man beginnt mit der Übersetzung eines schwierigen, jedoch spannenden Textes, der das Bedürfnis des Grammatik-Lernens auslöst und aufgrund dessen man Grundregeln ableiten kann, dann lernt man alle Regeln an einfacheren Beispielen auch mithilfe der „klassischen" Lehrwerke ausführlich kennen und am Ende kommt man wieder zu schwierigeren authentischen Texten und kann Nuancen diskutieren, die bei der Übersetzung in Betracht gezogen werden müssen. Man kann sich dabei an die Konfrontation mit deutschen und tschechischen Paralleltexten anlehnen.

Das beschriebene induktive Verfahren ist zwar zeitlich anstrengender und mühsamer, aus der Perspektive der Motivationsstärkung kann es sich allerdings lohnen. Arbeit mit den digitalen Medien kann sowohl Vorteile als auch Nachteile für den Unterricht mit sich bringen. Einerseits kann man neben der Motivation verschiedene Sprachkompetenzen und weitere Kompetenzen auf einmal trainieren und so zur komplexeren Persönlichkeitsausbildung beitragen. Andererseits kann eine solche Arbeitsweise eine größere Belastung wegen der Einschaltung von mehreren Sinnen und der Ablenkung von der Grammatik selbst verursachen.

Es ist zugleich hervorzuheben, dass das präsentierte Unterrichtskonzept keinen Anspruch auf Vollständigkeit erhebt und nur eine von vielen Unterrichtsmöglichkeiten darstellt, die durch mehrere Untersuchungen überprüft werden sollte.

7 Literatur

7.1 Primärliteratur

[o.A.] (o.D.): *Německy těžce a pomalu* (o.D.): (abgerufen am13. Juli 2020), von http://mangrove.cz/german/grammar/subjnctv/index.ix1.

AJODA (o.D.): *Freundschaft.* (abgerufen 15. Mai 2020), https://www.freundschaft.cz/.

AHK (o.D.): *Časopis Plus.* (abgerufen 15. Juli 2020), https://tschechien.ahk.de/cz/newsroom/casopis-plus.

ARD (2019): *Täter – Opfer – Polizei.* (abgerufen 6. Mai 2020), https://www.ardmediathek.de/ard/player/Y3JpZDovL3JiYi1vbmxpbmUuZGUvdGF ldGVyb3BmZXJwb2xpemVpLzIwMjAtMDEtMjZUMTk6MDA6MDBfZjdjYzE4N WMtODIyMy00MTQyLTkzOTUtMTE5ZjAyNTVkMmE4L2t1cnpmYWhuZHVZ y11bmJla2FubnRlLXRvdGUtZnJpZWRyaWNoc2hhW4tc3ByZWU/unbekannte-tote-geborgen.

ARD (2020, 2. März): Zwischen Hysterie und begründeter Angst: Wie gefährlich ist das Coronavirus? In: *Hart aber fair.* (abgerufen 13. Juli 2020), https://www1.wdr.de/daserste/hartaberfair/videos/video-zwischen-hysterie-und-begruendeter-angst-wie-gefaehrlich-ist-das-coronavirus-100.html.

ARD (2020, 27. Februar): *Tagesschau 20:00.* (abgerufen 27. Februar 2020), https://www.tagesschau.de/multimedia/sendung/ts-35869.html.

ARD, ZDF, Deutschlandradio (o.D.): *Medienbegriffe kurz erklärt.* (abgerufen 13. Juli 2020), https://www.zdf.de/gesellschaft/medien-verstehen.

BARTÁK, FRANTA K. (2019, 12. Dezember): *Němčina zdarma – Test: Konjunktiv.* (abgerufen 13. Juli 2020), https://nemcina-zdarma.cz/article/2019052302-test-konjunktiv

BARTÁK, FRANTA K. (2019, 7. Dezember): *Němčina zdarma – Konjunktiv.* (abgerufen 13. Juli 2020), https://nemcina-zdarma.cz/article/2019052301-konjunktiv.

BERRES, GEORG K. (2013, 1. Mai): *Alarm im Uhrenland.* (abgerufen 28. Februar 2020), https://freiszene.de/hoerspiele/alarm-im-uhrenland/.

BEIßWENGER, MICHAEL (o.D.): *Linguistik-Server Essen.* (abgerufen 13. Juli 2020), http://www.linse.uni-due.de/digitale-nachschlagewerke-zur-deutschen-sprache.html?page_iso93=3.

Český rozhlas (1996–2020): *Radio Prague International.* (abgerufen 13. Juli 2020), https://www.radio.cz/de/.

CrispyRob (2019, 19. August): *MEINE TOP 3 NUDEL REZEPTE!* (abgerufen 13. Juli 2020), https://www.youtube.com/watch?v=uBOxNCy_vg4.

ČT (2020, 17. Februar): *Na stopě.* (abgerufen 6. Mai 2020), https://www.ceskatelevize.cz/porady/1100492707-na-stope/420236100132005/video/751264.

ČT (2020, 27. Februar): *Události 19:00.* (abgerufen 27. Februar 2020), https://www.ceskatelevize.cz/porady/1097181328-udalosti/220411000100227/.

Deutsche Welle (2020): *Learn German.* (abgerufen 13. Juli 2020), https://www.dw.com/en/learn-german/s-2469.

Deutschlandrundfunk Kultur (2019): *Kakadu*. (abgerufen 14. Juli 2020),
https://www.kakadu.de/.

DOMACHOWSKI, ALEXA/HASSOLD, FINN/DULLE, CORINNA (2016, 3. Februar):
Entwicklung einer Content-Marketing-Strategie für kleine und mittlere Unternehmen.
(abgerufen 20. Februar 2020), https://freiszene.de/ebooks/download/E-Book-
Content-Marketing_3.2.2016.pdf.

dpa/afp./mic (2020, 20. Februar): Steinmeier in Hanau: „Wir stehen zusammen und
halten zusammen". In: *Frankfurter Allgemeine Zeitung*. (abgerufen 25. Februar
2020), https://www.faz.net/aktuell/politik/inland/steinmeier-nach-anschlag-in-
hanau-zusammenhalt-und-zivilcourage-16643842.html.

Dudenverlag (2020): *DUDEN Wörterbuch*. (abgerufen 13. Juli 2020),
https://www.duden.de/woerterbuch.

Dudenverlag (2020): *DUDEN Wörterbuch*. Sollen (abgerufen 13. Juli 2020),
https://www.duden.de/rechtschreibung/sollen.

FRÖHLICH, MICHAELA (2018, 10. November): Konjunktiv I (indirekte Rede)
[Videodatei]. In: *fröhlich Deutsch*. (abgerufen 13. Juli 2020),
https://www.youtube.com/watch?v=-aMt8qT9J3c.

GIERTSEN HANOA, EILERT et al. (o.D.): *Kahoot!* (abgerufen 13. Juli 2020),
https://kahoot.com/.

Goethe-Institut (2020): *Kostenlos Deutsch üben*. (abgerufen 13. Juli 2020),
https://www.goethe.de/de/spr/ueb.html.

Google (2011): *Google Books*. (abgerufen 18. Januar 2021), https://books.google.cz/.

GRADA Publishing (2020): *Bookport*. (abgerufen 13. Juli 2020),
https://www.bookport.cz/uvod/.

GRASS, BRUNO (Regisseur) (2011): *Umzug in den Tod*, Staffel 9, Folge 10. (abgerufen 25.
März 2020), https://www.zdf.de/serien/soko-wismar/umzug-in-den-tod-100.html.

HALL, KARIN/SCHEINER, BARBARA (2014): *Übungsgrammatik für die Oberstufe*.
München: Hueber. (abgerufen 18. Januar 2021), https://books.google.de/books?id=
SMaJAwAAQBAJ&printsec=frontcover&hl=de#v=onepage&q&f=false;
https://slpgerman305s2017.files.wordpress.com/2017/01/daf_uebungsgrammatik_
fuer_die_oberstufe-1.pdf.

HEINRICH, PETER (2019, 22. September): *Konjunktiv 2 – genial erklärt!* [Videodatei].
(abgerufen 13. Juli 2020), https://www.youtube.com/watch?v=tezQAGPrLmE.

HEINRICH, PETER (2020, 11. Januar): *Konjunktiv 1/indirekte Rede – genial erklärt!*
[Videodatei]. (abgerufen 13. Juli 2020),
https://www.youtube.com/watch?v=SWp8bNFJ5xQ.

HIELSCHER, MICHAEL et al. (2020, 24. Februar): *LearningApps – Konjunktiv*. (abgerufen
13. Juli 2020), https://learningapps.org/index.php?s=Konjunktiv.

HNILIČKA, TOMÁŠ (o.D.): *Souhrn německé gramatiky*. (abgerufen 13. Juli 2020),
http://nemeckagramatika.wz.cz/slovesa.htm.

HOFFMANN, LUDGER (o.D.): *Morphologie Bibliographien*. (abgerufen 13. Juli 2020),
http://home.edo.tu-dortmund.de/~hoffmann/Biblios/Morpho.html.

HOFMANN, KATRIN (2017, 8. Juni): Lesen ohne Papier – und ohne Geld. In: *Deutsche Welle*. (abgerufen 25. März 2020), https://www.dw.com/de/lesen-ohne-papier-und-ohne-geld/a-19086985.

Hueber-Verlag (2000): *Bilder-Quiz. Ratespiel*. (abgerufen 13. Juli 2020), https://www.hueber.de/media/36/BilderQuiz.pdf.

Instituts für Deutsche Sprache (o.D.): *COSMAS II*. (abgerufen 13. Juli 2020), https://www.ids-mannheim.de/cosmas2/.

Karlsuniversität Prag. (o.D.): *Grammatik der deutschen Gegenwartssprache I – ADE110007*. (abgerufen 15. Juli 2020), https://is.cuni.cz/studium/predmety/index.php?do=predmet&kod=ADE110007.

Karlsuniversität Prag. (o.D.): *Grammatik der deutschen Gegenwartssprache II – ADE110008*. (abgerufen 15. Juli 2020), https://is.cuni.cz/studium/predmety/index.php?do=predmet&kod=ADE110008.

Learn German – Deutsch für Euch (2013, 13. Oktober): Irregular Verb of the Week: wollen (Hilfsverb!) [Videodatei]. (abgerufen 13. Juli 2020), https://www.youtube.com/watch?v=hnJaxSTHH6I.

Learn German – Deutsch für Euch (2013, 6. Dezember): Irregular Verb of the Week: können (Hilfsverb!) [Videodatei]. (abgerufen 13. Juli 2020), https://www.youtube.com/watch?v=znwWovt3XBY.

LEO GmbH (2006–2020): *LEOs Grammatik*. (abgerufen 13. Juli 2020), https://dict.leo.org/grammatik/index.php?lang=en.

Lingoni GERMAN (2017, 14. Januar): If I were you… – Konjunktiv 2 – Gegenwart vs. Vergangenheit – B1/B2 [Videodatei]. In: *German Lesson – German with Jenny* (abgerufen 13. Juli 2020), https://www.youtube.com/watch?v=_qXoN3J-EHI.

MACKOWIAK, KLAUS (2009): *Die 101 häufigsten Fehler im Deutschen: und wie man sie vermeidet*. München: C.H. Beck. (abgerufen 18. Januar 2021), https://books.google. cz/books?id=wGd-gTTidM8C&pg=PA66&lpg=PA66&dq=Attributsatz+mit+ Konjunktiv&source=bl&ots=Gw1b5MNv9U&sig=ACfU3U2p9PCf2GAOa2ttTKlR NaW1lu2QnQ&hl=cs&sa=X&ved=2ahUKEwj1pteYp7PnAhXDZ1AKHbkdDJAQ6 AEwAHoECAkQAQ#v=onepage&q=Attributsatz%20mit%20Konjunktiv&f=false.

Masaryk-Universität Brünn. (o.D.): *FF:NJI_06A Gramatika I – Informace o předmětu*. (abgerufen 14. April 2020), https://is.muni.cz/predmet/1421/NJI_06A?lang=cs.

Masaryk-Universität Brünn. (o.D.): *FF:NJI_11 Deutsche Morphologie II – Informace o předmětu*. (abgerufen 15. Juli 2020), https://is.muni.cz/predmet/phil/NJI_11?lang=cs.

Massachusetts Institute of Technology (2001–2020): *MIT OpenCourseWare*. (abgerufen 13. Juli 2020), https://ocw.mit.edu/courses/find-by-topic/#cat=humanities&subcat= language&spec=german.

Musstewissen Deutsch (2018, 23. Januar): Konjunktiv einfach erklärt I [Videodatei]. (abgerufen 13. Juli 2020), https://www.youtube.com/watch?v=N_faVcrB5zw.

Nachrichten.at/apa (2019, 8. April): Kämpfe in Tripolis eskalieren: 49 Tote und Rauchsäulen über Flughafen. In: *Oberösterreichische Nachrichten*. (abgerufen 13. Juli 2020), https://www.nachrichten.at/panorama/weltspiegel/kaempfe-in-tripolis-eskalieren-49-tote-und-rauchsaeulen-ueber-flughafen;art17,3118371.

Národní knihovna ČR (o.D.): *Digitální knihovna Kramerius*. (abgerufen 13. Juli 2020), http://kramerius.nkp.cz.

Project Gutenberg (2007, 25. October): *Category: DE Bücherregal*. (abgerufen 20. Februar 2020), http://www.gutenberg.org/wiki/Category:DE_B%C3%BCcherregal.

RÜHMKORF, CHRISTIAN (2019, Dezember): „Wir hätten zueinander gepasst. Aber so ist das Leben. Hodili bychom se k sobě. Ale to je život." Interview mit dem E.ON-Chef Martin Záklasník. In: *PLUS*. 5/2019, 12–23. (abgerufen 13. Juli 2020), https://tschechien.ahk.de/fileadmin/AHK_Tschechien/Newsroom/PLUS/Plus_2019/PLUS_2019_05_WEB.pdf.

Schubert-Verlag (o.D.): *Meinungen über die deutsche Sprache. Erkundungen C2*. (abgerufen 13. Juli 2020), https://www.schubert-verlag.de/aufgaben/arbeitsblaetter_c2/c2_arbeitsblatt_kap1-01.pdf.

SCHUBERTH, GUNNAR (o.D.): *Indirekte Rede*. (abgerufen 13. Juli 2020), https://www.grammatiktraining.de/indirekterede/grammatikmenue-indirekte-rede.html.

Spotlight Verlag (o.D.): *Deutsch Perfekt*. (abgerufen 15. Mai 2020), https://www.deutsch-perfekt.com/.

Springer Gabler (o.D.): *Gabler Wirtschaftslexion*. (abgerufen 13. Juli 2020), https://wirtschaftslexikon.gabler.de/.

STEINMANN, CORNELIA (2004, 16. März): *Morphologie und Wortbildung*. (abgerufen 13. Juli 2020), http://cornelia.siteware.ch/linguistik/morphologie.html.

THIEL, SASCHA (Regisseur) (2014): *Krokodil*. Staffel 07, Folge 17. (abgerufen 22. März 2020), https://www.zdf.de/serien/soko-wismar/das-krokodil-100.html.

ULBRICHT, MARCUS (Regisseur) (2020): *Chancenlos*, Staffel 44, Folge 06. (abgerufen 25. April 2020), https://www.zdf.de/serien/der-alte/chancenlos-104.html.

Universität Ostrava. (o.D.): *Gramatika NJ – morfologie 1. (1MOR1). Gramatika NJ – morfologie 2 (1MOR2)*. (abgerufen 14. April 2020), https://studistag.osu.cz/portal/studium/prohlizeni.html?pc_pagenavigationalstate=AAAAAQAEMzIxNxMBAAAAAAQAIc3RhdGVLZXkAAAABABQtOTIyMzM3MjAzNjg1NDc3NDc0MQAAAAA*#prohlizeniDetail.

Universität Ostrava (2020, 12. März): *E-zdroje*. (abgerufen 13. Juli 2020), https://ezdroje.osu.cz/.

VOITECH, WERNER (2015): *Das innovative Universum*. (abgerufen 20. Februar 2020), file:///C:/Users/Polaskova/Downloads/das_innovative_universum__voitech.pdf.

Westböhmiche Universität Pilsen. (o.D.): *Morfosyntax němčiny 1. (MS1N). Morfosyntax němčiny 2 (MS2N)*. (abgerufen 14. April 2020), https://portal.zcu.cz/portal/studium/prohlizeni.html?pc_pagenavigationalstate=AAAAAgAGNTY2NzQ0EwEAAAABAAhzdGF0ZUtleQAAAAEAFC05MjIzMzcyMDM2ODU0Nzc0MzczczAAY1NjI5NjETAQAAAAEACHN0YXRlS2V5AAAAAQAULTkyMjMzNzIwMzY4NTQ3NzQ3NjcwMjQAAAAA#prohlizeniSearchResult.

WITZLINGER, HANS (o.D.): *Deutsch ABER HALLO! Grammatikübungen C1*. (abgerufen 13. Juli 2020), https://deutschkurse-passau.de/JM/images/stories/SKRIPTEN/c1_skript_gr.pdf.

ZIMMERMANN, CLAUDIA (2015): *Systemstrukturen des Deutschen.* (abgerufen 25. März 2020), https://opus.bibliothek.uni-wuerzburg.de/opus4-wuerzburg/frontdoor/deliver/index/docId/11915/file/Zimmermann_Systemstrukturen_WespA11_2Aufl.pdf.

7.2   Sekundärliteratur

ALTMAYER, CLAUS (2017): „Landeskunde im Globalisierungskontext: Wozu noch Kultur im DaF-Unterricht?" HAASE, PETER/HÖLLER, MICHAELA (Hrsg.): *Kulturelles Lernen im DaF/DaZ-Unterricht. Paradigmenwechsel in der Landeskunde.* Göttingen: Universitätsverlag Göttingen, 3–22.

BAHR-LAMBERTI, JENNIFER (2016): „Ressourcen zu deutschen Dialekten im Internet." *Zeitschrift für germanistische Linguistik.* 44 (2), 316–322. https://doi.org/10.1515/zgl-2016-0017.

BOLAND, JAN HENDRIK (2004): Morphologie im Internet. In: *ZGL* 32 (3), 455–457.

BUSCHA, JOACHIM/ZOCH, IRENE (1992). *Der Konjunktiv.* Leipzig: Langenscheidt.

BUZAN, TONY/HARRISON, JAMES/BOUČKOVÁ, PAVLÍNA (2013): *Trénink paměti: jak si zapamatovat vše, co chcete.* Brno: BizBooks.

CARRINGTON, ALLAN (2015, 1. März): *The Padagogy Wheel V4.1.* (abgerufen 13. Juli 2020), https://designingoutcomes.com/assets/PadWheelV4/PadWheel_Poster_V4.pdf.

DANNERER, MONIKA (2017, 5. Juni): *Grammatik der deutschen Gegenwartsprache (zur deutschen Syntax).* Seminar. Innsbruck: Universität Innsbruck.

DONALIES, ELKE (2012): „Man nehme … Verbformen in Kochrezepten oder Warum das Prototypische nicht immer das Typische ist." *Sprachreport.* 28 (2), 25–31. (abgerufen 12. Juli 2020), https://ids-pub.bsz-bw.de/frontdoor/deliver/index/docId/3506/file/Donalies_Man_nehme_2012_2.pdf.

DREYER, HILKE/SCHMITT, RICHARD (1996): *Lehr- und Übungsbuch der deutschen Grammatik.* Ismaning: Hueber.

DUBOVA, AGNESE/PROVEJA, EGITA (2016): „Datengeleitetes Lernen im studienbegleitenden Deutschunterricht am Beispiel des KoGloss-Ansatzes." *Zeitschrift für Interkulturellen Fremdsprachenunterricht. Didaktik und Methodik im Bereich Deutsch als Fremdsprache.* 21 (1), 99–109.

DUBOVÁ, JARMILA (2006/2007): „Konjunktiv préterita a opis würde + infinitiv v mluvené němčině." *Cizí jazyky.* 50 (1), 8–11.

DÜRSCHEID, CHRISTA (2016): „Fehler über Fehler? Internettexte und Deutschunterricht." *Rundbrief Arbeitskreis DaF.* 70, 6–19. (abgerufen 12. Juli 2020), http://www.akdaf.ch/html/rundbrief/rbpdfs/rb70_leseprobe.pdf.

EBNER, MARTIN/SCHÖN, SANDRA (Hrsg.) (2011): *Lehrbuch für Lernen und Lehren mit Technologien.* Berlin: epubli.

EL-HARIRI, YASMIN/JUNG, NINA (2015): „Distanzen überwinden: Über das Potenzial audio-visueller e-Tandems für den Deutschunterricht von Erwachsenen in Kolumbien." *Zeitschrift für Interkulturellen Fremdsprachenunterricht. Didaktik und Methodik im Bereich Deutsch als Fremdsprache.* 20 (1), 106–139.

FABRIZIUS-HANSEN, CATHRINE/SOLFJELD, KÅRE/PITZ, ANNELIESE (2018): *Der Konjunktiv. Formen und Spielräume.* Tübingen: Stauffenburg.

GEITH, VERONIKA (2016): „Der Konjunktiv als Mittel der Bedeutungsschattierung." *Pandaemonium Germanicum,* 19(29), 53–94. https://doi.org/10.11606/1982-8837192953.

GOLDHAHN, AGNES (2017): *Tschechische und deutsche Wissenschaftssprache im Vergleich: wissenschaftliche Artikel der Linguistik.* (FFF 133). Berlin: Frank & Timme.

GÖTZE, LUTZ/HESS-LÜTTICH, ERNEST W. B. (1999): *Grammatik der deutschen Sprache. Sprachsystem und Sprachgebrauch.* München: Bertelsmann.

GRAMBERG, ANNE-KATRIN/HEINZE, KARIN U. (1993): „Die indirekte Rede als Diskursstrategie: Innovative Lehrmethode zum Konjunktiv I." *Die Unterrichtspraxis/ Teaching German,* 26 (2), 185–193.

GREDEL, EVA/MELL, RUTH M. (2015): „Digitale Ressourcen und ihr Potential für korpuslinguistisch informierte Diskursanalysen." *ZGL* 43 (2), 352–357. https://doi.org/10.1515/zgl-2015-0018.

HALL, KARIN/SCHEINER, BARBARA (2001): *Übungsgrammatik für Fortgeschrittene: Deutsch als Fremdsprache.* Ismaning: Hueber.

HÄUSSERMANN, ULRICH/PIEPHO, HANS-EBERHARD (1996): *Aufgaben-Handbuch Deutsch als Fremdsprache: Abriss einer Aufgaben- und Übungstypologie.* München: Iudicium.

HELBIG, GERHARD/BUSCHA, JOACHIM (2001): *Deutsche Grammatik: Ein Handbuch für den Ausländerunterricht.* Stuttgart: Klett.

HENSCHKE, CATHLEEN (2019) „Produktion von Erklärfilmen: Zur Gestaltung von Lernprozessen im digitalen Zeitalter." *Medien & Erziehung.* 63 (5), 67–73. (abgerufen 12. Juli 2020), http://search.ebscohost.com/login.aspx?direct=true&db=asn&an=139285719&scope=site.

HEYD, GERTRAUDE (1997): *Aufbauwissen für den Fremdsprachenunterricht (DaF): ein Arbeitsbuch.* Tübingen: Narr.

IMO, WOLFGANG (2016): *Grammatik. Eine Einführung.* Stuttgart: Metzler.

KLINKA, TOMÁŠ (2020, 6. Februar): *Využití 3D tisku ve výuce jazyků.* Referat an der Veranstaltung „44. celostátní seminář k teoretickým základům didaktiky cizích jazyků – Kreativita ve výuce cizích jazyků." Praha: Univerzita Karlova Praha.

KLIPPERT, HEINZ (2002): *Kommunikations-Training: Übungsbausteine für den Unterricht.* Weinheim: Beltz.

KOVÁČOVÁ, MICHAELA (2013): „Neue Medien im DaF-Unterricht." *Slowakische Zeitschrift für Germanistik.* 5 (1), 56–70. (abgerufen 12. Juli 2020), http://publikationen.ub.uni-frankfurt.de/frontdoor/index/index/docId/38977.

MACHÁČKOVÁ, EVA (1980): „Ústup kondicionálu minulého?" *Naše řeč.* 63 (2), 62–67. (abgerufen 12. Juli 2020), http://nase-rec.ujc.cas.cz/archiv.php?art=6175.

MALAGUTI, SIMONE/THOMA, NADJA (2012): „Film und Filmmusik im Zweit- und Fremdsprachenunterricht. Einführung in den Themenschwerpunkt." *Zeitschrift für Interkulturellen Fremdsprachenunterricht. Didaktik und Methodik im Bereich Deutsch als Fremdsprache.* 17 (2), 1–6.

MEDOSCH, ARMIN (2011): *Lernen in der Netzwerkgesellschaft.* Wien: Bundesministerium für Unterricht, Kunst und Kultur.

MELEZINEK, ADOLF (1977): *Ingenieurpädagogik: Grundlagen einer Didaktik des Technik-Unterrichtes.* (abgerufen 14. Juli 2020), https://www.springer.com/de/book/9783709132906.

MICHŇOVÁ, IVA (2017/2018): „Překladové aktivity ve výuce odborného německého jazyka." *Cizí jazyky.* 61 (5), 23–31.

MOLNÁROVÁ, EVA (2016): „Podcast – die neue Lehr- und Lernkultur." BOHUŠOVÁ, ZUZANA/ĎURICOVÁ, ALENA (Hrsg.): *Germanistik interdisziplinär. Beiträge der 22. Linguistik- und Literaturtage. Banská Bystrica/Slowakei, 2014.* Hamburg: Dr. Kovač, 365–371.

NEJEDLÁ, LENKA (2016/2017): „Aktuální trendy v teorii výuky gramatiky německého jazyka a jejich možné aplikace ve výuce." *Cizí jazyky.* 60 (3), 22–29.

ONDRÁKOVÁ, JANA (2013): „Elektronische Medien im Fremdsprachenunterricht. Einige praktische Ratschläge für DaF-Lehrer/-innen." JANÍKOVÁ, VĚRA/SORGER, BRIGITTE (Hrsg.): *Deutsch als Sprache der (Geistes)Wissenschaften: Didaktik – Deutsch als Fremdsprache.* Brno: Tribun EU, 97–105.

OSTERROTH, ANDREAS (2018): *Lehren an der Hochschule.* (abgerufen 11. Juli 2020), https://www.springer.com/de/book/9783476045485.

PABST-WEINSCHENK, MARITA (2019): „Wie kooperativ ist E-Learning?" PABST-WEINSCHENK, MARITA (Hrsg.): *Kooperative Rhetorik in Theorie und Praxis.* Baltmannsweiler: Schneider Verlag Hohengehren, 79–82.

PAL-LIEBSCHER, ANDREA/WITTAN, ANNA-JANINA (2015): „E-Learning und/oder Präsenzunterricht? Ein Erfahrungsbericht des Sprachenzentrums der Hochschule RheinMein (Wiesbaden)." BUSCH-LAUER, INES-ANDREA (Hrsg.): *Facetten der Fachsprachenvermittlung Englisch - Hands on ESP Teaching.* Berlin: Frank & Timme, 59–78.

PASCHKE, PETER (2018): „Satzmodus-Wiedergabe in der freien indirekten Rede." *Deutsche Sprache. Zeitschrift für Theorie, Praxis, Dokumentation.* 46 (2), 142–168. (abgerufen 25. Juni 2020), https://www.dsdigital.de/DS.02.2018.142.

PESSUTTI NASCIMENTO, PRISCILLA MARIA (2014): „Grammatik induktiv vermitteln: Vor- und Nachteile für Lehrende, Schwierigkeiten und Lösungsansätze." DENGSCHERZ, SABINE/BUSINGER, MARTIN/TARASKINA, JAROSLAVA (Hrsg.): *Grammatikunterricht zwischen Linguistik und Didaktik: DaF/DaZ lernen und lehren im Spannungsfeld von Sprachwissenschaft, empirischer Unterrichtsforschung und Vermittlungskonzepten.* Tübingen: Narr Francke Attempto, 163–180.

PLEß, ULRIKE (2017): „Audiovisuelles Arbeiten im DaF-Unterricht. Kurzfilme untertiteln und synchronisieren." *Materialien Deutsch als Fremdsprache.* 96, 275–288.

(abgerufen 5. Juni 2020), http://search.ebscohost.com/login.aspx?direct= true&db=a9h&an=133239668&scope=site.

PUATO, DANIELA (2017): „Modus: Konjunktiv/Indikativ in der Redewiedergabe." PUATO, DANIELA/DI MEOLA, CLAUDIO (Hrsg.): *DaF-Übungsgrammatiken zwischen Sprachwissenschaft und Didaktik. Perspektiven auf die semanto-pragmatische Dimension der Grammatik.* (Deutsche Sprachwissenschaft International, 26). Frankfurt a.m.: Lang, 133–150.

RYBARCZYK, RENATA (2012): „Zum Einsatz von Kurzfilmen im Fremdsprachenunterricht am Beispiel von Werbespots." *Zeitschrift für Interkulturellen Fremdsprachenunterricht. Didaktik und Methodik im Bereich Deutsch als Fremdsprache.* 17 (2), 143–156.

SCHERPINSKI, ANJA (2014): „Potenzial audiovisueller Texte für das Fremdsprachenlernen – eine vergleichende quantitative Untersuchung mit koreanischen Germanistikstudierenden zu Verstehensleistungen bei auditiver und audiovisueller Textrezeption." *Zeitschrift für Interkulturellen Fremdsprachenunterricht. Didaktik und Methodik im Bereich Deutsch als Fremdsprache.* 19 (2), 171–186.

SCHLICKAU, STEPHAN (2009): *Neue Medien in der Sprach- und Kulturvermittlung: Pragmatik – Didaktik – Interkulturelle Kommunikation.* Frankfurt am Main: Peter Lang. (Hildesheimer Schriften zur Interkulturellen Kommunikation 1).

SCHRACK, CHRISTIAN/NÁROSY, THOMAS (Hrsg.) (2009): *Individualisieren mit eLearning. Neues Lernen in heterogenen Lerngemeinschaften. Impulse, Erfahrungen und Ergebnisse eines „Didaktiklabors" mit LehrerInnen und SchülerInnen.* Wien: Bundesministerium für Unterricht, Kunst und Kultur, Initiative 25plus – individuell lernen und lehren.

SCHULTZ-PERNICE, FLORIAN et al. (2017): Kernkompetenzen von Lehrkräften für das Unterrichten in einer digitalisierten Welt: Forschungsgruppe Lehrerbildung Digitaler Campus Bayern. In: *Medien & Erziehung.* 61 (4), 66–74. (abgerufen 12. Juli 2020), http://search.ebscohost.com/login.aspx?direct =true&db=asn&an= 125362536&scope=site.

SEEL, NORBERT M./HANKE, ULRIKE (2015): *Erziehungswissenschaft: Lehrbuch für Bachelor-, Master- und Lehramtsstudierende.* (abgerufen 15. Juli 2020), https://www.springer.com/de/book/9783642552052.

SMEJKALOVÁ, KATEŘINA (2016/2017): „Preference metody simulace v jazykovém vzdělávání a její vliv na percepci komunikační ostýchavosti studentů." *Cizí jazyky.* 60 (3), 3–13.

SOLFJELD, KÅRE (2012): „Indikativ in deutscher indirekter Rede – die Perspektive des Fremdsprachenunterrichts." *Deutsch als Fremdsprache. Zeitschrift zur Theorie und Praxis des Faches Deutsch als Fremdsprache.* 49 (4), 209–217.

SON, SEONGHO (2004): „DaF-Unterricht digital." *Deutsch als Fremdsprache. Zeitschrift zur Theorie und Praxis des Deutschunterrichts für Ausländer.* 41 (2), 76–82.

STOLÁ, SOFIE (2019): *Konjunktivgebrauch in der Presse. Ein Vergleich deutschsprachiger Zeitungen* (Bachelorarbeit). Ostrava: Universität Ostrava.

SZERSZEŃ, PAWEŁ (2014): „Aktuelle Tendenzen im computerunterstützten (Fach-)Fremd-sprachenunterricht." *Zeitschrift für Interkulturellen Fremdsprachenunterricht. Didaktik und Methodik im Bereich Deutsch als Fremdsprache.* 19 (1), 250–260.

ŠEMELÍK, MARTIN/KLOUDOVÁ, VĚRA/DOVALIL, VÍT/VACHKOVÁ, MARIE/DOLEŽAL, JIŘÍ (2020): *Deutsche Grammatik. Eine Text- und Aufgabensammlung für Fortgeschrittene.* Praha: Karolinum.

ŠEMELÍK, MARTIN/KLOUDOVÁ, VĚRA/KOPTÍK, TOMÁŠ (2016/2017): „K novým možnostem zprostředkování slovní zásoby ve výuce němčiny jakožto cizího jazyka." *Cizí jazyky.* 60 (2), 5–18.

ŠEMELÍK, MARTIN/KLOUDOVÁ, VĚRA/ŠIMEČKOVÁ, ALENA/DOLEŽAL, JIŘÍ (2019): *Deutsche Grammatik. Ein Übungsbuch für Fortgeschrittene.* Praha: Karolinum.

ŠTEFAŇÁKOVÁ, JANA/MOLNÁROVÁ, EVA (2015). *Medien als Lernwerkzeug und -gegenstand im Fremdsprachenunterricht.* Banská Bystrica: Belianum.

ŠTÍCHA, FRANTIŠEK (2003): *Česko-německá srovnávací gramatika.* Praha: Argo.

VLČKOVÁ, IRENA et al. (2015): *Elektronická média ve výuce cizích jazyků* (CD). Liberec: Technická univerzita v Liberci.

VOLTROVÁ, MICHAELA/MOTLÍKOVÁ, IVA (2018/2019): „Sociální sítě ve výuce němčiny." *Cizí jazyky.* 62 (2), 9–18.

WELKE, TINA (2012): „Vom (Ver-)Schweigen und Erzählen. Leerstellen als Herausforderung. Arbeit mit dem Medium Film im Deutsch als Fremdsprache- und Deutsch als Zweitsprache-Unterricht am Beispiel von ,Novemberkind'." *Zeitschrift für Interkulturellen Fremdsprachenunterricht. Didaktik und Methodik im Bereich Deutsch als Fremdsprache.* 17 (2), 32–43.

WISNIEWSKI, KARIN (2017): „Das Potenzial von Lernerkorpora im Sprachtestbereich." *Deutsch als Fremdsprache. Zeitschrift zur Theorie und Praxis des Deutschunterrichts für Ausländer.* 54 (1), 33–40.

Michaela Rusch

Von Null auf Hundert digital in der Fachenglischausbildung – Ein Erfahrungsbericht aus dem Bereich Engineering

1   Veränderung der Lehrräume

Mit dem Ausbruch der Corona-Epidemie im März 2020, d. h. mitten im Auftakt des Sommersemesters 2020 an der Westsächsischen Hochschule Zwickau (WHZ), ergab sich, sozusagen von heute auf morgen, die Notwendigkeit eines vollständig digitalen Unterrichtens in den Fremdsprachenmodulen, u. a. in den Modulen SPR06280 – *Technisches Englisch für Automobilbau*, SPR06170 – *Advanced Technical English* für verschiedene Automotivebereiche sowie im Modul SPR06550 – *Global Project and Science Communication in English* für Studierende des Fachbereiches Physikalische Technik und Biomedizintechnik. Waren es bislang nur einzelne Kursbausteine, die auch in Online-Versionen vorhanden waren, wurde es nun plötzlich notwendig, das gesamte Semester zu digitalisieren, und zwar mit all seinen Bestandteilen. Eigentlich sollte solch ein Wechsel kein Problem darstellen, denn die Online-Plattformen bestanden bereits und mussten lediglich zugewiesen werden. Die Kommunikationswege standen also offen und mussten nur noch angewählt werden. Doch so einfach ist das Digitalisieren der Lehre von null auf hundert nicht. Der folgende Beitrag skizziert daher die Vorgehensweise im Prozess der Digitalisierung und zeigt die Erfahrungen auf, die im Rahmen der unmittelbaren Digitalisierung gesammelt werden konnten. Außerdem wird ein Fazit gezogen: was lässt sich online gestalten und was nicht.

1.1   Ausgangssituation

Die Fremdsprachenmodule für die einzelnen Studiengänge an der WHZ sind mit einem Stundenvolumen von 120 bzw. 150 Unterrichtseinheiten á 45 Minuten für ein Semester mit 15 Wochen Unterricht ausgelegt. Davon entfallen in der Regel 60 bzw. 90 Unterrichtseinheiten auf Präsenzlehrveranstaltungen und die weiteren Einheiten dienen in Form von Selbststudium der Vor- und Nachbereitung des Stoffes. Die Kurse im Präsenzsemester laufen folglich nach einem fest etablierten Muster ab.

Die Prüfungen bestehen aus zwei Teilen: einem Fachvortrag (im Umfang von 15–20 Minuten pro Studierenden) und einer Klausur im Umfang von 90 Minuten. Die Klausuren der Fachgruppe Fachbezogene Sprachausbildung an der Westsächsischen Hochschule Zwickau finden meist in der letzten Einheit vor der eigentlichen Prüfungsphase statt und verlaufen durchaus auch nach bestimmten Mustern. Es gibt in der analogen Lehre etablierte Aspekte, die zum Gelingen des Lehr-Lernprozesses führen. Bei den fachbezogenen Präsentationen der Studierenden wie auch bei den Klausuren, die im Seminarraum stattfinden, ist es die eher klassische Lehr-Lern-Umgebung, die von Wichtigkeit ist – die Seminargruppe in ihrem Seminarraum. Der entstehende Lehrzusammenhang wird folglich durch den analogen Raum begründet, was sich in Sitzordnungen und die Positionierung der Lehrperson und der Studierenden verdeutlicht. Alle für die Kommunikation und insbesondere Interaktion wichtigen Akteure sind in einem Raum gegenständlich und so wirken Körpersprache, Sprache und Stimme ganz anders als in der digitalen Lernwelt. Vielleicht könnte man sogar sagen, direkter und nuancenreicher. Daher haben der Raum und seine Veränderung keine rein lokale, sondern auch eine pragmatische Bedeutung, wenn es um seine Verschiebung in die Online-Lehre geht.

1.2   Das neue Lehr-Lernszenario

Das neue Lehr-Lernszenario beruht auf zwei maßgeblichen Komponenten: (1) der OPAL-Plattform zum Austausch von Lerninhalten, wie zum Beispiel Dateien, Links oder Aufgaben und (2) der Plattform BigBlueButton (BBB), hier genutzt als digitaler Unterrichtsraum mit seiner gesamten Funktionalität (vgl. Raman/Rathakrishnan 2019). Wie die beiden Anwendungen nun in der neuen Lernanordnung wirken, soll im Folgenden genauer diskutiert werden.

Mit dem Übergang von der „analogen" Präsenzveranstaltung zur „digitalen" Lehre verändert sich der Lehr-Lern-Kontext erheblich (vgl. Dieckerhoff 2018). Während bei Präsenzveranstaltungen die Persönlichkeit der Lehrperson nahbar ist, die Körpersprache intuitiv im Lernprozess wirkt, gelingt dies bei der digitalen Lehre nicht immer, denn hier kommt es deutlich stärker auf die Sprache und vor allem auch auf die Stimme des Lehrenden an. Deshalb kommt auch dem *Mikrofon* in diesem neuen Szenario eine sehr große Bedeutung zu. Es stellt nämlich die kommunikative Verbindung her, teils sogar die alleinige, denn die *Kamera* wird oft nur sporadisch durch die Studierenden als Kommunikationsmittel eingesetzt. Zur Dimension der Applikation von Mikrofon und Kamera im Rahmen des BBB-Systems wird in Abschnitt 4.1 noch einmal genauer eingegangen.

Neben Kamera und Mikrofon stehen im neuen Szenario weitere Kommunikationswerkzeuge, wie der *öffentliche* und *private Chat* (4.2), die *Geteilten Notizen* (4.3) und das *Whiteboard* (4.4) sowie *Gruppenarbeitsräume* und ein *Abstimmungswerkzeug*, zur Verfügung. Diese Werkzeuge, die sich nicht nur im BBB finden, dienen einerseits der Kommunikation mit den Studierenden, andererseits können die Studierenden diese auch zum gegenseitigen Austausch nutzen und so zum Beispiel bei Verständnisfragen oder Problemen auf die Peergruppe zurückgreifen. Verfolgt man die Kommunikation im Chat, fällt die Modifikation der Chatsprache selbst auf. Zum Teil lassen sich gängige bisweilen ausgefallene Begriffe aus dem Bereich Gaming konstatieren, aber andererseits auch eine Auswirkung auf die Fachsprache nachweisen. So wird zum Beispiel während der Vorträge oder im Nachgang solcher recht intensiv auch auf dieser Ebene Fachaustausch betrieben, sei es z. B. zum Vergleich des Hubraums oder der Drehzahl oder zum Design der einzelnen diskutierten Modelle. Damit kommt dem Chat an dieser Stelle auch eine sehr große Bedeutung hinsichtlich der Fachkommunikation zu (vgl. Abschnitt 4.2).

Wie bereits angesprochen, stellt die Veränderung der Lehrräume in ganz neuer Weise auch eine Herausforderung an die Lehrperson sowie die Lernenden dar. Jetzt verknüpft der digitale Raum die eher private Atmosphäre im Arbeitszimmer der Lehrperson mit der häuslichen Umgebung bzw. dem Zimmer im Studentenwohnheim der Studierenden. Schnell kann es dadurch geschehen, dass ein informelles „Du" einfließt, wo vorher im Seminarraum nicht einmal daran gedacht wurde. Das macht die Online-Lehre ein Stück weit semi-formell und zeigt aber auch wie sehr das (digitale) Medium doch die sprachliche Handlung bestimmt (vgl. Austin 1962; Habermas 1981).

Der neue digitale Raum ist nicht begrenzt, wird aber definiert durch die – für beide Seiten – zu etablierenden Konventionen der sprachlichen Handlungsmuster. Wenn nicht zur Gänze, dann doch soweit, dass klar ist, wie die Kommunikation verlaufen sollte. So werden durch die Verschiebung zum Digitalen auch auf diesen Ebenen neue/adaptierte Konventionen notwendig.

Beispielhaft wäre hier die Frage, wer zuerst spricht bei Wortmeldungen oder wie das Bekunden von Kommentaren geschieht. Zum Beispiel können die Studierenden durch BBB-Umfragen ihre Zustimmung oder Ablehnung zu Fragestellungen zeigen. Äußerst praktisch ist auch, dass sich die Umfrage modifizieren lässt. Die Lehrperson kann die Umfrage der jeweiligen Situation anpassen und damit auch wieder individueller auf die Studierenden reagieren als mit der bloßen JA/NEIN Auswahl. Hier lässt sich z. B. auch der Fortschritt bei der Bearbeitung von Aufgaben erfragen und so implizit oder auch explizit Feedback geben. Ähnlich verhält es sich mit den *Geteilten Notizen* und dem *öffentlichen Chat* in einer Mischung aus Kommentar und Feedbackfunktion.

Am Anfang des Digitalisierungsprozesses mussten diese Verhaltensweisen erst erarbeitet werden, aber schnell zeigte sich Sicherheit im Umgang damit. So können die Konventionen zum Ablauf der digitalen Veranstaltung mündlich vereinbart, aber auch schriftlich fixiert werden. Für die Studierenden ist bis auf die Prüfung vieles auch über mündliche Kommunikation in den jeweiligen digitalen Lehrkonferenzen möglich. Eines gilt dabei jedoch ohne Ausnahme – wie natürlich immer in der Pädagogik: Je genauer diese Übereinkommen sind, gern auch untermauert durch E-Mails oder Hinweise auf den Lernplattformen, desto besser. Dabei wird das Verschriftlichen durch die Studierenden viel stärker eingefordert als im regulären Semester, sicher auch bedingt durch die räumliche Trennung. So zeigt sich auch hier wie strukturiert und autonom die Studierenden (bereits) arbeiten. Der eine mag sich bereits einen digitalen Semesterordner angelegt haben, während andere das Springen von Session zu Session bevorzugen. Dies ist keine Weisheit des digitalen Lehrens, denn ein solches Vorgehen existiert ja bereits schon in der analogen Lehrpraxis, wo Lehrskripte in gedruckter Form vorliegen. Im digitalen Raum ist der Austausch besonders zu betonen, weil die Intervalle zwischen den Zusammenkünften doch um einiges größer sind und damit natürlich auch das „Vergessen" oder „Abweichen" von den etablierten Konventionen. Dieser Umstand macht folglich eine weitere Adaption notwendig. Beim Etablieren von Konventionen bedarf es deshalb eines wiederholten Anleitens durch die Lehrperson vielleicht sogar noch stärker als im analogen Zusammenhang (vgl. Dieckerhoff 2018).

Natürlich kommen auch an diesem Punkt die verschiedenen Plattformen mit ihren verschiedenen Features ins Spiel. Nicht auf jeder Plattform finden sich gleich die notwendigen Formalien zur richtigen Zeit. Daher ist es bedeut-

© Frank & Timme   Verlag für wissenschaftliche Literatur

sam, dass von Studierenden wie auch von der Lehrperson ein gewisser Grad an Geduld und Nachsicht waltet. Für die Lehrperson ergeben sich eine Reihe von methodischen und didaktischen Herausforderungen, doch auch für die Studierenden ist eben dieser digitale Raum in vielen Fällen nicht automatisch das Habitat, als das es allgemeinhin betrachtet wird.

Abgesehen von der oben beschriebenen Situation entwickelt sich im digitalen Semester eine äußerst spannende Lehr- und Lernsituation. So gelangt die Lehrperson unmittelbar in die Räume der Studierenden, während die Studierenden den durchaus privaten Raum der Lehrenden betreten. Das verändert das Verhältnis schon ein wenig, sind sie doch sonst gewohnt eher mit Freunden über dieses Medium zu kommunizieren. Nun tritt an deren Stelle aber die Lehrperson und damit auch eine veränderte Kommunikation fast vergleichbar mit einer Prüfungssituation. Und schnell zeigt sich, wie Studierende diese Veränderung annehmen. Einige öffnen ihren privaten Raum nicht, da sie die Kamera nicht nutzen möchten, andere aktivieren auch das Mikrofron nicht und melden sich nur über „Nur zuhören" im System an. Hier schließt sich dann wieder der Kreis zum Chat und seinen variationsreichen Dimensionen. Lehrperson und Studierende öffnen jeweils ihren privaten Räume anders als in der Präsenz. Denn es sind ja nicht nur Studierende, sondern auch die Lehrperson, die in andere Räume abseits des Gewohnten tritt. So schleicht sich gern auch etwas Informelles ein – wie zum Beispiel ein Haustier des Studierenden oder ein Familienmitglied, das nach dem Essen fragt. Dann ist Professionalität geboten, dieses geringfügige Abdriften, das man im Seminarraum natürlich nicht vorfindet, wieder in die richtige Bahn zu lenken, ohne dabei so ernst zu wirken, als wäre es dogmatisch, dass keiner stören darf. Interessant war die sukzessive Entwicklung einer Vidiquette, d. h. vergleichbar mit Netiquette für das Internet, von Verhaltensempfehlungen für Videokonferenzen (vgl. https://lehrerfortbildung-bw.de/st_digital/medienwerkstatt/dossiers/bbb/didaktik/vidiquette/).

Das eben skizzierte digitale Lehr-Lern-Szenario macht aber gerade die digitale Lehre zu einer spannenden und abwechslungsreichen Erfahrung, die an weiteren ausgewählten Aspekten vertieft betrachtet werden soll.

2 Erfahrungen mit der Lernplattform OPAL

Zur engmaschigen Kommunikation, die das Online-Seminar zwischen den Studierenden und der Lehrperson fordert, erweist sich neben dem Mailkontakt und den Online-Sessions eine Plattform für die Bereitstellung respektive den Austausch von Dokumenten sowie die Gruppeninteraktion als unverzichtbar. An der Westsächsischen Hochschule in Zwickau wird die *Online-Plattform für Akademisches Lehren und Lernen* (OPAL) genutzt. Sie wurde für die Hochschuleinrichtungen in Sachsen durch die BPS Bildungsportal Sachsen GmbH entwickelt und ständig um Funktionalitäten erweitert. Der Vorteil der Plattform ist, dass Kurse innerhalb Sachsens durch jeden Studierenden – auch von einer anderen Hochschule genutzt werden können, da dazu die Login-Daten der Heimathochschule genutzt werden können. Der Nachteil von OPAL ist, dass keine bundesländübergreifenden Kooperationen möglich werden, wie zum Beispiel bei MOODLE. Hinsichtlich der Verwendung ist die Plattform den Studierenden oft aus ihren Fachkursen bekannt, vielfach dominiert bei der Nutzung allerdings die Funktion der Materialsammlung.

Obwohl der Semesterstart mit OPAL nicht ganz ideal erschien, weil die Plattform nicht so intuitiv gestaltet ist, wie erhofft, bietet sie doch nach einer Einarbeitungsphase viele Möglichkeiten und Funktionalitäten (vgl. https://bildungsportal.sachsen.de/opal/home). Diese sind zahlreich, wie der folgende Screenshot (Abb. 1) zeigt:

Abb. 1: Screenshot der Oberfläche von OPAL

Zum besseren Verständnis sollen ausgewählte Funktionen auf ihren Einsatz in der digitalen Lehre betrachtet werden. Für die Sprachkurse bieten sich eine

Reihe von Möglichkeiten für die Ablage von Materialien, für die Interaktion mit Studierenden und die Terminierung. Zum Beispiel können von den Studierenden bearbeitete Aufgaben auf die Plattform hochgeladen werden und die Lösungen können unaufwändig über die Plattform durch die Lehrperson evaluiert werden. Funktionen, die sich hierbei besonders gut nutzen lassen, sind beispielsweise die *Hefterfunktion,* die *Link Liste*, das *Forum*, *Wiki*, die *Taskfunktion* und *Date Allocation (Terminvergabe).* Alle diese Funktionen fördern spezifische Lernaspekte. So kann in der sehr individuell anpassbaren Hefterfunktion vom Handout bis zur Vokabelliste jegliche Art von Information untergebracht und verwaltet werden.

Die *Link*-Liste bietet die Möglichkeit für die Lehrperson wie auch die Studierenden beliebig weiterführende Informationen über Links zu teilen. Ferner dienen auch Bausteine wie Wiki dem Ausbau der produktiven Fähigkeiten zum Schreiben durch die beinhaltete Autorenfunktion. Die *Task*-Funktion eignet sich wiederum gut für zugewiesene Aufgaben, da sie mit dem *Assessment*-Baustein verknüpft ist und so der Lehrperson eine erleichterte Nachverfolgung zu den eingereichten Arbeiten erlaubt. Mit der *Date Allocation* lassen sich gerade die Präsentationen (alternative Prüfungsleistungen) sehr gut takten und organisieren. Hier können die Studierenden in Eigenverantwortung das Präsentationsdatum wählen und auch zum Inhalt eigener/fremder Präsentationen kommentieren. Eine spezifische Funktion hat das Forum, wenn auch teils nicht in vollem Umfang genutzt, auf das im kommenden Abschnitt eingegangen werden soll.

2.1 Forum

Die verschiedenen Bausteine, die auf OPAL genutzt werden können, finden sehr unterschiedlichen Anklang bei den Studierenden. Gerade das *Forum* ist ein solcher Baustein mit eher komplexem Potential, das jedoch unter kommunikativen Aspekten gut eingesetzt werden kann. Es bietet einen weiteren Raum zum Austausch. Studierende wie Lehrperson kommen zu Wort. Förderlich ist es im Hinblick auf den Ausbau von Schreibfertigkeiten in der Fremdsprache. So erlaubt es, neben Text auch fast jede erdenkliche Art grafischer Darstellungen (Diagramme, Statistiken, Schemata, u.a.) zu posten und mithilfe der Kommentarfunktion zu werten. Man kann im Forum außerdem Aufgabenstellungen zur Diskussion anbieten. Allerdings findet dies trotz mehrmaligen

Hinweisen darauf nur sehr schwer Anklang als Diskussionsforum bei den Studierenden. Hier scheint es eine gewisse Scheu zu geben, sich vor allem in der Fremdsprache zu Sachverhalten zu äußern. Wie lässt sich die Popularität bei den Studierenden erhöhen? Dazu konnte im ersten Online-Semester noch keine Lösung gefunden werden. So wurden zum Beispiel verschiedene Fragestellungen oder auch Links zum jeweiligen Thema, z. B. Themen des Automobilbaus oder der Motorenentwicklung gepostet (im Rahmen der Module SPR06280 – Technical English für Automobilbau und SPR06170 – Advanced Technical English für verschiedene Automotivebereiche), doch blieb auch hier das Feedback der Studierenden sehr verhalten.

Im Austausch mit anderen Kolleginnen und Kollegen wurde über ähnliche Erfahrungen im Hinblick auf dieses Tool berichtet, es wurden aber auch Impulse für eine mögliche alternative Nutzung diskutiert. So ließe sich das Forum mit Aufgabenstellungen versehen, um damit die Einlassung der Studierenden zu fördern. Doch sollte es meines Erachtens nach eher einem Dialog gleichen, da sonst die Grenze zu anderen Tools zu fließend erscheinen würde. Aus den Erfahrungen des Sommersemesters 2020 lässt sich sicher noch vieles im Hinblick auf die Nutzung des Forums für kommende Semester ableiten.

2.2 Aufgaben

Ein sehr gut einsetzbarer Baustein bei OPAL ist die Anlage von Aufgaben, d. h. die terminierte Abgabemöglichkeit für schriftliche Arbeiten. Auf OPAL wird unter dieser Funktion jede neue Aufgabe auch jeweils neu im digitalen Kurs angelegt. Daher ist der Grad an Nachvollziehbarkeit sehr hoch. Angesichts des doch etwas turbulenten Auftakts des Sommersemesters 2020 war diese klare Zuordnung eindeutig eine Hilfe und sorgte so natürlich auch auf Seiten der Studierenden für Transparenz. Für sie war äußerst gut nachvollziehbar, inwieweit schriftlich einzureichende Aufgaben (*Assignments*) abgerufen werden, da die Lehrperson diese durch wenige Klicks quittieren konnten.

Tabelle 1 stellt exemplarisch vier Aufgaben mit unterschiedlicher fachlicher Ausrichtung dar: Beispiel 1 ist Teil des Moduls SPR628 – *Automotive Production*, dann folgen zwei Beispiele aus dem Modul SPR617 mit Ausrichtung im Bereich *Automotive* und schließlich Beispiel 4 aus dem Modul SPR655 (Biomedizintechnik).

Tab. 1: Beispiele aus dem Aufgabenpool von OPAL

Beispiel 1: SPR628 (Automobil Produktion)	The 4th assignment due to the 4th May concentrates on discussing the production of automobiles. Answer the following questions in key-notes using the knowledge from your area of studies – Automotive Production. A) Starter: Give a rough general overview of the essential steps in producing a car. Are there special rules/regulations for the different shops? Develop a concise digital poster (→ send or upload it as a PDF file). Task: Can you remember a situation or an event in your life where a specific component of a car played an important role? B) Now describe the part in detail and then try to sketch the production/the manufacturing of that part as detailed as possible. Use good paragraphing for structure. C) Add a drawing in which you name the different parts and peripheral components in English. D) Carry out some research on which companies produce different components and who could be named market leader? Use a table to present your findings.
Beispiel 2: SPR617 VMA_KUI (VMA = Verbrennungsmotoren u. Antriebstechnik KUI = Instandhaltung und Unfallanalyse)	The 3rd assignment due to the 17th April will be concentrating on developing a SWOT analysis regarding your study-related internship. Taking a look back, you surely remember positive experiences, while other circumstances might have instead hampered your excitement about a possible future job. The idea of this task is to deliver detailed reflection on advantages, disadvantages, and challenges that could be part of such a placement. For you, as young academics carrying out such an analysis plays an important role. Useful sources: https://www.mindtools.com/pages/article/newTMC_05.htm → focus on economics 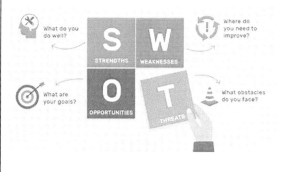

	https://www.startupguys.net/wp-content/uploads/2019/03/swot-analysis.png Interesting link regarding SWOT analysis: https://cyber.harvard.edu/publication/2018/smart-move-24-essentials-swot-analysis-policymakers-need-consider Economic focus but very interesting: https://www.youtube.com/watch?v=JXXHqM6RzZQ Example of Tesla: https://www.youtube.com/watch?v=I7CT8Ox_Gcg Feel free to use other sources that you have found helpful. Transfer it into an appropriate shape and be ready to present it in class.
Beispiel 3: PR617 KFM_KEK (**KFM** = Kraftfahrzeuge und -mechatronik und **KEK** = Karosserieentwicklung u. -konstr.)	The 2nd assignment for next week (9th April) deals more intensively with your area of studies – chassis development/construction and automotive engineering/mechatronics. Prepare a mind map that illustrates the complexity of the subject and point out the implications, challenges and the different "groups" that are involved; you can also include mutual influences. Transfer it to a smart shape and be ready to present it to the class. Also, refer to the following sources: (https://www.adelaide.edu.au/writingcentre/sites/default/files/docs/learningguide-mindmapping.pdf, https://is.oregonstate.edu/tac/mind-mapping, https://usm.maine.edu/agile/mind-mapping)
Beispiel 4: SPR655 (Biomedizintechnik)	The 5th assignment, due on 22 May, discusses project work. Within two weeks, you will be working out the following parts of the task. Answer according to the knowledge you have already acquired. **Part One:** Choose a famous patient like, for example, Johann van Beethoven, Robert Schumann, Sigmund Freud, Friedrich Schiller, or Napoleon. a) Analyse their patient's record and how they have been treated. Now explore modern potential treatment. b) Make yourself familiar with the pathogenesis of the specific case. Consider pharmaceutical, surgical, orthopaedic as well as other medical treatments. Also include therapeutics possibly still in trial. c) Also, explain the course of the treatment in general. Justify the suggested measures as well as the consultation of specialists. Ensure that you apply the appropriate terminology.

> **Part Two:** After having contemplated about the *how*. Commit your ideas to paper and coordinate a detailed schedule of how you would apply your state-of-the-art treatment to their "historic" medical condition(s). Transfer your content into a well-organised table.
>
> Indicate sources that you have found helpful.
> You can send your results by email or upload it on OPAL. Also, be ready to present the results in class too.

2.3   Zeitaufwand

Eine große Bedeutung kam mit dem Auftakt des digitalen Semesters auch dem Zeitaspekt zu. Durch das neue Lern-Lehr-Szenario entstand bisweilen ein gewisser (Zeit)Druck für die Lehrperson, den Studierenden unter den gegebenen Umständen eine bestmögliche Unterrichtsbetreuung zu bieten. Dies betraf zum einen das Selektieren von Inhalten und seine Aufbereitung für die Lernplattform. Anderseits stellte sich auch oft die Frage der technischen Umsetzung in der Vor- bzw. Nachbereitung von Inhalten.

Zwar bieten viele Lehrwerke, wie zum Beispiel die Kursbücher der *Short Course Series* von Cornelsen *English for the Automobile Industry* (Englisch im Beruf English for Specific Purposes B1/B2), schon viele Anknüpfungspunkte, die auch gut in das digitale Format übernommen werden können, wenn die Studierenden über das Kursbuch verfügen. Aufgaben können so entweder im Unterricht bearbeitet werden oder die Studierenden erhalten Arbeitsaufträge zu Aufgaben bzw. das ergänzende Übungsmaterial wird per E-Mail oder auf OPAL bereitgestellt. Das erwähnte Material erweist sich als praktisch, um auf bestimmte Inhalte zurückgreifen zu können, besonders wenn es sich um Standardvokabular und Redemittel handelt. Allerdings ist auch anzumerken, dass unter Beachtung des Copyrights nicht ausschließlich analoge Bücher in Betracht kommen, sondern auch E-Books oder natürlich auch vermehrt Webseiten und Links (im besten Falle auch von Studierenden selbst eingebracht) sehr gut eingebunden werden können.

Mit der Digitalisierung des Unterrichts entwickelt sich sukzessive eine Verschiebung im Verhältnis von Kurszeitanteil und Zeit für das Selbststudium. Die Studierenden sind in dem neuen Szenario viel stärker noch als zuvor auf die eigene Recherche und den Peeraustausch angewiesen. Das ist allerdings auch ein Aspekt, der für die höheren Semester sicher einfacher zu gestalten war als für die Studierenden der ersten und zweiten Semester, da ihnen der Prozess des selbstgestalteten Studierens noch nicht so vertraut ist. Daher bedarf es auch wiederholt der Anleitung, um mögliche Probleme und damit ein Absinken der Motivation frühzeitig zu erkennen und zu beheben.

3 Erfahrungen mit der Meeting-Plattform ZOOM

Für einen schnellen und recht unkomplizierten Einstieg in die Online-Lehre bot sich die Meeting-Plattform Zoom an. Hier finden sich die Studierenden schnell zurecht und die Lehrperson hat die Handhabe, den Zugang zum Seminar zu steuern (vgl. auch https://unterrichten.digital/2020/03/19/videokonferenzen-schulschliessungen-corona/; https://unterrichten.digital/2020/03/20/zoom-video konferenz-tutorial/; https://blog.zhaw.ch/papierlosesstudium/tipps-fuer-die-teil nahme-an-videokonferenzen-mit-zoom-us/).

Für den reibungslosen Auftakt hat sich diese Plattform in vielen Fällen bewährt und wird daher auch von vielen Universitäten genutzt, obgleich der Umstieg auf das System BigBlueButton (BBB) durch die WHZ vollzogen wurde. Die Features, die Zoom zu bieten hat, sind gut überschaubar; die Plattform lässt sich intuitiv gut nutzen. Die Steuerung ist klar und die Oberfläche transparent. Man kann die Host-Funktion leicht übertragen und so den Studierenden die Präsentationsrolle zügig übergeben. Auch ist es problemlos möglich, den gesamten Bildschirm oder auch einzelne Tabs und Dokumente zu teilen.

Zoom hat auf den ersten Blick viele Vorteile, gerade für die Auftaktzeit der ersten Wochen des Semesters, die schon eine Herausforderung darstellten. Zoom war hier aus der Perspektive der Bedienung praktisch, allerdings zusehends aufgrund von datenschutzrechtlichen Zusammenhängen bald nur noch das letzte Mittel der Wahl. Dennoch blieb es für manche Gruppen eine Ausweichlösung, da die gängigen Plattformen zu Beginn des Semesters allzu störanfällig waren. So konnte es durchaus vorkommen, dass ein Treffen vielleicht auf BBB begann, seinen weiteren Verlauf aber auf Zoom fand, weil dies die Netzstabilität vor Ort bei dem einen oder anderen Studierenden erforderte.

4 Erfahrungen mit BigBlueButton (BBB)

Das Open-Source Webkonferenzsystem BigBlueButton (BBB) wurde mit dem Fortschreiten des Sommersemesters 2020 immer stärker eingesetzt und durch die WHZ als Plattform der Wahl präferiert. BBB bietet Funktionalitäten wie Chats, gemeinsame (geteilte) Notizen, die Freigabe von Präsentationen und anderen Dokumenten, eine Whiteboardfunktion, ein Umfragewerkzeug und ermöglicht auch Bildschirmfreigaben sowie das problemlose Abspielen von Videos (vgl. https://bigbluebutton.org/; siehe auch https://lehrerfortbildung-bw.de/st_digital/medienwerkstatt/dossiers/bbb/technik/03-konfdurchfuehren/01-oberflaeche/).

Webkonferenzen lassen sich durch Weitergabe des Links zu einem von der Lehrkraft angelegten Lehrraum einfach erstellen. Weitere Räume für Konsultationen mit Studierenden oder als Austauschoption für die Studierenden untereinander lassen sich problemlos anlegen.

Von den Studierenden wurde diese Plattform sehr gut angenommen. Von der Hochschule wurde sie in erster Linie im Hinblick auf den Datenschutz präferiert, da sich dieser bei Zoom teilweise als unzulänglich bzw. lückenhaft zeigte. So wurde vermehrt von unerlaubten Zugriffen auf Nutzerdaten beim Betrieb von Zoom berichtet sowie von Fällen von Zoom bombing (Störungen des Ablaufs von Veranstaltungen).

Ein sehr wertvolles Feature von BBB sind die Gruppenräume, auch *Breakout*-Räume, da sie sich gut für große Gruppen und auch für heterogene Gruppenarbeit eignen. Hier lassen sich Gruppenaufträge und Projektarbeit inklusive zeitlicher Begrenzung und tutorieller Begleitung gestalten. Die *Breakout*-Räume können durch die Lehrenden problemlos angelegt und mit einer Zeitschiene versehen werden; während der Gruppenarbeit kann sich die Lehrperson durch Zuschalten einen Überblick zum Arbeitsstand der Studierendengruppe verschaffen.

Mit der verstärkten Nutzung der BBB-Räume war für die Lehrenden und auch für die Studierenden ein Bezugspunkt geschaffen, der bis zum Semesterende, und durchaus auch darüber hinaus, regen Zuspruch fand, so zum Beispiel in Konsultationen zu Seminararbeiten.

Betrachtet man die Lehre und die Lernergebnisse im Sommersemester 2020, zeigen sich viele positive Aspekte des BBB, gerade mit Blick auf Übersichtlichkeit und Erreichbarkeit. Generell bietet BBB eine sehr große Kontinuität und auch benutzerfreundliches Handling. Auch von Seiten der Studierenden wurde diese Einschätzung mehrfach bestätigt. Im Gegensatz zu anderen Plattformen, wie Zoom, ist hier der datenschutzrechtliche Aspekt wesentlich besser abgedeckt (vgl. auch https://www.klicksafe.de/service/aktuelles/news/detail/wie-sicher-ist-online-unterricht-mit-bigbluebutton/).

Zusätzlich wurden neben den schon vorhandenen und zugeteilten Räumen in Laufe des Semesters noch weitere BBB-Server an der WHZ etabliert, so dass eine Lastverteilung während der Kernzeiten der Lehre möglich wurde. Dadurch ließen sich auch Räume durch die Lehrperson selbst erstellen und damit den Studierenden noch ein größerer digitaler Lehr- und Lernraum schaffen, mit dem das Maß an Flexibilität noch weiter erhöht wurde. Wie bei jeder digitalen Plattform zeigen sich auch hier einmal Probleme, allerdings konnte bis jetzt immer zeitnah eine Lösung gefunden werden.

Der einzige Nachteil von BBB besteht in der etwas eingeschränkten Whiteboard-Funktion. Hier kann leider nur etwas umständlich geschrieben und kommentiert werden. Und auch die Beschränkung auf das YouTube-Format für Videos ist etwas unpraktisch.

4.1   Kamera und Mikrofon

BBB bietet eine Reihe von Werkzeugen für die Unterrichtspraxis. Einen ersten Punkt der folgenden Betrachtung bilden die Kamera und das Mikrofon. Obwohl beide Werkzeuge einschlägig und hinlänglich Einsatz finden, gibt es doch gerade in der Auftaktphase des Online-Lehrens Einiges zu bedenken. Alles beginnt bereits mit der Frage um das Anschalten der Kamera. Vonseiten der Lehrperson sollte sich die Frage eigentlich kaum stellen, zumindest aus persönlicher Sicht. Die Kamera wird allerdings nicht immer wie selbstverständlich genutzt. Für die Studierenden ist die angeschaltete Kamera aber dennoch ein wichtiger Punkt in der Kommunikation. Vonseiten der Studierenden gibt es allerdings einige Hürden zur Kameranutzung. So werden verschiedene Gründe des „Ausblendens" angegeben, möglicherweise das Vordringen in eine scheinbare Privatsphäre. Manche Studierende sind es einfach ungewohnt, anderen wiederum fehlt aber auch schlicht die technische Komponente.

Selbst bei den Präsentationen gibt es bei einigen Studierenden einen subtilen „Fluchtmechanismus" nach der abgelegten Prüfungsleistung. Diesen findet man natürlich auch in der Präsenzveranstaltung, doch durch die eher vage körperliche Präsenz im Online-Medium wird dieser Mechanismus noch ein wenig verstärkt. Allerdings kann man zum Beispiel mit einer humorhaften Bemerkung hier schon etwas bewegen.

Interessanterweise wird jedoch im Studierendenfeedback immer wieder auf die Wichtigkeit verwiesen, die Lehrperson sehen zu können. Damit zeigt sich doch die große Bedeutung der visuellen Seite der Kommunikation.

Grundlegend lebt Sprachunterricht von der Interaktion, doch gibt es auch bei der Nutzung des Mikrofons verschiedene Herangehensweisen. So benötigt die Lehrperson das Mikrofon unbedingt zur Kontaktaufnahme, doch auch hier zeigt sich ein Unterschied zu den Studierenden. Während die Lehrperson durch vermehrtes Sprechen und Agieren fast wie in einer Fernsehmoderation die Kommunikation forciert, bleibt es auf Seiten der Studierenden des Öfteren eher still. Im Gegensatz zu den Präsenzveranstaltungen geben Studierende nur bedingt Antworten oder bringen Gesprächsbeiträge ein. Die Art und Weise der Fragestellung macht hier oft den Unterschied, doch muss erwähnt werden, dass die Studierenden den Chat und auch die Geteilten Notizen bevorzugen. Das sich aus der Gruppe hervorheben durch mündliche Äußerungen ist ein sensibler Punkt im Onlineformat und wird in jeder Lehreinheit neu verhandelt.

Während der mündlichen Prüfung (Präsentation), wo sowohl eingeschaltete Kamera als auch Mikrofon Bedingung sind, präferieren die Studierenden allerdings (überraschenderweise) das Vorlesungsformat, obwohl ihnen die Anwendbarkeit der digitalen Werkzeuge durch die Lehrperson vorgestellt wurde. Sie haben aber trotz Smartwatch oder Handy interessanterweise häufig kein Zeitgefühl für die Länge ihrer mündlichen Ausführung. Hier schleicht sich dann doch wiederholt die klassische Form des aus der Präsenz bekannten Zeitüberziehung ein. Auch wieder einer der Gründe, der deutlich macht, wie stark auch hier die Feedbackkultur etabliert werden sollte.

Gerade bei der Gestaltung des neuen Lern-Lehr-Szenarios ist es also von Bedeutung, sich und den Studierenden die Anwendungsoptionen der bereitgestellten Werkzeuge immer wieder zu vergegenwärtigen. So kann zum Beispiel die Stille durch wiederholte Umfragen, Videos oder auch Quizformate durchbrochen werden. Als wichtig festzuhalten bleibt, dass Interaktion nicht auf die mündliche Ebene beschränkt wird. Für den Spracherwerb steht die Verwendung der Sprache im Zentrum, dies kann auf unterschiedliche Weise geschehen. Dabei ist Offenheit vonseiten der Lehrperson unbedingt notwendig sowie Geduld, dann lassen sich die Studierenden auch sukzessive auf die digitale Lehre ein. Zum Aufrechterhalten der Motivation der Studierenden bedarf es der fortwährenden Kommunikation über die zur Verfügung stehenden Mittel und Werkzeuge. Damit kann das Potential des Online Seminars noch besser ausgeschöpft werden.

4.2   Chat

Wie schon in Abschnitt 1.2 kurz angerissen, kommt der Chatfunktion im BBB-System eine besondere Rolle zu. Sie dient grundsätzlich zur Kommunikation mit den Studierenden. Sie nutzen den Chat außerdem intensiv zum gegenseitigen Austausch – so bei Verständnisfragen oder Problemen (vgl. auch die Ausführungen von Shibani et al. 2017) und greifen damit auf die Peergruppe zurück. Interessant ist an dieser Stelle besonders die Modifikation der Chatsprache. Finden sich teilweise gängige, bisweilen ausgefalle Begriffe aus dem Bereich Gaming, kann aber dennoch auch eine Auswirkung auf die Fachsprache konstatiert werden. Hier zeigt sich, dass es je nach Gruppe ein gewisses Disziplindenken gibt. Damit ist gemeint, dass Disziplinkonventionen übertragen werden (vgl. Beißwenger 2007). Fachliche Bezüge sind (wie im Chat-Ausschnitt Abb. 2 sichtbar) nachweisbar, in dem zum Thema Kupplung kommentiert wurde. So wird auch während Vorträgen oder in der sich anschließenden Diskussion ein recht intensiver Fachaustausch betrieben. Wie sich im Beispiel zeigt, werden Gewohnheiten aus alltäglichen Chats (z. B. von WhatsApp) auf den Chat im Fach übertragen. Natürlich lässt sich hier ein Unterschied zwischen den Erstsemestern und Gruppen im fortgeschrittenen Studium feststellen (vgl. Bechmann 2016 zum Thema Chat Sprache).

Ein weiterer Aspekt des Chats ist die Differenzierung zwischen privatem und öffentlichem Chat. Während beim öffentlichen Chat alle Teilnehmenden einsehen können, was kommentiert wird, bleibt der private Chat nur den angeschriebenen Studierenden vorbehalten. Damit können Unsicherheiten oder Fragen, die den Teilnehmenden nicht als diskutabel erscheinen, ohne das Eingreifen der Lehrperson gelöst werden. Auch hier findet Peergruppen-Feedback statt. Insgesamt bietet der Chat viele Möglichkeiten und eine äußerst zeitnahe Antwort- und Feedbackmöglichkeit.

Abb. 2: Auszug aus einem Chatprotokoll

4.3   Geteilte Notizen

Neben Chat, Kamera und Mikrofon bietet das BBB-System auch die Funktion „Geteilte Notizen". Diese können wie ein klassisches Pad (Schreibblock) oder eine Tafel verwendet werden. So lassen sich hier Notizen jeglicher Art von der Lehrperson und den Studierenden parallel eingeben und in verschiedenen Formaten (Etherpad, HTML, Textdatei, Microsoft Word, PDF und ODF – Open Document Format) zur weiteren Verwendung speichern. In die „Geteilten Notizen" lassen sich unter didaktischen Aspekten vorzugsweise Arbeitsaufträge zu Schreibaufgaben stellen. Aber auch als „Antwortsammlung" zu Problemfragen eignet sich diese Funktion gut. Bei Präsentationen können hier auch Vokabellisten erstellt werden. Die Ergebnissicherung kann durch die Studierenden selbst gesteuert werden.

4.4   Whiteboard

Neben den bereits beschriebenen Anwendungen gibt es im BBB ein *Whiteboard*. Das fungiert als eine digitale Tafel mit einer Vielfalt an Werkzeugen; es stehen verschiedene Arten der Texteingabe, unterschiedliche Schriftgrößen, die grafische Darstellung und ein *Multiuser*-Modus zur Verfügung. Allerdings besteht hier für die Gruppennutzung noch Verbesserungspotential, denn die Handhabbarkeit der einzelnen Werkzeuge ist noch nicht ideal. An dieser Stelle könnte man alternativ zum Beispiel auf Etherpad Lite (siehe auch https://yopad.eu/) ausweichen, indem man diesen Link dazu im Chat teilt. Auch da zeigt sich, dass es jeweils die Kombination der Anwendungen ist, die erfolgversprechend scheint.

Im Hinblick auf die didaktische Anwendung ist zu betonen, dass die *Whiteboard*-Nutzung die Interaktion mit den Studierenden deutlich erhöht. Im *Multiuser*-Modus können so die Studierenden Kommentare einbringen. Auch eignet sich das Whiteboard sehr gut für Mindmaps oder zur Illustration von Zusammenhängen, die zu visualisieren sind. Gerade für die technische fachbezogene Sprachausbildung erlaubt diese Funktion eine noch größere Fachnähe, da sich Aufgaben zu fachlichen Inhalten hochladen lassen und dann im *Multiuser*-Modus bearbeiten lassen (ausfüllen, zeichnen, bezeichnen, kommentieren).

4.5   Gruppenräume

Ein weiteres nützliches Werkzeug sind die Gruppenräume (*Breakout*-Räume). Diese Gruppenarbeitsräume in BBB werden durch die Lehrperson „erstellt", mit einem Zeitlimit versehen und dann eine Gruppenaufteilung (gezielt oder zufällig) vorgenommen; via Drag and Drop kann die Lehrperson nach verschiedenen Gesichtspunkten und didaktischer Herangehensweise Arbeitsgruppen modellieren (vgl. hierzu https://lehrerfortbildung-bw.de/st_digital/ medienwerkstatt/dossiers/bbb/technik/03-konfdurchfuehren/03-1-breakout/).

Diesen Gruppen können dann im weiteren Verlauf Aufgaben zum Beispiel aus dem *Flipped Classroom Setting* gestellt werden. Der Vorteil der Räume besteht vor allem darin, dass die Studierenden selbstorganisiert lernen, die Lehrperson, aber dennoch durch „Hinzuschalten" beziehungsweise „Betreten" der Räume den Stand bei der Aufgabenerarbeitung prüfen kann. Im Umgang mit diesem Werkzeug hat sich schnell eine wenig intervenierende Herangehensweise bewährt, da die Studierenden in der unbeobachteten Gruppenarbeit noch offener und produktiver erschienen.

5 Onlineprüfungen

Mit dem Online-Unterricht war wie im Präsenzsemester natürlich auch das Ablegen von Prüfungen verbunden. Für die Studierenden wie auch für die Lehrperson bot sich hier die Chance, neue Wege zu beschreiten. Anders als in der Präsenzveranstaltung braucht es hierfür auch angepasste Formate. Die Wahrnehmung wie auch der Umgang der Studierenden mit der Prüfungssituation offenbart hier allerdings auch den Grad der Vertrautheit mit dem Medium. Die Studierenden äußern indirekt Bedenken hinsichtlich der Umsetzung.

Im digitalen Raum zeigte sich am Verhalten der Studierenden sehr deutlich, dass digitale Medien zu nutzen nicht gleichbedeutend ist, damit auch zu arbeiten oder sogar Prüfungsleistungen zu absolvieren. Dies äußerte sich auch schon an anderer Stelle, nämlich bei den *Assignments*, die die Online-Meetings von der ersten Woche mit produktiven Arbeitsaufträgen begleiten. Gemäß den Anforderungen gestaltete sich der Umgang mit den einschlägigen Programmen wie „Word" oder „PowerPoint" bei einem Teil der Studierenden nicht immer ganz problemlos. Vor allem beim Format wurde deutlich, dass Kernkompetenzen hinsichtlich der Handhabung noch nicht ganz ausgereift waren/sind und es bedarf einer engmaschigen Feedbackkultur, um immer wieder das Bewusstsein für diese Fertigkeiten zu schärfen, denn auch das ist Teil der digitalisierten Seminare. Deshalb sei auch an dieser Stelle die generelle Bedeutung der Meetings und ihrer Aufgaben nochmals hervorgehoben, gerade für die sprachpraktischen Kurse der MINT-Fächer. So bleiben eine gute Anleitung und stete Kommunikation grundlegend. Allerdings muss gerade bei den digitalen Präsentationen der technische Aspekt als eine Variable mit fluktuierendem Charakter betrachtet und den Studierenden (besonders in den Erstsemestern) Sicherheit im Hinblick auf die Prüfungssituation gegeben werden.

6 Bedeutung der Online-Meetings

Aus den Erfahrungen des vergangenen zwei Semester lässt sich eine Schlussfolgerung treffen, der bestimmt viele zustimmen würden, nämlich, dass die Bedeutung der Meetings für die Studierenden und ihren Lernfortschritt als fundamental wichtig einzuschätzen ist. Der Kontakt zu den anderen Studierenden wie auch zur Lehrperson, gerade in der Lockdown-Situation, erfüllt somit auch eine soziale Funktion (dazu Abschnitt 6.2). Das Lernen besonders im Sprachunterricht ist, außerordentlich stark geprägt von Interaktion, daher sollte, wenn möglich, auch immer der Raum für eine solche bestehen. Durch die Lernplattformen wird diese Interaktion auf die digitale Ebene adaptiert. Das Einfordern des Feedbacks zu Aufgaben erweitert diese noch zusätzlich (genauer unter Abschnitt 6.3).

6.1   Sozialer Raum und Sozialform für den Unterricht

Grundlegend lässt sich festhalten, dass es sich beim Seminar um eine Sozialform handelt. Im Gegensatz zur Vorlesung im Hochschulbereich ist es vom Austausch geprägt. Es ist ein Raum, in dem sich die Studierenden im gegenseitigen Diskurs befinden. Die wöchentliche Zusammenkunft dient der Gruppenbildung und ferner auch dem Realisieren von Lerninhalten (zum Seminar vgl. auch Centeno García 2019). Da Seminare in dieser Form bedingt durch den Lockdown nicht stattfinden konnten, hatten die Online-Meetings gerade in der Phase des Corona-bedingten Lockdowns eine sehr zentrale Rolle. Vergleicht man die Bedeutung des Online-Meetings mit der Präsenzlehre, lässt sich gut erkennen, dass es der Lern- und Lehrsozialisation dient. In den Online-Meetings ist es daher einerseits der Kontakt mit den Kommilitonen und anderseits der Kontakt zur Lehrperson, der die Corona-bedingte Vereinzelung durchbricht. Dieser Kontakt ist zwar traditionell an der Hochschule im Allgemeinen längst nicht mehr so engmaschig wie noch an der Regelschule, doch gerade für die Studierenden im ersten Semester bildet er einen wichtigen Brückenkontakt zur Studieneinrichtung sowie eine wichtige Anleitung im Umgang mit dieser.

6.2   Strukturgeber für die Studierenden

Eine weitere sehr grundlegende Bedeutung der Meetings ist aber auch, dass sie Struktur für den Studienalltag leisten. Die Studierenden sind in Bezug auf die Seminare um einiges autonomer. Jedoch in diesem neuen Szenario bieten die Seminare eine Struktur an, wenn auch leicht verändert. Jene Struktur fällt dem einen leichter und dem anderen schwerer. Allein schon deswegen ist die Wichtigkeit dieses Angebotes unbestreitbar. Zum Ablauf der Meetings gibt es, ähnlich wie in der Präsenzveranstaltung, eine ungefähre Planung, die jedoch, bedingt durch die Besonderheit der Lage, immer wieder angepasst wird. Beispielhaft wäre hier folgende Struktur zu nennen: So beginnt das Seminar meist mit einer Einführung. Hier werden von der Lehrperson Fragen zu den anstehenden Präsentationen, Abstracts oder allgemeinen Punkten gestellt. Im Weiteren werden die Themen des jeweiligen Seminars in den Geteilten Notizen veröffentlicht, damit die Studierenden genau wissen, was im Verlauf der Stunde thematisiert wird. Dann kann wahlweise ein Brainstorming auf dem Whiteboard erfolgen oder ein kurzer Text wird in Gruppenarbeit zur Diskussion in den *Breakout*-Räumen gestellt. Im Regelfall kommt es hier neben dem fachlichen Austausch über Unterrichtsinhalte auch zu wiederholten Frage- und Feedbackrunden und damit zu einer weiteren Thematisierung des Unterrichtsstoffes bzw. der Lehrinhalte.

Weitere didaktische Konzepte, wie zum Beispiel *flipped classroom* (siehe auch https://unterrichten.digital/2020/03/13/flipped-classroom/, Abb. 3) oder *blended learning* (siehe auch https://unterrichten.digital/2020/10/25/blended-learning-online-unterricht/; Raman/Rathakrishnan 2019), werden hier eingesetzt. Auch geben Umfragen vermehrt Aufschluss über den Stand des Seminars.

Abb. 3: Didaktische Konzepte – Unterrichtsplanung

6.3 Prüfungsraum

Die Meetings dienen bei aller Teilhabe auch der Evaluation und Benotung durch die Lehrperson. So werden die mündliche Prüfung wie auch einige der zuvor schon angesprochenen Aufgaben von den Studierenden präsentiert. Hier erfolgt eine direkte – teils auch indirekte – Evaluation der sprachlichen Fähigkeiten der Studierenden. Für die Prüfungssituation stellt das Online-Meeting schon eine Herausforderung dar. Hier geht es nicht allein um die technische Seite. Vielmehr zeigt sich die Unmittelbarkeit als eine Klippe. Während in der Präsenzlehre die Face-to-Face-Kommunikation maßgeblich erscheint, lässt sich dies im Online-Meeting aus verschiedenen Gründen nicht immer so leicht gestalten. Auch diese Erfahrung bildet einen wichtigen Lernzusammenhang und dient ferner der Entwicklung der digitalen Fähigkeiten.

7   Fazit: Brückenschlag von analog zu digital ist gelungen

Lange schon gibt es die verschiedenen Lernplattformen, die nicht nur die Online-Version von Seminaren abbilden, sondern auch für die Studierenden weit nach dem Unterricht die Brücke zum Seminarraum bilden. Während des Online-Semesters hat sich auf den verschiedenen Plattformen, aber auch in den Seminaren eine interessante Mischung aus den verschiedenen didaktischen Herangehensweisen, dem vielfältigen Input der Studierenden und der Probierfreudigkeit der Lehrpersonen gezeigt. Deshalb gilt der digitalen Komponente des Unterrichtes stärker als in vorangegangenen Jahren das Augenmerk und die Beachtung, damit diese Komponente weiterentwickelt und optimiert werden kann und somit eine wichtige Brücke schlägt, auch über die Corona bedingt eingeschränkte Präsenzlehre hinaus. Aus der Erfahrung des vergangenen Semesters bleibt abschließend noch zu klären: was digital möglich ist und was doch noch erschwert wird.

7.1   Was das Digitale kann

Das Digitale kann viel leisten. Es kann Brücken schlagen und es kann neue Wege und Betrachtungsweisen für das Lernen und Lehren aufzeigen. Besonders kann es aber in Ausnahmesituationen, wie sie gerade zu bewältigen sind, das Mittel der Wahl sein und damit Sicherheit geben – in erster Linie für die

Studierenden, die im ersten Semester oder im Aufbaustudium sind, für die damit das ‚Distanzlernen' aufgebrochen und der digitale Kontakt zur Lehrperson ermöglicht wird. Das halte ich persönlich für die Hauptsache. Es bedarf der Einlassung und Mut zu Neuem. Wenn diese Ausgangssituation geschaffen ist, die von beiden Seiten realisiert werden sollte, kann Online-Lehre ein Erfolg werden. Die Studierenden immer wieder zu motivieren – das sollte hier betont werden – ist gewinnbringend und wirkt sich natürlich auch auf die eigene Herangehensweise aus. Sicher ist für die Zeit, in der die Präsenzlehre zurückkehrt, dann ein großer Teil an Erkenntnissen und Fertigkeiten vorhanden. Der digitale Weg ist eine Bereicherung der Lehre an der Hochschule und wird sicher auch im Präsenzformat wieder zum Einsatz kommen.

7.2   Was das Digitale nicht kann

Bei aller Motiviertheit und guten Ansätzen soll dennoch auch die Frage zu den Herausforderungen berührt werden. Gerade für die Studierenden, denen das Lernen schwerer fällt oder die (noch) nicht über die technischen Möglichkeiten verfügen, bleibt diese digitale Option des neuen Lehr-Lern-Szenarios eine große Hürde. Hier wäre noch mehr Einsatz notwendig und sicher auch Konzepte notwendig, die den Studierenden einen besseren Zugang erlauben.

Bei Befragungen der Studierenden zum digitalen Semester zeigten sich doch deutliche Unterschiede hinsichtlich der Gestaltungsfreiheit bezogen auf die Technik. Highspeed Internet ist nicht überall verfügbar (https://www.connect.de/ratgeber/breitbandausbau-deutschland-highspeed-internet-5g-glasfaser-report-3196637.html) und das behindert natürlich auch die digitale Lehre. Auch die Medienkompetenz der Studierenden ist nicht gleichermaßen ausgebildet. Wie schon zuvor bemerkt, lassen sich Verwendung und Anwendung für unterrichtsbezogene Zusammenhänge nicht unbedingt gleichsetzen. Doch auch hier sollte das Potential erkannt und ausgeschöpft werden, schließlich ergeben sich Punkte zur Optimierung nur durch Nutzung bzw. wird in der Onlinelehre gerade mehr als nur geprobt.

8 Literatur

ARNOLD, P./GRIESEHOP, H. R./FÜSSENHÄUSER, C. (Hg.) (2018): *Profilierung Sozialer Arbeit online*. Wiesbaden: Springer VS. https://doi.org/10.1007/978-3-658-17088-2 (Zugriff: 28.12.2020).

AUSTIN, J. L. (1962): *How to Do Things with Words (= The William James Lectures. 1955, ZDB-ID 1101386-2)*. Cambridge MA: Harvard University Press.

BECHMANN, S. (2016): *Sprachwandel – Bedeutungswandel: Eine Einführung*. Stuttgart: UTB GmbH.

BEIßWENGER, M. (2007): *Sprachhandlungskoordination in der Chat-Kommunikation*. Berlin [u.a.]: de Gruyter.

CENTENO GARCÍA, A. (2019): *Das Seminar als Denkschule: Eine diskursbasierte Didaktik für die Hochschule*. Opladen: Budrich.

DIECKERHOFF, K. (2018): „Professionalität in der Online-Lehre." ARNOLD P./GRIESE-HOP H./FÜSSENHÄUSER C. (Hg.), *Profilierung Sozialer Arbeit online*. Wiesbaden: Springer VS. https://doi.org/10.1007/978-3-658-17088-2_7.

HABERMAS, J. (1981): *Theorie des kommunikativen Handelns*. Frankfurt am Main: Suhrkamp.

KAVANAGH, M. (2015): *English for the automobile industry*. (1. Aufl., 3. Dr.). Berlin: Cornelsen.

RAMAN, A./RATHAKRISHNAN, M. (2019): "Blended Learning in Higher Education 4.0: A Brief Review." RAMAN, A./RATHAKRISHNAN, M. (Hg.), *Redesigning Higher Education Initiatives for Industry 4.0*. Pennsylvania: IGI Global, 70–84). IGI Global. http://doi:10.4018/978-1-5225-7832-1.ch005.

SHIBANI, A./KOH, E./LAI, V./KYONG JIN, SHIM (2017): "Assessing the Language of Chat for Teamwork Dialogue." *Journal of Educational Technology & Society*, 20(2), 224–237.

Internet-Quellen

Die Benutzeroberfläche von BBB: https://lehrerfortbildung-bw.de/st_digital/medienwerkstatt/dossiers/bbb/technik/03-konfdurchfuehren/01-oberflaeche/ (Zugriff: 11.01.21).

Blended Learning: https://unterrichten.digital/2020/10/25/blended-learning-online-unterricht/ (Zugriff: 09.01.21).

Breakout-Räume erstellen und moderieren: https://lehrerfortbildung-bw.de/st_digital/medienwerkstatt/dossiers/bbb/technik/03-konfdurchfuehren/03-1-breakout/ (Zugriff: 10.01.21).

Digitales Semester: Willkommen im Neuland: https://www.zeit.de/campus/2020-04/digitales-semester-coronavirus-studium-goethe-universitaet-frankfurt/seite-3?utm_referrer=https%3A%2F%2Fwww.google.com%2F (Zugriff: 28.12.20).

Etherpad Lite: https://yopad.eu/ (Zugriff: 10.01.21).

Flipped Classroom: https://unterrichten.digital/2020/03/13/flipped-classroom/ (Zugriff: 28.12.20).

Lernkarten mit GoodNotes 5 – neue Funktion für Üben und Wiederholen: https://unterrichten.digital/2020/12/23/goodnotes-5-lernkarten/ (Zugriff: 28.12.20).

Online-Kurs: Lernen 4.0 – Möglichkeiten und Grenzen einer Digitalisierung im Bildungsbereich: https://unterrichten.digital/2018/01/20/erster-blogbeitrag/ (Zugriff: 28.12.20).

Report: Breitbandausbau in Deutschland: https://www.connect.de/ratgeber/ breitbandausbau-deutschland-highspeed-internet-5g-glasfaser-report-3196637.html (Zugriff: 09.01.21).

Wie sicher ist Online-Unterricht mit BigBlueButton?: https://www.klicksafe.de/ service/aktuelles/news/detail/wie-sicher-ist-online-unterricht-mit-bigbluebutton/ (Zugriff: 10.01.21).

Zoom, Jitsi, Big Blue Button, Skype – Videokonferenzen in Zeiten von Schulschließungen und Coronavirus: https://unterrichten.digital/2020/03/19/videokonferenzen-schulschliessungen-corona/ (Zugriff: 28.12.20).

Zoom Videokonferenz – Tutorial: https://unterrichten.digital/2020/03/20/zoom-videokonferenz-tutorial/ (Zugriff: 28.12.20).

PRUE GOREDEMA

Enhancing Teaching & Learning Through Interactive Assessments

1 Introduction

Although grappling with difficult subject matter is the leading cause for student attrition in both undergraduate and postgraduate programmes in Germany, declining motivation is a leading factor, slightly below financial woes (Berthold, 2017: 15). The goal of gathering detailed statistics on drop-out rates was set in place with the adoption of the Higher Education Act at the beginning of 2016. Comparing the intake and graduation figures in the years 2012 to 2016, Heublein and Schmelzer document an increased attrition rate in some undergraduate programmes taught at universities: humanities (from 34% to 37%), mathematics and natural sciences (from 37% to 41%), engineering (from 33% to 35%) and arts (from 23% to 31%). Berthold (2017: 2) attributes the trend to the increasing heterogeneity in Germany's tertiary institutions and argues for the need to rethink instructional practices if the attrition rate is to be reduced. Data-driven teaching might be one way to stem the tide of students dropping out. At a time when anxiety about data mining is at an all-time high, one might think that delving into the discipline of learning analytics is an ill-advised move for language teachers today. However, the fears can perhaps be allayed when one considers that recording students' marks, predicting likely outcomes and offering advice and support have long been hallmarks of sound teaching. All that differs today is the tools at our disposal, albeit with the need for judicious documentation.

One might then make the case for the incorporation of student response systems in classroom teaching – not so much as an instructional tool, but, rather, as a means of making informed decisions about ongoing syllabus design and development. With the triune aims of decreasing truancy, increasing learner engagement and improving retention rates, the present action research into the use of student response-ware was carried out in a second-semester undergraduate course on Second Language Acquisition within the BA English & American Studies programme at the Chemnitz University of Technology.

2   Literature Review

The tendency to distinguish technology-enhanced teaching from other instructional practices should surely be laid aside since teachers the world had already been adopting learning management systems and all manner of computer-assisted teaching aids long before the COVID-19 lockdown when technology became central to all learning. The incorporation of student response-ware is just one way to streamline the sort of interactive learning that could be achieved in a more painstaking way through hand-raising and written quizzes. Such response systems can be used in virtual classrooms or in-person, the aim being to collect information on students' attainment and motivational tendencies throughout the semester. Stowell (2015) compared clickers and mobile devices and did not see a difference in the final grade. In principle, one could also use a web-based polling system (e.g. ArsNova or Letsfeedback) though the quality of statistical output varies. Whatever form the response-ware takes, the aim is not to use such tools in every lesson. As Collins, Tedford and Womack (2008) found, misguided deployment of classroom polls can cause "survey fatigue" in the students whereby they perceive the focus to be on the polling aspect rather than the content. Put differently, clickers "arc fun" and are "positively viewed by undergraduate students and postgraduate students as a technology which can facilitate active learning and engagement if used appropriately with clearly aligned learning objectives" (Stagg & Lane, 2010: 208). Kaewunruen (2019) argues that "the prompt responses from clickers can gauge the level of understanding of the class so that lecturers can provide prompt feedback and enable adaptive teaching styles and blended pedagogies, resulting in a suitable harmonised student-centred learning environment" (114). Chan/Borja/Welch and Batiuk (2016: 395) surveyed 201 instructors at an American university and found that "in order to maximise adoption, the faculty needs to be given the opportunity to pre-test the ARS prior to implementation, and they need to know how the technology will assist them in achieving their pedagogical goals."

The sluggish pace of the adoption of student response-ware is something that Chan et al. (*op cit.*) attribute to the vagaries of the diffusion of innovations model promulgated by Rogers in 2003. Taking on a new tool depends on the perceived attributes of the innovation, namely the advantage offered; compatibility with the prospective user's repertoire; the complexity of the innovation and ease of adoption; the 'observability' i.e. whether others can see the effects of the innovation, and 'triability' whereby the user can experiment with the technology before adoption. The current project is one where the potential advantage of the tool in question is readily observable. Student response-ware was used to gather information on whether the intended learning outcomes of each instructional unit had been met, how engaged the students were with the material and what their overall attitude towards the course was, at various points in the semester.

3 Method

The study falls under the action research tradition whereby a teacher sets about critically observing and evaluating their own teaching with the express aim of acting on the findings. McNiff and Whitehead (2006: 38) argue for the need for teachers to desist from merely following textbook theories and to instead strive to make their teaching specific to their individual situations. Simeon (2014: 63) defines action research as a paradigm aimed at the "empowerment of participants; collaboration through participation; acquisition of knowledge; and social change." Whilst the goal of 'social change' is perhaps too lofty for the present circumstances, the study was indeed couched in a need to include the students' perspectives before a new instruction path could be charted. Though small in scope, the study contributes a perspective on how response-ware might be used to enhance tertiary instruction at a time when retaining students has fallen into the purview of university lecturers.

3.1 Participants

In all, 44 students were enrolled in the course, all of whom were aged between 19 and 21. With the same lecture offered twice in succession once a week, the students freely chose which session to attend. Thirteen participants were Erasmus or exchange students, and the remainder were full-time students in the BA English & American Studies programme. However, because of rampant absenteeism, it was not possible to gather data from all the students at a single sitting. In the first assessment, for example, a total of 25 students participated (15 and 10); the attendance figures steadily declined, and the final assessment was undertaken by a mere 14 students (in two sessions of 6 and 8 participants). An initial diagnostic assessment was carried out at the start of the course, and three monthly summative assessments were then conducted at the close of teaching units on Behaviourism, Cognitivism and Acculturation.

3.2   Materials

Interactive polls were created using Turning Point software in conjunction with Power Point. With the program set to "Slide Show" mode, the poll participants then used wireless keypads to enter their responses, a feat possible through a radio frequency link between the Turning Point USB receiver in the instructor's computer and the individual handsets. Although each handset has an alphanumeric designation, the polls were conducted anonymously because anonymity is deemed a motivating factor in encouraging student participation, and, as Lennox Terrion and Aceti (2012: 8) assert: "students likely experience less social anxiety about offering a wrong answer." This advantage is recorded in most papers on the use of audience response systems in the classroom, though the place of live polling is perhaps best summed up by Garratti's assertion that "clickers are simply *a* tool among and complementary to many others we have at our disposal, not *the* tool that can replace all others" (2013: 73). The thirty-minute assays were meant to elicit information on factual and knowledge content knowledge and shades of understanding and application in line with Krathwohl's 2002 revision of Bloom's Taxonomy. Keeping in mind that the use of the clickers would not be a panacea to combat all ills, a series of questions was devised accordingly.

© Frank & Timme   Verlag für wissenschaftliche Literatur

3.3   Procedure

The questions posed fell into three broad categories, namely: questions eliciting content knowledge; questions seeking information about the students' engagement with the material outside of the classroom and questions on the students' attitudes towards the lecturer's approach to instruction. Presented here are excerpts from the semester-long study, highlighting the students' retention, motivation, and also aspects of how the response system can be used to enhance participation in the lecture.

4   Findings

The use of student response-ware in lectures did not increase attendance as other scholars have found; however, much information was gathered on the students' retention and engagement. The anonymity of the poll allowed for frank responses to questions pertaining to the students' preparedness for the ensuing instructional unit.

4.1   Week One: Diagnostic Assessment

At the start of the course, a diagnostic assessment was conducted to ascertain the students' attitudes and engagement, particularly in relation to their achievements in the prerequisite course *Information Technology*. A mere 19% of respondents – 30% of those who had taken the prerequisite course – indicated that they had taken each of the optional self-assessments in the preceding semester. Overall, just 5% of respondents had downloaded and read the *Second Language Acquisition* syllabus in preparation for the course as is shown in Fig. 1.

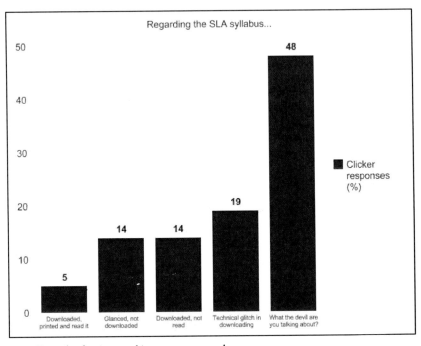

Fig. 1: Example of an item probing course preparedness

It is unlikely that these revelations would have been manifest via traditional hand-raising. Similar insight was raised as early as 2007 by Grimm/Soares/ Agrawal and Law in a study of clicker use in a marketing course, when they found that students did not want to open themselves up to ridicule but were bolder in responding to such questions under the shield of anonymity. The lackadaisical attitude to the course at the outset whereby almost half of re-spondents (48%) had not read the published syllabus was in line with Berthold's findings (2017: 15) that lack of motivation is a key factor bedevilling students today.

4.2 Unit One: Behaviourism

The second assay was conducted at the close of the three-week unit on Behav-iourism. An assessment was carried out in each of the two lectures. Depicted below are some examples of responses garnered from the second session in which fifteen students were present and participated by responding to multiple choice questions eliciting information on their retention and course engagement.

4.2.1 Retention and Transfer

The students' responses were shown in plenum via an overhead projector and detailed results containing information on the variance, standard deviation and other indices can be can be viewed via the session report function. Questions that elicit retention are the easiest to devise for a single-choice set-up; however, there is scope for eliciting transfer (Fig. 2). In this case, knowledge of the various pronunciation errors typical of second language speakers is necessary before one can deduce the correct answer to novel examples about Italian speakers of English. In this case 60% correctly chose 'Epenthesis'; in real time, the correct answer is highlighted once all the responses have been entered.

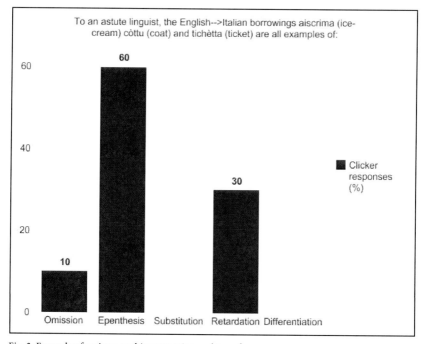

Fig. 2: Example of an item probing retention and transfer

Whilst the question about measures of language fluency was correctly answered by the majority of respondents, only a fifth of them correctly identified immersion as a teaching approach that is not in line with the principles of Behaviourism. At this stage of the study, the correct answers were not identified on the presentation itself but were certainly discussed in detail, particularly where most respondents had fared poorly.

4.2.2   Unit One Summary

The students' readiness to participate is in line with Stranford/Owen/Mercer and Pollock's findings shared in a study entitled *Active Learning and Technology Approaches for Teaching Immunology to Undergraduate Students* (2020). They found that their cohort considered "clicker questions and follow up discussions as a favourite element of the course in helping them to assess and focus their learning." In the present study, however, at the close of the first instructional unit, after three weekly lectures, the students' responses indicated that the deployment of this particular tool had no impact on ongoing engagement outside of the designated lecture slot. Allocating devices to students as a means to monitor attendance or track individual progress throughout the semester is an option for teachers whose focus is on individuals' learning. This was not deemed important in the present study, least of all because the clickers were on loan, but, more importantly, because the students had access to individual self-assessments on the Moodle learning management system. Detailed data on individual students' progress could be garnered by analysing the Moodle data. The data gathered in the in-class polls were always meant to yield a composite picture of overall trends to inform instructional decisions.

The findings at this stage of the study showed that whilst most of the students readily recalled global themes (e.g. measures of fluency complexity) and general topics (e.g. names of theorists and their theories) most could not identify the implications and applications of Behaviourism in language teaching. It was therefore deemed necessary to upload some supplementary materials on Moodle and to allocate some instructional time to revisiting this theme at an opportune moment in the following weeks.

4.3 Unit Two: Cognitivism

The next assessment was carried out a month later and covered course content pertaining to nativist views on language learning and Piaget's Cognitive Theory. The average score had improved significantly, from 42% at the close of Unit One to 57% for Unit Two.

4.3.1 Retention

In writing tests items for multiple choice questions, care must be taken to ensure that the distractors are not easily eliminated to ensure that guessing is minimised. An example where this principle was not brought to bear is depicted in Fig. 3 whereby very specific ages are given as distractors. Only 13% of the respondents selected the correct answer: option A pertaining to the stage at which object permanence is established in the Piagetian model of childhood cognitive development. Experienced test-takers, particularly in the field of language acquisition would immediately eliminate all the responses that stipulate a specific age. This was therefore an opportunity to remind the learners that language acquisition models merely proffer generalisations, despite the uniformity seen in morpheme order acquisition (see Krashen: 2002).

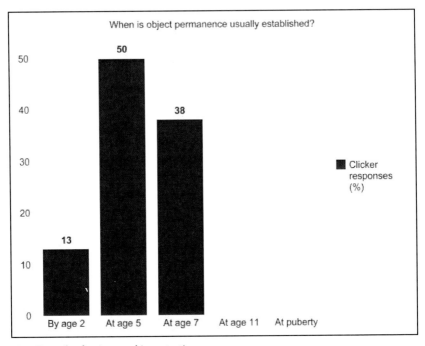

Fig 3: Example of an item probing retention

Whilst the correct answer had not been shown on the presentation in the Unit One poll, a decision was made in the preparation of the Unit Two poll to show the correct answer on screen immediately after each poll closed. When the class results were favourable, the students spontaneously erupted in cheers, and likewise became animated when few had selected the correct answer. This made for engaging discussions throughout the lecture.

4.3.2 Unit Two Engagement

In addition to gathering information on the students' retention of key facts from Unit Two, there was also a concerted effort to find out whether the students allocated time outside of the lecture for their Second Language Acquisition studies as well as whether they were confident of their progress. An example of such a survey item is presented in Fig. 4.

    © Frank & Timme   Verlag für wissenschaftliche Literatur

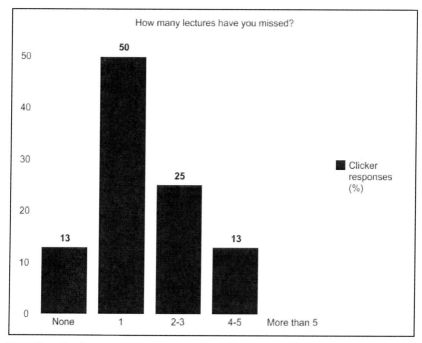

Fig. 4: Example of question a pertaining to Engagement and Attitude

The existing study regulations do not allow for individual students' attendance to be formally recorded, and students may not be sanctioned for non-attendance. However, since reducing attrition was one of the overall aims of the semester-long exercise, gathering information on attendance patterns was deemed necessary, and this class poll was a simple way to surreptitiously collect such information. At this stage of the semester, the students who were present gave positive feedback on their enjoyment of the course.

4.3.3   Unit Two Summary

As was the case in Unit One, the individual students' responses were documented anonymously, such that the subsequent session report showed a composite picture of the students' overall progress. Although the class average of 57% achieved in the Unit Two quiz hovers dangerously near the 50% pass-mark set for the final examination, most of the respondents were nevertheless optimistic that they would fare well on the final exam. This session report with its clear depiction of items where students selected the wrong answer or did not attempt to respond at all again gave insight into themes that should be revisited and reiterated in time for the final assessment.

4.4   Unit Three: Acculturation

In the final in-class poll, a mere fourteen students were present. Such pitiful numbers defeat the purpose of gathering meaningful data for research purposes; nevertheless, those students who do take the time to attend lectures ought not to be robbed of the opportunity to engage in the monthly polling to which they have become accustomed. At this point in the semester, the topics covered in the quiz included John Schumann's model of Acculturation and highlights of William Labov's seminal paper on the social stratification of /r/ in New York City. With more familiarity with the Turning Point software, more features were incorporated into the polls, namely gamification by way of timed icebreakers and demographic questions.

4.4.1   Gamification

Incorporating aspects of game design in non-game contexts in order to increase participant engagement and enjoyment has been a boon to workplace productivity and customer engagement (see Hamari: 2017). Educational settings, including higher education, are also areas where this motivation driver might be usefully deployed (Treiblmaier, Putz & Lowry: 2018; Eckhardt, Siemon, & Robra-Bissantz: 2015). A point of departure for the present study was Marcus Leaning's 2015 study on the use of games and gamification to enhance student engagement, experience and achievement on a theory-based course of an undergraduate media degree. Ultimately, the decision to gamify instruction lies in an instructor's take on theories of social learning, motivation and knowledge management.

As an exploratory study, the present work incorporated limited elements of game design, namely injecting novelty, humour and competition in the class polls. The opening question in the final assessment was an anagram to be unscrambled within 30 seconds. The letters appearing in the scramble are chosen automatically in the Turning Point software and are usually such that the obvious choice can easily be identified by those with even a vague understanding of the topic at hand. In this final assessment, all of the content questions were timed at 30 seconds after which polling would close automatically. Furthermore, three questions were designed to acknowledge the top five responders (identified by their device identifiers). The students were thrilled at this new element to the polling and did not hesitate to identify themselves once they saw their device numbers projected on the screen.

4.4.2   Demographic questions

The incorporation of response-ware in real-time instruction was of greatest profit in the gathering of demographic data. It was possible to cross-link the items such that the individuals' responses to content questions could be readily compared to their responses on their attendance, engagement, attitudes and overall knowledge. Some questions were posed and pitted against the students' attendance. For example, only 33% of respondents correctly identified Labov's research aim of exploring the social stratification of post-vocalic /r/. This corresponded closely with the total of 38% of respondents who had missed just one or two lectures. In plenum, it is not possible to see whether these are the same students; however, the detailed session report revealed that the students (50%) who incorrectly selected "academic proficiency" as the subject of Labov's seminal study had missed between three and five lectures.

Demographic questions were also deployed to ascertain a correlation between topic preference and attendance. Fifty percent of the respondents found Behaviourism to be the most interesting topic. Of these, a quarter chalked their overall absenteeism down to illness; half to transport issues; and all those who thought the class was too early (9.15 a.m.) also favoured the Behaviourism topic.

4.4.3   Attitudes and Engagement

The students also gave feedback on the lecturer's conduct and the efficacy of instruction, and the results were favourable. Overall, the live polling made for captivating lectures – as the students themselves indicated via their responses to Lickert items on their preferences. An example is given in Table 1.

Table 1: Example of responses to an item probing the lecturer's efficacy

I understand the lecturer clearly.	Clicker responses (%)
Absolutely. No problemo – as the Italians would say (epenthetically!)	44
Sure – most of the time, if I pay attention.	33
Most of the time, but there are a lot of new and difficult words used.	11
Hardly. I only understand the odd word with the help of the slides.	11

Suffice to say, the enthusiasm was expressed by those in attendance, which is somewhat akin to preaching to the converted. Although the majority of respondents deemed the content somewhat or extremely challenging, half of them had yet to begin revising for the examination which was a fortnight away at the time of polling. These excerpts from the study and in fact all 27 poll items in the final assay highlighted content areas the students had mastered as well as their engagement in the course. Adding game elements to the polls and cross-linking responses to demographic questions allowed for a more detailed view of the factors that impact class attendance and ultimate attainment.

5   Discussion

Retention rates in topics usually deemed problematic – namely Information Processing and Academic Proficiency – were somewhat improved as evidenced separately by the students' attainment on self-assessments undertaken separately on the Moodle online platform. However, these sparse poll data on their own do not have predictive power to determine whether the course learning outcomes will be met in the final written assessment. Simply knowing that there will be a live in-class poll was not sufficient motivation to encourage truant students to turn up to the weekly lecture; however, those who did attend were pleased at the change of pace offered by the class polls in the first half an hour of a ninety-minute lecture. Since a brief discussion was undertaken whenever bewildering poll results were seen, the interactive dimension of the lectures was without compare. As other researchers have found, the incorporation of clickers makes for a lively discussion, and in the right circumstances, a cache of learner analytics can be generated with an eye to streamlining the source content and giving more attention to areas that students find challenging. However, the issue of absenteeism meant that the study conducted lacks the all-important generalisability factor that would give others confidence to adopt this teaching stratagem. The dates of the assessments were published in advance in the course syllabus, but as only one student had downloaded and read it in the Week One diagnostic assessment, it is unlikely that the other students went on to note the dates on which the clickers would be used for the end-of-unit assessments since their poor attendance was no different from days with no polls deployed. Certainly, the clickers did not suffice to draw the students to class, a finding contrary to Patry's finding that the use of clickers is "an attendance incentive" (2009: 6). The issue of truancy derailed the study somewhat, but this is a matter where external factors come into play – factors that must be explored separately.

5.1   Truancy and Attrition

The issue of attrition has been highlighted by authors such as Berthold (2017) and Heublein and Schmelzer (2018) and continues to be of concern at the institutional level. If individual lecturers can contribute towards making learning a lively and enjoyable experience, so much the better. However, the problem is surely more profound and multi-faceted in its causes and cures. Historically, universities in Germany have recruited from the top percentiles of grammar school graduates, and certainly before the restructuring wrought by the Bologna Process, the demands of the four/five- year *Magister* and *Diplom* degrees drew in the cream of the academic crop. It could be argued that the format of Bachelor's-Master's-Doctorate degrees allows for the non-committed to dabble with a career path in the comforting knowledge that exits are clearly marked. In the present study this matter of motivation and attrition was a concern at institutional level, not merely in the class surveyed. The periodical use of interactive polling did not stop students from playing truant; however, for those who did attend class, the poll findings showed that their retention of key instructional content improved throughout the semester.

5.2   Improving Teaching

The participants selected favourable statements when asked about their views of the teacher's conduct and competence. This of course is hardly cause for surprise because of the inadvertent self-selection bias posed by gathering data from students who happen to have come to their weekly lecture – typically evidence enough of their interest and engagement. The three assays were most useful for gathering information on content areas that had been poorly understood. The points were then brought up again in subsequent lectures, and supplementary material was uploaded on the course learning management system. Furthermore, these topics in which the students fared poorly were noted as areas to cover in more detail in future iterations of the course.

5.3   Caveat

Those embarking on any such study may be concerned about the General Data Protection Regulation (GDPR) which came into force across the European Union on 25 May 2018. The laws are in place to protect EU citizens' data from privacy breaches, and they apply to any companies or organisations operating within or doing business in the European Union, regardless of their headquarters' location. The penalties for abusing citizens' data are hefty. It is important to keep in mind that gathering learning analytics does not have to mean playing big brother. There is no need to collect personally identifying information, and data minimisation is, in fact, the preferred path under the new privacy laws. Article 5(1) (c) and Recital (39) of the GDPR stipulates that "where possible, it is preferable to use anonymous data" (European Commission, 2018: para. 1). In the instructional method described here, collecting anonymous responses suffices, for the focus is on teaching, rather than learning.

5.4   Outlook

The rampant absenteeism that bedevilled the English Department was not curbed by the periodical deployment of clicker polls; however, the exercise was not without its successes. Despite some drawbacks wrought by the early-generation keypads lacking provision for free text input, the Turning Point student response-ware is, indubitably, a boon not only for the creation and carrying out of lively class assessments, but also for conducting detailed surveys in which data are gathered, melded and easily analysed. Interactive lectures such as those described in the present study delight students who are already intrinsically motivated; institutional efforts in other domains are needed in order to reduce the truancy and attrition figures, or perhaps to rethink admission policies.

6   References

BERTHOLD, C. (2017): *Digitales Lernen als Chance zur Bewältigung von Heterogenität.* CHE Consult.

CHAN, T. F. I./BORJA, M./WELCH, B., & BATIUK, M. E. (2016): Predicting the probability for faculty adopting an audience response system in higher education. *Journal of Information Technology Education: Research, (15)* 39–407. http://www.informingscience.org/Publications/3548>.

COLLINS, B./TEDFORD, R./WOMACK, D. (2008): 'Debating' the merits of clickers in an academic library. *North Carolina Libraries 66,* 20–24.

ECKHARDT, L./SIEMON, D./ROBRA-BISSANTZ, S. (2015): GamEducation – Spielelemente in der Universitätslehre. *HMD Praxis der Wirtschaftsinformatik 52* (6), 915–925.

GARRATTI, M. (2013): Clickers and the Teaching-Assessment of Culture in the Beginning-Level Italian Classroom. *Italica, 90*(1), 72–94. http://www.jstor.org/stable/23474948.

GRIMM, P./SOARES, E./AGRAWAL, J./LAW, S. (2007): Technology facilitated class participation in a principles of marketing course. *Proceedings of the 2007 ANZMAC Conference,* 3287–3292.

HAMARI, J. (2017): Do badges increase user activity? A field experiment on the effects of gamification. *Computers in Human Behavior, 71,* 469–478. doi.org/10.1016/j.chb.2015.03.036

HEUBLEIN, U./SCHMELZER, R. (2018): *Die Entwicklung der Studienabbruchquoten an den deutschen Hochschulen.* Deutsches Zentrum für Hochschul- und Wissenschaftsforschung (DZHW). https://www.dzhw.eu/pdf/21/studienabbruchquoten_absolventen_2016.pdf.

KAEWUNRUEN, S. (2019): Enhancing Railway Engineering Student Engagement Using Interactive Technology Embedded with Infotainment *Education Sciences.* (9), 136; doi:10.3390/educsci9020136.

KRASHEN, S. D. (2002): *Second Language Acquisition and Second Language Learning.* Pergamon Press Inc.

KRATHWOHL, D.R. (2002): A Revision of Bloom's Taxonomy: An Overview, *Theory Into Practice,* 41: 4, 212–218. 10.1207/s15430421tip4104_2.

LEANING, M. (2015): A study of the use of games and gamification to enhance student engagement, experience and achievement on a theory-based course of an undergraduate media degree. *Journal of Media Practice, 16*(2), 155–170.

LENNOX TERRION, J./ACETI, V. (2012): Perceptions of the effects of clicker technology on student learning and engagement: a study of freshmen Chemistry students. *Research In Learning Technology, 20.* http://dx.doi.org/10.3402/rlt.v20i0.16150.

McNIFF, J./WHITEHEAD, J. (2006): *All You Need to Know About Action Research.* London: SAGE.

PATRY, M. (2009): Clickers in Large Classes: From Student Perceptions Towards an Understanding of Best Practices. *International Journal for the Scholarship of Teaching and Learning. 3.2.* http://www.georgiasouthern.edu/ijsotl.

SIMEON, J. C. (2014): *Language Learning Strategies: An Action Research Study from a Sociocultural Perspective of Practices in Secondary School English Classes in the Seychelles.* Victoria University of Wellington.

STAGG, A./LANE, M. (2010): Using clickers to support information literacy skills development and instruction in first-year business students. *Journal of Information Technology Education 9,* 197–215.

STOWELL, J. R. (2015): Use of clickers vs. mobile devices for classroom polling. *Computers & Education, 82* 329-334. doi:10.1016/j.compedu.2014.12.008.

STRANFORD, S. A./OWEN, J. A./MERCER, F./POLLOCK, R. R. (2020): Active Learning and Technology Approaches for Teaching Immunology to Undergraduate Students. *Frontiers in public health, 8,* 114. doi.org/10.3389/fpubh.2020.00114.

TREIBLMAIER, H./PUTZ, L.-M./LOWRY, P. B. (2018): Setting a definition, context, and research agenda for the gamification of non-gaming systems. *Association for Information Systems Transactions on Human-Computer Interaction, 10*(3), 129–163. doi:https://doi.org/10.17705/1thci.00107.

Acknowledgements

Many thanks are due to Professor Martin Wagner and Ms Anka Eckardt of the TU Chemnitz Mechanical Engineering Department for permitting us to use their clickers.

© Frank & Timme   Verlag für wissenschaftliche Literatur

ELISABETH VERGEINER

Vokabel-Vlog: Best Practice aus dem Unterricht

1 Vokabel-Vlog im Fachsprachenunterricht

Der Beitrag skizziert ein asynchrones Unterrichtsprojekt, welches im Sommersemester 2019 im Rahmen des Kurses Wirtschaftsdeutsch 4 an der Philosoph Konstantin Universität Nitra in der Slowakei durchgeführt wurde. Zielgruppe dieses Projekts waren Studierende im zweiten Studienjahr des Studienganges Wirtschaftsdeutsch, welcher im Bachelorstudium angeboten wird. Hierfür wurde ein Vokabel-Vlog konzipiert, der im Beitrag vorgestellt wird.

Das Sprachniveau der Studierenden ist sehr heterogen, d. h. in den Kursen verfügen die Studierenden über unterschiedliche Sprachniveaus, die von B1 bis C1 (nach GER) reichen. Durch diese Heterogenität ist es gerade in den Kursen zur Fachsprache schwieriger, dass die Studierenden in Kommunikation miteinander oder mit der Lehrperson treten. Die unterschiedlichen Niveaustufen sowie kommunikative Kompetenzen der Studierenden bewirken, dass einige sich gehemmt fühlen, mit der Lehrperson oder frei im Kurs zu sprechen. Um ihnen diese Furcht vor dem freien Sprechen zu nehmen, wurde ein asynchrones Unterrichtsprojekt für diesen Fachsprachenkurs angedacht. Asynchron bedeutet für dieses Vorhaben, dass die Studierenden wöchentlich die Projektaufgaben offline oder mit digitalen Werkzeugen im eigenen Tempo zuhause erarbeiten und diese dann online auf einer Plattform bereitgestellt werden. Im Mittelpunkt steht folglich die Vergrößerung des Wortschatzes, die Festigung der kommunikativen Kompetenz, also insbesondere der Fertigkeit Sprechen, und als übergeordnete Kompetenzen das Hör-Seh-Verstehen sowie die Medienkompetenz.

Im Fachsprachenunterricht liegt der Fokus neben inhaltlichen Themen auch auf der Vergrößerung der Sprachkompetenzen. Vorrangig werden die produktiven Fertigkeiten Sprechen und Schreiben in den Lehrwerken oft durch Dialoge, z.B. am Telefon, zu Produktpräsentationen sowie in Vorträgen und durch E-Mail-Korrespondenz geübt. Rezeptive Fähigkeiten, wie Hören oder das Hör-Seh-Verstehen, werden fast zweitrangig und vorwiegend anhand von Hörbeispielen von Telefongesprächen oder Firmenvorstellungen in Videoform behandelt. Aber gerade für eine erfolgreiche Geschäftskommunikation sind die oben genannten Kompetenzen in der Wirtschaftspraxis unerlässlich und müssen differenziert im Unterricht gefördert werden. Hinzu kommt überfachlich gesehen auch die Medienkompetenz, welche in Zeiten der Digitalisierung immer wichtiger wird und als zentraler Punkt der Medienbildung zu verstehen ist.

2   Aufnahme von kurzen Vokabelvideos

In der Ausbildung sollen für die Dauer eines Semesters Vokabelvideos zu den insgesamt 10 Einheiten aufgenommen werden. Nach jeder Kurseinheit sollen drei kurze Videos von den Studierenden erstellt werden, in denen sie drei Vokabeln aus der Einheit erklären, ohne aber das gemeinte Wort zu nennen.

Das Video sollte circa 30 Sekunden bis maximal eine Minute lang sein und kann mit dem Handy aufgenommen werden. Zusätzlich dazu soll noch ein Video mit der richtigen Lösung erstellt werden. Bei Bedarf kann das Video mit der App ,*AndroVid*' bearbeitet werden. Als Alternative kann man am Computer mit dem Online-Werkzeug ,*screencast-o-matic*' die Videos erstellen.

3   Vokabel-Vlog

Die fertigen Vokabelvideos werden auf einer digitalen Pinnwand gepostet. Das Online-Werkzeug ,*Linoit*' wurde hierfür verwendet. Die Videos sollten nach Datum auf der digitalen Pinnwand gruppiert werden und die Studierenden sollen ihre Posts mit ihrem Namen und kurzer Einleitung versehen.

Wenn das Video zu groß ist oder ein anderes Datenformat hat (,*Linoit*' hat ein Datenlimit beim Hochladen sowie akzeptiert nicht alle Datenformate) kann die Größe und das Format mit dem ,*VLC-Media-Player*' komprimiert und verändert werden.

Alle Vokabelvideos sollen von den Studierenden angesehen und das gesuchte Worte erraten werden. Diese Antworten sollen in Notizblättchen, auf ,*Linoit*' werden sie ,*Sticky Posts*' genannt, kommentiert werden. Die Auflösung bzw. das gesuchte Worte soll eine Woche später wieder als Video gepostet werden.

Auf ‚Linoit' sollte man bei der Erstellung der Pinnwand noch auf die Privatsphäreeinstellungen achten. Wichtig dabei ist, dass die digitale Pinnwand nicht öffentlich gelistet ist und nur Personen, die über den Link verfügen darauf zugreifen können.

4 Bewertung

Zusätzlich zur digitalen Pinnwand ist es hilfreich, wenn die Aufgabenstellung allgemein in einem Abgabeordner auf einer Lernplattform gepostet wird, wo die Studierenden ihre Abgaben dokumentieren sollen. Je nach Lernplattform kann es sein, dass größere Videos bzw. verschiedene Videoformate nicht hochladbar sind, z.B. ist es auf der im Projekt verwendeten Plattform ‚Edmodo' nicht möglich, größere Videodateien hochzuladen. Daher bieten sich hier zwei Möglichkeiten für die Abgaben auf einer Lernplattform an:

a. Es können Screenshots der geposteten Videos und Lösungsvideos von der digitalen Pinnwand gemacht werden und diese in den Abgabeordner geladen werden.
b. Die Videos werden komprimiert und direkt in die Aufgabe geladen.

Für die Dokumentation der Antworten können ebenfalls Screenshots verwendet werden, welche hochgeladen werden können. Für jede Einheit erhalten die Studierenden bei Abgabe von Vokabelvideos, Auflösungen und Antwort auf andere Vlogs 5 Punkte (1 Punkt pro Video = 3 Punkte, 2 Punkte für das Lösungsvideo und Antwort). Insgesamt sollen zehn Einheiten als Vlog auf ‚Linoit' gepostet werden. Diese Punkte tragen dann als eigene Note zur Gesamtnote bei.

5 Fazit

Für die Studierenden war es zu Beginn eine große Herausforderung, Videos von sich zu erstellen. Man bemerkte, dass sich einige mit kurzen Texten vorbereitet oder ihre Videos geschnitten haben. Dies änderte sich aber nach den ersten Wochen, da der Zeitaufwand größer wurde und dadurch die intendierte Idee des spontanen Sprechens nach einiger Zeit zum Tragen kam.

Man beobachtete, dass die Studierenden immer effizienter und professioneller, also medienkompetenter, im Umgang mit den digitalen Werkzeugen wurden. Ferner wurden die gesuchten Vokabeln auch immer präziser erklärt, sodass die anderen Studierenden mit ihren Antworten meist richtig lagen.

Als Lehrperson stellte man fest, dass die Studierenden durch die Vlogs ihre Scheu vor spontanem Sprechen ablegten und auch in der Lage waren, komplexe Wörter zu umschreiben, wenn diese in ihrem Wortschatz noch fehlten.

Im Unterricht registrierte man eine Veränderung der Kommunikation in Bezug auf interaktive Übungen und der Anwendung bzw. Vergrößerung des Fachwortschatzes. Das Kursgeschehen wurde nicht mehr allein von einigen Studierenden dominiert, sondern alle beteiligten sich z. B. rege an Diskussionen oder Gruppenarbeiten. D. h. die Studierenden wurden mittels des asynchronen Unterrichtsprojekts befähigt, spontan auf Sprechanlässe kompetent zu reagieren. Außerdem wurden die Studierenden in ihrer kommunikativen Kompetenz sicherer auch im Hinblick auf die Verteidigung der Bachelorarbeit, wo man u. a. bedeutende Begriffe der Arbeit beschreiben soll, war diese Entwicklung ein wichtiger Schritt.

Zusammenfassend kann gesagt werden, dass dieses Unterrichtsprojekt eine Alternative zum traditionellen Vokabelheft ist und es nicht nur für den Fachsprachenunterricht, sondern auch für den allgemeinen Fremdsprachenunterricht anwendbar sein kann, um die Lerner*innen in ihren Fertigkeiten in der Fremdsprache zu fördern sowie ihre Kompetenzen, z. B. im Hinblick auf Medienbildung, zu erweitern.

6 Glossar

6.1 Blog

Blog oder auch Weblog ist ein im Internet geführtes Journal oder Tagebuch, in dem Aufzeichnungen, Erfahrungen oder Gedanken festgehalten werden. Blog[gen] kann auch als Verb verwendet werden (Christensson 2006).

6.2   Digitales Werkzeug

Digitale Werkzeuge sind Programme oder Anwendungen, die auf dem Computer oder als App auf dem Smartphone bzw. Tablet verwendet werden können. Webbasierte Werkzeuge können von jedem Gerät aus angewendet werden, setzen allerdings eine Internetverbindung voraus. Diese ‚Tools' unterstützen Menschen in ihrer Arbeit und im Alltag (Narr 2016: 2 und 4).

6.3   Medienbildung

Medienbildung ist eine Form von Persönlichkeitsbildung, die durch Medien mittels eines Vermittlungsprozesses von Welt und Selbst entsteht. Dabei stehen kreatives und kritischen Denken sowie Handeln im Vordergrund (Bundesministerium für Bildung, Wissenschaft und Forschung 2018).

6.4   Medienkompetenz

„Medienkompetenz ist die Fähigkeit, die Medien zu nutzen, die verschiedenen Aspekte der Medien und Medieninhalte zu verstehen und kritisch zu bewerten sowie selbst in vielfältigen Kontexten zu kommunizieren." (Bundesministerium für Bildung, Wissenschaft und Forschung 2018)

Sie wird als Schlüsselkompetenz verstanden, um das Internet und digitale Medien medienkompetent zu nutzen. Ferner wird sie für die kritischen Bewertung von Inhalten und Informationen sowie zur Kommunikation in allen Medien benötigt (ebd.).

6.5   Vlog

Vlog steht für Video Blog und ist ein Blog, welcher Videos beinhaltet (Christensson 2011).

7   Links und Literatur

7.1   Links zu den verwendeten Online-Werkzeugen für den Vlog

AndroVid-Video-Editor, Video-Maker, Foto-Editor: https://play.google.com/store/apps/details?id=com.androvid&hl=de_AT&gl=US (letzter Zugriff: 13.11.2020).

Digitale Pinnwand: https://en.linoit.com/ (letzter Zugriff: 03.11.2020).
Lernplattform: https://new.edmodo.com/ (letzter Zugriff: 09.11.2020).
Bildschirmaufnahme: https://screencast-o-matic.com/ (letzter Zugriff: 27.11.2020)
VLC-Media-Player: https://www.videolan.org/vlc/index.de.html (letzter Zugriff: 13.11.2020).

7.2 Literatur

Bundesministerium für Bildung, Wissenschaft und Forschung (2018), „Medienkompetenzen". In: https://www.bmbwf.gv.at/Themen/schule/schulpraxis/uek/medien.html (letzter Zugriff: 16.11.2020).

CHRISTENSSON, PER (2006): „Blog Definition". In: https://techterms.com (letzter Zugriff: 10.11.2020).

CHRISTENSSON, PER (2011): „Vlog Definition". In: https://techterms.com (letzter Zugriff: 11.11.2020).

NARR, KRISTIN (2006): Digitale Werkzeuge. In: www.die-bonn.de/wb/2016-digitale-werkzeuge-01.pdf (letzter Zugriff: 06.11.2020)

REGIONAL

DOROTHEA SPANIEL-WEISE

Einstellungen von Schüler(innen) zur Mehrsprachigkeit im deutsch-tschechischen Grenzraum

1 Einleitung

Der vorliegende Beitrag widmet sich der Frage, wie die Ausbildung mehrsprachiger Kompetenzen bei Bewohner*innen von Grenzregionen der deutschsprachigen Länder erfolgen kann. Im sächsischen Grenzraum existieren bereits seit langem schulische Fremdsprachenangebote zum Erlernen der Nachbarsprachen Tschechisch und Polnisch, um Grenzen nicht als Trennlinien, sondern Grenz- als Kulturräume zu „er-leben". Der Beitrag illustriert daher zum einen die Sprachsituation des Gebietes, in dem das grenzüberschreitende Projekt *ProFit im Beruf – ProFit v profesi* angesiedelt ist. Zum anderen wird eine Verbindung zu Lernen von Nachbarsprachen mit Berufsperspektiven hergestellt. Dazu werden die Ergebnisse der Befragung von Absolvent*innen des bilingual-binationalen Bildungsganges in Pirna zu Einstellungen der Schüler*innen zu ihrer Mehrsprachigkeit als Teil europäischer Kompetenz vorgestellt.

2 Grenzregionen als Wirtschafts-, Sprach- und Begegnungsraum

Grenzregionen fungieren als „Mikrokosmos europäischer Integrationsprozesse" (Opiłowska/Roose 2015). Daher wurde dem Erfahrungsraum ‚Grenze' in den letzten 30 Jahren nicht nur politisch, sondern auch von Seiten der Forschung erhöhte Aufmerksamkeit zuteil. Geschichts- und Politikwissenschaft beschreiben die mit dem Auflösen nationalstaatlicher Grenzen verbundenen Transnationalisierungsprozesse und ihre Bedeutung für die Akteure auf supra- und subnationaler Ebene. Für den Fremdsprachenunterricht sind soziologisch-ethnographische Arbeiten von Interesse, die sich auf die Wahrnehmung von Grenze und damit verbundene regionale Identitätskonstruktionen konzentrieren. Dabei wird – im Gegensatz zu sozioökonomischen Studien – die „grenzüberschreitende Interaktion der benachbarten Grenzräume und ihrer *Bewohner*" (Schmitt-Egner 1998: 32) in den Mittelpunkt gestellt, um zu klären, „von welchen Interessen diese gesteuert werden". Grenzräume werden – je nach historischen, sozialen, wirtschaftlichen und politischen Bedingungen – ambivalent als Chance, aber auch als Risiko aufgefasst und sind in hohem Maße von subjektiven, häufig medial vermittelten sekundären Wahrnehmungen abhängig.

Albert Raasch, der sich in Europa vor allem im deutsch-französischen Grenzraum (vgl. u.a. Busch et al. 2019) um die Entwicklung einer eigenständigen Didaktik der Grenzregionen (vgl. Raasch 2008) verdient gemacht hat, betont in diesem Zusammenhang die Bedeutung von Sprachkenntnissen. Die „Fähigkeit, unter den spezifischen Bedingungen der Grenznähe zu leben und zu arbeiten" und sich damit sicher in grenzüberschreitenden Räumen bewegen zu können, stellt „Grenzkompetenz" (vgl. Raasch 2019: 469) eine Fähigkeit dar, die durch Kenntnisse in der jeweiligen Nachbarsprache positiv bedingt wird. Allerdings kommen verschiedene Studien zu einem differenzierteren Ergebnis, wenn es heißt: „It is often assumed that border areas are ideal spaces to create openness and a transnational, cosmopolitan identity. However, this is not always the case." (Opiłowska 2015: 43).

Anders als jedoch in den zweisprachigen Gebieten des Oberrheins und des Saarlands waren die östlichen Grenzgebiete Deutschlands nach Ende des Zweiten Weltkriegs nur von geringer Stabilität und Durchlässigkeit geprägt (vgl. Schiffauer et al. 2018). Dabei kann die sich an den natürlichen, den Barrieren wie dem Kamm des Erzgebirges und des Zittauer Gebirges orientierte deutsch-tschechische Grenze im Gegensatz zur heutigen deutsch-polnischen Grenze als eine ‚alte Grenze' bezeichnet werden. Über Jahrhunderte stellte sie und ihr Überqueren für ihre Bewohner*innen eine „Alltagsroutine" (Lozoviuk 2012: 49) dar.

2.1 Grenzregionen als Wirtschaftsraum

Die mit dem hohen Industrialisierungsgrad einsetzende innerböhmische Migrationsbewegung im 19. Jahrhundert führte zu territorialer Zweisprachigkeit im deutsch-tschechischen Grenzraum. Erst ethnisch-nationale Identitätszuschreibungen zu Beginn des 20. Jahrhunderts, die ihren Höhepunkt in der Annexion des Sudetenlandes 1938 durch das nationalsozialistische Deutschland fanden und nach 1945 zur Aussiedlung der deutschsprachigen Bevölkerung führte, hatte eine geringe Identifikation der Bewohner*innen auf beiden Seiten der Grenze zur Folge. Grenzüberschreitende Kontakte, die zwischen DDR-Bürger*innen und Bürger*innen der Tschechoslowakei von Einkauf und Tourismus geprägt waren, stagnierten nach 1990 aufgrund der plötzlichen EU-Außengrenze und führten zu einem starken „Wirtschafts- und Wohlstandsgefälle" (Krämer 1997: 72). Hinzu kam die Wahrnehmung Nordböhmens „als Region mit ökologischen Schwierigkeiten, sozialer Instabilität, relativ hoher Arbeitslosigkeit und (…) Rückgang der Prosperität" (Lozoviuk 2012: 157). Gerade die durch die Grenzöffnung verstärkte Anwesenheit von deutschen Tagesbesuchern wurde für überhöhte Preise verantwortlich gemacht (vgl. ebd. 166) und etablierte in der Wahrnehmung der Bevölkerung das „Grenzland als Konsumregion" (ebd. 223). Die sprachlichen Kontakte blieben dabei von Einseitigkeit gekennzeichnet. Während sich 32% der tschechischen Bevölkerung im Grenzgebiet 2002 auf Deutsch verständigen konnte, waren Deutsche fast ausschließlich auf Dolmetscher und Übersetzer angewiesen (vgl. Konrad 2003).

Damit wies trotz jahrhundertelangen Austauschs das deutsch-tschechische Grenzgebiet alle Merkmale einer strukturschwachen Region auf (Troeger-Weiß 1996: 117):

- Rückgang der Bevölkerung,
- Überalterung der Bevölkerung,
- geringe Zahl an Existenzgründungen,
- ungünstige infrastrukturelle Entwicklung und
- negative Fremd- und Selbstimages.

Das asymmetrische Verhältnis grenzüberschreitender Kontakte nach 1990 lässt sich anhand der Bevölkerungsstruktur, der Arbeitslosenquote und des Lohngefälles der 1993 auf dem Gebiet des historischen Egerlandes gebildeten Euregio Egrensis nachzeichnen. Pendlerströme aus dem thüringisch-sächsischen Gebiet nach Bayern wurden dabei durch Pendler*innen aus der Tschechischen Republik in die deutschen Gebiete mit ungünstiger Altersstruktur ausgeglichen (vgl. Krauß/Zängle 1995: 11, 6). Daher lag die Arbeitslosigkeit in

Westböhmen zwischen 1–5%, während sie im sächsischen Vogtland 13–17% betrug (ebd., 7f.).

Ein ähnliches Bild zeichnete sich im Dreiländereck in der Euroregion Neiße-Nisa-Nysa ab, in dem der deutsche Teil der Region aufgrund des industriellen Arbeitskräfteabbaus Einwohnerverluste von zwei Dritteln zwischen 1989 bis 1999 zu verzeichnen hatte. Die Arbeitslosenquote stieg im sächsischen Grenzraum zwischen 1989 und 1999 auf 20%, während sie auf tschechischer Seite bei 7% lag (Kowalke 2002: 133).

Der Bevölkerungsrückgang wurde noch 2011 im deutschen Gebiet der Euroregion am stärksten mit minus 19% ausgewiesen, während im tschechischen Teil ein Bevölkerungszuwachs von 3% verzeichnet wurde (Statistisches Landesamt des Freistaates Sachsen 2011: 11). Zudem wohnen auf polnischer und tschechischer Seite trotz geringerer Zahl von Großstädten mehr Menschen im erwerbsfähigen Alter (vgl. Jurczek 2002: 3). Im Jahr 2014 haben sich die Arbeitslosenquoten angeglichen, aber das Prokopf-Einkommen lag in Deutschland 2013 noch immer dreimal höher als in Polen und zweieinhalbmal so hoch wie das Durchschnittseinkommen in der Tschechischen Republik (vgl. Jásków 2015: 188). Ein ähnlich starkes Gefälle wird innerhalb der EU nur an der griechisch-bulgarischen Grenze festgestellt (Roose/Opiłowska 2015: 10).

Studien, die zur Bewertung von Grenzregionen durch ihre Bewohner*innen durchgeführt wurden, belegen, dass sich die Beziehungen nach dem EU-Beitritt Polens und der Tschechischen Republik 2004 normalisierten (vgl. Zielińska 2015). Befürchtungen vieler Deutscher vor einer sprunghaft ansteigenden Arbeitsmigration polnischer und tschechischer Bürger*innen bzw. eine Arbeitsplatzverlagerung in die östlichen Mitgliedsstaaten der EU erwiesen sich als unbegründet bzw. wurde die Arbeitnehmerfreizügigkeit für Bürger*innen der EU-Beitrittsländer für Deutschland und Österreich bis 2011 stark beschränkt. Ein stetiger Anstieg von tschechischen Grenzpendlern nach Sachsen ist erst 2015 nach Einführung eines gesetzlichen Mindestlohnes zu verzeichnen (vgl. Sujata/With/Zillmann 2020). Dabei sind tschechische Arbeitnehmer*innen vor allem im verarbeitenden und Gaststättengewerbe sowie dem Gesundheitswesen tätig, was den mit 37% – im Vergleich zu polnischen Pendler*innen – höheren Anteil an Pendlerinnen aus Tschechien erklärt (ebd. 10). Dabei erfolgt das Pendeln größtenteils in die grenznahen Kreise Sächsische Schweiz-Osterzgebirge, Erzgebirgskreis und Vogtlandkreis und weniger in die Großstädte Dresden oder Leipzig (ebd.). Die Pendlersituation gilt als

Beleg für den Bedarf an ausländischen Arbeitnehmer*innen in ostdeutschen Bundesländern.

2.2   Grenzraum als Sprach- und Kulturraum

Europäische Strukturprogramme wie EFRE, INTERREG und PHARE lösten in den 1990er Jahren vor allem infrastrukturelle Probleme der Grenzregionen und ermöglichten aufgrund des hohen Engagements euroregionaler Akteur*innen eine Vielzahl von grenzüberschreitenden Projekten aus den Bereichen Wirtschaft, Tourismus, Kultur, Sport, Soziales und Umwelt, die erfolgreich Kontakte zwischen Menschen in den Grenzregionen herstellten und eine „neu erfundene Tradition der Mehrsprachigkeit hervorgebracht hat" (vgl. Hufeisen et al. 2018: 12).

Die Anerkennung des Weltkulturerbetitels für die Montanregion Erzgebirges/Krusnohorí im Jahr 2019, die maßgeblich von regionalen Akteur*innen getragen wurde, kann als Beleg für Bemühungen um einen stärkeren sozialen und kulturellen Austausch gewertet werden. Sport-, Freizeit- und Kulturangebote werden von Bürger*innen dies- und jenseits der Grenze genutzt, Kinder besuchen deutsche Schulen und z.T. ist es leichter auf der jeweils anderen Seite der Grenze eine Wohnung oder Arbeitsstelle zu finden. Zudem hat die Zahl der binationalen Eheschließungen zugenommen (Mikrozensus Statistisches Bundesamt 2018).

Den Bestand grenzüberschreitender Programme garantiert der institutionelle Rückhalt durch bilaterale Verträge, die u. a. die Förderung der jeweiligen Nachbarsprache und -kultur explizit aufnehmen, wie beispielsweise Artikel 22 des Vertrags über gute Nachbarschaft und freundschaftliche Zusammenarbeit mit der ČSFR 1992 betont. In Artikel 25 werden der „breite Zugang zu Sprache und Kultur des anderen Landes" für alle interessierten Personen, eine Erweiterung der Sprachkursangebote an allen Bildungseinrichtungen des Landes, die Ausbildung von Lehrkräften für die Sprachen und das Entwickeln von Lehrmaterialien explizit aufgeführt. Zudem werden Kooperationsverträge zwischen dem Freistaat Sachsen und den Nachbarländern abgeschlossen, die Bildungsprojekte unterstützen, wie das Projekt *ProFit* (vgl. Hartinger und Neumannová/Vlčková in diesem Band) zeigt, das durch EFRE im Fördergebiet finanziert wird (vgl. Abb. 1).

Abb. 1: Fördergebiete für grenzübergreifende Zusammenarbeit zwischen dem Freistaat Sachsen und der Tschechischen Republik (2014–2020, bis 2027 verlängert), Sächsische Aufbaubank 2020.

Als wichtigste Herausforderung für die jüngere Generation ist die gegenseitige Sprachkenntnis anzusehen, da es keine systematische Ausbildung von Kulturmittler*innen für die Nachbarsprachen Polnisch und Tschechisch in der DDR gab (vgl. Hildebrandt 2012: 119) und sich die Initiierung von Kinder- und Jugendaustauschprogrammen „nur an einen schmalen Personenkreis" richtete (ebd., 118). Aus dieser Erfahrung heraus waren es nach 1990 hauptsächlich Lehrer*innen- oder Elterninitiativen, die zur Einführung von Tschechischlernangeboten an sächsischen Schulen führten. Neben dem in Kapitel 4 skizzierten gymnasialen Bildungsgang sei als Beispiel auf den grenzüberschreitenden Schulverbund der freien Schkola-Schulen mit Zielsetzung grenzregionaler Identitätsförderung[1] verwiesen. Bereits 1999 wurde vom Sächsischen Staatsministerium für Kultus der Schulversuch „Grenzenlose Schule" an der Freien Grundschule Hartau genehmigt (ebd.). Aktuell ist das Lernen von der

....

1   Vgl. Gründungsurkunde (2007) unter: http://schkola.de/die-schkola/schkola-schulverbund/ – zuletzt 22.11.2020.

Kita bis zum Abitur möglich und auch berufsbildende Schulen gehören zum Schulverbund. Im Jahr 2016 legte der erste Jahrgang der Schkola-Schulen sein Abitur ab.

Im Gegensatz zu Bayern lagen für das Erlernen der Nachbarsprachen Tschechisch und Polnisch bereits frühzeitig sowohl Lehrpläne (Jobst 2005) als auch Lehrmaterialien (Podrápská/Čeřovská 2011) in Sachsen vor. Neben dem Saarland war Sachsen im Schuljahr 1992/93 das einzige Bundesland, das frühes Fremdsprachenlernen verbindlich an allen Grundschulen in sieben Sprachen, darunter die Nachbarsprachen Polnisch und Tschechisch, einführte. Der Begegnungssprachenunterricht wurde durch ein Fortbildungskonzept begleitet und evaluiert (vgl. Reichel/Sandfuchs/Voss 1997). Ab 1998 wurden an ausgewählten Standorten Englisch und Französisch sowie die Nachbarsprachen Tschechisch, Polnisch und Sorbisch in einem Intensivprogramm unterrichtet (vgl. Reichel-Wehnert 2009: 14). Ziel war es, für Kinder die Möglichkeit zu schaffen, „auf ganz selbstverständliche Art und Weise die Sprache, Kultur und Lebensweise ihrer Nachbarn im Alltag kennen [zu] lernen" und „in der tatsächlichen Begegnung mit Menschen" Sprachen zu erlernen (SMK 2010: 2). Die wissenschaftliche Begleitung des Modellprojekts ‚Frühes Intensives Fremdsprachenlernen' führte zu einem „Professionalisierungsschub" der Lehrkräfte, wie in der „Dresden-Studie" (Kubanek-German 2003: 7) ausgewiesen wird.

Die dauerhafte Verankerung der Nachbarsprachen als durchgängiges Bildungsangebot wird am Übergang von der Kindertagesstätte in die Grundschule durch die 2014 eingerichtete Landesstelle für frühe nachbarsprachliche Bildung (LaNa) unterstützt (vgl. Gellrich 2015: 177). Ihrer Arbeit liegen umfangreiche Bestandsaufnahmen und Handlungsempfehlungen für das Nachbarsprachenlernen in der Grenzregion zugrunde (u. a. Bernhardt/Gellrich/Winkler 2014). Die Weiterführung diversifizierter Sprachangebote der Nachbarsprachen im Sekundarschulbereich gestaltet sich hingegen weiter schwierig, da ein „Übergang an ein Gymnasium mit bilingualem Bildungsgang" statt schulartenübergreifender Angebote favorisiert wird (vgl. Reichel-Wehnert 2009: 17). Dabei verfügt gerade die duale berufliche Ausbildung in Deutschland über ein hohes Ansehen (Rehlinger 2019: 177) und bietet sowohl Auszubildenden als auch ausbildenden Betrieben Perspektiven grenzüberschreitender Zusammenarbeit, wenn Modelle gefunden werden, in denen Schul- und Betriebsstandort auf beiden Seiten der Grenze liegen, wie aus dem deutsch-französischen Grenzraum belegt ist (Dorka/Frisch 2018). In dieser Hinsicht bleibt der Ausbau des Nachbarsprachenunterrichts an Oberschulen und Berufsschulen weiterhin wünschenswert.

3   Grenzregion als Bildungsraum

Initiativen im Bildungsbereich haben eine besondere Strahlkraft, denn das Nachbarland ist als Arbeits- und Studienort interessant, um sich sowohl fachlich als auch sprachlich zu qualifizieren. Dies zeigt u. a. die Initiierung des trinationalen Masterstudienganges Regionale und Europäische Projektentwicklung an der Westsächsischen Hochschule Zwickau[2].

Im Schulkontext erhöht die schnelle Erreichbarkeit des Nachbarlandes und die damit verbundene erhöhte Kontaktmöglichkeit zu Muttersprachler*innen nicht nur die Motivation zum Sprachenlernen, sondern erleichtert auch die Durchführung von Austauschprogrammen. Schülerbegegnungen in grenzüberschreitenden Projekten werden durch EU-Programme gefördert und von Trägerorganisationen durchgeführt. Eine systematische Beschreibung dieser Programme für den deutsch-tschechischen Sprachkontakt steht zwar noch aus (vgl. Šichová 2013), aber Sprachoffensiven in der Euregio Egrensis werden seit 1997 durch das Zentrum für deutsch-tschechischen Jugendaustausch TANDEM koordiniert.

Die häufig angewendete Methode der Sprachanimation versteht sich dabei als Einstieg, Barrieren zum Erlernen der Nachbarsprache zu überwinden und nach relativ kurzer Zeit durch die Befähigung zur Sprechfertigkeit bei Eltern und Kindern Motivation zum Tschechischlernen zu schaffen. Sprachanimationsprojekte wie „Familie Čermák unterwegs" oder „Von klein auf – Odmalička" wurden in Sachsen, Thüringen und Bayern durchgeführt.

Das Projekt „Nachbarwelten" wurde 2016–2019 im Rahmen des bereits erwähnten Kooperationsprogrammes zwischen dem Freistaat Sachsen und der Tschechischen Republik evaluiert (vgl. TANDEM 2018).

Für den Ausbau grenzüberschreitender Netzwerke zwischen berufsbildenden Einrichtungen, Firmen und Behörden sei auf die vielfältigen Projekte des

----

2   Vgl.   https://www.fh-zwickau.de/studium/studieninteressenten/studienangebot/regionale-und-europaeische-projektentwicklung-trinationaler-master/.

Bildungsnetzwerkes PONTES in der Euroregion Neiße-Nisa-Nysa (vgl. Gellrich 2010) verwiesen. Die dortige Entwicklung des Euregio-Kompetenz-Zertifikates KOMPETENT hoch 4 greift in den Bestandteilen Sprachbildung und Austauscherfahrung die Stufen des Referenzrahmens für Europakompetenz auf (Oonk/Maslowski 2011), erweitert diese jedoch mit Blick auf das Lebenslange Lernen um berufliche Kompetenzen, da die Zielgruppe nicht nur Schüler*innen und Auszubildende, sondern auch Berufstätige sind. Leider wurde die Zertifizierung 2016 eingestellt.

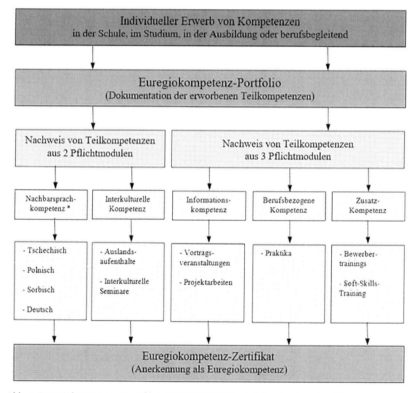

Abb. 2: Euregiokompetenz-Zertifikat KOMPETENT hoch 4, Pontes-Agentur 2016.

Der transparente Nachweis nachbarsprachlicher Kompetenzen (vgl. Übersicht in Abb. 2) leistet einen Beitrag zur Verbesserung der Bildungsqualität in Grenzregionen, da Arbeitnehmer*innen gebraucht werden, die sich im Laufe ihrer beruflichen Sozialisation neue Qualifikationen aneignen und diese grenzüberschreitend einsetzen. Eine Koordinierungsstelle, die u.a. Berufspraktika auf beiden Seiten der Grenze vermittelt, ist für den sächsisch-böhmisch-schlesischen Grenzraum wichtig und an Hochschulstandorten der Grenzregion zu verankern (vgl. Jurczek 2008).

Der Blick auf die tschechische Seite der Grenzregion zeigt wiederum, dass der Förderung des Tschechischen in Sachsen in den letzten Jahren der Rückgang von Angeboten für Deutsch als frühbeginnende Fremdsprache an Grundschulen in Grenzgebieten entgegen stand (vgl. Dovalil 2017). Erst seit 2020 werden wieder steigende Deutschlernerzahlen verzeichnet (Auswärtiges Amt 2020[3]). 350558 Schüler*innen lernten im Schuljahr 2019–2020 Deutsch (ebd.), wobei nach der Bildungsreform 2013–14 Deutsch nach Englisch als zweite obligatorische Fremdsprache am häufigsten gewählt wird. Im Einklang mit dem zentralen Rahmenbildungsplan[4] können einzelne Schulen Deutsch als erste Fremdsprache anbieten. Dies ist vorrangig in Prag, größeren Städten und den Grenzregionen[5] der Fall. Außerdem gibt es Gymnasien mit erweitertem Deutschunterricht, in denen Sachfächer bilingual unterrichtet werden (z.B. das Gymnázium F. X. Šaldy in Liberec). Die Ausbildung ähnelt dem Konzept des deutschlandweit einzigen bilingual-binationalen deutsch-tschechischen Bildungsganges am Friedrich-Schiller-Gymnasium Pirna, das im folgenden Kapitel vorgestellt werden soll.

4 Nachbarsprachenlernen am Friedrich-Schiller-Gymnasium Pirna

Das Friedrich-Schiller-Gymnasium Pirna gehört seit 1994 zu den sächsischen Gymnasien mit vertiefter Ausbildung zur Begabtenförderung. In dem einmaligen Bildungsangebot findet nicht nur bilinguales Lernen in der Nachbarsprache Tschechisch statt, sondern deutsche und tschechische Kinder bilden im sog. binationalen-bilingualen Bildungsgang (nachfolgend binat.-biling.

3   Datenerhebung 2020 Deutsch als Fremdsprache weltweit unter: https://www.goethe.de/de/spr/eng/dlz.html.

4   Überblick über bildungspolitische Dokumente der Tschechischen Regierung: https://www.msmt.cz/vzdelavani/skolstvi-v-cr/strategicke-a-koncepcni-dokumenty-cerven-2009.

5   Übersicht auf den Seiten des Goethe-Instituts Prag: https://www.goethe.de/ins/cz/de/spr/unt/kum/dfk/kus.html.

BG) gemeinsame Klassen. Dabei entscheidet nicht die Nationalität, sondern das Land, in dem der Grundschulabschluss erworben wurde, über die Einteilung der Gruppen. Eine Verwaltungsvereinbarung zwischen dem Kultusministerium des Freistaates Sachsen und dem tschechischen Bildungsministerium regelt die Zusammenarbeit, wobei in den Zielen ausdrücklich Bezug auf die europäische Integration und Völkerverständigung in der Grenzregion genommen wird. 1998 begannen die ersten jeweils 15 deutschen und tschechischen Schüler*innen ihre Ausbildung und legten 2004 Abiturprüfungen ab, die ihnen den Studienzugang an Hochschulen beider Länder ermöglichte.

Nach dem Schulkonzept findet der Unterricht ab Klasse 7 in den Fächern Informatik, Sport, Musik sowie seit 2019 Gemeinschaftskunde/Rechtserziehung/Wirtschaft auf Deutsch und Kunsterziehung gemeinsam auf Tschechisch statt. Das bilinguale Sachfach Geographie wird in nationalen Schülergruppen in der jeweiligen Nachbarsprache unterrichtet. Der Anteil des Gruppenunterrichts in der jeweiligen Erstsprache nimmt bis Klasse 10 kontinuierlich ab (vgl. Stundentafel[6]), auch wenn das Lernen in Kleingruppen eine intensive Betreuung garantiert. Mit dem Eintritt in die gymnasiale Oberstufe lernen die Schüler*innen in allen Fächern zusammen. Fester Bestandteil der Ausbildung im binat.-biling. BG ist das Absolvieren eines zweiwöchigen Berufspraktikums im Nachbarland. Dazu werden Kontakte zu tschechischen Institutionen in Bildung und Wirtschaft genutzt. Für die Schüler*innen, die den binat.-biling. Bildungsgang fortsetzen, ist die Wahl von drei Leistungskursen in der gymnasialen Oberstufe verpflichtend, wobei Tschechisch nach der Oberstufenreform 2017 Leistungskurs, aber kein obligatorisches Abiturprüfungsfach mehr ist. Von 1997–2020 haben insgesamt 374 Schüler*innen den Bildungsgang erfolgreich abgeschlossen.Zur Ausbildung euroregionaler Kompetenzen und eines regionalen Bewusstseins wurde 2008/2009 der Grundkurs „Deutsch-tschechische Beziehung in Geschichte und Gegenwart" eingeführt, der abwechselnd von einer deutschen und einer tschechischen Lehrkraft unterrichtet wird (vgl. Vrábelová/Steinert 2008). Seit 2007 erhalten Absolvent*innen des binat.-biling. BG bei Bewerbung das Zertifikat CertiLin-

---

6 Stundentafel auf der Seite des Friedrich-Schiller-Gymnasiums unter: https://www.schillergymnasium-pirna.de/downloads/Stundentafel_BINA-Klasse_5_bis_10_gltig_ab_Schuljahr_2019_2020.pdf.

gua, um ihre vielfältig erworbenen Handlungskompetenzen in interkulturellen Zusammenhängen zu dokumentieren (vgl. Rönneper 2013).

In Befragungen am Friedrich-Schiller-Gymnasium Pirna 2004 und 2011 wurden vergleichend zu Absolvent*innen des deutsch-polnischen Bildungszweiges am ebenfalls in Sachsen befindlichen Annen-Augustum-Gymnasium Görlitz die Einschätzung des Bildungsganges in Bezug auf das Mehrsprachigkeitskonzept und damit verbundene berufliche Perspektiven erfragt (vgl. Spaniel-Weise 2018). Dabei handelte es sich jeweils um Vollerhebungen der Jahrgänge (2004: N=68, 2011: N=62), da sowohl die Schüler*innen des binat.-biling. BG als auch die Regelschüler*innen befragt wurden. Die Stichprobe setzt sich wie folgt zusammen:

2004:
13 (6 männl., 7 weibl.) tschechische, **12** (3 männl., 9 weibl.) deutsche Schüler*innen des binat.-biling. BG sowie 39 Regelschüler*innen
2011:
16 (5 männl., 11 weibl.) tschechische, **12** (3 männl., 9 weibl.) deutsche Schüler*innen des binat.-biling. BG sowie 38 Regelschüler*innen

Die Antworten des in einem mehrstufigen Prozess der Schulbegleitung entwickelten Fragebogens wurden für die Auswertung inhaltsanalytisch zu vier Oberkategorien zusammengeführt: die Bewertung des bilingualen Lernens und des Lernens im binationalen Klassenverband, die Bewertung der Mehrsprachigkeits- und (euroregionalen) Europakompetenz. Im Folgenden werden die Ergebnisse mit Berufsbezug kurz skizziert.

Als Gründe für den Besuch des binat.-biling. Bildungsganges nennen die deutschen Schüler*innen in beiden Erhebungen an erster Stelle nachbarsprachliche Aspekte, während bei den Schüler*innen der tschechischen Gruppe das Argument der verbesserten Berufschancen dominiert, das zum Zeitpunkt der Schulwahl eher dem Wunsch der Eltern als eigenen Vorstellungen entspricht. Das Interesse an Fremdsprachen wurde in allen binat.-biling. Befragungsgruppen gestärkt und durch ausgewiesene Mehrsprachigkeitsprofile belegt (die Mehrheit der Schüler*innen lernten neben der Partnersprache und Englisch eine dritte oder sogar vierte Fremdsprache, i.d.R. Französisch).

Die Einschätzung des Werts von Fremdsprachenkenntnissen in Europa wird in mehreren Fragekomplexen erhoben und zeigt hohe Zustimmungsraten sowohl bei Schüler*innen des binat.-biling. Bildungsganges als auch bei den Regelschüler*innen. Dieses Ergebnis und weitere Aussagen der Regelschüler*innen in offenen Antworten legen Strahlungseffekte des binat.-biling. BG auf die Schule als Lern- und Begegnungsraum nahe. Dies zeigt sich ebenso darin, dass im Vergleich zu 2004 mehr Regelschüler*innen 2011 angeben, durch den Schulbesuch gut auf ‚Europa von morgen‘ vorbereitet zu sein. Gründe dafür seien Sprachkenntnisse und dass an der Schule „viel Wert auf Sprache und internationale Beziehungen" gelegt werde, man „viel über die EU und andere Länder" lerne und „tolerant gegenüber Menschen anderer Kulturen" sei (Antwortbeispiele der offenen Fragen).

Der Besuch des binat.-biling. BG verbessert nach Meinung der Mehrheit der Schüler*innen die Berufsaussichten, weil man Kompetenzen internationaler Zusammenarbeit („zeigt, dass ich offen für andere bin") bzw. bessere Sprachkenntnisse und Kompetenzen erworben habe, die sie von anderen Mitbewerber*innen unterschieden. Diese Ergebnisse entsprechen Erwerbstätigenstudien, die einen Anstieg der Verwendung von Sprachen im Beruf auch neben Englisch aufzeigen (vgl. Settelmeyer 2020: 251). Allerdings stimmen 2011 weniger Schüler*innen des binat.-biling. BG der Aussage zu, dass sich ihre Berufschancen aufgrund der Kenntnis der Nachbarsprache verbessere und es sprechen sich mehr Absolvent*innen der tschechischen Gruppe für Einsprachigkeitsmodelle (‚English only‘) in Europa als 2004 aus. Beide Gruppen sind gegenüber Mobilitätserfahrungen offen und können sich vorstellen, im Nachbarland oder einem anderen europäischen Land zu studieren, zu arbeiten oder zu leben.

5 Fazit

Maßnahmen zum Erwerb der Nachbarsprachen zur Vorbereitung auf eine globalisierte Berufs- und Lebenswelt, unabhängig vom Kommunikationspotential der einzelnen Sprachen (vgl. Ammon 2015: 71ff.), fördern die Anerkennung mehrsprachiger Kompetenzen in Grenzregionen als Normalfall. Dabei können die von unterschiedlichen Interessen geprägten Regionalisierungstendenzen in vielfältigen Projekten Anwendung finden (vgl. Scheffer 2011). Im schulischen Bereich sind solche Sprachlernangebote mit Begegnungssituationen zu verbinden, die zum einen Handlungskompetenzen in multikulturellen Gruppen als auch fachsprachliche Kompetenzen in der Nachbarsprache stärken. Dabei spielt aus Sicht der Schüler*innen eine multiperspektivische Thematisierung der nachbarschaftlichen Beziehungen neben rein kognitivem Faktenwissen über das Nachbarland eine wichtige Rolle zur Herausbildung euroregionaler Zugehörigkeiten. Diese kann möglicherweise der Abwanderung junger Menschen aus den östlichen Grenzregionen Deutschlands entgegen wirken und somit der Ausbildung von Multiplikator*innen für grenzüberschreitende Zusammenarbeit dienen. Schließlich demonstriert der dargestellte Bildungsgang den Erfolg diversifizierter Sprachlernbiographien und die gelungene Umsetzung von Nachbarsprachenmodellen in schulische Bildungskontexte.

6 Literatur

Ammon, Ulrich (2015): *Die Stellung der deutschen Sprache in der Welt*. Berlin: de Gruyter.

Bernhardt, Maren/Gellrich, Regina/Winkler, Sandra (Hg.): *Handlungsempfehlungen für die Entwicklung des Landkreises Görlitz*. Landratsamt Landkreis Görlitz, 2014. Download unter: https://www.nachbarsprachen-sachsen.eu/.

Busch, Matthias/Frisch, Julia/Wegner, Anke (Hg.): *Europa leben lernen*. Universität Trier, 2019. DOI: https://doi.org/10.25353/ubtr-xxxx-7d50-7bad.

Dorka, Sophia/Frisch, Julia (2019): „Interkulturelle Dimensionen transnationaler Ausbildungsprojekte". In: Lüsebrink, Hans-Jürgen/Rampeltshammer, Luitpold (Hg.): *Staat, Wirtschaft und Arbeitsbeziehungen in Frankreich und Deutschland*. Universaar: Saarbrücken, 183–204.

Dovalil, Vít (2017): „Deutsch in Tschechien als aktuelles bildungspolitisches Problem". In: Zhu, Jianhua/Zhao, Jin/Szurawitzki, Michael (Hg.): *Germanistik zwischen Tradition und Innovation Bd. 5*. Frankfurt a.M.: Lang, 93–98.

Gellrich, Regina (2010): „Chance Grenzregion. Förderung des Nachbarspracherwerbs in der Lernenden Region PONTES". In: Mehlhorn, Grit (Hg.): *Werbestrategien für Polnisch als Fremdsprache an deutschen Schulen*. Hildesheim: Olms, 75–87.

Gellrich, Regina (2015): „Frühe nachbarsprachliche Bildung in Sachsens Grenzregionen: Eine Bestandsaufnahme". In: *Kita aktuell* 9, 177–179.

Hildebrandt, Stefanie (2012): *Relevanz von Mehrsprachigkeit und interkultureller Kompetenzentwicklung in der deutsch-polnischen Grenzregion*. Universität Rostock. Dissertation.

Hochleitner, Thomas (2013): „Wellenbewegungen in einer ‚jungen' Sprachpartnerschaft". In: *Europäische Erziehung* 43, Heft 2 (November 2013), S. 14–16.

HUFEISEN, BRITTA/KNORR, DAGMAR/ROSENBERG, PETER/SCHROEDER, CHRISTOPH/ SOPATA, ALDONA/WICHERKIEWICZ, TOMASZ (Hg.) (2018): *Sprachbildung und Sprachkontakt im deutsch-polnischen Kontext.* Frankfurt a. M.: Lang.

JÁSKÓW, TOMASZ (2015): "The significance of educational projects in the process of social integration in the region of Saxony and Lower Silesia." In: OPIŁOWSKA, ELŻBIETA/ROOSE, JOCHEN (Hg.): *Microcosm of European Integration. The German-Polish-Border Regions in Transformation.* Baden-Baden: Nomos, 179–190.

JOBST, SOLVEJG (2005): Europäische Identifikation: Ein Vergleich der Lehrpläne in der Tschechischen Republik und im Freistaat Sachsen, In: MELZER, MARIELUISE/ EMMRICH, RICO/DIES. (Hg.): *Identifikation: Bedingungen, Prozesse, Effekte und forschungsmethodische Realisierung in verschiedenen Kontexten.* Leipzig: Universitätsverlag, 70–82.

JURCZEK, PETER (2002): „Euroregionen an der Grenze zu Polen und Tschechien". In: *Kommunal- und regionalwissenschaftliche Arbeiten online* (KrAo) 5, 11 Seiten.

JURCZEK, PETER (2008): „Hochschulkooperationen im deutsch-tschechischen Grenzgebiet". In: *Jahrbuch des Föderalismus* 2007, 549–564.

KONRAD, HOLGER (2003): „Entwurf einer ‚europäischen Sprachenordnung'". In: *Zeitschrift für Interkulturellen Fremdsprachenunterricht* 8, 2/3, 1–19.

KOWALKE, HARTMUT (2002): „Grenzüberschreitende Zusammenarbeit zwischen Ost und West – die neuen Euroregionen an der östlichen Außengrenze der EU: Das Beispiel der Euroregion Neiße – Nisa – Nysa". In: GU, XUEWU (Hg.): *Grenzüberschreitende Zusammenarbeit zwischen den Regionen in Europa.* Baden-Baden: Nomos, 123–141.

KRÄMER, RAIMUND (1997): *Grenzen der Europäischen Union.* Landeszentrale für politische Bildung. Brandenburg. Potsdam.

KRAUß, ALEXANDER/ZÄNGLE, MICHAEL (1995): Arbeitsmärkte in Sachsen, Böhmen und Bayern und ihre gegenseitige Beeinflussung im grenznahen Raum. In: Kommission für die Erforschung des sozialen und politischen Wandels in den neuen Bundesländern (Hg.): *2. Forschungs- und Förderphase 1993–1994.* Halle.

KUBANEK-GERMAN, ANGELIKA (2003): *Die Dresden-Studie.* Ausführlicher Forschungsbericht sowie weitere Teiluntersuchungen und ausgewählte Datenblätter. Braunschweig/Dresden.

LOZOVIUK, PETR (2012): *Grenzland als Lebenswelt. Grenzkonstruktionen, Grenzwahrnehmungen und Grenzdiskurse in sächsisch-tschechischer Perspektive.* Leipzig: Universitätsverlag.

OONK, HENK/MASLOWSKI, RALF (2011): „Internationalisation in Secondary Education: An introduction". In: DIES.; VAN DER WERF, GREETJE (Hg.): *Internationalisation in Secondary Education.* Charlotte: Age Publishing, 1–18.

OPIŁOWSKA, ELŻBIETA (2015): "The development of cross-border cooperation in Europe. The case of Germany and Poland". In: OPIŁOWSKA, ELŻBIETA/ROOSE, JOCHEN (Hg.): *Microcosm of European Integration.* Baden-Baden: Nomos, 32–48.

OPIŁOWSKA, ELŻBIETA/ROOSE, JOCHEN (Hg.) (2015): *Microcosm of European Integration. The German-Polish-Border Regions in Transformation.* Baden-Baden: Nomos.

PODRÁPSKÁ, KAMILA/ČEŘOVSKÁ, MARTINA (2011): „Früher Fremdsprachenunterricht an der Grenze". In: KLIEWER, ANNETTE/ČEŘOVSKÁ, MARTINA (Hg.): *Wider den Einheitsunterricht. Deutschlernen an der Grenze.* Liberec, 132–140.

RAASCH, ALBERT (2008): „Die Funktion sprachlicher und interkultureller Kompetenzen in einer Grenzregion. Beispiel: Saar-Lor-Lux". In: BLAHAK, BORIS/PIBER, CLEMENS (Hg.): *Deutsch als fachbezogene Fremdsprache in Grenzregionen.* Bratislava: EKONOM, 205–220.

RAASCH, ALBERT (2019): „Didaktik der Grenzregionen". In: FÄCKE, CHRISTIANE/ MEIßNER, FRANZ-JOSEPH (Hg.): *Handbuch Mehrsprachigkeits- und Mehrkulturalitätsdidaktik.* Tübingen: Narr, 469–473.

REHLINGER, ANKE (2019): „Die Großregion als Fachkräftepool Europas". In: LÜSEBRINK, HANS-JÜRGEN/RAMPELTSHAMMER, LUITPOLD (Hg.): *Staat, Wirtschaft und Arbeitsbeziehungen in Frankreich und Deutschland.* Universaar: Saarbrücken,167–182.

REICHEL, KATRIN/SANDFUCHS, UWE/VOSS, BERND (Hg.) (1997): *Fremde Sprachen in der Grundschule.* Bad Heilbrunn: Klinkhardt.

REICHEL-WEHNERT, KATRIN (2009): „Intensives Sprachenlernen – ein Angebot mit vielen Facetten". In. DIES./SCHULZ, DIETER (Hg.): *Intensives Sprachenlernen.* Ein sächsischer Weg europäischer Verantwortung. Leipzig: Universitätsverlag, 13–22.

RÖNNEPER, HENNY (2013): *Bilinguale Abschlüsse und Zertifikate.* In: HALLET, WOLFGANG/KÖNIGS, FRANK G. (Hg.): Handbuch Bilingualer Unterricht. Seelze: Kallmeyer, 110–117.

ROOSE, JOCHEN/OPIŁOWSKA, ELŻBIETA (2015): Introduction. In: OPIŁOWSKA, ELŻBIETA/ROOSE, JOCHEN (Hg.): *Microcosm of European Integration.* Baden-Baden: Nomos, 7–15.

SCHEFFER, JÖRG (2011²): „Vom ‚fernen Nachbarn' zur kulturellen Gemeinschaft". In: BARMEYER, CHRISTOPH/GENKOVA, PETIA/SCHEFFER, JÖRG (Hg.): *Interkulturelle Kommunikation und Kulturwissenschaft.* Stutz: Passau, 487–498.

SCHIFFAUER, WERNER/JOERDEN, JAN C./KOCII, JOCHEN/RECKWITH, ANDREAS/SCHOOR, KERSTIN (2018): Grenzen in Europa. Working Paper B/Orders in Motion Heft 1/18. Frankfurt (Oder).

SCHMITT-EGNER, PETER (1998): Grenzüberschreitende Zusammenarbeit in Europa als Gegenstand wissenschaftlicher Forschung und Strategie transnationaler Praxis. In: BRUNN, GERHARD/SCHMITT-EGNER, PETER (Hg.): *Die grenzüberschreitende Zusammenarbeit von Regionen in Europa als Feld der Integrationspolitik und Gegenstand der Forschung.* Baden-Baden: Nomos, 27–77.

SETTELMEYER, ANKE (2020): „Mehrsprachigkeit in beruflicher Ausbildung und im Beruf". In: GOGOLIN, INGRID/HANSEN, ANTJE/MCMONAGLE, SARAH/RAUCH, DOMINIQUE (Hg.): *Handbuch Mehrsprachigkeit und Bildung.* Springer: Wiesbaden, 251–258.

ŠICHOVÁ, KATEŘINA (2013): Tschechisch in Bayern – ein Forschungsfeld voller Perspektiven. In: Janíková, Věra; Seebauer, Renate (Hg.): *Education and Languages in Europe.* Münster: Lit, 225–236.

   © Frank & Timme   Verlag für wissenschaftliche Literatur

SMK – Sächsisches Staatsministerium für Kultus (Hg.) (2010): *Intensives Sprachenlernen – ein Angebot zum Fremdsprachenlernen in der Grundschule.* Aktualisierte Fassung.

SPANIEL-WEISE, DOROTHEA (2018): *Europäische Mehrsprachigkeit, bilinguales Lernen und Deutsch als Fremdsprache.* Berlin: Frank & Timme.

SUJATA, UWE/WEYH, ANTJE/ZILLMANN, MANJA (2020): „Kurzstudie zur Bedeutung von Grenzpendelnden für den sächsischen Arbeitsmarkt". In: *IAB-Regional* 3|2020.

TANDEM-Koordinierungszentrum Deutsch-Tschechischer Jugendaustausch (2018): *Ich zeig Dir meine Welt.* Projektideen für deutsch-tschechische Sprach- und Medienprojekte. Regensburg. Pdf-Download.

TROEGER-WEIß, GABI (1996): „Euregio Egrensis". In: VYSLONZIL, ELISABETH/STANGLER, GOTTFRIED (Hg.): *Europa & seine Regionen.* Frankfurt a.M.: Lang, 115–129.

VRÁBELOVÁ, YVONA/STEINERT, GERT (2008): „Deutsch-tschechische Beziehung in Geschichte und Gegenwart – ein neuer Kurs in der Oberstufe des Friedrich-Schiller-Gymnasiums". In: Friedrich-Schiller-Gymnasium (Hg.): *Kompetenzentwicklung im Kontext binational-bilingualer Bildungsprojekte.* Sammelband zur Fachkonferenz zum 10jährigen Jubiläum des deutsch-tschechischen binationalen-bilingualen Bildungsprojektes am 15.5.2008. Eigendruck: Pirna, 34–38.

ZIELIŃSKA, MARIA (2015): "Toward openness and trust? Polish-German relations after Polish accession to the European Union". In: OPIŁOWSKA, ELŻBIETA/ROOSE, JOCHEN (Hg.): *Microcosm of European Integration.* Baden-Baden: Nomos, 49–65.

Sandra Braun

(Fremd)-Sprachenpolitik in der Tschechischen Republik – Ein Überblick über die historische Entwicklung und ein Blick auf die Gegenwart

1   Sprachenpolitik im Rückblick

Sprachenpolitische und bildungspolitische Entscheidungen beeinflussen im großen Stil die Vermittlung von Fremdsprachen an Bildungseinrichtungen und die den einzelnen Schulstufen und Universitäten und deren Studienrichtungen zu Grunde liegenden Curricula. Im Folgenden soll kurz umrissen werden, wie die Tschechische Republik von einer natürlichen Mehrsprachigkeit hin zu einem tendenziell monolingualen Staat wurde, in dem die Mehrsprachigkeit gegenwärtig größtenteils durch das Fremdsprachenerlernen erzielt werden soll (oder auch nicht) und welchen Einfluss arbeitsmarktpolitische und wirtschaftliche Faktoren haben (oder auch hier – eben nicht).

Tschechien war historisch gesehen immer ein mehrsprachiges Land. Generell ist hier von einer natürlichen Zweisprachigkeit auszugehen. So wurde auch in allen Schultypen vor 1949 Deutsch unterrichtet. Ebenfalls war Deutsch jahrhundertelang Amtssprache in den Gebieten der heutigen Tschechischen Republik (vgl. Wagner 1995). Nachdem Deutschsprechende die bis zum Ende des zweiten Weltkriegs zweitgrößte Erstsprachengruppe in Tschechien stellten, wurde durch das Beneš-Dekret 108 im Jahr 1945, durch das das gesamte Vermögen [...] der deutschen Einwohner konfisziert und unter staatliche Verwaltung gestellt wurde und eine Vertreibung der deutschsprachigen Bevölkerung aus den Gebieten des heutige Tschechiens stattfand (vgl. Jaksch 1958: 504), ein rapides Verschwinden des Deutschen als Erstsprache verzeichnet. In Folge wurde speziell nach 1949 Tschechien größtenteils monolingual und somit die tschechische Sprache auch als Instrument zur neuen „Identitätsbildung" eingesetzt (vgl. Fuková 2013). Von knapp drei Millionen Deutschen, die noch in den 1930er Jahren in den Gebieten des heutigen Tschechiens lebten, blieben nach 1950 nur 159.938 im Land (vgl. Srb 1988: 1). Mit dem Fokus auf das

Tschechische wurden weitere Sprachen daher nur als Fremdsprachen an Schulen und Universitäten gelernt und im Alltag kaum verwendet.

In der Zeit von 1949–1989 wurde Deutsch nur noch als Fremdsprache unterrichtet, Schwerpunkt war aber das Russische. Im Alltag wurde Tschechisch gesprochen. Ab 1948 war Russisch in allen Schulen erste Fremdsprache. Dennoch blieb Deutsch zumindest als Fremdsprache durchaus erhalten und stand an der zweiten Stelle nach dem Russischen auf der „Beliebtheitsskala", was historisch unter anderem damit zusammenhängt, dass die damalige DDR wie das damalige Tschechien Teil der Staaten der Warschauer Vertragsorganisation war.

Mit Tschechiens Unabhängigkeit 1989 kam es zu einem fast vollständigen Verschwinden des Russischen als Fremdsprache im tschechischen Schulsystem, das Deutsche blieb aber weiterhin als Fremdsprache erhalten. Hinzu kam nun das Englische, wobei Englisch jahrelang die zweite Fremdsprache war und Deutsch als erste Fremdsprache unterrichtet wurde, was sich aber im Laufe der 1990er Jahre veränderte und dazu führte, dass in gewisser Weise das „Englische im Schulwesen die Stellung des Russischen vor der Wende übernommen" (Šichová 2011: 59) hat. In den 2000er Jahren gab es zahlreiche Änderungen in Bezug auf das Angebot von Fremdsprachen an Schulen in der Tschechischen Republik im Rahmen von Veränderungen in den Curricula (vgl. Berglová 2010).

2   Sprachenpolitik in der Gegenwart

Im folgenden Absatz soll ein Blick auf die wichtigsten Entscheidungen in Hinblick auf den Fremdsprachenunterricht an den Bildungseinrichtungen in der Tschechischen Republik mit Schwerpunkt auf die Pflicht- und Sekundarschulen geworfen werden. Exemplarisch wird anhand einiger markanter Punkte aus den Strategiepapieren des für die Curricula zuständigen Ministeriums für Bildung, Jugend und Sport „Ministerstvo školství, mládeže a tělovýchovy" aufgezeigt, in welcher Form sprachenpolitische Entscheidungen seit der ersten Hälfte des neuen Jahrtausends das Angebot des Fremdsprachenunterrichts beeinflusst und verändert haben und mit welchen Problemen und Auswirkungen diese Entscheidungen einhergingen und immer noch -gehen (vgl. Dovalil 2017).

In der Tschechischen Republik stellte der Nationalplan für den Fremdsprachenunterricht im Jahr 2005 die Antwort auf das gemeinsame EU-Ziel zur Mehrsprachigkeit in Bezug auf Fremdsprachen dar, d. h. L1+2. Ein Problem hierbei war und ist aber das geringe Interesse an Mehrsprachigkeitspolitik in Tschechien (vgl. Sorger 2011).

Im Nationalplan für den Fremdsprachenunterricht im Jahr 2005 wird zwar bereits im Hinblick auf den frühen Fremdsprachenunterricht festgehalten, dass Sprachbildung in „Kindergärten und Grundschulen [...] die wichtigsten Einstellungen gegenüber Sprachen und Kulturen prägt und den Grundstein für das lebenslange Sprachenlernen [legt]" (MŠMT 2005: 4) und entsprechend empfohlen, gleichzeitig findet sich aber einige Zeilen weiter die Einschränkung, dass selbiger nicht obligatorisch sei und von der beruflichen Qualifikation der Kindergärtner*innen abhänge (vgl. MŠMT 2005: 5). Weiters wird hier erstmals auch explizit von der Aufnahme *des Englischen* (vgl. MŠMT 2005: 4) als zu unterrichtende Fremdsprache im frühen Fremdsprachenunterricht in den Kindergärten gesprochen. Interessanterweise beziehen sich die Empfehlungen für den Fremdsprachenunterricht in weiterer Folge in erster Linie auf das Englische, wobei „andere Fremdsprachen" zumindest erwähnt und somit nicht ausgeschlossen werden. Beispielsweise findet sich in Punkt 1.2. ein Hinweis zur Entwicklung von Materialien „für den Englischunterricht (oder eine andere Fremdsprache)" (MŠMT 2005: 5), wobei im nächsten Unterpunkt aber bereits wieder von der „Aufnahme von Englisch in das Programm zur Ausbildung von Kindergärtner*innen" (MŠMT 2005: 5) die Rede ist.

Im Bereich der Pflichtschulen wird entsprechend dem Nationalplan ab 2005 eine Fremdsprache von der 3.–9. Klasse obligatorisch unterrichtet, wobei hier eine sehr offene Formulierung in Bezug auf das Sprachenangebot gewählt wurde, so gibt es dort den Hinweis: „Englisch sei zu präferieren" (MŠMT 2005: 6). De facto führte das in Folge dazu, dass Englisch die erste Fremdsprache an den Schulen in Tschechien wurde und Deutsch, sowie weitere Sprachen, maximal zweite oder gegebenenfalls dritte Fremdsprache (vgl. Andrášová 2006).

Aus dem jährlichen Evaluationsbericht des tschechischen Schulministeriums geht ebenfalls hervor, dass – wenn angeboten – zum Beispiel im Bereich des frühen Fremdsprachenlernens in Kindergärten fast ausschließlich Englisch angeboten wird. In der Primarstufe wird zu 99,4% ebenfalls Englisch gelernt (Stand: 2008/2009). Nur in den Grenzregionen zu Deutschland liegt der Prozentsatz ein wenig niedriger, hier sind es knapp 80–88% der Schüler*innen, die

Englisch lernen, dafür gibt es mehr Deutsch als Fremdsprache-Lerner*innen (vgl. Česká školní inspekce 2019).

In tschechischen Grundschulen und der Sekundarstufe I ist die zweite Fremdsprache kein Pflichtfach und auf Grund der Nachfrage, aber auch des Angebots der Schulen und der Empfehlung durch den Nationalplan für den Fremdsprachenunterricht, ist Englisch de facto erste Fremdsprache. Seit dem Schuljahr 2013/2014 können Schulen der Sekundarstufe I, welche in Tschechien der Schulstufe STUPEŇ 2, 6.–9. ROČNÍK entspricht, eine weitere Fremdsprache „entsprechend ihrer Möglichkeiten" (FEP BE 2017: 16) ab der achten Klasse anbieten, aber diesen „Bildungsinhalt […]auch durch einen anderen [ersetzen]" (FEP BE 2017: 141).

In Bildungseinrichtungen der Sekundarstufe II gibt es ebenfalls verpflichtend eine erste Fremdsprache, wobei hier mehrheitlich Englisch angeboten wird, auch wenn theoretisch Deutsch oder eine andere Fremdsprache möglich wäre. Als zweite Fremdsprache, die ebenfalls ab Sekundarstufe II obligatorisch wird, kann zum Beispiel Deutsch, Französisch, Spanisch oder auch Russisch gewählt werden. Das Bildungsrahmenprogramm für Grundschulen „Framework Educational Programme for Basic Education 2017" (FEP BE 2017) definiert die Sprachniveaus der beiden Fremdsprachen, die unterrichtet werden, mit einem erworbene Niveau der ersten Fremdsprache in Kursen, die mit der Reifeprüfung, in Tschechien „Maturita", abgeschlossen werden nach dem „Gemeinsamen Europäischen Referenzrahmen für Sprachen", dem GER, auf B1, bei der zweiten Fremdsprache auf A2 (vgl. EURYDICE 2020).

Im Zuge dieser zahlreichen sprachenpolitischen Änderungen und Neuerungen im Bereich des Fremdsprachenangebots an Schulen in Tschechien und speziell auch durch den Fokus auf das Englische kam es langfristig auch zu einer Verschiebung der Fremdsprachenkenntnisse von Studierenden an Hochschulen vom Deutschen (als 1. Fremdsprache) zum Englischen (als 1. Fremdsprache) und so zu einer Veränderung des Sprachausgangsniveaus der Studierenden bei Studienbeginn an der Universität. Entsprechend wurden auch die Curricula und Studienpläne an Universitäten teilweise abgeändert, als Beispiel kann hier das Deutschkursangebot für Wirtschaftsstudierende an der Wirtschaftsfakultät der TU Liberec genannt werden. Seit dem Studienjahr 2020/21 werden beispielsweise keine speziellen Kurse mehr für Studierende angeboten, deren erste Fremdsprache Deutsch ist.

Sieht man sich aktuellere Studien und Strategiepläne in Bezug auf Fremdsprachenvermittlung in Bildungseinrichtungen der Tschechischen Republik an, so finden sich wenig konkrete Maßnahmen und Ansätze, auch wenn beispielsweise im „Langfristigen Vorhaben der Bildung und Entwicklung des Bildungssystems der Tschechischen Republik" des tschechischen Bildungsministeriums ein eigener Abschnitt steht, der sich auf den Zusammenhang zwischen Arbeitsmarkt und Schulbildung bezieht (vgl. Dlouhodobý záměr vzdělávání a rozvoje vzdělávací soustavy 2014). Konkret wird hierin festgehalten, dass es in Bezug auf die Beschäftigungsfähigkeit auf dem Arbeitsmarkt zu einem Fokus auf Fremdsprachen kommen muss, dass aber insbesondere in technischen Bereichen ein Mangel an Fachkräften mit einer zweiten Fremdsprache vorherrscht (vgl. Dlouhodobý záměr vzdělávání a rozvoje vzdělávací soustavy 2014).

Entsprechend scheint die Wichtigkeit einer zweiten Fremdsprache und der Zusammenhang zum internationalen Arbeits- und Wirtschaftsmarkt ein relevanter Punkt in der Bildungspolitik zu sein, der noch verbessert werden muss. Dennoch wurde beispielsweise in der Reform der Matura (des Abiturs) im Schuljahr 2018/19 an tschechischen Sekundarschulen weiterhin nur eine Fremdsprache – die erste Fremdsprache, welche überwiegend Englisch ist – als verpflichtendes Maturafach fixiert (vgl. Dlouhodobý záměr vzdělávání a rozvoje vzdělávací soustavy 2014: 28).

3   Sprachenpolitik als Ausblick

Im aktuellen Strategiepapier zur Bildungspolitik bis 2030+ (vgl. Hlavní směry vzdělávací politiky ČR 2030+ 2019: 58) werden Fremdsprachen nicht mehr explizit genannt. Einzig in den Zielen für die Absolvent*innen der Mittelschulen „Střední školy" werden Fremdsprachen in Bezug auf das Schulsystem erwähnt. Jene Erwähnung bezieht sich aber ausschließlich auf das Englische: „Alle Absolventen sollten in der Lage sein, sich zumindest auf Englisch zu verständigen, […] so dass sie befähigt werden mit einem Studium im Ausland beginnen zu können, Praktika zu absolvieren oder in einem Unternehmen zu arbeiten, in dem Englisch die offizielle Sprache ist" (vgl. Hlavní směry vzdělávací politiky ČR 2030+ 2019: 58). Ob diese Strategie für eine langfristige, positive Entwicklung des Arbeits- und Wirtschaftsmarkts sorgen wird, ist fraglich, bedenkt man den Mangel an einer zweiten Fremdsprache, der schon im vergangenen Strategiepapier (2015–2020) beanstandet wurde (vgl. Dlouhodobý záměr vzdělávání a rozvoje vzdělávací soustavy 2014).

Zwar ist Englisch vorwiegend die Lingua Franca am internationalen Arbeitsmarkt, kann aber dennoch nicht eine zweite Fremdsprache – die Sprache des Unternehmens – ersetzen. So müssen die Mitarbeiter*innen in „internationalen Unternehmen, aber nicht nur dort […] in ihrem Arbeitsalltag häufiger in einer, aber auch in mehreren Fremdsprachen kommunizieren" (Šichová 2011: 51). Das ‚Mitbringen' von Sprachkenntnissen ermöglicht das Erreichen besserer Arbeitsstellen und den Aufstieg innerhalb eines Unternehmens, denn ein sehr hoher Stellenwert kommt den Deutschkenntnissen insbesondere in der externen Kommunikation der […] Unternehmen zu. „Beim Gebrauch der Fremdsprache ist in der Wirtschaft die Sprache des Kunden ausschlaggebend" (Šichová 2011: 52).

Trotz diverser Reformen der Curricula und Strategien im Bereich der Bildungspolitik wird der Nachfrage nach dem verstärkten Lehren einer zweiten Fremdsprache in Tschechien in den Bildungseinrichtungen (vor allem im Pflichtschul- und Sekundarschulbereich) kaum Rechnung getragen. Das Fokussieren auf das Englische als Lingua Franca der Geschäftskommunikation erscheint mir einseitig und ist angesichts der realen Situation wenig ausreichend, im Speziellen bei mittleren und kleineren Unternehmen und regional grenzüberschreitenden Unternehmen. So unterstreicht auch die Europäische Union die wirtschaftlichen Aspekte der Mehrsprachigkeit durch den Bericht der ELAN-Studie von 2006 zum Beitrag der Sprachen zur Wettbewerbsfähigkeit von Unternehmen, woraus hervorgeht, dass „speziell kleinen und mittleren Unternehmen […] Europas jedes Jahr auf Grund sprachlicher und interkultureller Defizite Geschäftschancen [entgehen]". Zudem werde Englisch zwar seine führende Rolle als Weltgeschäftssprache behalten, andere Sprachen würden jedoch relevant dafür sein, ob ein Unternehmen sich im Wettbewerb profilieren könne (vgl. ELAN 2006).

So haben beispielsweise durchschnittlich 40% der befragten Unternehmen der ELAN-Studie Mitarbeiter*innen mit spezifischen Fremdsprachenkenntnissen gemäß ihrer eigenen Exportbedürfnisse eingestellt, was insbesondere auf Unternehmen in Tschechien, Ungarn oder Rumänien zutrifft (vgl. ELAN 2006: 31). Warum, trotz eines offensichtlichen Bedarfs an Fremdsprachen-

kenntnissen deren Vermittlung keinen Einzug in die Curricula der Bildungseinrichtungen gehalten hat, bleibt an dieser Stelle unbeantwortet.
Betrachtet man diese Entwicklungen – speziell seit den 2000er Jahren –
zeigt sich in Bezug auf Mehrsprachigkeit aufs Neue die widersprüchliche Lage,
in der sich vor allem „die deutsche Sprache seit einigen Jahren in Tschechien
befindet" (Blahak/Winter 2013: 98). Auf der einen Seite sind – bedingt durch
die sprachenpolitischen Entscheidungen der Regierungen – rückläufige Lerner*innenzahlen an Schulen zu verzeichnen, auf der anderen Seite steigt aber
die Nachfrage nach Deutschkursen in der Erwachsenenbildung (vgl. Blahak
2013: 98). Abschließend sei in Bezug auf Fremdsprachen und deren Vermittlung in Bildungseinrichtungen gesagt, dass, auch wenn die gegenwärtigen
sprachenpolitischen Strategien aktuell keinen Fokus auf Mehrsprachigkeit im
Sinne von einer Erstsprache + zwei oder mehreren Fremdsprachen legen,
hoffentlich dennoch eine reale Mehrsprachigkeit für die Zukunft in Tschechien
angestrebt wird, so dass diese in den Curricula der Pflichtschulen und Sekundarschulen, sowie Universitäten langfristig implementiert wird.

4 Literatur

ANDRÁŠOVÁ, HANA (2006): „Deutsch als Fremdsprache in Tschechien". In:
ANDRÁŠOVÁ, HANA (Hg.): *Germanistik genießen. Gedenkschrift für Hildegard Boková. Boková, Hildegard, 1941–2005.* Wien: Praesens-Verlag, 27–36.

BERGLOVÁ, EVA (2010): Deutsch in der Tschechischen Republik. In: KRUMM,
HANSJÜRGEN/FANDRYCH, CHRISTIAN/HUFEISEN, BRITTA/RIEMER, CLAUDIA (Hg.):
Deutsch als Fremd- und Zweitsprache: Ein internationales Handbuch. Berlin/New
York: de Gruyter, 1809–1814.

BLAHAK, BORIS/WINTER, ASTRID (2013): „Deutsch-tschechische Mehrsprachigkeit im
Wandel. Zur Tagung ‚Sprache und Identität. Deutsch in Tschechien heute' an der
Karls-Universität Prag". In: *Brünner Hefte zu Deutsch als Fremdsprache* Bd. 6, Nr. 1–
2, 98–109.

DOVALIL, VÍT (2017): „Deutsch in Tschechien als aktuelles bildungspolitisches Problem". In: ZHU, JIANHUA/ZHAO, JIN/SZURAWITZKI, MICHAEL (Hg.): *Sprachpflege
und Sprachkritik als gesellschaftliche Aufgaben.* Frankfurt am Main: Peter Lang, 93–
98.

FUKOVÁ, PETRA (2013): „Deutsch als Fremdsprache in der Tschechischen Republik im
Kontext von Mehrsprachigkeit", Diplomarbeit, Brünn.

JAKSCH, WENZEL (1958): *Europas Weg nach Potsdam. Schuld und Schicksal im Donau-
raum.* Stuttgart: Dt. Verl.-Anstalt.

Šichová, Kateřina (2011): „Die tschechische Wirtschaft braucht nicht nur Englisch – vom Ruf der deutsch-tschechischen Unternehmen nach Mehrsprachigkeit." In: Janíková, Věra/Sorger, Brigitte (Hg.): *Mehrsprachigkeit in der Tschechischen Republik am Beispiel Deutsch nach Englisch.* Brno: Tribun EU.

Sorger, Brigitte (Hg.) (2011): *Mehrsprachigkeit in der Tschechischen Republik am Beispiel Deutsch nach Englisch.* Brno: Tribun EU.

Srb, Vladimir (1988): „Demografický profil německé menšiny v Československu". In: *Český lid* Vol. 75, No. 1. Prague: Institute of Ethnology, Czech Academy of Sciences, 29–43.

Wagner, Gottfried (1995): „Sprachenpolitik in Mittel- und Osteuropa aus österreichischer Sicht". In: Wodak, Ruth/De Cillia, Rudolf (Hg.): *Sprachenpolitik in Mittel- und Osteuropa.* Wien: Passagen, 139–148.

Internetquellen

Česká školní inspekce (2019), Czech Statistical Office – Jährlicher Evaluationsbericht – Česká školní inspekce (2020). In: www.csicr.cz (letzter Zugriff: 15.09.2020).

Dlouhodobý záměr vzdělávání a rozvoje vzdělávací soustavy (2014), Dlouhodobý záměr vzdělávání a rozvoje vzdělávací soustavy České republiky na období 2015–2020). In: https://www.msmt.cz/vzdelavani/skolstvi-v-cr/dlouhodoby-zamer-vzdelavani-a-rozvoje-vzdelavaci-soustavy-3, (letzter Zugriff: 01.12.2020).

ELAN (2006), „ELAN: Auswirkungen mangelnder Fremdsprachenkenntnisse in den Unternehmen auf die europäische Wirtschaft". In: https://ec.europa.eu/assets/eac/languages/policy/strategic-framework/documents/elan_de.pdf (letzter Zugriff: 01.12.2020).

EURYDICE (2020), „Teaching and Learning in Upper Secondary Education". In: https://eacea.ec.europa.eu/national-policies/eurydice/content/teaching-and-learning-upper-secondary-education-4_en (letzter Zugriff: 02.11.2020).

FEP BE (2017), „MŠMT (Ministerstvo školství, mládeže a tělovýchovy). *Rámcový vzdělávací program pro základní vzdělávání* [Framework Educational Programme for Basic Education]". In: http://www.msmt.cz/file/43792/ (letzter Zugriff: 12.12.2020).

Hlavní směry vzdělávací politiky ČR 2030+ (2019), „Hlavní směry vzdělávací politiky ČR 2030+". In: https://www.msmt.cz/file/51582/ (letzter Zugriff: 19.12.2020).

MŠMT Ministerstvo školství, mládeže a tělovýchovy (2005), „Národní plán výuky cizích jazyků". In: https://www.syka.cz/files/narodni_plan_vyuky_ciz_jaz.pdf (letzter Zugriff: 02.12.2020).

HELENA NEUMANNOVÁ/IRENA VLČKOVÁ

Das Projekt *ProFit im Beruf* aus der Perspektive der Projektpartner an der Technischen Universität Liberec

1 Einleitung

Ausgehend von der Situation der Deutschfachkursausbildung an der Wirtschaftswissenschaftlichen Fakultät der Technischen Universität Liberec (TUL) analysiert der Beitrag das Potential der Fremdsprachenausbildung Deutsch für die regionale Zusammenarbeit zwischen der Region Liberec und dem Freistaat Sachsen, speziell der grenznahen Region Neisse-Nisa. Nach einer kurzen Beschreibung der Ausgangssituation für das EFRE-geförderte Projekt an der TUL werden die Ergebnisse einer Bedarfsanalyse an Deutschkenntnissen vorgestellt, die im Rahmen einer Befragung von tschechischen Unternehmen in der Grenzregion erhoben wurden. Im dritten Teil zeigt der Beitrag exemplarisch auf, welche regional orientierten Sprachlehrmaterialien für Deutsch/Wirtschaftsdeutsch im Rahmen des Projektes *ProFit im Beruf* über die an der TUL genutzte Lernplattform MOODLE unter Einbeziehung der Interessenlagen der Wirtschaftsstudierenden entwickelt wurden. Der Beitrag schließt mit einer Einschätzung der im Projekt erreichten Ergebnisse durch die beteiligten Studierendengruppen ab, die im Rahmen einer abschließenden Befragung erhoben wurden.

2 Ein Blick auf die studienbegleitende Fremdsprachenausbildung an der TUL

Die Technische Universität Liberec wurde 1953 gegründet und bietet 84 Studiengänge an sieben Fakultäten an. Derzeit sind etwa 7000 Studierende an einer der Fakultäten immatrikuliert, an der Wirtschaftswissenschaftlichen Fakultät (WF TUL) sind das derzeit ca. 1.162 Studierende. Insgesamt sinken die Studierendenzahlen an der TUL leider seit Jahren kontinuierlich. Dies ist auf die demografische Entwicklung in der Tschechischen Republik zurückzuführen und auch der Tatsache geschuldet, dass die Wirtschaftsfakultät der TU Liberec (WF TUL) gegenüber beispielsweise der Wirtschaftsuniversität in Prag eine regional orientierte Universität ist und mit weiteren 15 regionalen Wirtschaftsfakultäten im Land Schritt halten muss. Eine ähnliche Situation erleben jedoch nahezu alle Hochschulen bzw. Wirtschaftsfakultäten des Landes, sodass sie verstärkt in einem indirekten Wettbewerbsverhältnis untereinander bei der Gewinnung neuer Studierender stehen. Die Tendenz des demografischen Rückgangs von Hochschulstudierenden ist auch ersichtlich beim Vergleich der Studierendenzahlen, die im akademischen Jahr 2017/2018, d.h. zu Beginn der Umsetzung des Projektes *ProFit*, das Fach Wirtschaftsdeutsch als zweite Fremdsprache gewählt hatten – es waren insgesamt 270 Studierende im ersten und zweiten Semester des BWL-Studiums. Im akademischen Jahr 2020/2021 sind es nur noch 220 Studierende.

Die Wirtschaftsfakultät der TU Liberec (WF TUL) versucht Studierende insbesondere dadurch anzusprechen, dass Fremdsprachen im Studium einen wichtigen Platz einnehmen. So werden im Bachelorstudium zwei obligatorische Fremdsprachen angeboten, wobei Wirtschaftsenglisch als erste Fremdsprache und Wirtschaftsdeutsch neben Spanisch, Russisch und Französisch als zweite Fachfremdsprache angeboten werden. Wirtschaftsdeutsch ist die am häufigsten gewählte zweite Fremdsprache an der WF TUL. Als ein wichtiger Grund für diese Wahl kann u. a. die Verbundenheit vieler Studierender mit der Region genannt werden und die damit einhergehende Hoffnung, mit Deutsch als zusätzlicher Qualifikation die beruflichen Chancen in der Region zu erhöhen.

Der Wirtschaftsdeutschunterricht umfasst im Laufe von vier Semestern wöchentlich sechs Unterrichtseinheiten. Im vierten Semester erfolgt eine einheitliche Abschlussprüfung. Das Bestehen des schriftlichen Teils ist eine Voraussetzung für die Zulassung zum mündlichen Teil der Prüfung. Mit Blick auf die sehr heterogenen Deutschvorkenntnisse der Studierenden zu Beginn ihres Studiums an der TUL stellt die Vorbereitung auf eine für alle gleiche Abschlussprüfung eine große Herausforderung an den Lehrkörper dar.

Den schriftlichen Abschlusstest absolvieren alle Prüflinge im gleichen Zeitraum gemeinsam. Die Fertigkeiten, wie Lese- und Hörverstehen, grammatische und lexikalische Übungen, werden über ein Scan-Programm ausgewertet, die Korrektur der schriftlichen Aufsätze wird von einem/er „unabhängigen" Kollegen/Kollegin, der/die diese Gruppen nicht betreut hat, durchgeführt. Damit sollte eine möglichst objektive Korrektur der Studierendenleistung gewährleistet werden. Das Bestehen des schriftlichen Tests ist Voraussetzung für die Zulassung zum mündlichen Teil der Gesamtprüfung, die z. B. als Zusammenfassung eines Fachtextes, als Beschreibung einer Grafik oder als freies Sprechen zu einem Fachthema variierend durchgeführt wird. Die Zielgruppe der Deutschkurse an der TUL besteht aus Studierenden von Bachelor- und Masterprogrammen mit wirtschaftlicher Ausrichtung (BWL). Die Studierenden rekrutieren sich zum Großteil aus den naheliegenden Gebieten und sind mit der Region durch viele Aspekte, zum Beispiel die familiäre Bindung, eng verbunden. Die Tatsache der primär regionalen Einzugsgebiete ihrer Studierenden verbindet die Technische Universität Liberec und die Westsächsische Hochschule Zwickau, ebenso wie parallel ausgelegte Fakultäten bzw. Studiengänge, z. B. Wirtschaftswissenschaften, Ingenieurwissenschaften und Textil- und Ledertechnik.

3 Bedarf an fachsprachlichen Deutschkenntnissen für die Wirtschaft in der Liberecer Grenzregion

Englisch ist als erste Fremdsprache sozusagen *Lingua franca* an allen Wirtschaftsfakultäten in der Tschechischen Republik. Der Bedarf der Unternehmen und Investoren in der Grenzregion Neisse-Nisa zeigt jedoch, dass bei vielen Arbeitgebern der Bedarf an guten Sprachkenntnissen der Hochschulabsolvent*innen in Deutsch bzw. in Wirtschaftsdeutsch besteht. Die meisten Firmen im tschechisch-deutschen Grenzraum sind Zulieferer für die Automobilindustrie. Viele haben Geschäftskontakte zu deutschen Unternehmen oder es handelt sich um Firmen mit einem deutschen Inhaber bzw. mit deutschem Investitionskapital. Deshalb wurde im Rahmen des Projektes *ProFit* eine Umfrage im tschechischen Teil der Euroregion Neisse durchgeführt, die den Bedarf der Unternehmen in der Region am erwünschten Profil der Hochschulabsolvent*innen ermitteln sollte. Es wurden insgesamt 1.411 Unternehmen im Bezirk Liberec online über eine anonymisierte Umfrage angesprochen. Rückmeldungen kamen von 69 Unternehmen, was einer Rücklaufquote von ca. 4,9 Prozent entspricht. Neben den Manager- und Fachkompetenzen wurden u. a. auch die fremdsprachlichen Kompetenzen der Hochschulabsolvent*innen und deren Relevanz bzw. Einsatz im Firmenleben abgefragt. Im Folgenden werden einige Beispiele der erfassten Daten aus der im 2018 durchgeführten Firmenumfrage vorgestellt.

Tab. 1: *Geben Sie Größe des Unternehmens an.*

Unternehmensgröße (nach Anzahl der Mitarbeiter*innen)	Anzahl der Unternehmen
Mikrounternehmen (1–9)	18
Kleine Unternehmen (10–49)	**33**
Mittlere Unternehmen (50–249)	18
Große Unternehmen (> 250)	0
Gesamtzahl:	**69**

Tab. 2: *Welcher Firmenkultur gehört Ihr Unternehmen an?*

Firmenkultur	Anzahl der Unternehmen
Tschechisch	**55**
Deutsch	7
Englisch	1
Amerikanisch	1
Eigene Firmenkultur	3
Nicht zugeordnet	2
Gesamtzahl:	69

Tab. 3: *Wählen Sie drei Schlüsselkompetenzen eines Managers in Ihrem Unternehmen.*

Kompetenz	Nennungen
Selbständigkeit	55
Organisationskompetenz	47
Flexibilität	39
Teamarbeit	27
Kreativität	21
Fremdsprachenkompetenz	**15**
Analytisches Denken	1

Tab. 4: *Häufigkeit der Anwendung einer Fremdsprache in Ihrem Unternehmen.*

Häufigkeit	Nennungen
oft	24
manchmal	19
selten	15
niemals	11

Tab. 5: *Bei welchen Aktivitäten werden in Ihrem Unternehmen die Fremdsprachenkompetenzen benötigt?*

Tätigkeit	Nennungen
Verhandlung mit Geschäftspartnern	62
Dienstreisen	34
Videokonferenzen	9
Kein Bedarf	4
Bearbeitung von Fachtexten	1
Kommunikation mit Kolleg*innen	1

Auch wenn die Rücklaufquote der Befragung relativ gering ausgefallen ist, zeigen die ermittelten Ergebnisse doch eine interessante Tendenz auf. Kleine Unternehmen mit tschechischer Firmenkultur legen Wert auf die Fremdsprachenkompetenz ihrer Mitarbeiter*innen, die besonders bei Verhandlungen mit Geschäftspartnern angewandt werden.

4 Entwicklung der regionalen Deutschlernmaterialien für die Lernplattform MOODLE

Neben der Organisation und Durchführung von bilateralen Workshops und Sommerschulen an beiden Hochschulen, die dem Ziel des Kennenlernens des jeweiligen Hochschulpartners, der besseren Vernetzung der Lehrkörper sowie der Verbesserung der Arbeitsmarktchancen der Hochschulabsolvent*innen dienten, war es ein weiteres Ziel des dreijährigen EFRE-geförderten Projektes

ProFit im Beruf – durch Sprach- und Fachsensibilisierung im Studiums, Lehrmaterial als Zusatz- und Selbstlernmaterial zu regional aktuellen Themen komplementär zum bereits bestehenden und teilweise digitalisierten Lehrpro-
gramm zu entwickeln, zu testen und zu etablieren. Gerade durch die regelmäßig durchgeführten bilateralen Veranstaltungen wurde deutlich, dass es einerseits Wissensdefizite bei den Studierenden zu regionalen Problemstellungen
jenseits der Grenze gab und andererseits aber auch ein vehementes Interesse,
das „unbekannte" Partnerland durch persönliche Begegnungen kennenzulernen, die erworbenen Sprachkenntnisse anzuwenden und durch gemeinsame
Projekte zu vertiefen.

Aus diesem Grund beschäftigte sich das Projektteam der TUL zunächst mit
der Analyse des Ausgangszustandes im Unterricht der deutschen Wirtschaftsfachsprache an der WF TUL und definierte Themenkomplexe, die als neue
Komponenten in den Unterricht Eingang finden sollten. So wurde eine gründ-
liche Analyse der bestehenden Syllabi und des zugänglichen Lehrmaterials
durchgeführt. Dies betraf sowohl Lehrbücher als auch Online-Materialien zum
Unterricht deutscher Fachsprache, die bereits auf der MOODLE-Plattform der
TUL vorhanden waren. Die Ergebnisse dieser Analysen bestätigten die Feststellung des Projektteams, das die vorhandenen Lehrmaterialien den Studierenden häufig wenig oder kaum Kenntnisse über das Leben in der Grenzregion oder über das politische, kulturelle und ökonomische Leben des Nachbarlandes Sachsen vermittelten. Aus diesem Grunde wurden in Zusammenarbeit
mit der WHZ die folgenden 10 Themengebiete identifiziert, zu denen weiter-
führendes Material entwickelt werden sollte, das zunächst in Dateiform auf der
Plattform MOODLE abgelegt wurde und nach einer nochmaligen Sichtung
und Evaluation (nach der Erprobung im Unterricht) verfeinert und weiter
illustrierend verarbeitet wurde.

Die folgenden 10 Themengebiete standen im Fokus der Lehrmaterialerstel-
lung:

1. Deutschland u. Tschechien als Import- und Exportländer
2. Regionale Wirtschafts- und Kooperationsbeziehungen und ihre
   Spezifika
3. Traditionelle Branchen im Liberecer und Zwickauer Gebiet – Stand
   und Perspektive

4. Wirtschaftspotenzial der Grenzregion, u. a. regionale Produkte und Vermarktung
5. Grenzüberschreitendes Projektmanagement
6. Nachhaltigkeit: Infrastrukturen, Erneuerbare Energien, Elektromobilität, Umwelt
7. Moderne Technologien in der Wirtschaft
8. Lebensqualität und Tourismus als Wirtschaftsfaktoren in der Grenzregion
9. Messen und Ausstellungen
10. Praktisches Projektmanagement im Studium

Im Zeitraum von drei Semestern wurden über die Interaktion des Lehrkörpers der TUL mit den Kursteilnehmer*innen (Studierende der Betriebswirtschaftslehre des ersten und zweiten Studienjahres) insgesamt 483 regionalbezogene Arbeitsblätter zu Themen erstellt, die die Studierenden besonders interessierten. Die Erstellung der Materialien orientierte sich an der fachlichen Spezialisierung der Studierenden. Diese Arbeitsblätter wurden von den jeweiligen Studierenden/Studierendengruppen im Unterricht präsentiert, im Plenum diskutiert, korrigiert und dann auf der Plattform MOODLE abgelegt. Während der Projektumsetzung entstanden so neue Bildungs- und Prüfungsmaterialien mit Schwerpunkt auf Wirtschaftskommunikation Deutsch, interkulturellem und regionalbezogenem Projektmanagement.

Die Hauptziele der Erstellung des zusätzlichen Materials bestanden vor allen Dingen in folgenden Punkten:

- Überwindung der sprachlichen Barrieren, Intensivierung der Fremdsprachenvermittlung Deutsch
- Sensibilisierung für traditionelle Branchen des Nachbarlandes und für Innovationen,
- Entwicklung interkultureller Projektmanagementkompetenz,
- Verbesserung der Arbeitsmarktchancen der Hochschulabsolvent*innen für einen erfolgreichen Einstieg in den regionalen, länderübergreifenden Arbeitsmarkt durch intensive fach- und berufsbezogene Fremdsprachenausbildung.

5 Material auf der Lernplattform MOODLE

Von den in den drei Semestern insgesamt 483 erstellten Arbeitsblättern wurden ca. 60–80 Arbeitsblätter selektiert und in Abstimmung zwischen dem Projektteam der WHZ und der TUL für die weiterführende Didaktisierung ausgewählt, die durch eine mit MOODLE gut vertraute externe Mitarbeiterin durchgeführt wurde. Das final erstellte Material wird den Studierenden beider Hochschulen als Zusatzmaterial zu konventionellen Lehrbüchern oder als Trainingsmaterial zum Selbststudium zur Verfügung stehen, wobei anzumerken ist, dass die WHZ aufgrund von Konventionen der sächsischen Hochschulen bislang die Lernplattform OPAL – Online Plattform für Akademisches Lehren und Lernen – vorzugsweise nutzt/nutzen muss und eine Portierung von MOODLE auf OPAL notwendig ist.

Abb. 1 zeigt den Einstiegsdialog des entstandenen Lehrmaterials. So können die Studierenden aus den 10 Themen einzelne Aufgabenstellungen unter Berücksichtigung ihres aktuellen Sprachniveaus selektieren und eigenständig bearbeiten. Die Option, die Lösung unmittelbar mit abzurufen, gewährleistet eine Kontrolle der Kenntnisse.

Abb. 1: Einleitender Dialog – Gliederung der Materialien (Quelle: Karin Schöne)

Die erstellten Trainingsmaterialien sind für das Sprachniveau zwischen A1 und C1 (nach GER) ausgelegt und dienen sowohl für den Einsatz von Lehrenden im Unterricht, um die ggf. bestehende Heterogenität der Kursteilnehmer*innen ausgleichen zu können oder auch zum Selbststudium.

Abb. 2 zeigt die Einstiegsseite in das Thema „Traditionelle Branchen". Es geht hierbei um die Darstellung der Geschichte und der Gegenwart der Industriestandorte Liberec und Zwickau.

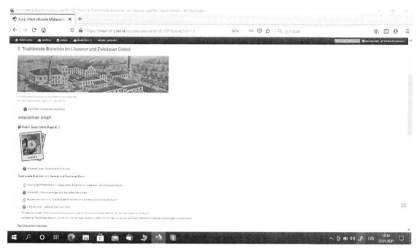

Abb. 2: Übungen zu Themenbereich 3 – Traditionelle Branchen (Karin Schöne)

Nach einer Reflexion zu zwei alten Postkartenbildern der beiden Industriestandorte (als Vorentlastung zum Thema) sind die folgenden Aufgaben zu bearbeiten:

Verstehendes Lesen

Die Industriestandorte Zwickau und Liberec

1) In welcher Reihenfolge ergeben die Abschnitte einen sinnvollen Text?
Tragen Sie die Reihenfolge in die Kästchen ein.

Zunächst entwickelte sich die Tuchmacherei zu einem wichtigen Gewerbe. „Zwicksches Tuch" wurde in ganz Deutschland, Polen und Böhmen gehandelt. Mit den Silberfunden um 1470 im nahen Schneeberg, an deren Erschließung auch zahlreiche Zwickauer Bürger beteiligt waren, gelangte Zwickau bald zu wirtschaftlicher Blüte und Wohlstand und wurde zu einer der bedeutendsten Städte im Kurfürstentum Sachsen. In jener Zeit haben noch zwei weitere Zwickauer Gewerbe ihre Wurzeln. Zum einen die Bierbrauerei und zum anderen existiert seit 1523 in Zwickau die Buchdruckkunst.

Im Stiftungsbrief des Klosters Bosau für die Marienkirche wurde der sorbische Wohnsitz „Zwickowa" erstmals urkundlich erwähnt. Am Kreuzungspunkt zweier Fernhandelsstraßen Prag-Leipzig und Nürnberg-Freiberg, in der Talaue der Mulde, erhielt Zwickau bereits 1212 das Stadtrecht.

Reihenfolge der Abschnitte: 1, 2, 3 →

Gemeinden in der Liberecer Region

2) Was gehört zusammen? Ordnen Sie die Orte den Beschreibungen zu.

Jablonec nad Nisou (Gablonz an der Neiße)	1	Die Stadt liegt im Tal zwischen Jeschkengebirge und Isergebirge. Die Geschichte der Stadt reicht bis in die Zeit zurück, als hier Handelswege entlangführten. Der Anfang des 19. Jahrhunderts stand im Zeichen des Aufschwungs der Textilindustrie und der damit verbundenen Industriearchitektur. Die beginnende Industrialisierung führte auch zur Selbstständigkeit der Stadt. Es war damals die zweitgrößte Stadt nach Prag. Hier befanden sich 3 Konsulate, 50 Textilfabriken und 60 metallverarbeitende Fabriken, zu denen auch die Automobilfabrik RAF gehörte.
Železný Brod (Eisenbrod)	2	Die Stadt mit 6500 Einwohnern liegt im Tal der Iser, an der Grenze zwischen Böhmischem Paradies, Isergebirge und Riesengebirge. An der Wende vom 19. zum 20. Jahrhundert begann der Aufschwung der Glashütten und -schleifereien. Die Heimarbeit und Verarbeitung kleiner Glaser-

zeugnisse (Drücken, Wickeln und Auffädeln von Glasperlen) hat sich aus anderen Städten auch hierher verbreitet. Zur Bildung der heimischen Glashersteller und -verarbeitet wurde die Staatliche Glasfach- und Handelsschule gegründet. Deren Absolventen gründeten dann ihre eigenen Glasfabriken und so stieg die Stadt langsam aber sicher zur Glasmetropole an der Iser auf.

Turnov
(Turnau)

 3

Seit dem 16. Jahrhundert arbeiteten hier mehrere Steinschleifereien, in denen importierte und heimische Edelsteine geschliffen und bearbeitet wurden. Spätestens seit dem 18. Jahrhundert wurden die Steine in die ganze Welt exportiert. Im 17. Jahrhundert entstanden die ersten Glashütten, in denen Imitationen von Edelsteinen aus Glas gefertigt wurden. Seit Beginn des 18. Jahrhunderts ist es Zentrum der Schmuckherstellung, der Juwelenindustrie und der Glas-, Polygraphie- und Maschinenbauproduktion.

Liberec
(Reichenberg)

4

Die Stadt liegt zu Füßen des Isergebirges und mit ihren über 45 000 Einwohnern breitet sich auf 31,38 km² aus in einer Höhe von 380–758 m über dem Meeresspiegel. Im Laufe des 19. Jahrhunderts stieg die Stadt zu einem respektierten Zentrum der Glas- und Bijouterieherstellung auf. Die Stadt besuchten Zehntausende Ausländer, vor allem Bijouteriehändlern aus aller Welt. Die Region wurde damals ‚österreichisches Kalifornien' genannt, nur dass man hier nicht nach Goldkörnern, sondern nach ‚gläsernen Diamanten' suchte.

Nach einem Überblick zu Zwickau und Liberec werden Aufgaben zu gemeinsamen Industriezweigen gestellt. In beiden Regionen dominiert der Maschinenbau, insbesondere der Automobilbau. Deshalb dient ein Video von VW (vgl. https://www.youtube.com/watch?v=ehKJbzC5ClE) als Ausgangsbasis für die Diskussion von Fragestellungen zu Elektroautos als Straßenverkehrsmitteln der Zukunft. Dazu sollen die folgenden Fragen beantwortet werden. Auf diese Weise werden wirtschaftsbezogene Kenntnisse anhand authentischen Materials geprüft bzw. weiterentwickelt und das Hörverständnis sowie die Sprech- bzw. Schreibfertigkeiten trainiert, je nachdem, ob die Aufgaben im Unterricht durchgesprochen werden oder im Selbststudium zu erarbeiten sind.

Fragen zum Video beantworten
a) Wie ist die aktuelle Lage der Wirtschaft?
b) Werden die Elektrofahrzeuge komplizierter zu produzieren sein?
c) Welche drei wichtigen Bestandteile des Fahrzeuges werden in einem E-Auto ganz anders aussehen?
d) Wie wirkt sich der Umstieg auf Elektromotoren auf die Mitarbeiter aus?
e) Welche Auswirkungen hat die Produktion des Elektrofahrzeuges auf Hersteller und Zulieferer?
f) Welches Produkt stellt in Reaktion auf die E-Mobilität die Firma Elring-Klinger her?
g) Wie reagiert Firmenchef Stefan Wolf auf die Veränderung?
h) Welche Qualifikationen werden in der Zukunft im Bereich „Konstruktion" erforderlich sein?
i) Ordnen Sie die folgende Qualifikation der Mitarbeiter chronologisch (wie sie im Video vorkommen, d.h. Elektronik, IT/Software, Mechanik).

Freies Sprechen/Schreiben: Nennen Sie noch andere Trends, die aktuell auf die Automobilbranche zutreffen, die Sie kennen.

Das Aufgabenblatt wird durch ein Lösungsblatt ergänzt und durch eine Liste von tschechisch-deutschen und deutsch-tschechischen Vokabeln, wobei die wirtschaftsbezogenen Termini in einem gesonderten Glossar erfasst werden, das sowohl Lerner*innen als auch Organisationen, wie z.B. der IHL, zur Verfügung gestellt werden sollen. Abb. 3 ist ein Screenshot dieses Glossars, das insgesamt 460 lexikalische Einheiten beinhaltet.

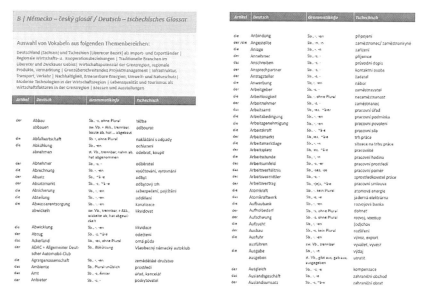

Abb. 3: Zweisprachiges Glossar Tschechisch-Deutsch, Deutsch-Tschechisch (Screenshot)

6 Feedback der TUL-Studierenden zur Umsetzung des Projektes *ProFit im Beruf*

Während der dreijährigen Projektlaufzeit nahmen an der TU Liberec insgesamt 457 Studierende an den Projektaktivitäten teil. Im Rahmen des Qualitätsmanagements zum Projekt wurde in der letzten Projektphase eine anonyme Umfrage gestartet, mit dem Ziel, das Feedback von den am Projekt teilnehmenden Studierenden zu erhalten. Wichtig war uns zu erfahren, inwieweit das Projekt einen Beitrag zur Entwicklung bzw. Erweiterung der sprachlichen, landeskundlichen und interkulturellen Kompetenzen der Studierenden geleistet hat und ggf. welchen Einfluss die Teilnahme an den Projektaktivitäten einen Einfluss auf das Interesse der Studierenden an Sachsen und dessen Wirtschaft und Kultur hatte.

An der Umfrage nahmen 194 Studierende teil, eine Rückmeldung kam von 185 Studierenden (95,4 % Rücklaufquote). Die Umfrage beinhaltete insgesamt zehn Fragen. Sieben Fragen wurden im Multiple-Choice-Format konzipiert, bei drei Fragen bestand die Möglichkeit eine offene Antwort zu geben.

Um einen Einblick zur Projekt-Beurteilung der Studierenden bzw. ihrer Antworten auf die Umfrage zu erhalten, werden nachstehend einige Fragen und Ergebnisse vorgestellt.

Zu welchen Themen des ProFit- Projektes haben Sie in Ihren Kursen, bei der Erarbeitung der Arbeitsblätter (Workshops, Sommerschulen) gearbeitet? Themenangabe (Zahl der Nennungen)

Deutschland u. Tschechien als Import-und Exportländer	**(67)**
Messen und Ausstellungen	**(62)**
Moderne Technologien in der Wirtschaft	**(43)**
Regionale Wirtschafts- und Kooperationsbeziehungen und ihre Spezifika	(38)
Wirtschaftspotenzial der Grenzregion, u. a. regionale Produkte und Vermarktung	(37)
Traditionelle Branchen im Liberecer und Zwickauer Gebiet – Stand und Perspektive	(31)
Lebensqualität und Tourismus als Wirtschaftsfaktoren in der Grenzregion	(27)
Praktisches Projektmanagement im Studium	(19)
Grenzüberschreitendes Projektmanagement	(14)
Nachhaltigkeit: Infrastrukturen, Erneuerbare Energien, Elektromobilität, Umwelt	(9)
Sonstiges	(15)

Welche(s) dieser Themen haben/hat Sie besonders interessiert? … und warum? (Angaben in Prozent)

Deutschland (Sachsen) und Tschechien (Liberecer Bezirk) als Import- und Exportländer	**(14%)**
Infrastruktur: Transport u. Verkehr	**(14%)**
Moderne Technologien in der Wirtschaft	(12%)
Messen und Ausstellungen	(10%)
Traditionelle Branchen im Liberecer und Zwickauer Gebiet	(6%)
Wirtschaftspotenzial der Grenzregion, regionale Produkte, Vermarktung	(6%)

Lebensqualität u. Tourismus als Wirtschaftsfaktoren
in der Grenzregion (6%)
Nachhaltigkeit: Erneuerbare Energien, Umwelt (5%)
Regionale Wirtschafts- und Kooperationsbeziehungen (5%)
Praktisches Projektmanagement im Studium (4%)
Grenzüberschreitendes Projektmanagement (3%)
Sonstiges (15%)

Was wussten Sie VOR dem Projekt ProFit über Sachsen? Welche Beziehung hatten Sie vorher zum deutschen Nachbarbundesland? (Angaben in Prozent)

Ich war oft in Sachsen, z. B. Zittau oder Dresden einkaufen. **(33%)**
Ich war in meiner Freizeit manchmal in Sachsen und habe
z.B. Ausflüge gemacht und Sehenswürdigkeiten
(Weihnachtsmärkte, Museen, …) besucht. **(30%)**
Ich wusste vorher kaum etwas über Sachsen. (9%)
Ich war vorher nie in Sachsen. (7%)
Ich habe Freunde/Verwandte, die in Sachsen wohnen
und/oder arbeiten. (6%)
Ich habe Freunde/Verwandte, die für deutsche Firmen arbeiten. (5%)
Ich arbeite selbst für eine deutsche Firma. (4%)
Ich kenne viele Sachsen, die der Region Liberec arbeiten
und/oder wohnen. (4%)
Sonstiges (2%)

In welchen Bereichen ist Ihrer Meinung nach eine grenzüberschreitende Zusammenarbeit zwischen Sachsen und Tschechien (Region Liberec) wichtig? (Angaben in Prozent)

Tourismus **(17%)**
Import, Export **(12%)**
Handel **(12%)**
Verkehr (10%)
Industrie (10%)
Moderne Technologien und Innovationen (6%)
Bildung (6%)

Kunst und Kultur	(6%)
Messen und Ausstellungen	(6%)
Wirtschaftsbeziehungen	(5%)
Nachhaltigkeit (Erneuerbare Energien, Umweltschutz)	(3%)
Gesundheitssystem	(2%)
Sonstiges	(5%)

Waren für Sie die Projektaktivitäten interessant? Und warum? (Angaben in Prozent)

Ich habe viele neue Informationen zu Sachsen erhalten.	**(41%)**
Die Unterrichtsmaterialien, mit denen ich gearbeitet habe,	
waren gut gemacht und spannend.	**(26%)**
Ich habe tolle Firmen und Workshops besucht.	(9%)
Ich konnte mich mit Teilnehmer*innen aus Sachsen	
austauschen u. mein Deutsch verbessern.	(7%)
Ich konnte neue Kontakte knüpfen.	(6%)
Ich habe neue Freund*innen gefunden.	(6%)
Sonstiges	(5%)

Welche NEUEN Informationen haben Sie zu Sachsen erhalten? Was war für Sie besonders interessant und wichtig? Und warum? (Auswahl von freien Antworten)

Ich habe viel über Sachsen gelernt.

Ich habe über die Möglichkeiten der Zusammenarbeit erfahren.

Sachsen ist ein wunderschöner Ort.

Ich habe etwas über die Wirtschaft, Kultur, Geschichte erfahren und wie man in Sachsen lebt.

Ganz neu war für mich das System der Zusammenarbeit der deutsch-tschechischen Polizei.

Ich finde interessant, dass die Rumburger Patienten die Krankenhäuser in Sachsen besuchen können.

Ich habe über das Kooperationsprogramm Tschechien-Sachsen 2014–2020 erfahren.

Es hat mich überrascht, das Tschechien und Sachsen an so vielen Projekten kooperieren.
Ich habe von der WHZ zum ersten Mal erfahren.

Halten Sie die im Projekt ProFit durchgeführten Maßnahmen für einen zusätzlichen Mehrwert für den Deutschunterricht?

Ja, ganz bestimmt.	(35%)
Ja	(61%)
Eher nicht.	(4%)
Nein.	(0%)

Fazit aus der Befragung: Das aus der Umfrage resultierende Feedback bestätigt, dass die Studierenden vor dem Projektbeginn wenig Informationen zu grenznahen Regionen Sachsens hatten, und dass sie darüber eigentlich sehr positiv überrascht sind. Die bislang erworbenen Kenntnisse über die Wirtschaft und Infrastruktur bezogen sich auf Deutschland allgemein, d. h. in obligatorischen Lehrmaterialien waren die grenznahen Regionen nur wenig oder kaum thematisiert. Oft fehlte ganz einfach die persönliche Motivation seitens der Studierenden.

Aus der Umfrage ist auch ersichtlich, dass durch die persönlichen Kontakte mit deutschen Teilnehmer*innen insbesondere während der Workshops und Sommerschulen sich bei manchen Studierenden das „Sachsen-Bild" zum Positiven entwickelt hatte. Dass die Industrie in Sachsen eine lange Tradition hat, und dass viele traditionelle Branchen wie Glas-, Textil- und Autoindustrie fast identisch mit der Entwicklung der Industrielandschaft Nordböhmens sind, war für die meisten Studierenden aus Liberec eine neue Information. Durch die Projektumsetzung ist ihnen sicherlich bewusst geworden, wie viele Gemeinsamkeiten diese zwei Regionen verbinden, und dass eine grenzüberschreitende Zusammenarbeit für beide Grenzregionen von großer Bedeutung ist.

7 Fazit aus dem Projekt

Das zwischen 2017 und 2020 in Kooperation zwischen der Technischen Universität Liberec und der Westsächsischen Hochschule Zwickau durchgeführte Projekt hat seine Projektziele erreicht. Die organisierten Sommerschulen und Workshops haben die Studierenden und den Lehrkörper beider Institutionen mit sprachlichen, interkulturellen und wirtschaftlichen Zusammenhängen des jeweils anderen Partners vertraut gemacht. Die erworbenen Deutschkenntnisse konnten im Praxistest angewendet und vertieft werden. Das in der Kooperation mit den Studierenden entstandene zusätzliche und thematisch regional ausgerichtete Lehrmaterial für Deutsch, das auf der Lernplattform MOODLE platziert wurde, ist eine wertvolle Bereicherung der wirtschaftsbezogenen Deutschsprachkurse bzw. der Wirtschaftsdeutschkurse an der Technischen Universität Liberec.

© Frank & Timme   Verlag für wissenschaftliche Literatur

INES-A. BUSCH-LAUER

Boom – Boom – Boom:
Regionale Lernwelten für Wirtschaftsdeutsch

1 Einführung

Fast jedes Lehrbuch ist bereits veraltet, wenn es auf dem Markt erscheint. Eigentlich sollten Materialien aber über mehrere Jahre einen Mehrwert haben und einen Erkenntnisgewinn liefern, damit sich die Investition der Verlage und die Arbeit der Autor*innen lohnen und das Interesse und die Lernmotivation der Nutzer*innen wiederholt wecken. Besonders im Fachfremdsprachenbereich, wo es um die Vermittlung sehr spezifischer fachbezogener Kenntnisse und berufsbezogener Sprachfertigkeiten geht, sprechen Verlage oft von einem eher ungewollten Nischenprodukt, das sich oft nicht rechnet, denn auch die Produktion des Lehrerbegleitmaterials, d. h. von Audio- und Videodateien sowie der Lehrerhandreichungen ist nicht nur kosten-, sondern auch zeitintensiv. Welche Lösungen ergeben sich, um den wachsenden Bedarf an fach- und berufsbezogenen Fremdsprachkursen auf verschiedenen Niveaustufen mit überschaubarem Aufwand zu decken? Wie ist die aktuelle Lehrbuchsituation für Wirtschaftsdeutsch? Sollten wir nicht einfach neue, digitale Wege gehen? Inwieweit ist digital nicht sogar genial, um die oben geschriebenen Probleme zu lösen und ein modernes Lehr-Lern-Szenario zu gewährleisten? Und wie sollten sich nach der Rückkehr zur Präsenz bzw. dem Übergang zum hybriden Unterricht in der Zeit nach der Corona-Pandemie, der digitale Unterricht und digitale Prüfungen der Sprachkenntnisse gestalten?

Der vorliegende Beitrag geht auf einige dieser Fragestellungen ein und versucht Antworten zu geben. Dazu werden zunächst drei tradierte Lehrmaterialien für den wirtschaftsbezogenen Deutschunterricht in Bezug auf behandelte Themen und Aktualität der Fertigkeitsvermittlung betrachtet. Daran schließt sich eine kurze Skizze zu Lernoptionen über Lernplattformen und die Möglichkeit der Nutzung von Webkonferenzsystemen an. Schließlich zeigt der Beitrag, wie authentisches Ausgangsmaterial unter Fokus auf regionale Themen unter fachsprachlichen Gesichtspunkten analysiert und didaktisiert werden kann. Abschließend wird ein Blick auf die bestehende Prüfung WiDaF® gegeben und wie sich die Prüfungen in Zukunft unter den digitalen Bedingungen gestalten könnten/sollten.

2 Tradierte Lehrmaterialien für den Wirtschaftsdeutschunterricht

Wenn man eine Internetrecherche zu Unterrichtsmaterialien zum Thema Wirtschaftsdeutsch durchführt, dann stößt man sehr schnell auf Portale, die zu unterschiedlichen Themen der Vermittlung von DaF/DaZ zur Verfügung stehen und gute inhaltliche Übersichten und Materialien bereitstellen.

Das Portal www.derdieDaF.de gibt eine sehr gute Orientierung zu Lehrwerken, Unterrichtmaterialien und zur Fortbildung. Die Rubrik *DaF-Idee* liefert täglich eine Inspiration für Texte, Aufgaben und ihre Lösungen und bietet auch Kopiervorlagen zum Download an. Die Rubrik *DaF Digital* stellt Apps und Tools für den DaF- und DaZ-Unterricht vor, die vom Redaktionsteam für den Unterricht getestet und je nach Anwendungsgebiet bewertet wurden.

Das Forum Wirtschaftsdeutsch (vgl. www.wirtschaftsdeutsch.de) ist das umfangreichste Informationsportal zum Bereich Wirtschaftskommunikation Deutsch. Neben Hinweisen zu Lehrmaterialien und Arbeitsblättern mit ganz unterschiedlicher Fertigkeitsentwicklung und zu verschiedenen Sprachniveaustufen gibt es Informationen zu weiterführender Literatur (eine Webliographie, eine Bibliographie), Einstufungstests und eine Übungsdatenbank Deutsch als Fremdsprache.

Viele renommierte Verlage bieten zu ihren allgemein- bzw. auch berufssprachlich orientierten Lehrmaterialien inzwischen umfangreiche Online-Hilfestellungen wie Lehrerhandreichungen, aber auch Audio- und Videomaterial an und verweisen in diesem Kontext auch auf Material, was fachbezogen genutzt werden kann. Inzwischen sind auch lehrwerk- bzw. verlagseigene Plattformen etabliert, die digitalen Unterricht und auch Selbststudium ermöglichen und auf die DaF-/DaZ-Lehrkräfte mit ihren Kursteilnehmer*innen zugreifen können. Teilweise ist es möglich, Kursmaterial dem Leistungsstand der Kursgruppe anzupassen. Der krisenbedingte Übergang zu digitalen Unterrichtsformaten hat zu einer Vielfalt von Lehr-Lern-Optionen geführt. Es wird sich jedoch noch zeigen müssen, ob die Lernergebnisse die Qualität von Lernerfolgen aus Präsenzveranstaltungen erreichen können.

Im Folgenden werfen wir einen kurzen Blick auf drei tradierte Lehrwerke, die für den Wirtschaftsdeutschunterricht angeboten werden. Es wird deutlich, dass sich Verschiebungen von einem eher tradiert systemlinguistischen zu einen pragmalinguistischen Fokus vollziehen und auch ein Übergang von rein gedrucktem Material zu online-unterstütztem Material und zu leicht anpassbarem Material, das sich am speziellen Bedarf der Lerngruppe orientiert, möglich ist. Inwieweit sich diese Prozesse auch in den angebotenen Prüfungsformaten für wirtschaftsbezogene Sprachprüfungen niederschlagen, wird im Anschluss betrachtet.

2.1 Wirtschaftskommunikation Deutsch NEU (Sprachniveau B2-C1 nach GER)

Die Neuauflage des vom Goethe-Instituts in Kooperation mit der DIHK herausgegebenen, tradierten Lehrmaterials *Wirtschaftskommunikation Deutsch*[1] des Lehrbuchautors Volker Eismann (verfügbar über den Verlag Klett) richtet sich an Kursteilnehmer*innen im In-und Ausland ab dem Sprachniveau B2-C1 (GER), die Deutsch als Fremdsprache im Rahmen ihrer Berufstätigkeit benötigen, zum Beispiel zur Bewältigung von Kommunikationssituationen in der externen Unternehmenskommunikation, aber auch für Mitarbeiter*innen, die für ein Unternehmen im deutschsprachigen Raum mit Deutsch als Unternehmenssprache arbeiten, d. h. also Situationen der unternehmensinternen Kommunikation bewältigen müssen. Das Material besteht aus Kursbuch, zwei Audio-CDs und einer DVD.

Der thematische Fokus liegt in 19 Kapiteln auf wirtschaftsbezogenen Kommunikationssituationen im beruflichen Alltag, die an Wirtschaftsabläufen im Unternehmen orientiert sind und auch Abteilungsaufgaben im Unternehmen widerspiegeln.

Das Material ist sehr gut strukturiert und auch optisch gut organisiert. Es wird zwischen Hintergrundkapiteln (grüne Linie – in der Übersicht unten

---

1 **Wirtschaftskommunikation Deutsch** wurde vom Goethe-Institut in Zusammenarbeit mit dem Deutschen Industrie- und Handelskammertag mit Unterstützung der Europäischen Gemeinschaft im Rahmen des Lingua Programms entwickelt und mit Mitteln der Otto-Wolf-Stiftung gefördert.

durch Fettdruck markiert) und Unternehmenspraxiskapiteln zur Festigung und Vertiefung (im Lehrbuch blau, hier in Normalschrift) unterschieden. Folgende Themen stehen im Mittelpunkt:

1 **Leute, Berufe, Tätigkeiten**
2 Berufliche Tätigkeit beschreiben (Ausbildung, berufliche Qualifikation beschreiben,
3 **Unternehmenspräsentation**
4 Unternehmenspräsentation vorbereiten
5 **Messeprofile**
6 Messebesuche vorbereiten
7 Messegespräche führen
8 **Auftragsabwicklung**
9 Angebot erstellen
10 Angebot verhandeln
11 **Vertriebswege und Vertriebspartner**
12 Vertriebspartner suchen
13 Vertriebspartner auswählen
14 **Produktpolitik**
15 Einen Bedarf ermitteln
16 Ein neues Produkt entwickeln
17 **Markterschließung**
18 Neues Produkt auf den Markt bringen
19 Verkaufsförderung planen

Reichhaltige Unterstützung erhalten die Lehrkräfte durch das Begleitmaterial (Audio- und Videomaterialien) und über explizite Unterrichtsanleitungen mit methodisch-didaktischen Hinweisen für die einzelnen Lernkapitel. Es werden „authentische Handlungsketten aus bekannten Industrieunternehmen" (vgl. https://www.klett-sprachen.de/wirtschaftskommunikation-deutsch/r-1/250#reiter= mediathek&dl_niveau_str=B2-C1&dl_kategorie=28&anchor=380) aufgezeigt, ebenso wie „Risiken und interkulturelle Missverständnisse" (ebd.) und deren Vermeidung. In den kursbegleitenden Videos werden Unternehmensporträts vorgestellt. Diese sind beispielsweise eine gute Ausgangsbasis für weiterführende Rechercheaufgaben und auch für eigene Projektaufgaben der Kursteilnehmer*innen.

Das Online-Material/die Downloads beziehen sich auf das Inhaltsverzeichnis und Vorwort zum Kurs, auf die Konzeption des Lehrwerks, das Unterrichten mit dem Lehrwerk und methodisch-didaktische Empfehlungen zu den einzelnen Kapitelthemen. Zu allen Hörtexten werden Transkriptionen angeboten.

Das Lehrwerk bereitet durch das Training von Vokabular (Allgemein- und Fachwortschatz der Wirtschaft), durch den gleichzeitigen Fokus auf alle Sprachfertigkeiten und auch auf die Grammatik sehr gut auf die Prüfung WiDaF vor und ist damit komplementär zu dem Material *Das Testbuch Wirtschaftsdeutsch* (vgl. Langenscheidt, Klett, vgl. https://www.klett-sprachen.de/das-testbuch-wirtschaftsdeutsch/t-1/9783126061841), einem Trainingsbuch zur Vorbereitung auf den von der deutsch-französischen Handelskammer entwickelten Test einsetzbar.

2.2 Geschäftliche Begegnungen DaF und Entscheidungen – Deutsch als Geschäfts- und Verhandlungssprache

Das Lehrwerk *Geschäftliche Begegnungen DaF* (seit 2016 im Markt) ist auf den Sprachniveaus A2+ und B1+ erhältlich. Beide Teile enthalten je sieben Kapitel mit Lese- und Hörtexten, Dialogübungen sowie Wortschatztraining und Grammatikaufgaben zu Themen aus dem Berufsalltag. Dabei werden typische mündliche und schriftliche Situationen aus dem Geschäftsleben behandelt, z. B.

A2: Begrüßung und Vorstellung Arbeitstag, voller Terminkalender, geschäftliche Kontakte, Berufsverkehr, Geschäftsreise, Produkte und ihre Eigenschaften.

B1: Ausbildung und Beruf, Geld verdienen und ausgeben, Geschäftskontakte und Umgangsformen, Allerlei Produkte, Standort und Wohnort, Verkaufen und Kaufen, Arbeitszeiten und Arbeitswege.

Das Lehrwerk *Entscheidungen – Deutsch als Geschäfts- und Verhandlungssprache* baut auf Niveau B2 auf und ist an fortgeschrittene Lernende im beruflichen Bereich gerichtet. Im Mittelpunkt stehen hier Kommunikationssituationen wie Teambesprechungen, Projektmanagement, Verhandlungen mit Geschäftspartnern, Bewerbungsverfahren (mündliche Textproduktion) und die Vertiefung der schriftlichen Kompetenzen für relevante Textformen, z. B. E-Mailverkehr, Sitzungsprotokolle, verschiedene Vertragsformen. Die Lehrwerke des Schubert-Verlages werden durch Audio-Dateien (MP3-Format), Online-Übungsmaterial und auch Wortschatzlisten im pdf-Format begleitet, die online zum Download zur Verfügung stehen. Die Lehr- und Kursbücher des Schubert-Verlages sind auch als E-Books erhältlich und daher sehr gut für die digitale Lehre nutzbar.

2.3   DaF im Unternehmen

Die Lehrwerkreihe *DaF im Unternehmen – Kompetent kommunizieren im Beruf* (seit 2018 im Markt) erweitert das Spektrum an fachbezogenem Lehrmaterial im Wirtschaftskontext durch den Fokus auf die Sprachniveaus A1 bis B2 (GER) und die Erweiterung der Zielgruppe auf Erwachsene und Jugendliche ab 16 Jahren mit oder ohne Berufserfahrung. Es bietet zudem den Vorteil, das neben den Kursbüchern auf den Teilsprachniveaus A1-B2 auch Doppelbände für die Sprachniveaus A1-A2 und B1-B2 in einem Band verfügbar sind. Zudem gibt es neben dem Lehrbuch auch einen Übungsbuchteil, ein Medienpaket mit CDs und DVD, Lehrerhandbuch sowie eine umfangreiches Online-Material-Basis. Ausgesprochen positiv an diesem Lehrmaterial ist, dass es für alle Niveaus Einstufungstests anbietet, die entweder als pdf herunterladbar sind oder aber am Computer bearbeitet werden können. Zusätzlich werden für alle Niveaus zahlreiche Online-Übungen angeboten, Lektionstests als Progressionstest angeboten und auch Übersichten über den Lektionswortschatz. Verschiedene berufliche Szenarien und Rollenspiele trainieren die produktiven Fertigkeiten. Hier ist ein klarer Übergang von systemlinguistisch ausgerichteten Unterrichtsszenarien zum pragmalinguistischen Unterricht spürbar.

Sehr positiv ist, dass das Kompetenztraining von DaF im Unternehmen für jede Niveaustufe nach Lesen, Hören, Sprechen und Schreiben präzise aufgeschlüsselt wird, so dass die Lehrkräfte für ihre Unterrichtsgestaltung eine gute Übersicht erhalten und die Lernenden ihre erreichten Ergebnisse bei Bedarf selbst gut einschätzen können.

Zum Lehrwerk wird zudem ein tutorielles Online-Seminar im YouTube-Format angeboten, das unter https://www.youtube.com/watch?v=v0sc6I_Wtjk abrufbar ist. So erhalten auch Noviz*innen in der Sprachlehre eine wirkungsvolle Unterstützung.

2.4   Fazit aus der Lehrwerkbetrachtung

Wenn man die Lehrwerke zusammenfassend betrachtet, so zeigt sich als Gemeinsamkeit die Behandlung von berufssprachlichen Szenarien, vor allem für bereits im Beruf tätige Personen, die auch bereits über Kenntnisse der Prozesse in einem Wirtschaftsunternehmen verfügen. *DaF im Unternehmen* nimmt hier eine Ausnahmerolle ein, da es auch an Auszubildende (als junge Erwachsene ohne Fachkenntnisse) gerichtet ist. Alle drei Lehrwerke sind gut eingeführt, sie bereiten auf ihre Weise auf die vier Sprachfertigkeiten zur Bewältigung der in den Lehrwerken behandelten Kommunikationssituationen vor. Es wird ein deutlicher Übergang von rein analogen zu digital unterstützten Angeboten, die jederzeit und von überall aus verfügbar sind, deutlich. Damit wurde der Grundstein für ein neues Lehr-Lern-Szenario gelegt. Was in den drei Lehrwerken allerdings nicht thematisiert wird bzw. werden konnte, ist der Bereich der akademischen Themen aus den Wirtschaftswissenschaften. Hier besteht wie Dammers (in diesem Band) ausführt, eine deutliche Lücke, die aber durch das von WiPDaF entwickelte Material sehr gut gefüllt werden kann.

In der Broschüre „Arbeitsplatz Europa: Sprachkompetenz wird messbar. A Common European Framework of Reference for Language Learning and Teaching" (CEF) DIHK (Hrsg., (2016: 6ff.) werden die für die Kommunikation am Arbeitsplatz ermittelten notwendigen Sprachkompetenzen (Fertigkeiten) über eine Beschreibung der Kann-Deskriptoren des Gemeinsamen Europäischen Referenzrahmens für Sprachen (GER) zugeordnet. Es ergibt sich für die Niveaustufen B2 bis C2 (die auch für Studierende relevant sind) folgendes Bild:

Tab. 1: Sprachniveaus und Fertigkeiten (DIHK 2014: 6ff.)

GER- Niveau		Der Mitarbeiter kann folgende Aufgaben bewältigen:
C2 Competent User Komplexe Informationen steuern und moderieren	**Hören:** Müheloses Verstehen aller Aspekte des Arbeitsbereichs	Hat keinerlei Schwierigkeit bei normalem Sprechtempo gesprochene Sprache zu verstehen. Braucht etwas Zeit, sich an einen Akzent zu gewöhnen.
	Lesen: Komplexe umfassende Berichte, z. B. in Sachbüchern und Fachartikeln verstehen. Müheloses Verständnis von Texten aller Art.	Kann Texte verstehen, die stark idiomatisch oder umgangssprachlich sind. Kann stilistische Feinheiten erkennen und ihre Funktion innerhalb des Textes richtig einschätzen. Kann Korrespondenz jeglicher Art verstehen. Kann Verträge/Verordnungen und Handbücher lesen
	Schreiben: Korrespondenz jeglicher Art selbstständig erstellen. Umfassende Berichte zu komplexen Fragen und Protokolle adressatenspezifisch und stilistisch variiert erstellen.	Kann klare und gut strukturierte Briefe auch komplexerer Art im passenden Stil schreiben. Kann ein Thema, das er recherchiert hat, umfassend darstellen, die Meinung anderer zusammenfassen, Detailinformationen und Fakten aufführen und beurteilen. Kann gut strukturierte und lesbare Berichte und Artikel zu komplexen Sachverhalten seines Aufgabengebietes, z.B. für das Ergebnisprotokoll einer Sitzung, verfassen
	Sprechen: Besprechungen und Verhandlungen moderieren und auf unerwartete Situationen reagieren. Verschiedene sprachliche Mittel flexibel handhaben und mühelos Sprachen wechseln.	Kann auf unerwartete Situationen, die auch von kulturellen Unterschieden geprägt sein können, sprachlich angemessen und sensibel reagieren. Kann an Verhandlungen/Besprechungen mit Muttersprachlern und Nichtmuttersprachlern aktiv teilnehmen und diese moderieren. Kann Informationen aus verschiedenen Quellen verstehen und die darin enthaltenen Argumente und Sachverhalte mündlich zusammenfassen. Kann sich flexibel verschiedener sprachlicher Mittel bedienen, um wichtige Aspekte hervorzuheben, zu differenzieren, Mehrdeutigkeit zu beseitigen oder kontrastsprachlich zu agieren.

GER- Niveau		Der Mitarbeiter kann folgende Aufgaben bewältigen:
C1 Competent User	**Hören:** Präsentationen, Berichte, Erläuterungen im Detail verstehen.	Kann ein breites Spektrum von Redewendungen und umgangssprachlichen Ausdrucksweisen verstehen und Stilebenen richtig beurteilen. Kann inhaltlich und sprachlich komplexe Präsentationen, Berichte/Bedienungsanleitungen im Rahmen des eigenen Berufsfeldes verstehen.
	Lesen: Komplexe Fachartikel, technische Anleitungen und detaillierte Informationen von Aufzeichnungen jeglicher Art verstehen.	Kann komplexen Texten aus dem eigenen Fachgebiet die benötigten Informationen entnehmen. Kann ausführliche Berichte und Analysen verstehen
	Schreiben: Komplexe Briefe, z. B. Beschwerden, adressatenspezifisch formulieren und beantworten. Berichte über komplexe Sachverhalte zunehmend selbstständig erstellen.	Kann formal korrekte Beschwerdebriefe schreiben und um Problemlösungen bitten. Kann eine Stellenbewerbung mit Lebenslauf schreiben. Kann Informationen aus verschiedenen Quellen zusammentragen und in zusammenhängender Form schriftlich zusammenfassen, eventuell unter Einbeziehung grafischen Materials. Kann in einem Bericht zu einem Thema Standpunkte ausführlich erläutern, gegeneinander abwägen und durch Unterpunkte, Begründungen oder geeignete Beispiele stützen
	Sprechen: Über ein sehr breites Spektrum von Themen berufsspezifischer und allgemeiner Art sprechen. Adressatenbezogene Präsentationen durchführen. Komplexe Sachverhalte darstellen und Lösungen aufzeigen	Kann in Besprechungen den eigenen Standpunkt präzise und klar formulieren, überzeugend argumentieren und auf komplexe Argumentationen anderer reagieren. Kann aus dem eigenen Fachgebiet klar gegliederte, adressatenbezogene Präsentationen unter Einbeziehung grafischen Materials geben, dabei spontan auf Fragen von Zuhörern reagieren. Kann komplexe Sachverhalte klar und detailliert darstellen und eventuelle problembehaftete Aspekte zur Lösung führen.

GER- Niveau	Der Mitarbeiter kann folgende Aufgaben bewältigen:	
B2 Independent User Umfangreiche Informationen bearbeiten und vermitteln	**Hören:** Komplexere Informationen zum Arbeitsbereich in Besprechungen, Präsentationen im Ganzen verstehen.	Kann die wesentlichen Aspekte von Informationen/Präsentationen/Diskussionen zum Arbeitsbereich verstehen, wenn in der Standardsprache gesprochen wird.
	Lesen: Hauptinhalte von umfassenden Berichten, Schriftstücken, Vorträgen, Verhandlungen, Verträgen, usw., mit firmenspezifischem Inhalt erfassen.	Kann Korrespondenz zum Fachgebiet lesen und die wichtigsten Punkte erfassen. Kann Texte zum Fachgebiet, einschließlich grafischer Darstellungen, im Detail verstehen. Kann geeignete Nachschlagewerke selektiv benutzen
	Schreiben: Formelle Standardbriefe selbstständig erstellen. Texte zum Fachgebiet erstellen. Mittelschwere Grafiken beschreiben, Inhalte wiedergeben.	Kann formelle Standardbriefe an Geschäftspartner und Behörden verfassen. Kann in Briefen Stellung nehmen und klar machen, worin das Problem begründet ist. Kann detaillierte Texte mit klarer Gedankenführung über Themen aus dem eigenen Fachgebiet schreiben, z.B. in Form von Berichten oder Protokollen. Kann Informationen aus verschiedenen Quellen und Medien schriftlich gut verständlich und weitgehend korrekt zusammenfassen
	Sprechen: Arbeitsabläufe, Vorgänge, Versuche und Projekte beschreiben und erläutern. Hauptinhalte von Besprechungen und Präsentationen wiedergeben. Standpunkte darlegen sowie Missverständnisse und Differenzen beseitigen.	Kann in Besprechungen seinen Standpunkt durch Erklärungen/Argumente/Kommentare begründen und verteidigen sowie bei eventuellen Differenzen zur Klärung beitragen. Kann in Entscheidungsprozessen Vorschläge machen/beurteilen, Hypothesen aufstellen und auf diese reagieren. Kann bei Unklarheiten/Missverständnissen nachfragen, ob der Sachverhalt richtig verstanden wurde und auf klärende Aspekte näher eingehen oder zur Klärung beitragen. Kann Arbeitsabläufe/Vorgänge/Versuche/Projekte klar und detailliert beschreiben und erläutern. Kann berufsspezifische Informationen größeren Umfangs, z.B. Hauptinhalte von Verträgen/Verhandlungen/Präsentationen, verdichten und mündlich wiedergeben

Diese Kann-Beschreibungen können und soll(t)en grundsätzlich Ausgangs-punkt für die Konzipierung von Lehr- und Lernmaterialien im Bereich Wirt-schaftskommunikation Deutsch sein, müssen allerdings bei Betrachtung von Studienprozessen um die akademischen Anforderungen, die ein wirtschafts-wissenschaftliches Studium stellt, ergänzt werden. Außerdem sind die vier Fertigkeiten nicht losgelöst voneinander zu bewerten, sondern in einem Kommunikationskontext. Eine weitere, hilfreiche Präzisierung der Kompeten-zen ist durch den Begleitband zum GER (vgl. Europarat, Hrsg. 2020) erfolgt.

3   Digitale Lehre: Lernplattformen und Webkonferenzsysteme

Im Rahmen der digitalen Veranstaltung des Fachverbandes Deutsch als Fremdsprache (FaDaF) im Dezember 2020 unter dem Titel „Wir unter uns" wurde eine kurze Umfrage unter den ca. 68 Teilnehmer*innen weltweit gestar-tet, wie die Dozierenden ihre digitale Lehre im DaF/DaZ-Bereich einschät-zen. Auf die Frage „Zu wie viel Prozent unterrichten Sie online?" gaben 63% *vollumfänglich digital* an, 7% der Befragten arbeiten zu *75% digital*, 11% der Befragten zu *50 % digital*, 11% *zu 25% digital*. Daraus ist zu folgern, dass die digitale Lehre durch die Pandemie enorm an Notwendigkeit gewonnen hat. Allerdings wird durch die Antworten auf die zweite Fragestellung auch deut-lich, dass das Echo auf Online-Unterricht bei Sprachlehrkräften sehr unter-schiedlich ist. Auf die Frage: „Wie gefällt Ihnen das Online-Unterrichten im Vergleich zum analogen Unterrichten?" gaben insgesamt 45% an, „*gleich gut/gleich schlecht*", 11% „*besser als analog*" und 45% aber auch „*schlechter als analog*". Erste Studien zur komplett digitalen Lehre werden derzeit erarbeitet bzw. publiziert (vgl. Eickelberg 2021; Wipper/Schulz 2021).

Was die meisten Sprachlehrkräfte bei der reinen Arbeit mit Lehrwerken vermissen, ist, dass es schwierig erscheint, die darin enthaltenen Themen für die jeweilige Kursgruppe so passgenau zuzuschneiden, dass das Sprachniveau und die konkreten Kommunikationsanforderungen der Kursteilnehmer*innen sowie auch die Lernerfolgskontrolle abgebildet werden können. Eine Lö-sungsoption dazu bieten Lernplattformen und Lernmanagementsysteme wie MOODLE oder OPAL. Sie sind zwar seit langem eingeführt, allerdings hielt sich deren Anwendung für die Fremdsprachenvermittlung und ihre Populari-tät bei Lehrenden und Studierenden leider lange Zeit eher in Grenzen. Die

Gründe dafür sind vielfältig und bedürfen einer gesonderten Analyse. Mit dem Ausbruch der Corona-Pandemie war es jedoch erforderlich, Lehr-Lern-Prozesse genauso effektiv wie in Präsenz zu organisieren und die verschiedenen Sprachkurse digital abzubilden, wobei sich die verschiedenen, bereits in den Hochschulen etablierten Lernplattformen bzw. Lernmanagementsysteme als wirkungsvolle Option erwiesen. Daher führte der Kaltstart zu digitaler Lehre mit Pandemiebeginn im März 2020 dazu, dass mehrheitlich auf die verfügbaren Online-Ressourcen zur Organisation von Kursen zurückgegriffen werden musste. An der WHZ wurde die Entscheidung getroffen, die Lernplattform OPAL (Online-Plattform für Akademisches Lehren und Lernen) in Verbindung mit dem Open Source Webkonferenz-System BigBlueButton (BBB) einzusetzen.[2] Diese Kombination hat sich nach nunmehr zwei digitalen Semestern als durchaus zielführend, wenngleich nicht als optimal erwiesen, den gerade Sprachunterricht lebt von Interaktion und zumindest von visueller Präsenz (über die Kamera), die durch die Dozierenden zwar möglich ist, aber bei großen Gruppen leider nicht durch alle Kursteilnehmer*innen, da es immer wieder zu technischen Instabilitäten mit dem System oder dem Internet kommt. Der häufigste Grund für die teilweise negativen Einstellungen zur digitalen Lehre ist daher der fehlende persönliche Kontakt zu den Studierenden und die über den normalen Unterricht hinausgehenden Diskurse sowie die Anwendung von Fremdsprachenkenntnissen in der Praxis. Es wird folglich auch in Zukunft nicht möglich, Fremdsprachenunterricht ausschließlich über die Nutzung von Lernmanagementsystemen und Webkonferenzen durchzuführen. Aber einmal eingeführte digitale Formate werden ihre Fortsetzung in der Nach-Pandemie erfahren.

4 Lehrmaterialien im Projekt *ProFit im Beruf*

Lehrmaterialien mit regionalem Bezug, die in dieser Form bislang nicht in Lehrwerken abgebildet sind, wurden im Projekt *ProFit im Beruf – Sprach- und Fachsensibilisierung im Studium* entwickelt.

Ausgangspunkt für die Entwicklung von Materialien war die Analyse der Anforderungen der Bedarfsgruppe, eine Analyse der Sprachbedarfe der Un-

---

2 Zu den Erfahrungen mit den Systemen vgl. Rusch und Kramel/Stahl in diesem Band.

 © Frank & Timme   Verlag für wissenschaftliche Literatur

ternehmen (vgl. Neumannova/Vlčková in diesem Band) und der vorliegenden für die Zielgruppe verfügbaren Unterrichtsmaterialien an der TU Liberec. Die Zielgruppe an der TUL sind Wirtschaftsstudierende, die Deutsch auf verschiedenen Sprachniveaustufen lernen (vordergründig auf Niveau A2-B2) und an der WHZ internationale Studierende der Wirtschaftswissenschaften bzw. Austauschstudierende an der Fakultät Angewandte Sprachen und Interkulturelle Kommunikation der WHZ, die oft einen Fachhintergrund in der Germanistik mitbringen, deren Sprachkenntnisse aber heterogen sind und von A2 bis C1 (GER) reichen. Das Material richtet sich zudem auch an Studienanwärter*innen in WIW-Kursen von Studienkollegs und an internationale Studierende der Wirtschaftswissenschaften bzw. Fremdsprachenstudierende, die einen Auslandsaufenthalt bzw. ein Studium an sächsischen Hochschulen absolvieren und ihre fachbezogenen Sprachkenntnisse und Fertigkeiten bezogen auf wirtschaftsrelevante Themen praxisnah erweitern und vertiefen möchten.

Ziel war es, die Deutsch-als-Fremdsprache-Ausbildung beider Einrichtungen durch lehrwerkunabhängiges Material zu komplettieren, indem Themen aufgegriffen wurden, die die Grenzregion Sachsen – Tschechische Republik thematisieren, authentisch und aktuell sind sowie leicht in ein interessantes digitales Format überführt werden können, das jederzeit und über alle Endgeräte verfügbar ist. Dazu hat sich der gut etablierte e&m Learning Publisher (emLP) des Unternehmens EUROKEY Software GmbH bewährt. Mit dieser universellen Entwicklungsplattform lassen sich einfach, schnell und intuitiv Module für Web Browser, Tablet, Interaktives Whiteboard, E-Book Reader und Smartphone erstellen. In Absprache der Projektpartner wurden 10 Themen identifiziert, für die im EFRE-finanzierten Projekt Zusatzmaterialien für MOODLE an der TU Liberec und auch für OPAL an der WHZ entwickelt wurden.

Zur Umsetzung des Projektes wurde an der WHZ das Konzept der „Landschaften" gewählt, um interkulturell relevante und landeskundlich attraktives Material zu didaktisieren. Über fünf Landschaftskonzepte (vgl. Hartinger in diesem Band) werden aktuelle, authentische Textmaterialien auf verschiedenen Sprachniveaus und unter Einbeziehung der Fertigkeitsentwicklung für den DaF-Unterricht didaktisch-methodisch aufbereitet. Das Durchlaufen der verschiedenen Stationen bildet auch die von den Projektteilnehmer*innen im Projekt durchgeführten Veranstaltungen und Veranstaltungsorte ab und kann beliebig aktualisiert werden.

Die fünf Landschaften untergliedern sich in:

1 *Bildungs- und Hochschullandschaften*
Die WHZ und die TUL mit ihren Studiengängen
Grenzüberschreitendes Projektmanagement in verschiedenen Bereichen
Praktisches Projektmanagement im Studium

2 *Kultur- und Messelandschaften*
Traditionelle Branchen im Liberecer und Zwickauer Gebiet
Messen und Ausstellungen
Regionale Wirtschafts- und Kooperationsbeziehungen

3 *Unternehmens- und Technologielandschaften*
Deutschland (Sachsen) und Tschechien (Liberecer Bezirk) als Import- und Exportländer Wirtschaftspotenzial der Grenzregion, regionale Produkte, Vermarktung
Infrastruktur: Transport, Verkehr, Moderne Technologien in der Wirtschaft

4 *Natur- und Tourismuslandschaften*
Lebensqualität und Tourismus als Wirtschaftsfaktoren in der Grenzregion
Nachhaltigkeit: Erneuerbare Energien, Umwelt
Grenzüberschreitendes Projektmanagement

5 *Projekt- und Zukunftslandschaften*
Energie, Umwelt, Verkehr
Wirtschaft, Wachstum, Ökologie
Bildung, Kooperation, Nachhaltigkeit
Leben und Arbeiten in der Zukunft

Die gewählten Themenfelder orientieren sich an der Praxis und dem Informationsbedarf von Unternehmen/Institutionen der Region und sollen die am Deutschkurs Teilnehmenden sowohl für Fragestellungen und Probleme aber auch für Innovationen und Problemlösungen sensibilisieren, die den Alltag

© Frank & Timme   Verlag für wissenschaftliche Literatur

der Menschen und die Berufswelt der Zukunft maßgeblich bestimmen werden.

Zu jedem Themenfeld wurden in einem ersten Schritt Informationsquellen zusammengestellt. Eine Übersicht zu den kompilierten Quellen ist in Anhang A enthalten. Danach wurden Themen spezifiziert und Materialien so aufbereitet, dass sie auf der OPAL-Lernplattform abgelegt und zur Verfügung gestellt werden konnten sowie über den emLP weiterführende Aufgaben (Videoausschnitte, Vokabeleinheiten, Grammatikthemen etc.) zu den selektierten Themenausschnitten erstellt wurden. Diese führten schließlich zur Realisierung der Landschaften, die als Wegstrecken durch Sachsen und Tschechien verlaufen (vgl. Hartinger in diesem Band und http://profit.tul.cz/landschaften).

Im Folgenden (vgl. Abschnitt 5) werden drei Beispiele für die Didaktisierung von Einzelthemen vorgestellt. Es handelt sich dabei um in sich geschlossene Einheiten, die aus drei Landschaftsbereichen stammen:

Beispiel 5.1: Bildungs- und Hochschullandschaften – Die Partnerhochschulen

Beispiel 5.2: Kultur- und Messelandschaften – Messen und Ausstellungen in Sachsen

Beispiel 5.3: Unternehmens- und Technologielandschaften – „Boom – 500 Jahre Industriekultur in Sachsen" der 4. Sächsischen Landesausstellung (11.7.–31.12.2020).

5 Didaktische Beispiele

Für jedes Themenfeld der Landschaften wurden grundlegende wirtschaftsbezogene (Fach-)Texte verschiedener Textsorten unter didaktisch-methodischen Aspekten selektiert und unter sprachlich-kulturellem Aspekten aufbereitet. Jeder Einheit sind die Lernziele der Einheit vorangestellt, so lässt sich der Lernfortschritt nach Abschluss der Einheit verfolgen.

In Bezug auf die zu erwerbenden Fertigkeiten liegt der Fokus einerseits auf Informationsrecherche und -auswertung; dadurch sollen insbesondere die rezeptiven Fähigkeiten ‚Verstehendes Lesen‘ und ‚Verstehendes Hören‘ gestärkt werden. Andererseits geht es aber auch um die Entwicklung der produktiven sprachlich-kulturellen Fertigkeiten, wie zum Beispiel das ‚monologische' und ‚dialogische Sprechen' zur Vorbereitung von internationalen Teambesprechungen, die effektive Gestaltung des Projektmanagements mit Partnern sowie die effektive Bewältigung studienrelevanter und berufspraktischer Kommunikationsaufgaben (Förderung der schriftlichen Kompetenz).

5.1 Bildungs- und Hochschullandschaften

Lernziele:

In dieser Lektion lernen Sie die **Partnerhochschulen WHZ** und **TU Liberec** über einige ausgewählte Fakten kennen und erfahren mehr über das Studierendenleben in Deutschland bzw. in der Tschechischen Republik.

Sie erwerben und festigen

- Kenntnisse in der Landeskunde,
- Kenntnisse zum Recherchieren und Präsentieren,
- Fertigkeiten im Verstehenden Hören
- Kenntnisse im Verfassen von Texten
- Kenntnisse im Vorbereiten und Drehen von Imagevideos
- Kenntnisse in Werbesprache und Werbekommunikation

Die WHZ und die TU Liberec im Projekt ProFit im Beruf – durch Sprach- und Fachsensibilisierung im Studium

(0) **Vorentlastung:** Erwartungen an das Projekt an Tafel oder digitalem Whiteboard sammeln und strukturieren.

(1) **Recherche:** Informieren Sie sich über die zweisprachige Homepage des Projektes „ProFit im Beruf – durch Sprach- und Fachsensibilisierung im Studium" (vgl. https://www.sn-cz2020.eu/de/projekte/gefoerderte_projekte/ProFIT.jsp) über die Ziele und die Veranstaltungen der Partnerhochschulen im Projekt.

Nutzen Sie zur Recherche auch die Facebook-Seite des Projektes ProFit im Beruf (https://de-de.facebook.com/ProFitimBeruf/).

(2) **Interview:** Beantworten Sie die folgenden Fragen. Bereiten Sie sich auf eine Videokonferenz mit der Partnerhochschule vor, die dem gegenseitigen Kennenlernen dienen soll. Benutzen Sie Textbausteine aus dem Bereich „Sich vorstellen".

- Welches Fach studieren Sie und warum? Begründen Sie Ihre Wahl.
- In welchem Semester/Studienjahr sind Sie jetzt?
- Wie sind Sie auf Ihre Hochschule aufmerksam geworden?
- Welche Lieblingsfächer haben Sie im Studium und warum?
- Was fällt Ihnen im Studium leicht und was schwer?
- Was wissen Sie noch über Ihre Hochschule? Was über die Partnerhochschule?
- Wie würden Sie potentielle Austauschstudierende für Ihre Hochschule begeistern?

(3) **Video:** Sie planen ein Auslandssemester und möchten sich über die Westsächsische Hochschule Zwickau bzw. über die TU Liberec informieren. Schauen Sie sich die Imagefilme der Hochschule an.

- Trailer WHZ: https://www.youtube.com/watch?v=eVTb0NNXSDI, (A2 GER)
- WHZ-Film: https://de-de.facebook.com/fh.zwickau/videos/neuer-imagefilm-der-whz-14-minuten/113521868769138/, (B1 GER)
- WHZ-Film: https://www.youtube.com/watch?v=xDtO4nY2B38, (B2 GER)
- TUL-Film: https://www.youtube.com/user/TULiberec
- TUL-Film: https://www.youtube.com/user/TULiberec/videos

Welche Imagefilme finden Sie gut bzw. nicht so gut? Bewerten Sie nach den Kriterien: Informativität, Attraktivität, Modernität, weitere Kriterien Ihrer Wahl, auf einer Skala von 1 (sehr gut) bis 5 (schlecht). Begründen Sie Ihre Meinung.

(4) **Daten sammeln, strukturieren und vergleichen:** Schauen Sie sich nun auf der Homepage der WHZ und der TU Liberec um. Finden Sie folgende Fakten/Informationen und füllen Sie die Tabelle aus. Bereiten Sie eine

kurze Präsentation dazu für die Studierenden im Plenum vor. Welche Gemeinsamkeiten und welche Unterschiede können Sie zwischen den Hochschulen feststellen?

Fakten	WHZ	TUL
Anzahl der Studierenden		
Anzahl der Studiengänge		
Anzahl der Fakultäten		
Bewerbungsmodalitäten für ein Auslandssemester Termine: Unterlagen: Anrechnung von ETCS: Learning Agreement		
Kontaktadresse IO und Ansprechpartner Fakultät		
Wohnen und Leben		

Bewerten Sie den Webauftritt der Hochschulen. Nennen Sie Faktoren, die Ihnen auf der Homepage gefallen und Faktoren, die es nach Ihrer Meinung zu verbessern gilt.

(5) **Fragen stellen:** Die WHZ hat zweimal im Jahr einen Tag der offenen Tür, der auch Hochschulinformationstag (HIT) genannt wird. Formulieren Sie 5 Fragen zu Themen, die Sie besonders interessieren. Bereiten Sie Antworten zu diesen Fragen aus der Perspektive Ihrer Heimathochschule vor.

(6) **Kurzporträt formulieren:** Die Abteilungen Hochschulmarketing und Kommunikation bittet Sie, sich mit einem Kurzporträt zu Ihren Studienerfahrungen in Ihrem Studiengang zu beteiligen. Verfassen Sie einen kurzen Text und machen Sie ein Selfie, beides soll in der Broschüre stellvertretend gedruckt werden. Sie können diese Aufgabe auch für ein Studienportal oder soziale Medien der Hochschulen vorbereiten.

(7) **Video drehen.** In einem nächsten Schritt sollen Sie ein Video über Ihre Fakultät drehen.

Bereiten Sie in der Gruppe ein Drehbuch dazu vor und erstellen Sie dann ein Video. Die Mitglieder Ihrer Gruppe stehen im Wettbewerb mit anderen Studierenden. In Vorbereitung auf den Dreh schauen Sie sich den im Projekt ProFit entstandenen Film an, vgl. https://www.youtube.com/watch?v=_QnIBigobVQ.

(8) **Projekte und Projektabläufe kennenlernen:** Projekte in der Grenzregion im Rahmen von Hallo Nachbar! – Ahoj Sousede! Gehen Sie auf die Homepage (https://www.sn-cz2020.eu/de/foerdergrundlagen/programminformationen/basisseite_1.jsp) und informieren Sie sich über weitere Projekte, die im Programmgebiet erfolgreich initiiert wurden und deren Ergebnisse. Welche Programmschwerpunkte gibt es für die Zukunft? Berichten Sie darüber.

(9) **Lernerfolg im Portfolio dokumentieren**
Fassen Sie kurz für Ihr Lerntagebuch in Stichpunkten zusammen, was Sie in dieser Lektion an neuen Informationen über das Nachbarland gelernt haben.

5.2 Messen und Ausstellungen in Sachsen

Lernziele:
In dieser Lektion lernen Sie **Messen und Ausstellungen in Sachsen**, speziell in der Region Zwickau, kennen.

Sie erwerben und festigen
- Kenntnisse in der Landeskunde,
- Kenntnisse zum Recherchieren und Präsentieren,
- Fertigkeiten im Verstehenden Hören
- Kenntnisse im Präsentieren und Diskutieren
- Kenntnisse in Werbesprache und -kommunikation

(0) **Flipped Classroom** (Vorbereitung der Studierenden in 3 Gruppen auf das Thema):
Gruppe 1: Recherchieren Sie in Ihrer Gruppe im Selbststudium, welche Städte mit Museen und Ausstellungen Sie in Sachsen kennen, bereits be-

sucht haben oder gern besuchen möchten. Als Hilfestellung besuchen Sie die Website: http://www.kunst-und-kultur.de/index.php?action=search MuseumExhibition&sort=t&st=2022&time=nowfuture&title=laufende-und-kommende-ausstellungen-im-bundesland-sachsen Bereiten Sie dazu eine kurze Präsentation für das Plenum vor.

Gruppe 2: Recherchieren Sie, welche Messen es in Sachsen im Messekalender gibt. Erstellen Sie eine Tabelle, die interessante Verbrauchermessen benennt (Name, Branche, Ort der Messe, Zeitpunkt). (Link: https://www.messen.de/de/4/in/deutschland/sachsen/staedte-uebersicht)

Gruppe 3: Nutzen Sie die folgenden Stichworte, um sich im Internet zu den Messen in Zwickau zu informieren. Welche Vor-Ort bzw. virtuellen Messen finden im Raum Zwickau statt?

Messe Zwickau, Fachmessen Zwickau, Messertermine Zwickau, Messekalender Zwickau

(1) **Zahlen und Fakten:** Schauen Sie den Messekalender von Zwickau an. Welche Messen werden in der kommenden Zeit stattfinden? Welche Messe würden Sie gern besuchen und warum? Begründen Sie Ihre Wahl.
Informieren Sie sich über die Details der Messe und werben Sie Ihre Kommiliton*innen für den Besuch der Messe.

(2) **Namen- und Markenanalyse:** Betrachten Sie die Namen der Messen, z.B. *ZWIK, vocatium, kreativmarkt.* Wird aus dem Namen deutlich, um welche Art Messe es sich handelt? Wie wichtig ist der Name einer Messe?

(3) **Verstehendes Lesen:** Handgemacht – Kreativmarkt Zwickau 2020
Lesen Sie die Kurzbeschreibung der Messe *handgemacht – Kreativmarkt Zwickau 2020* unter: https://www.messen.de/de/16449/zwickau/handgemacht-kreativmarkt-zwickau/info. Durch was zeichnet sich die Beschreibung aus? Achten Sie auf die Wortwahl und deren Schreibweise sowie auf die Konstruktion der Sätze.

(4) **Bewerten eines Internetauftritts/Textes:** Bewerten Sie als Marketingexperte/-expertin die Website www.messen.de nach den Kriterien Informativität, Übersichtlichkeit, Benutzerfreundlichkeit, Verständlichkeit und

Aktualität. Wie ist Ihre Bewertung auf einer Skala von 1 bis 5 (1 Sehr gut und 5 Mangelhaft)? Worauf kommt es an, was ist zu verbessern?

(5) **Erklären Sie die folgenden Begriffe** (im Kontext von Messen durch Definition, Paraphrase, Übersetzung ins Tschechische).
Messe, Marktplatz, Termin, Ort, Anreise, Turnus, Anfahrt, Erfahrungsbericht, Messeangebot, Aussteller, Öffnungszeiten, Preise, Tickets, Informationen für Aussteller, Standanfrage, Messeteilnahme, Teilnahmegebühren, Teilnahmebedingungen, Konditionen, Kontaktdaten, Stand, Aufbau, Abbau, Messebau-Unternehmen, technische Richtlinien, Lieferadresse, Anlieferung zum Messegelände, Hallenplan, Geländeplan, Ausstellerverzeichnis, Ausstellerausweis, Zufahrtsgenehmigung, Haftungshinweis, Datennutzung, Messewesen

(6) **Messe real:** Informieren Sie sich vor dem Besuch der ZWIK https://www.wikway.de/zwik.
Beantworten Sie die folgenden Fragen:
1. Was ist das Ziel der ZWIK?
2. Wie viele und welche Aussteller haben an der ZWIK 2019 teilgenommen?
3. Wer hat am Karriereforum teilgenommen?
4. Sehen Sie sich den Imagefilm von Volkswagen „Zukunftsmacher" an, unter: https://www.wikway.de/image-videos (3:40 Minuten). Wie wirkt dieser Film auf Sie?

(7) **Vokabeltraining im Kontext:** Üben Sie die Vokabeltrainingseinheiten zum Thema ZWIK in der Anwendung emLP. Wie erfolgreich waren Sie?

(8) **Rollenspiel:** Sie sollen selbst eine eintägige studentische Recruiting-Messe an der TUL organisieren. In Gruppen erstellen Sie einen Maßnahmen- und Ablaufplan für die Organisation und Durchführung. Stellen Sie diesen Plan in Ihrem Sprachkurs vor und diskutieren Sie den Plan in Form eines Team-Meetings. Welche Informationen aus der Region sind notwendig? Welche Firmen aus der Region sollen präsentiert und eingeladen werden?

Erstellen Sie eine Checkliste zur Planung der Recruiting-Messe an der TUL

Aufgabe	Terminierung	Erfüllungsstand

(9) **Lernerfolg dokumentieren**
Fassen Sie kurz für Ihr Lerntagebuch in Stichpunkten zusammen, was Sie in dieser Lektion an neuen Informationen über das Nachbarland gelernt haben.

5.3   Boom – Innovation trifft Tradition, Wirtschaftsleben in Sachsen

Lernziele:
In dieser Lektion lernen Sie **Tradition und Innovation im Wirtschaftsleben** in Sachsen kennen.

Sie erwerben und festigen
- Kenntnisse in der Industriegeschichte und -kultur,
- Kenntnisse zum Recherchieren und Präsentieren,
- Fertigkeiten im Verstehenden Hören
- Kenntnisse im Präsentieren und Diskutieren

(0) **Vorentlastung/Brainstorming:** Recherchieren Sie, was das Wort ,BOOM' bedeutet, das man auf dem Asphalt vor dem Bahnhof Zwickau lesen kann. In welchem Zusammenhang steht das Wort mit Zwickau? Erstellen Sie ein Assoziogramm zusammen mit Ihren Kommiliton*innen und prüfen Sie dann den genauen Kontext.

(1) **Definitionen vergleichen:** Vergleichen Sie nun die verschiedenen Definitionen des Wortes „Boom" (im fachengen und im allgemeinsprachlichen Bereich.
Gabler: 1. Eine ausgeprägte Zunahme der wirtschaftlichen Aktivität, die sich in hohen Wachstumszahlen, einer deutlich über dem Normalwert liegenden Kapazitätsauslastung, einer spürbaren Beschäftigungszunahme und

i.d.R. einer erhöhten Inflationsrate niederschlägt; 2. Hochkonjunktur; Börsenhausse. (https://wirtschaftslexikon.gabler.de/definition/boom-29584)
Wiktionary: übertragen: Phase, in der etwas von großem Interesse ist oder häufig vorkommt. Herkunft: engl. brummen, brausen. (https://de.wiktionary.org/wiki/Boom)
Duden: 1. Plötzlicher wirtschaftlicher Aufschwung; 2. Plötzliches gesteigertes Interesse für etwas, das dadurch sehr gefragt ist; 3. Hausse an der Börse (https://www.duden.de/rechtschreibung/Boom)

(2) **Digitale Wörterbucharbeit**: Nutzen Sie das **DWDS**, vgl. www.dwds.de, um etwas zur Entstehung des Wortes, seiner Nutzung und den typischen Kollokationen herauszufinden. Beispiele: *,anhaltender Boom'; ,regelrechter Boom'; ,einen Boom auslösen'; ,der Boom ebbt ab'*

(3) **Recherche von Informationen in Gruppenarbeit:** Unter ,Boom' wird Werbung für den Besuch der 4. Sächsischen Landesausstellung – 500 Jahre Industriekultur in Sachsen an sechs Schauplätzen gemacht, d. h. *Auto-Boom* Zwickau; *MaschinenBoom* Chemnitz; *EisenbahnBoom* Chmenitz-Hilbersdorf; *KohleBoom* Oelsnitz/Erzgebirge; *TextilBoom* Crimmitschau; *SilberBoom* Freiberg. Jeder Standort verweist auf die lange Industriekultur in Sachsen, aber geht gleichzeitig auch auf die Moderne ein. Um sich mit den einzelnen Schauplätzen vertraut zu machen, schauen Sie sich das Video an (vgl. https://www.boom-schasen.de/schauplaetze/) und erstellen Sie eine Tabelle zu Zeit und Ereignis(sen), d. h. Sie notieren die Zahlen und die Fakten aus dem Video. Was kannten Sie bereits, was war eine neue Information? Markieren Sie dies in der Tabelle.

(4) **Projekt organisieren:** Planen Sie nun eine zweitägige Besuchstour für eine Studierendengruppe aus Ihrer Hochschule. Nutzen Sie dazu auch den Veranstaltungskalender. (*Bei digitaler Lehre lassen sich hier sehr gut die Breakout-Räume nutzen*).

(5) **Video plus Fakten- und Sprachanalyse:** Zur Vorbereitung der Betreuung Ihrer Studierendengruppe schauen Sie sich das Video zu BOOM an und machen Sie sich Notizen. Achten Sie auf die Wortwahl des Sprechers! Wie gelingt es ihm, die Aufmerksamkeit der Zuschauer*innen aufrecht zu er-

halten? Filmen Sie sich mit dem Handy, wenn Sie die Rolle des *Guides* übernehmen.

(6) **Interaktion soziale Medien:** In den sozialen Medien wurde ein #mein-blickaufindustriekultur gepostet, d. h. ein Fotowettbewerb initiiert. Organisieren Sie die Teilnahme der Gruppe durch einen Wettbewerb. Die drei besten Fotos werden zur Einsendung vorbereitet. Organisieren Sie alle notwendigen Schritte und Texte.

(7) **Wissenstest/Planspiel Tradition:** Um Ihr Wissen zu Erfindungen aus Sachsen zu messen, nehmen Sie an dem Quiz „Was wurde in Sachsen erfunden?" teil. Zur Auswahl stehen folgende Begriffe: *Bierdeckel, Kleinbildkamera, Teebeutel ODOL-Mundwasser, Zahncreme, BH, Thermoskanne, Aktendulli/Heftstreifen, europäisches Porzellan, Filtertüte.* (Antwort: Sachsen ist ein Land der Erfinder, d.h. alle Dinge wurden in diesem Bundesland entwickelt, was u. a. unter Sächsische Erfindungen im Internet auch verzeichnet ist.) Weiterführende Recherche zu den einzelnen Erfindungen und Vorstellung im Plenum.

(8) **Wissenstest/Planspiel Innovation:** Welche Innovationen und Erfindungen gibt es heute im Land der „Tüftler"? Lesen Sie dazu die Berichte unter: https://www.saechsische.de/thema/genial-saechsisch. Berichten Sie über die für Sie eindrucksvollste Erfindung im Plenum (Beispiel: Papier aus Gras).

(9) **Diskussionspanel:** Diskutieren Sie nach Besuch des *Showrooms* der Ausstellung Boom, vgl. https://www.boom-sachsen.de/showroom-fit-for-future, wie gut Sachsen für die Herausforderungen der Zukunft gewappnet ist (z. B. über Smarte Produktionsprozesse, Berufe und Arbeitswelten, Innovative Unternehmen).

(10) **Megatrends analysieren:** Schauen Sie sich abschließend an, wie der Megatrend Mobilität über die e-Mobilität mit ID.4 im Zwickauer VW Mosel-Werk umgesetzt wird (Video-Channel der VW AG).

(11) **Lernerfolg dokumentieren:** Fassen Sie das Gelernte für Ihr Sprachportfolio in Wort, Bild oder Ton kurz zusammen.

Übersicht zu den Internetseiten: 4. Sächsische Landesausstellung Boom (www.boom-sachsen.de); Industrie.Kulur.Sachsen 2020 – Jahr der Industriekultur (https://industriekultur-insachsen.de); Staatsministerium für Wirtschaf, Arbeit und Verkehr (https://www.smwa.sachsen.de/); VW News Channel (https://www.youtube.com/channel/UCJxMw5IralIBLLr0RYVrikw).

6 Prüfungsformate für Wirtschaftsdeutsch – Anforderungen und Realität

Das WiDaF-Zertifikat (Deutsch als Fremdsprache in der Wirtschaft) wurde 1996 von der Deutsch-Französischen Industrie- und Handelskammer entwickelt. Die dazu als *WiDaF® Basic* (Niveau A1 bis B1) und *WiDaF®* (Niveau A2 bis C2) angebotenen Tests dienen seit langem als standardisierte Tests zum Nachweis von berufsbezogenen Deutschkenntnissen für Unternehmen, für Industrie- und Handelskammern und teilweise auch für Universitäten und Hochschulen. Es handelt sich dabei um stufenlose *Placement-Tests* (von Niveau A1 bis C2 nach GER, d. h. es gibt kein *Pass-Fail*-System.

In den noch immer papierbasierten Tests im Umfang von 150 Minuten Testzeit werden Fachlexik, Grammatik, Leseverstehen und Hörverstehen weitgehend über *Multiple-Choice*-Aufgabenstellungen getestet. Dieses Testverfahren kommt besonders Kandidaten zugute, die über gute systemlinguistische Kenntnisse im Deutschen verfügen und deren rezeptive Sprachkompetenz ausgeprägt ist. In der Wirtschaftspraxis, und das zeigen auch die Kann-Beschreibungen als Anforderungen an die Sprachkompetenz, sind es aber gerade die produktiven Sprachkompetenzen, die für die Bewältigung von fach- und berufsbezogenen Kommunikationssituationen erforderlich sind.[3] Dieser Tatsache müsste bei einer Überarbeitung des WIDaF®-Testformates dringend Rechnung getragen werden. Auch die aufwändige Papier-Stift-Version müsste,

....

3 WiDaF-Tests, die mit internationalen Germanistikstudierenden an der WHZ durchgeführt wurden, konnten zeigen, dass die rezeptive Kompetenz der Teilnehmer*innen auf C2 zertifiziert wurde, aber die im Kurs ermittelte produktive bzw. gesamte Sprachkompetenz deutlich niedriger auf B2+/C1-Niveau lag. Die Testaufgaben des WiDaF waren auch durch die Lernsozialisation der Testteilnehmer*innen gut lösbar, konkrete Projektaufgaben, die mit Problemlösungskompetenz im Wirtschaftsbereich verbunden waren, konnten nur befriedigend sprachlich gelöst werden. Dies führte zu enormer Frustration, da der Standardtest WiDaF mit dem Ergebnis C2 ausgewiesen war, die reale Sprachkompetenz im Kurs aber nicht. Daher ist das WiDaF-Ergebnis im Hochschulbereich nur eingeschränkt interpretierbar und aufgrund der Kosten für die Studierenden auch finanziell nicht zu unterschätzen.

so wie dies bei einer Reihe von internationalen Sprachtests bereits geschehen, in ein digitales Format überführt werden. Entsprechende Lösungen werden/müssen in absehbarer Zeit zur Verfügung stehen, da sich Testteilnehmer*innen sonst anderen berufsbezogenen Tests unterziehen, deren Aussagekraft besser ist und die ebenfalls eine hohe Akzeptanz haben.

Aufgrund der Erfahrungen mit dem noch vorliegenden Testformat WiDaF® werden in den konzipierten Modulen für Wirtschaftsdeutsch und im avisierten Studienschwerpunkt Wirtschaftskommunikation Deutsch an der WHZ Tests genutzt, die sich dem Sprachstand aller vier Fertigkeiten im Rahmen eines kontextbasierten und problemorientierten Prüfungsformates widmen und system- wie auch pragmalinguistische Aufgabenstellungen einschließen. Durch den Einsatz von Lernplattformen können verschiedene, komplexe Testaufgaben eingestellt und mit zeitlicher Befristung versehen werden (z. B. Portfolioerarbeitung, Unternehmenspräsentationen, Produktplacement, Projektarbeit zu einer wirtschaftsbezogenen Fragestellung, Fallstudien). Auf diese Weise kann man auch Binnendifferenzierung in den teilweise sehr heterogenen Studierendengruppen durchführen und jeder Teilnehmer und jede Teilnehmerin kann individuell durch Feedback profitieren.

7 Fazit aus den Betrachtungen

Der Lehrwerkmarkt bietet eine Vielzahl von sprachniveaubezogenen allgemeinsprachlichen Lehrmaterialien und auch von arbeitswelt- und wirtschaftsbezogenen Materialien an, die inzwischen teilweise digitalisiert als e-Book mit Begleitmaterial oder über Lernplattformen für Dozierende und Kursteilnehmer*innen verfügbar sind. Coronabedingt hat sich im vergangenen Jahr dazu eine Beschleunigung des Prozesses der Digitalisierung über die Verlage vollzogen, was ausgesprochen begrüßenswert ist. Was in den Lehrwerken nicht abgebildet wird und wohl auch nicht abgebildet werden kann, sind alle oder die speziellen Anforderungen, die die verschiedenen Kursteilnehmer*innengruppen haben (stärkerer Fokus auf Berufstätige, auf Migration und Integration, auf angehende Studierende, um nur einige Gruppen zu nennen). Die Individualisierung für eine Gruppe/einzelne Lernende kann und sollte durch die Nutzung von Lernplattformen erfolgen. Dies setzt die Bereitschaft der Lehrenden und der Lernenden voraus, sich mit Hardware, Software und Konnektivität auseinander zu setzen. Und hier ist es die Brücke, die von fachlicher, beruflicher, akademischer Anforderung zur Lernvoraussetzung der Kursteilnehmer*innen geschlagen werden muss und die über eine passgenaue Inhaltsauswahl fachlicher und praktisch regionaler Themen mit Didaktisierung zur digitalen Umsetzung über bedienfreundliche Werkzeuge zu wirtschaftssprachlichen Deutschkursen erfolgen sollte. Lehren und Lernen im Bereich Wirtschaftskommunikation Deutsch so individuell und passgenau zu gestalten, ist eine Aufgabe für die vor uns liegende Zeit, die wir mit Motivation, Kreativität und Geduld angehen und bewältigen sollten.

8 Literatur

DIHK (Hrsg.) (2016): *Arbeitsplatz Europa: Sprachkompetenz wird messbar. A Common European Framework of Reference for Language Learning and Teaching (CEF)*. Berlin.

EICKELBERG, JAN MARTIN/KRÄTZSCHEL, HOLGER (2021): *Digitale Lehre: Studium – Referendariat – Weiterbildung*. München: Vahlen.

Europarat (Hrsg.) (2020): *Gemeinsamer Europäischer Referenzrahmen für Sprachen: lehren, lernen, beurteilen. Begleitband: dieser Begleitband aktualisiert den Gemeinsamen europäischen Referenzrahmen von 2001*. Stuttgart: Klett.

WIPPER, ANJA/SCHULZ, ALEXANDRA (2021): *Digitale Lehre an der Hochschule: Vom digitalen Tool bis zum Blended-Learning-Konzept*. (UTB, kompetent lehren 11). Leverkusen: UTB.

9 Anhang A – Internetquellen (Zugriff: 17.01.2021)

Kultur- und Messelandschaften
Traditionelle Branchen im Liberecer und Zwickauer Gebiet
Industriestandort Zwickau-Chemnitz
(https://standort-sachsen.de/de/kaeufer/sachsens-wirtschaft/industrie)
Handlungskonzept Wirtschaft Zwickau 2025
(https://standort-sachsen.de/de/kaeufer/sachsens-wirtschaft/industrie)
Wirtschaftsstruktur – Bundeszentrale für politische Bildung
(https://www.slpb.de/themen/gesellschaft/wirtschaft/wirtschaftsstruktur/)
Wirtschaft Zwickauer Land (Wikipedia)
(https://de.wikipedia.org/wiki/Landkreis_Zwickauer_Land)
Erzgebirgische Volkskunst (Wikipedia)
(https://de.wikipedia.org/wiki/Erzgebirgische_Volkskunst)

Liberec (Wikipedia) (https://de.wikipedia.org/wiki/Liberec)
Tschechische Republik (Wirtschaftsstruktur)
(https://www.gtai.de/gtaide/trade/wirtschaftsumfeld/wirtschaftsstruktur/
tschechische-republik/wirtschaftsstruktur-tschechische-republik-162756)
Wirtschaft in Tschechien (https://prag.diplo.de/cz-
de/themen/willkommen/laenderinfos/wirtschaft)
Messen und Ausstellungen
Ausstellungen – Kunst und Kultur in Sachsen
http://www.kunst-undkultur.de/index.php?Action=searchMuseumExhibition&sort=
t&st=2022&time=nowfuture&title=laufende-und-kommende-ausstellungen-im-
bundesland-sachsen
Veranstaltungsstätten in Zwickau
Priesterhäuser Zwickau (https://www.priesterhaeuser.de/)
Robert-Schumann-Haus (https://www.schumann-zwickau.de/de/index.php)
Max-Pechstein Kunstsammlungen Zwickau (https://www.kunstsammlungen-
zwickau.de/de/index.php)
August-Horch-Museum (https://www.horch-museum.de/)
Messen in Sachsen (https://www.messen.de/de/4/in/deutschland/sachsen/staedte-
uebersicht)
Regionale Wirtschafts- und Kooperationsbeziehungen
IHK Zwickau-Chemnitz
https://www.chemnitz.ihk24.de/servicemarken/presse/aktuelle-
presseinformationen/ihk-chemnitz-rk-zwickau
Wirtschaftskooperation Zittau-Liberec
https://www.zittauer-anzeiger.de/zittau/wirtschaft/8615_kooperationsbasis-fuer-
saechsische-und-tschechische-unternehmen.html

Unternehmens- und Technologielandschaften
Deutschland (Sachsen) und Tschechien (Liberecer Bezirk) als Import- und Exportländer
Sachsens wichtigste Exportpartner
https://standort-sachsen.de/de/exporteure/sachsens-aussenhandel
Handel Sachsens, Aus- und Einfuhr nach Sachsen (Zahlen
https://www.statistik.sachsen.de/html/496.htm
https://www.statistik.sachsen.de/download/050_W-Handel-Tour-DL/G_III_1_vj.pdf
Zeitungsbericht Sachsens Export erreicht neuen Höchststand
https://www.statistik.sachsen.de/download/200_MI-2018/MI-38-2018.pdf
Wirtschaftspotential, Grenzregion, regionale Produkte, Vermarktung
Starke Branchen, starkes Sachsen
https://standort-sachsen.de/de/branchen
Regionale Produkte Erzgebirge
https://www.die-infoseiten.de/erzgebirge-regio-produkt-r2-t713.html

Regionale Produkte aus dem Vogtland
https://www.regionalware.de/startseite/
Vogtland
https://www.vogtland.de/freizeit/familie-wohlbefinden/essen-trinken/
Infrastruktur: Transport, Verkehr
Verkehrspolitische Leitlinien Sachsen (https://www.verkehr.sachsen.de/8638.html)
Landesverkehrsplan (https://publikationen.sachsen.de/bdb/artikel/33981)
Radverkehrskonzeption Sachsen 2020
(https://publikationen.sachsen.de/bdb/artikel/33981)
Strategiekonzept Schiene (https://www.verkehr.sachsen.de/10732.html)
Unternehmen, z.B. Länderbahn (https://www.laenderbahn.com/)
Moderne Technologien in der Wirtschaft
Standort Sachsen (https://standort-sachsen.de/de/standort)
Elektromobilität (https://www.volkswagen.de/de/e-mobilitaet-und-id/id_wissen.html)
Smartes Sachsen (https://www.smartes.sachsen.de/erfolgs-und-entwicklungsbeispiele-4012.html)
Silicon Saxony (https://www.silicon-saxony.de/netzwerk/region/)
Fertigungsnetzwerk (https://www.fertigungsnetzwerk.de/)
G&K Software (https://www.gk-software.com/de/)
KOMSA (https://komsa.com/unternehmen/)

Bildungs- und Hochschullandschaften
Die WHZ und die TUL mit ihren Studiengängen
WHZ (https://www.fh-zwickau.de/)
TUL (https://www.tul.cz/en/)
Grenzüberschreitendes Projektmanagement in verschiedenen Bereichen
Projekte Regionales Engagement (https://regional-engagiert.de/index.html)
SAB-gestützte Projekte (https://www.sn-cz2020.eu/de/projekte/liste_der_
vorhaben/index.jsp)

Natur- und Tourismuslandschaften
Lebensqualität und Tourismus als Wirtschaftsfaktoren in der Grenzregion
Die Sachsenkarte der Lebensqualität (https://www.saechsische.de/die-sachsenkarte-der-lebensqualitaet-3938143.html)
Lebensqualität in Sachsen (https://standort-sachsen.de/de/standort/lebensqualitaet)
Video Lebensqualität in Sachsen (https://standort-sachsen.de/de/standort/lebensqualitaet)
So geht sächsisch. (https://www.so-geht-saechsisch.de/)
Nachhaltigkeit: Erneuerbare Energien, Umwelt …
Nachhaltigkeit in Sachsen – 9 Handlungsfelder
https://www.nachhaltigkeit.sachsen.de/die-neun-handlungs-felder-4012.html.
Video Wissenswerte: „Energiewende"

Ines-A. Busch-Lauer

https://www.youtube.com/watch?v=KWlh2EBbx8s
Video Wissenswerte: Klimawandel
https://www.youtube.com/watch?v=dMDQzXvEBTE
   Erneuerbare Energien in Sachsen
http://www.saena.de/themen/erneuerbare-energien-in-sachsen.html

<u>Projekt- und Zukunftslandschaften</u>
Praxisreport 2020
https://www.landesentwicklung.sachsen.de/download/Praxisreport_final07.08.2020.pdf
   Energie, Umwelt.

Über die Autor*innen

Dr. phil. Marina Adams ist am Internationalen Studienzentrum (ISZ) des Sprachenzentrums der Universität Kassel tätig und dort insbesondere für den Bereich fachkommunikative Deutschkurse und Schreibberatung zuständig. Sie studierte DaF, Slawistik und Germanistik an der TU Dresden, promovierte zur Fachgeschichte DaF und arbeitet seit 2005 an der Universität Kassel. Zu ihren Forschungsinteressen gehören u.a. die Fachsprachenforschung und -vermittlung, insbesondere in den Bereichen Maschinenbau, Architektur und Wirtschaftswissenschaften. Ihr aktuelles Forschungsprojekt befasst sich mit kognitiven Grundlagen der Fachkommunikation und dem Fachdenkstil der Architekturtheorie.

Mag. phil. Sandra Braun arbeitet seit 2017 als Lektorin des OeAD (Österreichischer Austauschdienst) an der Technischen Universität Liberec (TU Liberec) und hält an der dortigen Wirtschaftsfakultät vorwiegend Lehrveranstaltungen (Sprachpraktische Übungen) mit dem Schwerpunkt „Wirtschaftsdeutsch" ab. Sie studierte Theater-, Film- und Medienwissenschaften an der Universität Wien und schloss ihr Studium mit einer Arbeit zum freien, politischen Theater in Großbritannien ab. Bereits während ihres Studiums arbeitete sie in der Kulturwirtschaft mit Fokus auf den Bereich Musik als Produkt-, Marketing- und Labelmanagerin. 2015 schloss sie die „Lehrveranstaltungssequenz Deutsch als Fremd- und Zweitsprache" im Bereich DaF/DaZ an der Universität Wien ab. Sie unterrichtete einige Jahre lang im Bereich der Erwachsenenbildung an verschiedenen Sprachlerninstituten DaZ, bevor sie ihren beruflichen Schwerpunkt auf den Bereich DaF im Ausland legte. So baute sie in Baku, Aserbaidschan, im Zuge ihrer Tätigkeit als Lektorin an der ADU-Azərbaycan Dillər Universiteti das ÖSD-Prüfungszentrum mit auf, unterrichtete, gefördert vom DAAD (Deutscher Akademischer Austauschdienst), Deutsch als Fremdsprache an der Nasarbajew Universität in Nur-Sultan, Kasachstan (ehemals: Astana), bevor sie an die TU Liberec wechselte. Ihr aktueller Forschungsschwerpunkt ist die Fremdsprachenpolitik der Nachfolgestaaten der Sowjetunion bzw. der Teilnehmerstaaten des Warschauer Vertrags.

Prof. Dr. phil. habil. Ines-A. Busch-Lauer ist seit 2006 Professorin für Englisch/Kommunikation an der Westsächsischen Hochschule Zwickau und verantwortet mit ihrem Team die fachbezogene Fremdsprachenausbildung in Englisch/DaF. Sie verfügt über langjährige Erfahrungen als Fremdsprachendozentin (Hochschulen, Wirtschaft) und als Fachübersetzerin (Wirtschaft, Technik, Medizin). Promotion 1986 zu Fachtextlinguistik und Habilitation 2001 in Kontrastiver Fachsprachenforschung an der Universität Leipzig. Zu ihren Forschungsinteressen gehören: Fachsprachendidaktik, Kontrastive Fachtextlinguistik, L1/L2-Schreibforschung und DaF. Sie ist Mitherausgeberin der Zeitschrift *Fachsprache. Journal of Professional and Scientific Communication* (facultas Wien).

Eva Dammers, M.A. ist seit 2017 als Lehrkraft für Deutsch als Fremdsprache am Sprachenzentrum der Westfälischen Wilhelms-Universität Münster tätig und dort insbesondere für den Bereich Fachsprachenunterricht in Wirtschaft, Medizin, Pharmazie und Naturwissenschaften zuständig. Sie studierte Germanistik, Romanistik und Wirtschaftspolitik an der WWU und absolvierte das Zusatzzertifikat für Deutsch als Fremdsprache. Von 2012 bis 2017 arbeitete sie als wissenschaftliche Mitarbeiterin am Germanistischen Institut der WWU in verschiedenen Projekten u.a. zum sprachsensiblen Fachunterricht in den Naturwissenschaften und in der Weiterqualifizierung von Lehrkräften im Bereich Leseförderung.

Dr. phil. Thomas Edeling seit April 2018 Lehrkraft für besondere Aufgaben im Bereich Deutsch als Fremdsprache an der Westsächsischen Hochschule Zwickau. Vorher arbeitete er als DAAD-Lektor an der Matej-Bel-Universität Banská Bystrica (Slowakei). In seiner Promotionsschrift, die er am Gießener *Graduate Centre for the Study of Culture* (GCSC) 2013 verteidigte, befasste er sich mit dem Frühwerk von Julien Green. 2008 schloss er sein Master-Studium der Interkulturellen Deutsch-Französischen Studien an den Universitäten Tübingen und Aix-Marseille I mit einem binationalen Abschluss ab.

Prue Goredema, M.A. serves on the English Language Abitur Examination Board for the Saxony Ministry of Education (Sächsisches Staatsministerium für Kultus). She has recently earned a doctorate in English Didactics from Humboldt-Universität zu Berlin in which she explores Content & Language

Integrated Learning for Biology and STEM education. From 2014 to 2020 she was the Coordinator of the TESOL Section at Technische Universität Chemnitz. She has a Master's degree in British Studies from Humboldt-Universität zu Berlin; an Honours degree in Applied Linguistics and a Bachelor of Arts degree in Journalism from the University of Johannesburg. The Cognitive Theory of Multimedia Learning is at the heart of her research interests.

Julia Hartinger, M.A. ist seit 2018 als wissenschaftliche Mitarbeiterin an der Westsächsischen Hochschule Zwickau tätig und hatte die organisatorische Leitung des EFRE-Projektes „Profit im Beruf – Profit v profesi – durch Sprach- und Fachsensibilisierung im Studium" inne und organisierte u.a. die digitale Fachtagung „Fachlich – Digital – Regional – Wirtschaftsfachsprache Deutsch lehren und lernen" im Oktober 2020. Nach dem Bachelorstudium der Europastudien an der Universität Eichstätt-Ingolstadt studierte sie den binationalen Master Deutsch als Fremdsprache an der Universität Leipzig und an der Universidad de Guadalajara (Mexiko). Ihre Lehr- und Forschungsinteressen sind auf die Didaktik/Methodik des Deutschen als Fremd- und Zweitsprache und digitale Medien beim Fremdsprachenlernen ausgerichtet.

Christine Kramel unterrichtet seit vielen Jahren Deutsch als Fremdsprache im universitären Kontext. Seit 2010 ist sie stellvertretende Leiterin des Lehrgebiets DaF am Zentrum für Sprache und Kommunikation (ZSK) der Universität Regensburg. Sie interessiert sich besonders für Online-Elemente im Sprachunterricht sowie für Fragen der Vermittlung von hochschulbezogenen Sprachkenntnissen. An der Universität Regensburg führt sie außerdem Regie bei der internationalen Theatergruppe „Babylon".

Dr. phil. Annegret Middeke studierte Slavische, Deutsche und Romanische Philologien an der Universität Göttingen (Auslandstudium in Russland, Moldawien und Bulgarien). Nach einem DAAD-Lektorat (1999–2004) an der Universität in Plovdiv/Bulgarien war sie Lehrbeauftragte für Literaturwissenschaft am Fachbereich Transkulturelle Germanistik/Deutsch als Fremdsprache der TU Dresden und seit April 2005 wissenschaftliche Mitarbeiterin am Seminar für Deutsche Philologie, Abteilung Interkulturelle Germanistik. Von Januar 2008 bis Dezember 2010 leitete sie die EU-Projekte „Regionalisierte Lehrwerke und Interkultureller DIALog" und „IDIAL4P: Fachsprachen für die

Berufskommunikation". Von 2010–2017 war sie als Dozentin und Koordinatorin in der Zusatzqualifikation „Interkulturelle Germanistik/Deutsch als Fremdsprache" bzw. „Interkulturalität und Mehrsprachigkeit DaF/DaZ" tätig. Ihre Lehr- und Forschungsschwerpunkte umfassen Interkulturelle Sprach- und Literaturdidaktik, Deutsch als Fach- und Berufssprache, interkulturelle Lehrwerkforschung und -entwicklung, Prosodie und Metrik, Fachdiskurs Germanistik/DaF weltweit. Annegret Middeke ist seit November 2005 sehr erfolgreich Geschäftsführerin des Fachverbands Deutsch als Fremd- und Zweitsprache (FaDaF). Sie ist darüber hinaus Mitglied zahlreicher Entscheidungsgremien und Verbände und auch als Gutachterin für verschiedene Fachjournale tätig.

Mgr. Jana Nálepová, Ph.D. ist seit 1999 Dozentin für Didaktik Deutsch als Fremdsprache an der Schlesischen Universität Opava. Seit 2015 unterrichtet sie darüber hinaus Didaktik Deutsch als Fremd- und Zweitsprache am Lehrstuhl für Didaktik der deutschen Sprache und Literatur an der Julius-Maximilians-Universität Würzburg. Jana Nálepová verfügt über langjährige Erfahrungen als Fremdsprachendozentin, Dolmetscherin für die Kombination Deutsch-Tschechisch, sowie Lektorin für Lehrerfortbildung. Sie promovierte 1983 zum Thema Lehrwerkanalyse. Zu ihren Interessengebieten gehört auch Fachsprachendidaktik.

PaedDr. Helena Neumannová, Ph.D. studierte Germanistik und Bohemistik an der Pädagogischen Fakultät in Usti nad Labem, es folgte eine Weiterbildung an der Philosophischen und Pädagogischen Fakultät der Karlsuniversität in Prag (Ph.D.) sowie mehrere Forschungs- und Studienaufenthalte an Universitäten im Ausland (Bayreuth, Marburg, Wien). Seit 1992 ist sie als Dozentin für Wirtschaftsdeutsch an der Technischen Universität Liberec tätig, seit 2007 Leiterin des Sekretariats des Akademischen Koordinierungszentrums in der Euroregion Neiße (ACC) und seit 2017 Leiterin des Lehrstuhls für Fremdsprachen. Ihr Forschungsschwerpunkt ist die Sprachkompetenz der Hochschulabsolventen wirtschaftlicher Fachrichtungen.

Dr. Mikaela Petkova-Kessanlis, M.A. studierte im Magisterstudiengang Neuere deutsche Sprachwissenschaft, Neuere deutsche Literaturwissenschaft sowie Südslawische Philologie an der Universität des Saarlandes. 2006 promovierte sie dort im Fach Neuere deutsche Sprachwissenschaft. Dissertationsschrift: Petkova-Kessanlis, Mikaela (2009): Musterhaftigkeit und Varianz in linguistischen Zeitschriftenaufsätzen, Sprachhandlungs-, Formulierungs-, Stilmuster und ihre Realisierung in zwei Teiltexten. Frankfurt a.m.: Peter Lang. Seit September 2006 ist sie wissenschaftliche Assistentin am Lehrstuhl für Germanistik und Skandinavistik an der St.-Kliment-Ochridski-Universität in Sofia. Zu ihren Hauptforschungsinteressen gehören die pragmatische Stilistik, die Textlinguistik, die Fach- und Wissenschaftssprachforschung sowie die Phraseologie.

Mgr. Eva Polášková, Ph.D. ist seit 2011 am Lehrstuhl für Germanistik der Philosophischen Fakultät der Universität Ostrava (Tschechien) als Assistentin tätig. Des Weiteren ist sie Mitglied des Zentrums für Fachsprachenforschung an dieser Fakultät. Sie unterrichtet u. a. die Fächer Grammatik der deutschen Sprache – Morphologie, Lexikologie und Stilistik und Didaktik der deutschen Sprache. Eva Polášková studierte von 2002 bis 2007 die Fachrichtung Lehramt für Sekundarstufe II (Biologie und Deutsch) an der Universität Ostrava und 2011 promovierte im Fach Deutsche Sprache an derselben Universität. Während des Doktorstudiums hat sie ein Stipendium im Rahmen des Programms Studienbörse Germanistik erhalten und absolvierte einen zehnmonatigen Studienaufenthalt an der Julius-Maximilians-Universität Würzburg. Ihre Dissertation konzentrierte sich auf Textverständlichkeit von Fachtexten und Textstruktur. Zu Eva Poláškovás aktuellen Forschungsinteressen gehören u. a. Vermittlung von Deutsch als Fremdsprache, Lehrwerkanalyse, Fachsprachen und didaktische Aspekte der Vermittlung von Fachinformationen an Kinder und Jugendliche.

Dr. phil. Michaela Rusch ist seit September 2017 Lehrkraft für besondere Aufgaben an der Westsächsischen Hochschule und Lehrkraft am Heinrich-Braun-Klinikum, akademisches Lehrkrankenhaus der Universität Leipzig und des Universitätsklinikums Jena. Ihr Fokus gilt vorrangig der studienintegrierten fachbezogenen Fremdsprachenausbildung in den Studienrichtungen Automotive Engineering, Mechanical und Electrical Engineering, Medical English & Nursing. Zuvor war sie auch für Unternehmen wie Procter & Gamble tätig. Sie studierte an TU Chemnitz und an der Ulster University Anglistik/Germanistik und wurde an der TU Chemnitz auch zum Thema Sprach-

Über die Autor*innen

wandel in Nordirland promoviert („Changing Northern Ireland – Reflections in Language Usage and Change" (2017)). Frau Dr. Rusch forscht zum Thema Gender und Soziolinguistik sowie in der Fach- und Fremdsprachendidaktik.

Doc. PhDr. Gabriela Rykalová, Ph.D. ist seit 1999 Dozentin für Deutsche Philologie an der Schlesischen Universität Opava (Tschechische Republik) und Gastdozentin an der Julius-Maximilians-Universität Würzburg. Sie verfügt über langjährige Erfahrungen als Fremdsprachendozentin. Zu ihren Schwerpunkten gehören Textlinguistik mit dem Fokus auf die sprachwissenschaftliche Textanalyse, Stilistik, Sprache der Medien, kontrastive Linguistik und Fachsprachenforschung. Ihre Habilitationsschrift widmete sie dem Partizip im Deutschen.

Dr. phil. Dorothea Spaniel-Weise lehrte nach ihrem Studium Deutsch als Fremd- und Zweitsprache unter anderem in Dresden, Leipzig und Jena sowie als DAAD-Lektorin in Salamanca. Ihre Arbeitsschwerpunkte sind Didaktik/Methodik des Deutschen als Fremd- und Zweitsprache, Sprachenpolitik, europäische Mehrsprachigkeit, Mediendidaktik und Alphabetisierung. Promotion 2018 zum Thema „Europäische Mehrsprachigkeit, bilinguales Lernen und Deutsch als Fremdsprache". Sie ist zudem als Erasmus-Koordinatorin, in der Lehrerfortbildung und als ehrenamtliche Sprachbegleiterin tätig.

Dr. phil. Thomas Stahl ist nach verschiedenen DaF-Stationen im In- und Ausland seit 2009 am Zentrum für Sprache und Kommunikation (ZSK) der Universität Regensburg tätig, zunächst als Leiter des Lehrgebiets Deutsch als Fremdsprache, seit 2017 zusätzlich als Leiter des gesamten ZSK. Er beschäftigt sich aktuell mit Fragen der Mehrsprachigkeitsdidaktik und des Testens und Prüfens im Fremdsprachenkontext. Schwerpunkte seiner Tätigkeit sind die sprachliche Studienvorbereitung internationaler Studienbewerber*innen und Deutschprüfungen für den Hochschulzugang.

Mag. phil. Elisabeth Vergeiner studierte an der Alpen-Adria-Universität Klagenfurt Sozial- und Integrationspädagogik mit Schwerpunkt interkulturelle Bildung und Mehrsprachigkeit. Seit 2017 ist sie OeAD-Lektorin am Lehrstuhl für Germanistik an der Philosoph Konstantin-Universität in Nitra, Slowakei. Davor war sie Universitätslektorin am Sprachenzentrum der Alpen-Adria-

© Frank & Timme   Verlag für wissenschaftliche Literatur

Universität Klagenfurt und DaF/DaZ-Trainerin in verschiedenen Erwachsenenbildungseinrichtungen in Kärnten. Ihre Lehr- und Arbeitsschwerpunkte im Lektorat liegen in den Bereichen Methodik und Didaktik im Fremdsprachenunterricht, Dramapädagogik, digitale Lehre, Medienkompetenz, Wirtschaftsdeutsch, Landeskunde (Kulturstudien) sowie in den Fertigkeiten Schreiben und Sprechen.

PaedDr. Irena Vlčková, Ph.D. absolvierte während des Studiums der Germanistik und Bohemistik an der Pädagogischen Fakultät in Ústí nad Labem ein Auslandssemester an der Pädagogischen Fakultät in Potsdam, mit dem Schwerpunkt Deutsch als Fremdsprache. Es folgte ein dreijähriges Qualifikationsstudium an der Philosophischen Fakultät der Karlsuniversität in Prag, Fächer Germanistik und Bohemistik und Doktorstudien an der Pädagogischen Fakultät der Karlsuniversität in Prag (Thema der Dissertation: „Hochschulpolitik der Tschechischen Republik im Vergleich"). Seit 1991 ist sie als Dozentin für Deutsch als Fremdsprache am Lehrstuhl für Fremdsprachen der Technischen Universität Liberec tätig. Ihre Forschungsschwerpunkte waren deutsche Dialekte in Nordböhmen – Sprachatlas der deutschen Mundarten (1995–2005), gegenwärtig widmet sie sich der Unterrichtsgestaltung mit digitalen Medien und Aktualisierung der Syllabi in der Fachsprache Deutsch an der TU Liberec.

STUDIEN ZU FACH, SPRACHE UND KULTUR

Γ Frank & Timme